U0557853

李良玉 著

历史知识的建构

南京大学出版社

图书在版编目(CIP)数据

历史知识的建构 / 李良玉著. — 南京：南京大学出版社，2024.3
ISBN 978-7-305-27576-0

Ⅰ.①历… Ⅱ.①李… Ⅲ.①史学—文集 Ⅳ.①K0-53

中国国家版本馆 CIP 数据核字(2024)第 007701 号

出版发行	南京大学出版社		
社　　址	南京市汉口路 22 号	邮　编	210093

书　　名　历史知识的建构
　　　　　　LISHI ZHISHI DE JIANGOU
著　　者　李良玉
责任编辑　官欣欣
特约编辑　江潘婷
照　　排　南京开卷文化传媒有限公司
印　　刷　苏州市古得堡数码印刷有限公司
开　　本　718 mm×1000 mm　1/16　印张 23　字数 430 千
版　　次　2024 年 3 月第 1 版　2024 年 3 月第 1 次印刷
ISBN 978-7-305-27576-0
定　　价　90.00 元

网　　址：http://www.njupco.com
官方微博：http://weibo.com/njupco
微信服务号：njuyuexue
销售咨询热线：(025)83594756

* 版权所有，侵权必究
* 凡购买南大版图书，如有印装质量问题，请与所购
　图书销售部门联系调换

烟云过眼

——自序

收入本书的共有34篇文稿,其中,有26篇已经正式发表。它们也曾分别收入我的有关文集。"师生合作,共同进步"一文,是2015年9月在鲁东大学的报告,过后马上整理成文,但反复考虑,没有公开。现在时过境迁,没有发表的可能了,然而九年前所讲的大学的某些弊端,似乎并没有任何的改善。因此,收入本书,旨在证明有此一说而已。至于"历史研究丛谈四十条""博士论文初稿讲评""关于六篇博士论文的盲审意见""对一篇博士论文初稿的九点修改意见""硕士论文盲审中的三个准则""追求圆满是一种美德"等六篇文稿,则是近年来在各种报告会、评审会、答辩会等场合的报告、发言或评语,其中有的已经发布于公众号,有些则未公开。实际上,它们是当前硕、博研究生培养和相关历史学知识生产更多地具有学院化、专业化和公共性之性质的反映。

这34篇文稿分为八个单元。第一、第五、第六单元表达了我对历史学的认识、某些基本的思想原则、方法和运用这些原则与方法对中国近代史、中华民国史、中国当代史、中共党史的构架性的理解。第二单元的七篇文稿,则从我在职期间给南大历史系以及升格为历史学院后的中国近现代史博士生授课讲稿中抽出来公开发表的。其余第三、第四、第七、第八单元的内容,都与硕、博研究生培养有关。

衷心感谢我的导师、著名学者蔡少卿教授。二十世纪九十年代后期,有一天我在系里上课,他专门来系里找我(他住在南秀村南大宿舍,走到系里大约十分钟以内路程),让我代替他讲授"中国近现代史史料与史论"这门博士课程。他是名家,讲台上是神一样的存在。我接他的课,委实有点压力。不过,倒也促使我认真对待。第一次上课之前,就仔细拟好了提纲并预备了开头几讲的初步讲稿,后面有几讲是上课之前才提前写好的。第一轮讲过以后有过多次修改补充,并且每次都打印成纸质文本保存起来,以防电脑出问题。收入本书的第二单元七篇文章,只是讲稿中公开发表的部分。曾经也想把全部讲稿整理一下,出一个专门的小册子,现在看来还是留待以后吧。

衷心感谢这七篇文章的编辑张燕清、汤奇学、闫小波、周棉、刘一兵、邓乐群、张小路、潘亚莉等先生,是他们的大力支持使这些讲稿作为学术论文顺利发表。记得闫小波先生打来电话,我说手头有点忙,从史料学讲稿中抽一点内容出来给你可以吗?他爽朗地说好的,很欢迎这样的稿子。这就是那篇"史学研究中的利用档案问题"一文的发表背景。后来,此文入选《江苏社会科学优秀论文精选(1990—2001)》(江苏社会科学杂志社2002年9月出版)。之前我不认识张小路先生,是她给我写信,说在别的杂志上读到了我,非常希望用到我的稿子。我把她的这封信收入了画册《李良玉教授六十华诞集锦》之中,用以表彰她对编辑这个岗位的无私的理解。和《开放时代》杂志编辑李杨先生的认识,有一点偶然。1987年我去广州参加"廖仲恺国际学术研讨会",有天会上我作了发言,李杨当天缺席不在场。第二天上午,她来找我说,听说你昨天的发言反响不错,大家都在传,可否给我们写点稿子?我不知道她是真的听到什么了,还只是一种客气话。这是我们最初的相识。李杨离开《开放时代》似乎有一二十年了,现在的年轻学者也许不怎么熟悉这个名字,但当年她可是一位脱颖而出、声名很响的编辑。《开放时代》的良好口碑,应该和他们那批编辑打下的基础有不可或缺的关系。本书开头的文稿"历史的美学"是我和她的第一次合作。那时候还没有用上网络，稿子还必须手写，然后寄挂号信投给杂志，记得她在回信中说：一口气读完稿件，文章太好了，我会立即编排。这篇文稿的发表，也是我的文章中用稿周期最短者之一。从这类事也能看出，二十世纪八九十年代的学术界，风气和如今是多么的不同。

感谢南京大学出版社的支持！感谢责任编辑官欣欣女士，她的诚恳、耐心和细致，赋予我的文字走向读者的的可能，而更令我享受到作为作者的快乐。谢谢特约编辑江潘婷女士，你的出现，本身就是一次美好的邂逅。

我不止一次公开说过，我这个所谓教授是编辑们培养出来的。我想，这么说丝毫也不掉价。和这些高尚的编辑为伍，难道不比和那些远看是教授、近看是奸商、当面是流氓的混混们为伍而伟大光荣一万倍吗？

应该衷心感谢读者。有一家中国近现代史学网站的创办者几次给我打电话说，你那些关于史料学的理论与方法的文章很受欢迎，可否为我们提供一些电子文本以方便读者阅读？我只好放下手里的事情以应命。我去一所大学做讲座，一位中国近现代史的老师告诉我，你那篇"关于中国近代史的分期问题"，我们是作为中国近代史课程的导论来讲的。（此文收入《中国近代史基本理论问题文献汇编》，社会科学文献出版社2013年版。本书的另一篇文章"中国当代史研究的几个问题"，收入《中华人民共和国史研究文集》，社会科学文献出版社2011年版。）更令我不解的是，"追求圆满是一种美德"是一份对我的两位关门弟子博士论文的介绍词，居然也有六七家公号转发，共有34 000多阅读量。三联书店出了我的《转型时代的思想与文化》一书，大约他们要考虑码洋问题，发给我一份信息表，其中问你愿意包销多少本书。我回答，如果一个作者出的书市场上卖不掉，很少读者，要靠自己包销才能消化掉，那么这种书有什么出版的必要呢？我相信我的书不需要我包销。话虽如此，但是我明白，现在这本书仍然是一种分众性较强的书，它不可能成为大众读物。假如在读的硕士博士研究生、有兴趣的高校教师、研究机构专家以及其他可能的读者，哪怕有一星半点喜欢，我就万分荣幸了。

最后，要重重地感谢赵青书记、张生院长统率下的历史学院领导班子。他们在整理出版历史学院老师们的学术成果方面的成就有目共睹，其中包括对我的大力支持。作为一名已经退休九年多的老师，我时时刻刻都在为历史学院喝彩。早几年，就有人尊称我为"老教授"了。虽然我的确老了，但是并没有糊涂。我深深地知道，至少在学养方面，自己还远远达不到"老教授"的应有担当。我还要努力，争取做到不辜负这个时代，不辜负我的那么多学生。我历来主张专家学者应当尽能地低调一点。你呕心沥血、皓首穷经写的那些东西，究竟有多少价值可能谁也说不清楚，你自信得那么夸张，又有什么意思呢？我自己当然也在以上议论之列。本书收录的这些作品，充其量只反映了我在一些问题上的一孔之见，也许很快就会被时代淘汰。它们的命运，我自己是无法预料的。社会百态，一切都将归于沧桑，如同过眼之烟云。不论如何，立此存照吧。

感谢生活。能有尊严地活着，其实已经足够幸运了。

是为序。

李良玉谨识

作于2024年1月28日，2月3日晨定稿

目 录

烟云过眼
　——自序 ·· 1

历史的美学 ··· 1
历史学的观念、方法与特色 ·· 6
历史知识的建构 ··· 12

史料学片论 ··· 25
史料学的内容与研究史料的方法 ·· 37
史学研究中的利用档案问题 ·· 47
关于前人著述的史料性质 ··· 55
文献的史料学定义与利用问题 ··· 64
回忆录及其对于史学研究的价值 ······································· 78
报刊史研究与报刊资料的史学利用 ···································· 87

提高博士论文质量应当注意的几个要点 ···························· 111
关于博士论文的选题问题 ·· 118
博士论文开题报告刍议
　——以中国近当代史为例 ··· 125
怎样修改博士论文初稿
　——以中国近现代史为例 ··· 133
博士论文基本技术规范 ·· 142

师生合作，共同进步 …… 147
用读书提高人生的境界 …… 157
选题是学位论文的关键 …… 171
硕士研究生的学习方法 …… 184

关于中国近代史的分期问题 …… 197
中国当代史研究的几个问题 …… 209
关于民国史研究中的历史观念问题 …… 221
应当重视《新青年》在中共创建史上的地位 …… 232

历史学的根本知识方法
　　——与大学生谈史料 …… 243
提高研究水平的基本途径
　　——关于史学论文的写作 …… 251
历史研究丛谈四十条
　　——我的9种文选之封底文字汇录 …… 257

博士论文初稿讲评 …… 267
高校教材《中国近代史》初稿审读意见 …… 302
关于六篇博士论文的盲审意见 …… 315
对一篇博士论文初稿的九点修改意见 …… 324
硕士论文盲审中的三个准则 …… 331

青春岁月的赞歌
　　——对2014届五篇硕士论文的介绍词 …… 338
成长的快乐
　　——《芳草集》序 …… 344
追求圆满是一种美德
　　——对两位关门弟子博士论文的介绍词 …… 350

历史的美学

历史是自然界和人类社会的运动过程。它是人类通过日常生活衍发和汇集的主动行为,表现为物欲的形态,具有某种非理性的和不可预知的性质。历史学是以历史为研究对象的社会科学,它以复原已从现实生活中消逝了的某种客观过程为目的,是历史学家的个人的主观创作活动,是一种具有自身特性的科学思维,具有理性的可知的性质。

人类进化的过程,就是脱出洪荒、野蛮和愚昧的过程。当人在原始状态中滋生朦胧的人类情愫时,就开始了孕育自己的审美意识,不断实现对美的发现、欣赏、追求和超越的绚丽多彩的无限过程。因此,人类文明的起源便是美的起源。

人类的文明、人类发现和追求美的过程,培育了历史的美感。但是,由于历史是人类过去的经历,是不复存在的人类社会运动过程,所以,人们不可能现成地充分欣赏历史的美感。历史上遗留下来的种种文字资料、民间传统、考古器物、建筑、古迹等等,依稀拓印着人类历史活动的概貌。历史学家通过对它们进行千辛万苦的调查、记录、整理、研究,来探究、观照和再现过去。历史学家的创作活动,使历史的美感重现,是人们得以把历史的美感和审美联结起来的唯一中介。史学著作所揭示的历史的美感,集中和形象地显现了历史学家的知识、个性、气质、人生体验以及对历史的感觉。因此,历史的美感是历史环境和现实环境的沟通,是主观世界和客观世界的默契,是历史学家心智的记录、心灵的投影、心态的流露和心胸的坦布。

历史美学的客观基础,是下述三种矛盾运动所内蕴的张力。

首先,人类历史活动所包含的人的自然性与社会性的矛盾。人类不断走向文明的过程,就是历史的美感的创造过程。历史的真、善、美,是在辨别、感化和克服假、丑、恶的过程中不断成熟起来的,是在原始和开化、进步和落后、正义和邪恶的矛盾冲突中实现的。它不是一个顺势的直线运动,而是一个交织了无数次前进和倒退、成功和失败、欢乐和痛苦、光明和黑暗的复杂的动态过程。历史发展的曲折性,本质上是人的生物性与社会性并存的根本特性所决定的。人是历史活动的主体,在生物学意义上和社会学意义上同时存在。只有作为文明社会的成员,人才会产生尊严和人格的自我意识,才会觉悟到对社会负有义务,并对他人怀有高尚的人类之爱。可是,人作为生物学意义上的灵物,又无法脱离感性欲求的本性。这种欲求本质上和一般动物没有区别。我们可以很自然地把一切丧尽天良的残忍行为称为"灭绝人性"或"兽性发作"。人类历史上那些对公共权力的贪占垄断,对社会财富的掠夺挥霍,对自身同胞的压迫摧残,从根本上说,都是人原生的生物本能的表现,是人类的恶的返祖现象。历史学的社会功能要求它张扬人性、鞭挞兽性,让人们看到文明、进步和社会正义,坚定地走向和谐美满的理想乐园。

其次,史学创作活动所包含的科学性和随意性的矛盾。历史学固然尽可能地反映了历史学家的理性认识,但这种认识不可能是尽善尽美的。过去出现过许多伟大的历史学家,但并没有十全十美的史学著作。为什么?因为任何历史学家的创作活动都包含科学性和随意性两种因素。一方面,他力求客观、准确;另一方面,他的创作又因为知识、身份、气质、环境、思维持点、物质条件等等的限制,而不可避免地含有个人偏见的因素。比如,许多史学著作都说,人类有一个母系氏族阶段,因为当时社会处于采集经济和渔猎经济水平,女人的作用比男人大,自然处于社会中心地位。这实际上是一种缺乏试验性证明的结论。女性在采集经济和渔猎经济中比男性重要的地位从何而来?我们并没有令人信服的论据。也许,我们顺着下面三个要点思考下去,答案会更科学一些。第一,当时人类无法解释生命的起源,也不懂得只有男女结合才导致女子生育。他们把生育现象看作女子的独特本领,并且感到无比神秘。由此,人类出现了对生殖的普遍崇拜。第二,在当时十分恶劣的自然条件和生活条件下,人类的存活率很低,由于生理原因女性死亡率远远高于男性。男女比例严重失调,初民阶段的人类只能以群婚形式满足性生活和繁衍后代的需要。第三,由于语言、思维、审美意识和物质条件的限制,当时人类的精神生活水平极低。人类的性生活还没有完全摆脱动物交媾的性质,因此,也认识不到应当实行对女性的独占。这三点决定了男子对女子的自发的尊敬和服从,并且使女子的社会中心地位得到普遍认可。所以,母系氏族社会实际上是人类在性欲支配下的社会生活的一种历史形态。由此可知,历史学家的创作活动,必须时刻注意提高科学性,克服随意性,最大限度地显示历史的真实,从而体现历史的美感。

最后,人类审美意识所包含的历史性与现实性的矛盾。历史学是人类社会发展到一定阶段的产物,人类最初的历史意识包含在古代神话中,因此,是先有历史后有历史学,是后一时期的人叙述前一阶段人类社会的发展过程。历史学恪守当代人不修当代史的传统,因为社会生活没有凝固,当代人无法摆脱感情因素,更难以做到兰克所说"无例外地保持不偏不倚的态度"。历史学的这个特性包含两种危险：

第一,历史是已经流逝的社会景观、客观事物和人类生活,可是历史学家总是在新的社会环境中追溯过去。现实的生活环境和历史的客观环境并不相同,有些甚至存在天壤之别。现实生活环境提供给人们的知识、经验、感受能力,一定有别于过去。这就使历史学家对历史的把握,常常带有当代社会生活的烙印。从这个意义上说,一切史学著作都是当代人对过去的返观、感受和把握。这就决定了历史学家的主观认识与历史实际之间或许存在差异。这种差异可能导致的后果是,历史学家根据自身价值观所肯定或否定的东西并非历史的真实。

第二,历史是人类按照自己的价值尺度和生活方式进行社会活动的过程,可是历史学的社会功能又决定了它不可能用也不应当用人类古老的价值尺度复原历史,向人们提供陈旧的生活经验。如果历史学提供了这样的经验,那它就是毫无意义的。社会在发展,人类的价值观念在不断变化,有些过去人们认为真、善、美的东西,今天也许会成为假、恶、丑。这就决定了当代审美意识与历史的价值尺度或许存在差异。这种差异可能导致的后果是,历史的真、善、美无法通过历史学为当代人所接受。上述两种情况,都会使历史学陷入无法摆脱的窘境。历史学家的创作活动,目的在于开发历史的巨大美感资源。历史学家既要有强烈的现代意识,又应当准确地体察历史的环境和基调,从而实现历史的美和审美之间的有机的、和谐的、辩证的统一。

历史的美学内容是真实性、经验性和审美性的统一。这个美学内容显示了对史学著作的实证性、理论性和可读性相统一的要求。

真实性原则是历史学的根本原则。不能虚构历史,这是全世界古今中外的历史学家共同遵守的惯例。历史学的真实性应当包括三个内容。第一,史学著作所记载的是得到证实的,力求不含历史学家个人偏见的某种客观过程。第二,史学著作所记载的真实历史,反映了、揭示了历史的主体即人的真实个性。也就是说,历史的真实性首先是人的真实性。如果没有人的真实个性,那么我们看到的历史,将是无数没有特点的、没有差异的人或事件的无比单调的堆砌和重演。历史的真实美,表现为历史事件和历史人物的个性和差异。正是这些千姿百态的个性,构成了历史的多样性,使历史学成为无穷无尽的文明知识的宝库。同时,也正是由于这些个性,才能充分调动人们的审美情趣,使历史学保持青春常驻的魅力。人的真实性就是人性。历史的美归根到底是人性的美。历史学正是通过揭示人类历史上真、善、美与假、丑、恶的人性冲突,通过揭示这种冲突所形成的川流不息的人间悲喜剧,使人们客观地、正确地认识自我,不断从必然王国走向自由王国。第三,历史学的真实性还包括它是历史学家真实的自我价值实现。他应当小心保护好自己的研究领域,使之真正成为不受污染的科学园地。在这块园地中,他抛弃一切功利性的动机,辛勤耕耘,生产着纯净的精神产品。

经验性是历史学家的主体意识的体现。历史是无限久远无限生动的。人类历史的大部分内容,人类社会的大部分成员,人类社会的大部分景观,是无法复原的、不可知的。历史学家要用自身的有限的知识和生命,去探究、了解、复原无限的不可知的历史,这本来具有不可行性。历史学家进行创作活动的客观基础,是他的知识和生命,他的知识是返观、感受和把握过去的参照系。我们说,历史学是历史学家心智的记录就是这个意思。历史学的经验性表现在:第一,历史学家对创作对象的选择。换言之,也就是他对历史价值的肯定。在纷纭复杂的历史现象中,历史学家选择创作对象的过程,就是他对这个对象带有某种认同意义的认识过程。第二,历史学家对历史现象的把握和总结。这是历史经验的形成过程。史学著作要提供经验,不提供经验的史学著作反映了历史学家缺乏主体意识和对客观事物的洞察力。历史学家所提供的经验的不同,反映了他们的知识结构和感悟能力的不同。史学著作所揭示的、从历史实际中概括抽象出来的历史经验,是历史的理性的美,是历史的规律性和历史学的科学性的辩证统一。在这里,不提供经验或者提供的经验不符合历史实际的著作,都不具备历史的美学价值。

审美性是历史学精神属性的要求。史学著作的审美性,是它的美学价值得以实现的重要基础。史学著作只有富于审美性,才能刺激读者的审美意识,引起美的交流和共鸣。那种认为历史学只要忠实记载事实而可忽略审美要求的看法是不对的。常常有一些史学著作,尽管拥有一定的成功之处,但由于文字、语义、逻辑、结构等方面的缺陷,不能给读者以应有的美的享受,因此,它也缺乏读者。至于真实性、经验性方面有问题的著作,就更谈不上审美性了。历史学的审美性是指:第一,用优美的形式和语言表达历史,使它形象、生动地再现出来;第二,通过历史学家的审美活动,发现历史的真、善、美,也就是说,历史学家所肯定的东西,确实是人类历史上真实的、善良的、美好的东西。

历史的美学旨在开发历史的美感。这是一种创造活动,本质上是历史学家个人的活动。因此,只有通过历史学家不断的美学实践,才能不断提高历史的美学水平。

史学著作代表了历史学家对社会、自然和人的看法,包含着他对人生意义的理解。历史学家的创作活动,是一个追求真理的过程。他通过对过去的认识,把已经消逝了的人类活动,用知识的形式昭示于现实社会,成为人们的精神财富。这是一项十分高尚的工作。历史学家从事这项工作的时候,不能脱离当代社会给定的知识、价值观和物质条件,但是,他又必须谨慎地摆正与这些知识、价值观和物质条件的关系。例如,他不应当任意运用当代知识去推测古人的价值观;例如,任意运用当代的价值观有可能极大地损害史学著作的科学性;再例如,社会的物质水平是社会成员物质享受的基础,丰富的物质享受和精神享受与历史学家的学术成就有很大关系,但过度的享受和追逐物质占有又会断送他的学术成就。不能设想一个沉湎于声色犬马的人会成为优秀的历史学家,也不能设想那些利欲熏心的市侩和政客会成为优秀的历史学家。这就是说,史学工作者有必要超越自我,全身心地去追求那些远远高于物质层面的东西。

历史的美学锻炼是一种特殊的审美锻炼。历史学具有自身的特性,它对历史的真、善、美的展示和讴歌不能脱离这个特性。如果历史学家用虚构来表现自己的研究对象,那么,即使他写得再美也只能留下丑的标记。人们有权利认为,这个历史形象是不真实的、虚构的,它反映了这个作者伪造历史的丑恶品质。历史学的素养具有独特的规定,例如,鉴别史料的能力、对历史的体验能力、史学著作的写作能力等等。但是,这么说绝不意味着史学素养的提高可以脱离、拒绝其他科学。例如,史学工作者必须不断锤炼自己的文学素养,以便提高文字表达能力;必须拥有社会科学的多种知识,以便对历史上的政治、经济、文化、社会活动做出正确的判断和准确的叙述;必须具备必要的自然科学知识,以便对历史上人类对自身、对社会、对未来的种种关怀做出具有科学意义的解释。

历史的美感蕴藏在历史当中,谁能把这种美的资源挖掘出来,客观的依据是他的审美水平。只有能够发现美的人才能给人们带来美。有的人把历史上美好的东西当成丑来抨击,相反,有的人又会把历史上丑恶的东西当成美来颂扬。这些都是现实生活中的肮脏和罪孽造成的人格扭曲所导致的美与丑的错位。历史学家应当不断排除世俗的干扰,不断启发自己的真知和良能,为人类奉献自己的美好篇章。

(原载《开放时代》1993年第1期)

历史学的观念、方法与特色

进入近代以来，或者更准确地说，清末以来中国历史学逐渐进入了现代化的过程。历史学的现代化有以下六个特征。第一，在指导思想方面，从为统治者"资治"转变为探求社会发展规律，服务于经济社会发展的实际需要。第二，在形式上，从以纪传体为主，其他特色鲜明、分工明确的本末体、编年体、年谱体等传统体例并存，转变为以章节体为主。这个转变，使历史学更加便于叙说，也更适合大众阅读。第三，在学术方法方面，从中国传统自体性知识体系转变为充分接受外来史学思想方法的开放性知识体系。第四，就写作方式而言，从以官方修史为主体转变为广泛意义上的民间修史。第五，史学著作的语言形式从传统汉语转变为现代汉语。第六，从历史学的社会功能上看，历史学仍然是民族精神文化和现代教育的重要内容之一，这使它保留了民族集体记忆的功能。同时，随着许多艺术手段的发展和文艺活动更加贴近社会，更加群众娱乐化，某种意义上历史学还成为一种更加普及的民间知识和社会文化产业的必要前期工序和艺术材料。

二十世纪的中国历史学取得了很大的成就，这是一笔宝贵的财富。随着现代化事业的快速发展和人文社会科学的进一步繁荣，历史学也一定会获得无愧于这个时代的成就。

应该注意养成全面的历史观念。我们说，史学研究是一种特殊的文化创造形式，它的特殊性体现在什么地方呢？就体现在我们从事研究时，我们自身的观念与我们对史料的使用之间存在一种互动关系。英国学者爱德华·霍列特·卡尔说："历史是历史学家跟他的事实之间相互作用的连续不断的过程，是现在跟过去之间的永无休止的问答交谈。"全面的历史观念对于史学研究有巨大的价值。

首先，它表现为对研究对象的选择，与我们自身的兴趣、爱好有关。而这种兴趣、爱好是心理的价值层面的，本来就是一种观念上的肯定和欣赏。它会激发我们的好奇心，是一种科学的驱动力。

其次,就历史学来说,研究人员的史学观念来源于历史学的知识、新史料的发现、现实生活的经验和整体的文化素养等四个方面。所谓全面的历史观念,就是由生活经验、文化素养和史学知识汇合而产生的对历史的主观看法。这种看法越全面越系统,对历史的分析就越完整、越深入、越客观、越接近历史实际,也越有借鉴意义。

它的意义包括:第一,有利于揭示事物的完整过程。换句话说,就是起码能把某个历史事件的原本过程弄清楚。为什么有的人研究某项事件,连该事件本身过程也说不清楚,原因在于他的理解不正确。第二,有利于分析事物的内部原因。仅仅能说清楚事物发展的过程是不够的,必须弄清引起该事物发展变化的内部原因。对原因的分析,与历史观念有关系。第三,有利于把事物放在一个尽可能大的历史背景中分析,弄清楚引起该事物发展变化的外部原因。第四,有的时候,历史上某些互不相干的事物,可能会成为相互有关系的历史事实。作者的知识背景所决定的观念对分析这些现象至关重要。第五,全面的历史观念,会帮助我们去注意那些不被常人注意的问题。所谓发他人所未发,言他人所未言,是指你的认识或者你着手的领域是他人没有注意的。第六,不同的历史观念会导致对史料的不同认识。比如,二十世纪二三十年代,人们多还不把野史、笔记、地方志作为史料,因为当时人们认为那些东西不是正史记载,不可信。今天人们已经确信,一切契约、文书、谱牒、碑刻,甚至地名、民俗、传说都是史料。因为人们的观念变了。第七,不同的历史观念会导致人们对相同史料的不同解读。一份历史资料所包含的史学信息可能是复杂的,有的也许能够不太困难地解读出来,有的可能很难。在不同史学观念的支配下,同一份史料会被揭示出完全相反的意义。

在这里,需要强调应该正确理解西方学者"全面的历史""总体史"等提法。什么叫全面的历史?这是一个容易引起误解的口号。在西方学者那里,全面的历史是什么意思呢?年鉴派学者菲雷认为,与传统史学相比,社会史不再仅仅局限于西方建立民族国家的过程和西方文化对非西方的征服,而是着眼于广泛地吸收各门社会科学知识,以便客观全面地再现过去。基于这样的认识,社会史的研究范围空前扩大,"不再是只有某些事实才有资格入选的领域,相反,表面看来没有历史意义的一个举止,某家小饭店的菜单或者划分地亩的田契,一切都变成了历史"。"一旦一切都变成了历史,一切也就应该重新加以剪辑,也就是说以往没有从其演变中发现某种意义的一系列事物,或者更广泛一点说,一系列研究课题,都成为历史的因素。"与"全面的历史"的口号相似的是"总体史"。总体史是什么意思呢?根据年鉴派学者勒高夫的看法,所谓总体史就是总体性研究,就是"全面地说明研究对象"。费弗尔也说,社会作为形容词有许多含义,用在历史学方面其实没有意义,但是它恰恰因为没有确定的指称而管用。他说:"所谓经济史和社会史并不存在,只存在作为整体的历史。就其定义而言,整体的历史就是社会的历史。"我们在研究问题的时候,要有尽可能开阔的思路,包括全面的历史观念和全面的分析方法,力求在一个完整的社会运动体系中把你研究的事物描述出来。不要生硬地把政治、经济、文化的因素从研究范围中排除掉,这是不科学的。任何时代、任何历史事件都离不开政治经济文化环境。任何历史事件、任何社会问题都必须放在相应时代的政治、经济、文化背景中分析,才能找出它特定的时代因素,才能找到它这样发展而不是那样发展的时代依据。

　　坚持历史学的科学性必须坚持历史学的实证性。某种意义上也许可以说,实证性是历史学最根本的特性,因为你所叙述的所有事实,你所得出的所有结论,你所做的所有评价,都必须有证据。离开了证明的过程,就没有历史学。我曾经说过:"所谓谁发现了真理,根本的意义在于谁发现了正确的事实。就历史学而言,用事实来说话的原则,也许永远不会过时。"历史学的实证性是通过它的知识方法来实现的。这里我们非常强调知识方法的重要性,为什么要提到知识方法的角度上呢?因为所谓知识方法其实就是人们赖以获得某种知识成果的学术手段。某种新知识,只有运用一定的学术手段才能获得。知识方法问题在各个学科领域都存在。比如,理工科的实验是一种证明手段,也是一种知识方法。史学研究的知识方法与其他一般思维方法或者工程方法,比如思想方法、讲授方法、烹饪方法等等是有区别的。历史学应该是一个丰富的方法论系统,它有一些基本的思想原则,但是在不同的研究领域,为了解决不同的问题,研究实践中又分别形成了不同的学术路径。比如,历史考据的方法是一种知识方法。实际上,它就是通过对各种历史资料的考订和比对,来弄清楚那些不容易弄清楚的问题。比如,版本目录学的方法也是一种知识方法,其价值就在于使你充分了解有关历史文献的源流。再比如,过去有的学者所提倡的把活材料与死文字结合起来的方法,也是一种知识方法,其核心是社会调查。所谓死文字是指现有的文献资料。所谓活材料是指那些散落在民间的实物、碑刻、契约、文书、乡例、民俗等东西,要收集这些材料必须亲自深入民间做社会调查才行。今天,这一方法不仅已经被历史学接受,而且许多学科都认识到它的重要性。比如文学史研究中,有的学者提出应当用实地调查的方法,从现存的遗迹以及活在民间的传说、习俗和演出中,寻找文学史的资料。这个想法可以使文学研究摆脱纯粹文本解读的局限。在历史学的教学中,也有一些专门的训练学生的方法。运用这些方法指导学生(包括本科、硕士、博士)学习和研究,可以尽快地引导他们进入角色。有关这种教学活动的思想、理念、价值、手段,当然也是历史学极其重要的知识方法。和自然科学一样,人文社会科学也是在19世纪以来发生了很大的变化,不断出现边缘学科,不断由边缘学科发展为独立的学科。这些学科形成了不同的知识群,有不同的研究领域,也有不同的知识方法。它的有益方面是使我们对现实和历史的局部现象的认识更加细致、具体、生动、逼真,问题是使人们的研究领域变得很小,各个学科之间缺乏沟通,使人们在各自的研究中缺乏系统分析的背景知识,方法单一化,反而降低了科学性。应该注意加强各个学科的沟通,了解其他学科的学术理念,吸收和有机地运用其他学科的知识内容。比如,有机地运用社会心理学的方法,研究从众行为、心理暗示、阶级心理、团体意识等问题,有机地运用社会统计学的方法进行定性统计、定量统计和抽样分析,有机地运用文化人类学的方法分析文化模式、行为方式和双重人格问题,有机地运用政治学的方法分析社会动员问题,等等。在课题的选择上,注意尽可能选择学科交叉型的课题。

不断丰富自己的研究方法和坚持历史学的实证性之间,应当是统一的。这里最大的问题是如何创造性地了解和运用西方史学理论形成本土化的史学传统。在谈到中国哲学史的时候,冯友兰教授曾经说过,以前的中国哲学中,存在着术语不够用、体系不完备、论证不详尽的缺点。他说:"现在研究中国古代哲学史比较容易多了。有许多西方哲学中的'术语'可以用以分析、解释、翻译、评论中国古代哲学。"这里实际上提出了一个中西学术文化交流的大问题。五四时期,胡适出版了他的《中国哲学史大纲》。1934年,冯友兰出版了他的《中国哲学史》。1935年,金岳霖教授在为冯著所写的评语中,对这两本书分别做了这样的评价。他说:"胡适之先生的《中国哲学史大纲》就是根据于一种哲学的主张而写出来的。我们看那本书的时候,难免一种奇怪的印象,有的时候简直觉得那本书的作者是一个研究中国思想的美国人;胡先生于不知不觉间所流露出来的成见,是多数美国人的成见。"他说:"从大处看来,冯先生这本书,确是一本哲学史而不是一种主义的宣传。"为什么金岳霖先生有这样的看法呢?因为他认为,研究中国哲学史,必须解决一个前提问题,即中国传统哲学中讨论的那些问题和意见是不是哲学。"现在的趋势,是把欧洲的哲学问题当作普通的哲学问题。"这样一来,中国古代哲学家们所讨论的问题究竟是不是哲学问题,本身就成了问题。假如你按照欧洲哲学的内容和主张来分析中国古代哲学,那么就很有可能离开了中国哲学的原本内容,变成了欧洲哲学的中国言说,或者换句话说,叫作中国式的欧洲哲学言说。很有意思的是,冯友兰本人对胡适的方法论却相当认可。1962年他回忆说,当年"胡适用资产阶级学术观点和研究方法写的中国哲学史,出来以后,自然使人耳目一新"。但是问题并未解决。1996年,有学者含蓄地再次批评了胡适。他说:"当然,我们也不必否认自胡适以来几代学者的历史贡献,只是这几代学者过分强调中西文化的共同性,过于依赖西方的概念分析、解释中国固有文化,未免使这些思想文化的面貌失真。正是基于此种考虑,更需要我们站在前辈学者已有贡献的基础上，重建中国思想文化的新体系，尽量还原中国哲学的本来面目。"

我个人认为，对金岳霖先生提出来的问题，可以有双重认识。一方面是古代中国人有自己的民族性格、心理和具体生活环境，他们的实际遭遇和思考的问题，具有自己的民族文化特色。如果机械地用欧洲哲学的范畴和体系来分析，确实有可能是一种格式化，造成中国哲学原色的消解。另一方面，近代以来随着中西文化的交流，包括学术交流，各种学术术语、范畴、概念、理论越来越经常地、普遍地融入我们的文字、语言、思想和学术著作，其后果除了文字、语言和书写的变化外，肯定会引起思维方式的变化。这种变化是文化时空变化的直接后果，也是中外文化交流最深刻的内容。由此言之，要求中国思想学术的叙说方式不改变好像有一点不太可能。我还认为，中外文化交流所带来的中国思想学术的这种双重性的矛盾，当代乃至今后相当长的时间内仍然存在。就历史学而言，应该提倡以最大的力量深入调查，详尽地占有资料，首先把历史事实搞清楚。应该反对照搬照抄西方理论，机械地模仿西方学者的范式，离开具体事实空发议论。

在学术研究中，应该提倡有不同的兴趣、不同的风格、不同的特色。要提倡研究人员充分发扬自己的研究个性，提倡不同的史学流派。如何理解不同的学术个性和特色呢？现在人们一般把自己的研究领域看成特色，这当然没有什么不好。但是，严格说来研究领域还不是特色，更不能把某个研究领域说成流派。建国以来史学研究最大的失败，恐怕不外乎消弭了人们的学术个性，很少有人能显示自己的研究特色。什么叫特色？特色就是事物自身显示出来的与其他事物不同的性状，研究特色就是具有独特价值的研究理念、视角和方法。我主张在研究中注意制度因素。这里所说的制度不是传统制度史意义上的制度，而是一种社会生活中广泛的体制性力量。它包括法定的规则或者社会权力结构，占统治地位的思想、理论、政策，有支配力的各种习惯，相同利益关系所决定的群体欲望，各种社会因素合力造成的历史趋势，一定时期社会多种制度的不同层面，相同时期同一制度的多样性，等等。这些东西都可以归纳为社会的精神因素。我们过去比较强调物质条件，好像只要说明了社会的物质水平就是坚持了历史唯物主义。其实，社会的物质条件只是人们生存的基础，不能解释人们历史行动的全部。为什么在相同的物质生活条件下，有的人这样想，有的人那样想？这个地方的人这样，那个地方的人那样？任何时代物质条件都不会自发地作用于历史过程，它只能也一定是通过人、通过社会的运动来实现对物质条件的改良、对生产方式的改造、对社会组织方式的变革。在这个过程中，制度既是社会组织的纽带，也是社会发展的杠杆。人们组成社会是靠制度形成一定社会秩序的，不同的制度代表不同的社会秩序，不同的秩序造成不同的生存方式，社会的变化常常主要是制度的变化。在史学研究中,应该注意通过综合分析制度因素,揭示特定社会的环境,解释某种制度的代价和效益,区分社会进步的阶段性。

中国历史学的现代化是一个长远的过程。在中国近现代史领域,现代化过程还没有结束。在许多学术问题上,我们的研究水平还落后于域外学者,其中最重要的原因是环境的限制和学术观念方法的差异。历史学的进步需要许多条件,其中观念方法的进步有极端重要的影响。我相信,通过不断讨论实现的理论创新,更重要的是通过不断实践所获得的新成就,会有助于学术界的整体进步并且日益向国际学术前沿靠拢。

(作于2003年12月31日—2004年1月2日,原载《史学月刊》2004年第4期)

历史知识的建构

历史是人类过去的经历。运用历史学的方法对历史进行研究,满足了人类了解过去的愿望,提高了人类的经验水平,丰富了人类的精神生活。笔者把历史学所获得的知识,称为历史知识。历史知识是人文社会科学知识系统中的一种体系性知识,它与自然科学知识的区别是:

第一,它是一种体现作者个人价值判断的知识。自然科学知识不包含发明者的价值判断,不带个人政治色彩。历史知识一定包含作者的主观价值判断。对同一研究对象,不同研究者可能看法相同,也可能部分不同,或者完全不同。

作者的主观价值判断,对历史知识的客观性具有双重的影响。一方面,人类社会的历史进化,是有是非善恶的,作者的正确的政治观念和评判标准,是必要的历史批判精神的客观基础;另一方面,作者的政治观念和个人情绪,必须受到史学道德的严格限制,不能逾越历史理性的界线。否则,研究结果的公正性,就缺乏基本的保证。

第二,它是一种完全不能通过实验加以验证的知识。自然科学知识多半可以通过实验证明,但是任何研究人员都无法把历史上发生过的事实再演一次,并且把这种再演的结果,作为分析过去那个事实的依据。

历史知识的正确性,最常见的方法,是通过历史资料来检验。也就是把某种研究结果与作者所使用过的和没有使用过的历史资料进行比对,分析这种研究结果与这些资料所记录的内容相似或者一致的程度,以判断其正确的程度。

人类进入政治社会以后,历史就被分别提炼为国家知识、历史知识、民间知识三种不同的知识形态。

所谓国家知识,是一种具有国家政治意识形态功能的知识,也是一种古今中外国家政治权力经常拥有的知识系统,包括政治、哲学、法律、文学、艺术、历史等学科与国家政治意识形态有密切联系的内容。历史学的有关内容,经过国家知识的吸收和改造,就会成为被政治意识形态包裹起来的以某些历史知识为基础的国家史观。

所谓历史知识,是由专业研究人员,运用历史学的知识方法所获得的对历史的认知和叙述。它是具有独立专业品质的一种体系性知识。所谓历史知识的体系性,是指它在价值体系、科学体系和结构体系方面,都具有独立的完整的并且互相统一的性质。

所谓民间知识,是指在普通民众的社会,人们按照自己的观念、愿望、认识水平、生活态度与习惯,朴素地、有局限地、可变动地拥有的知识系统。它包括各种自然知识、社会知识、文化知识、生产知识、生活知识,其中也包括某些历史知识。

本质上,历史知识是一种客观知识。多数情况下,历史知识是研究人员对完全陌生的过去时代的叙述。决定研究人员叙述水平的因素比较复杂,其中很重要的条件,是研究人员的历史观念。

研究人员的历史观念,包含两个方面的内容。一是对历史的主观看法,包括研究人员对自己所研究的特定历史对象的立场、态度和评价;二是在研究活动中所贯彻的方法论,即用以创造历史知识的态度、程序和技术路径。这两者是统一的,又是有区别的。研究人员对历史的看法,对历史时代的看法,对某些重大历史事件的看法,会对他研究特定历史对象所持的观念和立场发生影响,从而影响他的结论;研究人员在研究活动中所秉持的方法论,也会影响他对时代和社会的看法,从而影响他对特定历史对象的研究。

对历史的主观看法,是一种历史观;研究历史所秉持的方法论,是一种学术观。历史知识的客观性,与研究人员的历史观念有很大的关系。

我曾经说过:

所谓历史,首先是人民群众的历史,是人民群众用血汗书写的生活业绩。我们应当不断端正历史观念,更多地发现和颂扬人民的价值。所谓历史,是对过去的发现。我们应当抓住一切机会,留心一切苗头,更多地走向田野,走向民间,把那些稍纵即逝的资料和事实整理出来,以见证社会和时代。所谓历史,是思想的过程。我们应当尽可能地提高理论修养,以便有条件在一种更加公正的立场上解说过去,而不是生吞活剥地套用别人的概念和方法,把千姿百态的人类生活,变成干巴巴的公式和教条[①]。

这里所说的,就是一种历史观念。为了把它贯彻到史学实践中去,不断提高研究水平,应当注意以下七个问题:

第一,研究课题与历史资料的匹配。历史资料和研究课题是否匹配,是衡量研究成果样本性水平的重要指标之一,也是决定研究成果科学水平的重要指标

---

① 李良玉:《历史是人民群众用血汗书写的生活业绩》,《李良玉史学文稿》,合肥工业大学出版社,2011年版,第165页。

之一。

所谓样本性,有两层意思。一是说课题的内容,是一个完整的个案;二是说所用的证明材料非常吻合,即运用的资料正是所说明的问题必须具备的。因此,文章的阐述,针对特定的事物,材料充分,有系统的实在的内容。

样本性的首要标准,是课题内容的个案化。我曾经说过:

博士论文的首要学术特点是样本性,也就是你的研究,是一个独立的个案。这个个案,可以是一个比较能够集中概括起来的问题,可以是一个独立的历史事件,可以是一种什么思想,也可以是一种特别有意义的社会现象,等等。总之,这个个案的内涵是确定的,边界是明确的,主题是鲜明的[1]。

历史资料与课题完全匹配,就有了样本化的基本条件。

这是一种很重要的学术方法。课题与资料的匹配程度越高,论述体系越严密,样本性越强,作品的科学性就越强。好比做陶瓷,要用那种专门的矿土(高岭土)。拿水泥做原料,标号再高,也做不出陶瓷来。历史著作使用的材料不对路,就好像拿水泥去做陶瓷。

有些历史书,资料和问题不搭,作者提出某个论题,但是没有材料证明,说服力不强。于是,或者拿东家的材料说西家的事,或者用面上的内容代替点上的叙述,或者用空洞的议论代替自己的论点。这种缺少样本性的作品,就没有什么价值。

第二,档案资料、文献资料与民间调查的综合。这是三种很重要的材料。档案资料是国家和民间各类档案保管部门、机构所保存的历史资料,其中包括专门保管的丰富的国家政权施政资料,也是社会各种原始历史资料中集散性最强的资料。

文献资料的范畴比较宽泛,理解也不同。过去的史料学所讲的文献,一般指公开的历史文件;过去的文献学所说的文献,一般是指历史典章和书籍。复旦大学教授王欣夫曾经说过:"凡是历史性的材料都称之曰'文献'。"[2]他所说的"材料",就是指历史上遗留下来的典章、书籍,包括抄本形式的书。

笔者所说的"文献",是指产生于各种资料生成形式并遗留下来的一切历史事实的初始文字资料。因此,是一个史料学的新概念,或者,是对"文献"的新解释。

而所谓民间调查,有四层含义。一是改变坐研究室的习惯,除了利用图书

---

[1] 李良玉:《关于任玲玲博士论文计划的批语》,《李良玉史学文选》,合肥工业大学出版社,2007年版,第374页。

[2] 王欣夫:《文献学讲义》,上海世纪出版集团,2005年版,第2页。

馆、档案馆的资料,还要走出去,走向民间,走向基层,找到新的感觉,发现新的问题,开辟新的领域;二是亲自动手,去收集散落在民间各个角落里的大量原生性的资料;三是通过走访活动,获得大量的第一手的当事人的口述资料;四是通过必要的分析鉴定,去粗取精,去伪存真,使民间调查所得成为史学研究的有价值的证据。

所谓综合,是把各种来源的资料集中起来,进行统一的鉴别利用。如果材料过分零碎,过分单薄,就无所谓综合。有档案资料,有文献资料,有民间调查,还有其他各种形式的资料,才有综合利用的基础。资料越丰富,越完整,分析与归纳的前提条件越好。

当然,研究问题的时候,对历史资料的要求,不应机械设定。只能根据课题的需要、资料的可能性,以能够解决问题为标准。根据课题的要求收集资料,根据资料的情况发现课题,根据搜集资料的新情况修改课题,甚至改变课题,是研究人员经常面临的问题。我曾经把历史资料分为八大类,这里的例子,也只谈了其中几种。各种历史资料的综合使用,有不同的方法和特点。提高灵活运用的水平,只有通过具体史学实践才能实现。

第三,历史面貌和当下面相的观照。本质上,历史就是人类社会生活不断积累为文明成果的过程,它是不断发展的。所以,既要用发展的眼光衡量社会的进步,又要在当前的社会现象中发现历史的基因。

某些历史现象,在现实生活中有重新滋生的可能;许多现实问题,在历史上能够找到参考答案;研究过去的社会,对当前社会有所启发;研究当前社会,对分析过去的社会有所借鉴。

研究历史不是纯粹消闲,不能看成与现实生活毫无关系。为了更好地发挥史学研究的作用,必须注意更好地发挥当代生活经验的参考作用。把历史和当下联系起来观察,有利于区分两者之间的不同性质,认识新旧事物的联系,找出它们的不同点及其演变规律。

举一个关于《三字经》的例子。

《三字经》只有1 400多个字,相传为南宋学者王应麟所编。在中国传统典籍中,称为"经"的作品并不多见。在儒家典籍中,有"四书五经""十三经"的说法,道家的经典有《道德经》,中医的经典有《黄帝内经》,佛教的经典叫"佛经",比如《心经》《金刚经》《坛经》等。可见,不是随便什么书都可以称为"经"的。《文心雕龙·宗经》解释儒家经典说:"三极彝训,其书曰'经'。'经'也者,恒久之至道,不刊之鸿教也。"当代高僧净慧法师解释佛教典籍时说,经有五义:出生义,"能生出一切义理";涌泉义,"所讲的道理,其意味无穷无尽";显示义,"文字内容,能显示佛法的深奥之义";绳墨义,"可以成为我们人生的一切言行的实践的标准";结缦义,"好像是一根线,把佛教的法门贯穿起来成为一个整体"。(《"心经"禅解》,铅印本,第12—13页)朱元璋解释《道德经》说:"朕虽非材,惟知是经乃万物之至根,王者之上师,臣民之极宝,非金丹之术也。"(《道德经·序》)

这些说法是否正确不用推究,我要说的是,在中国人的文化观念里,"经"有这么高的地位,而《三字经》不叫"三字文""三字诀""三字训"等等,而叫《三字经》,自然有其内在的价值。

1975年,有一篇文章批判它:

兜售了唯心论的先验论、反动的唯心史观、封建伦理道德等许多黑货,内容非常反动,是贩卖孔孟之道的骗人经,维护反动统治的卫道经,妄图开历史倒车的复辟经。所以,历代反动统治者和孔孟之道的徒子徒孙,都把它吹捧为"袖里通鉴纲目""小百科全书",作为他们培养接班人的启蒙课本,麻醉毒害人民的精神鸦片。①

1989年,有人指出:

一部《三字经》,融时间、地点、数目、历史、地理、人物、天文、气象等知识于一体,于方寸之中见宇宙;贯通诗书礼乐、父母兄弟、老幼亲疏之关系,于授业之中解道理;寓正反事例,人物相较于其中,于鞭策之中催奋进。千余字中有德育、智育,类似小百科,堪称全面教育的楷模,为我们今日进行全面教育提供了一个很好的范例。②

2009年1月底,中央电视台"百家讲坛"开始讲解《三字经》,一共讲了40多讲,引起了广泛注意。讲解专家钱文忠说:

已经有几百年历史的《三字经》,依然有着巨大的生命力。在过去,包括章太炎先生在内的有识见的学者,多有致力于《三字经》的注释和续补者。近期,文化部原常务副部长高占祥先生还创作了《新三字经》,同样受到了广泛的关注。③

前后对照起来,在1975年、1989年、2009年三个时间点上,对《三字经》的评价变化这么大,其背景,就是社会文化思潮的巨大变化。

第四,生活经验与文本制度的对比。所谓生活经验,是指人们在社会阅历和日常生活技巧基础上形成的,具有通识性的,观察和处理各种复杂人际关系和实际事务的能力与方法;而所谓文本制度,是指一定时期社会政治、思想、文化、法律、习惯等力量合力作用下形成的各种成文与不成文规范的总和。研究历史,就是研究人们过去的生活。生活本身除了有时间性、空间性,还有组织性和制度

---

① 《〈三字经〉选批》,《十种反动启蒙读物选批》,农村读物出版社,1975年版,第1—2页。
② 吴偲千:《中国封建蒙学文化述评》,陕西人民出版社,1989年版,第5页。
③ 钱文忠:《钱文忠解读〈三字经〉》,中国民主法制出版社,2010年版,第1页。

性。社会生活的制度性，主要取决于文本制度的规范力。但是，我们在研究历史的时候，又不能仅仅依据文本制度，而必须在文本制度与生活经验相统一的角度上加以综合分析。

生活经验与文本制度是分析历史的两个不同视角，也是两个具有相互矫正作用的视角。只有把它们统一起来，才能确保研究成果的客观性。

生活经验与文本制度既存在一致性，也存在差异性。所谓一致性，是说一定时期内社会生产力水平具有相对稳定的性质，人们的生活条件和生活方式有相对稳定性，社会制度的覆盖面和规范能力也是基本统一的，这就造成了社会面貌总体上的同质性；所谓差异性，是指尽管处于相同的社会发展阶段，由于地区、种族、自然条件与社会结构的不同，同一时期各种不同人群、族群、种族、民族、地区、国家的历史内容会拥有自己的鲜明特点。

比如，早在1912年1月2日，孙中山就已经通电各省改用阳历，并且以1912年1月1日为中华民国的开始。1949年新中国建立，又宣布改用公历。这是历法制度上的两次重大改革。

但是，由于传统农历的实用性、群众习惯、文化程度限制等多种原因，不仅民国时期人们在出生时间的记录上普遍使用农历，二十世纪五十年代出生的人，多数还是使用农历记录出生时间。

我自己也是这种情况。小的时候自己不懂，直到1982年人口普查才发现。但是，身份证上的时间换算还不正确（笔者注：我的出生时间是1950年农历12月24日，换算为公历应该是1951年1月31日，而身份证上的时间是1950年12月24日）。现在看来，在广大农村地区甚至中小城镇，二十世纪六七十年代出生的孩子，仍然有很多人用农历记录出生时间。在一些边远偏僻的地方，甚至二十一世纪以来，还有人在使用农历记录儿童的出生时间。

与民众生活关系越是密切，制度性的变革越难。孙中山就任临时大总统之后，曾经下令禁止蓄辫和缠足。蓄辫涉及满人风俗，禁止蓄辫带有推翻清王朝的政治意义，各地政府积极推行，甚至派士兵带着剪刀在城门口强制剪掉老百姓的辫子。但是，民间风俗却不会一下子改变。二十世纪六十年代，还能看到有农村小男孩扎个小马尾巴，但含义变了，是表示稀罕和祈求平安的意思。至于缠足，据说南唐时期就开始了。千百年来形成的传统，靠一纸公文是改不掉的。二十世纪三十年代，甚至再后一点的时候还有缠足。我的母亲出生于1930年，小时候也缠过足，不过是半缠，不是那种标准的小脚。

又比如，1979年以后，我国政府推行"一对夫妇只生一个孩子"的人口计划生育政策，取得了巨大的人口控制效应，对于经济社会的健康发展发挥了非常积极的作用。但是，有三个现象值得注意：第一，在城市城镇人口，特别是在国家机关、企事业职工中,这项政策的执行是严格的。而在广大的农村人口中,一段时间内推行非常困难,执行上也要打许多折扣。第二,由于只准生一个,于是就有人运用各种手段实行选择性生育,结果就是所生孩子中男女比例失调。第三,由于实行独生子女政策,出生率下降,人口红利逐步降低,30 多年下来,社会劳动力、家庭养老等方面已经出现一系列新的问题。

这些都说明,不能把文本制度的约束力,与它在实际生活中的规范能力等同起来。

第五,学术价值与大众价值的平衡。正确认识学术价值与大众价值之间的关系,是一个重要问题,也是一个过去人们不怎么注意的理论问题。

无论中外,"价值"一词与经济交换都有密切的关系。中国古语有"价值连城"的说法;西方有经济理论认为,价值是体现在商品中的社会必要劳动。一般场合,价值是指客观事物的有益性。在文化观念的层次上,价值是一种心理、思想、道德、政治倾向的综合体,是人们赖以判断社会事物合理性的精神准则。

在政治和阶级的社会中,由于族群、社群、业群、团体、阶层、阶级的分别,社会价值系统是一个多元的复杂的生态场,拥有包括种族价值、宗教价值、政党价值、由家庭或家族生活经历和精神传统所决定的家庭或家族价值、各行各业的职业价值、代表社会公众主流价值内容的大众价值、精英阶层的精英价值、知识阶层从事专门学术研究所形成的学术价值等等在内的各种价值体。它们都在各自的范围内发挥作用,为各自所属的人群提供精神依托和道德支持。在此基础上,国家作为全体国民的政治共同体,必须从这些不同价值体中,把那些能够得到国民普遍认同的价值成分提炼出来,上升为国家意志,形成国家意识形态或国家知识。

国家意识形态,或者国家知识,体现了国家的价值观,是国家的精神形态,是国家权力结构的必要部件,属于社会的上层建筑。国家意识形态是一种精神结晶体,具有不可拆分的性质。本质上,国家知识代表国家的政治道德倾向,是国家摄取了国民道德中被普遍认同并黏合于社会整体利益的部分,所形成的国民政治与道德的整体规范。

社会价值系统的内容、运行规律、相互关系,国家意识形态合法性的消长规律等问题,比较复杂,不在本文讨论的范围。笔者所关注的,是应该实现学术价值与大众价值的某种平衡。

学术价值是专业的研究人员,通过对特定专业领域的研究,所形成的关于某种专门知识的知识准则。大众价值是普通民众所秉持的通识性的生活准则。从本质上说,两者不是一回事。就历史学而言,它们之间具有极大的差异。也许,民众在生活经验的层次上,在民间知识传承的角度上,在切身感受的角度上,在民众朴素情感的意义上,对过去或者当前事物的看法,才与专家的学术价值发生一定联系。

这种大众价值很朴素,不一定成熟,也不一定科学,但是很宝贵。某种程度上,它代表了公众感受,反映了社会舆情,从一个侧面体现了时代的认识水平。假如专家的历史评价过分背离大众价值,其科学性方面则必然是有一定瑕疵的。

从另一个角度上说,专业人员研究的一些学术问题,可能比较冷僻,大众不会了解,他们有理由不理会大众价值。但是,这并不是说研究人员可以完全自外于社会,自说自话,采取与大众格格不入的价值观任意解释历史现象。

历史学的社会功能,是在学术领域和公共领域发挥作用的。前者表现为研究人员致力于解决学术问题,并且培养后继的专业人员;后者是由专业研究人员、各类社会教育界人士、业余史学爱好者等共同进行的、针对社会大众的历史教育与历史宣传活动。这两种工作,在历史阐释的范围、深度、广度等方面有一定差别,但是所依据的历史观,特别是价值标准应该具有一致性。

现在,各个学科都存在学术价值与大众价值过分不一致的现象。比如,有专家研究房价,说房价高是因为中国政府保护耕地。假如不保护耕地,房价就能降下来。有专家研究说,自行车的污染比汽车大。在历史学界,有人还在压制对过去极"左"路线的批判,甚至还在蓄意美化某些罪孽深重的极"左"人物。其实,这类人物早已被民众痛斥不已。这些比较极端的例子,严重败坏了学术价值的信誉,也败坏了专家的公信力。

撇开这些极端的例子不谈,还可以举几个普通的例子,来说明专家应当对大众的知识水平有准确的了解,适当尊重大众价值,注意不要过分背离大众价值。

有专家介绍宁波天一阁说,它之所以叫"天一阁",取自"天一生水",根据是五行说,具有防火的意义。他说:"古人相信,'天'和'一'都跟水有关系,所以叫天一阁。叫了天一阁,这个楼倒好像真是没有着过火。"①

在这里,专家告诉读者,天一阁从来没有失过火,与起了这个名字有关。这显然是不正确的。天一阁没有失过火,原因是多方面的。它的设计非常科学,建筑布局考虑了防火的要求,有一套严密的防火制度。傍晚准时关门,不准点灯;女眷不准进楼,不在里面烧火做饭,建楼以来世世代代遵循,它怎么会失火呢?假如使用现代化的手段,架上电线,安上电灯,如果电线老化、管理不善,反而可能失火。这说明,专家所宣传的,不是大众都能理解的现代科学价值。

再举一个例子。前几年,曾有专家在无锡签名售书被读者打。由于持不同观点而殴打专家,这是需要谴责的。但是分析起来,很可能专家讲的课题,刺激

---

① 《钱文忠解读〈三字经〉》,第 54 页。

了某些特定地区群众的民族情绪,导致专家的学术价值与这个地区的某种大众化的历史情绪严重对立。清初,发生过"扬州屠城""嘉定屠城""江阴屠城"等等事件,在民间留下了非常强烈的民族情绪。虽然几百年下来了,但可能还没有彻底化解。研究清史的专家,现在讲一点清王朝的正面的东西是对的。但是,在有些特定地区可能不适应,而且专家讲授的内容,经过网络的传播,也可能有某些添加的成分,这就更容易引起问题。因此,有些比较敏感的话题,在某些比较敏感的场合,最好注意回避。不仅清史,民国史、当代史也都有这种需要。

寻求学术价值与大众价值的某种平衡,有益于实现传统与现代、精英与大众、学术与政治的平衡,促进社会生态和谐,培植现代文明的生长。

第六,传统方法与现代方法的融合。近代以来,西方学术理论和方法的影响越来越大,中国传统学术方法面临现代转型的任务。在不少问题上,中国传统学术缺少系统归纳,或者说,某些范畴存在不够明晰、不够周密的性质,没有形成系统性。这是一种缺陷,但是,中国传统学术中,也有一些内容方法是珍贵的学术财富,值得继承和发展。

在今天的形势下,历史学继续进步,传统的东西要有,现代的东西也要有;中国的方法要继承,外国的方法也要借鉴。不但不能把它们对立起来,而且要科学地结合起来,使它们融会贯通,形成现代学术传统。

这里,只举一个考据学的例子。

比如,关于时间的核定问题。在古代,历史典籍的时间表示,涉及干支、年号、历法等不同的方法,计算起来非常困难。郑鹤声先生曾经说过:"我国史籍,多以甲子纪日,时序检核,颇费精力。且历数屡变,推算尤感困难。"[①]许多专家综合前人的研究,进行细致的考订,形成工具书,专门用于检索时间。上述郑鹤声的著作,就把1498—1941年共444年的时间,按照公历逐年逐月对应农历月份、公历日期、农历日期、星期、干支五个项目编排起来,检查起来十分方便。这种学问,必须具有文献学、历法学的功夫,也离不开考证的功夫。

考证方法是传统学术的核心方法之一。熟练地运用,可以大大提高叙事的准确性。任何一件历史事件,都是由许多相互联系的关键的片段事实组成的。它们的前后发生顺序不同,相互因果关系就不同。只有通过对相关历史资料的比对、核实、鉴别、印证,才能弄清事实真相。所以,历史学的传统考证方法,并不会因为现代学术发展而过时。

现在讲考证,离不开清代考据学。清代考据学起源于政治的需要,顾颉刚说:

---

① 郑鹤声:《自序》,《近世中西史日对照表》,中华书局,1981年版。

考据，作为治学的一种方法，各代都有。但是，到了清代，特别是乾隆当皇帝的时候，大力提倡经学的考据。对于古经古典的考据使清皇朝感到放心，他们感到文人们坠入到故纸堆里，对于他们较为安全①。

顾颉刚指出，考据学的方法，是拿书与书对比，发现问题，寻找正确的答案。他说：

考据，是研究古书的方法。考据，即是以此书对校彼书。而把这一本书和那一本书的矛盾之所在，找出来，加以考查。这是整理古代史书、史料的方法②。

近代以来，特别是清末以来，出现了大量新史料，比如甲骨文、竹简、地下考古资料等；特别是大量历史档案的开发，极大地丰富了考据的资料来源，这是考据学方法发扬光大的重要条件。

所谓考证文章，无非证实和证伪两种类型。证伪比较容易理解，列举材料证明某个说法不正确，或者根本不成立就行了。证实的项目要多一些。有的需要证明原来的说法不成立，然后举出证据，建立一个新的说法；有的要在原来的几个说法中，排除其余说法，确认一种说法；有的要通过对现象、材料的收集和分析，拨开历史迷雾，把真相揭示出来。也可以说，证实就是确认，证伪就是排除。今天，不仅古代的史书、史料在版本上、文字上、史实上、音韵上都还有值得继续考证的内容，而且近代以来，包括当代的许多史书、史料、史实，也都有相当多的问题，需要运用考证的方法解决。所以，考证的方法还需要继续发扬。

第七，真实性、科学性与艺术性的统一。真实性的根本意义，是弄清真相，使研究作品内容可靠，具有学术公信力。科学性有两层意思。一是要运用科学的方法，二是研究的结论要客观公允。历史学的科学性，是实证性和公平原则的统一。艺术性是指篇章优美，隽永深刻，能够启发读者智慧。

真实性、科学性、艺术性，是衡量史学著作质量的三个重要指标。不但要坚持，而且要把它们统一起来。历史书是写给读者读的，读者越多，流传越久，影响越大，价值越大。当然，就学术著作来说，读者的多少，也不是唯一的标准。有些问题专业性很强，内容比较冷僻，读者很少，不等于没有价值。就一般意义上来说，历史著作如果没有或者很少有读者，那就难以发挥应有的作用。

人文社会科学著作的品位，根源于作者的心、气、才、情四个要素。我曾经说过：

凡文章，均为心气才情所发。心志、气韵、才华、情感者，人之皆有，文之不同，而文品之高下见矣。窘于四者之作，死文字也。

---

① 顾颉刚：《中国史学入门》，中国青年出版社，1982 年版，第 56 页。
② 同上，第 55 页。

历史学的作品,当然可以参考这个标准。

把历史的内容,转化为一种人文社会科学知识,是一种专业性很强的工作,必须讲究一些基本的原则、程序和方法。其中,以真实为原则,以事实为基础,以材料为根据,就是历史学的根本知识方法。

历史事实与历史史实,是历史学的两个重要概念。历史事实代表历史上的真实事情或者事物,历史史实代表研究人员经过论证而在史学著作中所确认的历史事实。由于时过境迁,历史事实具有不实在性、不确定性;由于研究人员的证明,历史史实具有确定性、实在性。研究人员证明事实的方法,是列举材料,根据材料说话。

在这里,尤其要讨论历史学的真实原则。

历史学的真实原则与历史真实是两个概念。历史学的真实原则,是指导研究人员从事史学实践的科学准则,历史真实是对过去人类生活经历真实性的肯定。尽管生活真实是历史真实的基础,但是历史真实又不是确定无疑的。它可以从两个角度上给以质疑:

第一个角度是,人类过去的经历中,发生过无数具体事实。它们的发生、演变和结局,是客观实在的,是一种历史真实。可是,面对遥远的过去,除了遗留下来的有关文字材料、遗迹、民间传说等等证据,能够反映其局部的内容之外,其余一切人们并无所知。

第二个角度是,由于研究人员的研究,历史著作中已经详细记载的历史史实,当然是真实的。假如没有新的材料证伪,它们就是被再现的过去,就是历史的真相。可是,"没有新的材料证伪"只是一个假设。另外,没有一个社会,没有一个时代,有可能把具有史料价值的一切材料保存下来,留给后代历史学家做研究用。这里,还没有谈到战争、灾害、人为毁灭,乃至特定阴谋事件上统治者根本不留证据等等因素。

由此可知,所谓历史真实,根源于实际生活的真实性,同时,又由于时间久远而有假定的性质。历史学的真实原则,当然是以历史真实为基础的。历史真实并不十分可靠,这个历史学的真实原则,还有意义吗?

历史学的真实原则,是一个重大的科学准则。

第一,它是历史学的核心价值。我曾经说过:"揭示真相,说明原因,总结经验,培智社会,利导人群,是历史学的基本职责。"这里一共说了五条,揭示真相是第一条。它是其余四条的前提和基础,没有这一条,其余都不成立。我还说过:"弄清事实永远是历史研究的根本目标之一。"这个说法,我想,永远不会过时。

第二,历史的真实,是一个遵循历史学的知识方法可以不断接近的目标。换句话说,历史真实虽然不是一个可以伸手触摸的固体,却是一个以历史事实为基础的、具有可视性的仿真体。

第三，维护历史学的真实原则，通过艰苦的学术研究、学术争论、学术批判，推动人们的认识不断前进，是历史研究人员的基本职业道德。

第四，历史学的真实原则，是衡量历史著作的学术水平，鉴别一切伪历史著作的最重要的标准。一切历史著作，不论作者是谁，只要说了假话，都将受到谴责而被读者唾弃。

历史知识是通过研究人员的学术活动创造出来的，研究人员的知识方法的水平，决定他们所获得的历史知识的质量。作为重要学术方法，有三点需要特别注意。

第一，从材料中来，到材料中去。从材料中来，是说结论来自材料；到材料中去，是指经得起材料检验。要坚持材料第一，坚持根据材料说话，坚持不掌握材料就没有发言权。要经得起推敲，经得起考证，经得起别人拿材料来反驳。

历史著作被人挑出刺来，多半是在材料上出问题。或者材料的引用不正确，或者材料的解释有错误，或者不同说法的材料没找到，或者更重要的核心材料没发现。

第二，就事论事。历史的基本内容，是人类的活动。人们的生活，主要以所做的事情为基本单元。历史著作告诉读者的，不外就是什么时候，什么地方，什么人，做了什么事。一切方法的运用，问题的解决，经验的总结，都要围绕事实展开。

所谓就事论事，就是紧扣事实展开讨论，不要离开事实夸夸其谈。离开人说事不对，离开事说人不对，离开人事关系说事不对，离开事与事的关系说事也不对。需要在理论的适当指导下进行研究，但不能贴标签、炒概念、玩噱头、兜圈子。有的历史著作，事情没有说清楚，理论一大套，这是非常错误的。

要善于抓住事情的外延、内涵、过程、关键、结局等关键环节。所谓外延，就是事情牵连的范围有多大，受了哪些外部因素的影响；所谓内涵，就是事情的具体内容是什么，受了哪些内部因素的支配。

历史研究的就事论事有两种。一种是根据研究人员的广阔眼光，或者说，根据研究人员的丰富知识背景进行分析判断；一种是只根据作者的肤浅知识，只抓住事物的片段内容，只看到影响事物的局部因素，进行狭隘的观察和议论。这样的所谓研究，实际上是坐井观天。要提倡前一种就事论事，反对后一种就事论事。

第三，以前瞻性的眼光衡量事物。研究历史上的任何事物，都是一种事实的重建。有没有前瞻性的眼光很重要。不能把落后的思想意识、落后的价值标准、落后的是非观念，运用到历史研究中去。那样就无从分析事物的本质，无从肯定其潜在的积极性或者隐含的消极性，无从对历史的惰性进行必要的批判。

能不能拥有前瞻性的眼光，取决于作者的思想、观念、价值、学识、修养的水平。作者的这些知识背景和精神因素，是一定社会环境的产物。但是人与人又有不同，水平的高低就体现在这里。笔者所以特别重视研究人员的心、气、才、情，主要的原因也在这里。

（本文是我的博士生课程"中国近现代史史料学"导论的内容，2008年9月第一次讲授，当时只列了讲课提纲。2009年9月，周其厚教授入博士后流动站，由于不知道听课不准录音的规定，现场做了录音，并且整理成文，2012年9月6日定稿。原载《南京社会科学》2012年第10期，又载《李良玉史学文萃》合肥工业大学出版社2013年版。2021年8月12日，周其厚教授的公号"三人行说"发布，阅读量1886。8月13日，公众号"历史学研究通讯"转发，阅读量877。2024年1月9日，公众号"十九号见"转发）

史料学片论

一、史料与史学的关系

要弄清史料与史学的关系,必须弄明白什么是历史,什么是历史学,什么是史料。

什么是历史?历史就是人类过去的生活。李大钊说:"历史就是人类的生活并为其产物的文化。"[1]罗家伦认为,真实的时间和空间相合而构成事,事与事互相推动互相影响,其中人事最为复杂灵动,关系人类生活最密切。不同的事就有不同的历史,比如按人事就有集团的历史,按地域分就有国别史,按时序就有近代史,按专题就有文化史、经济史、战争史,等等[2]。这里涉及两个问题:第一,历史就是自然界和人类社会运动的过程。人类的生活和进步离不开自然。人是自然的造化,人的历史也是自然史的一部分。反过来说,人类的演变又带动了自然的变化。所以自然史、科学史也应该是历史学的一部分。第二,历史的本质是什么?历史是进化的。比如生产力的提高、文明程度的提高都是一种进步。但历史的进化并不绝对等于进步。它有时是一种轮回,有时是一种螺旋式上升,有时是一种片面的发展,即某一方面松动,另一方面更紧张,某一方面进步,另一方面倒退,某一方面获得了新的自由,另一方面陷入新的自我束缚。历史进化的动力是人。但是无论人的进化,历史的进化,都不是顺序的、直线的、单向的,而是曲折的、复杂的、多向的,由此,历史的本质就是人类社会的运动和演变。

什么是历史学呢?历史学就是以历史为研究对象的科学。梁启超说:它"记叙人类社会赓续活动之体相,校其总成绩,求得其因果关系,以为现代一般人活

---

[1] 李大钊:《史学要论》,《李大钊文集》(下),人民出版社,1984年版,第714页。
[2] 参阅罗加伦:《研究中国近代史的意义和方法》,载郭廷以编:《中国近代史》,商务印书馆,1940年版。

动之资鉴"①。李大钊认为,它"就是研究社会的变革的学问,即是研究不断的变革中的人生及为其产物的文化的学问"②。历史和历史学是有区别的。简单地说,历史是一种过去,那么历史学就是人们对过去的对象化。它是历史学家个人对历史的追忆和对历史本质的揭示,是一种思想的特定形式,一种具有自身特征的知识活动。

什么是史料呢?史料就是人类在自己的社会实践活动中残留或保存下来的各种痕迹、实物和文字资料。

依据上述结论,可以说,史料并不等于历史,也不等于历史学。为什么呢?第一,对于人类社会绝大多数成员来说,他们留下这些痕迹或文字资料是无意的,没有想过记载历史。第二,史料所记录的只是人类全部历史活动中极其微量的活动。人类社会已有几十万年,文字的形成只有几千年,而没有文字的时代虽然含混,但并非没有历史。第三,史料这个概念本身具有历史性。自从人类进入等级社会后,尤其是政治统治的权力形成后,历史学的政治倾向就无法避免了。历史上的统治者存心美化自己,总会有意不留痕迹,甚至故意销毁资料。第四,由于战争、自然灾害等不可抗拒的因素,历史上大量史料毁灭、流失,有效保存下来的非常有限。第五,历史是由胜利者、统治者书写的,因此,统治者总是根据自己的政治需要修史。为了欺骗群众,他们必然竭力封锁史料。在这个问题上,必须看到,越久远的历史越简约,而越接近当下的历史越翔实,根本的原因是什么呢?首先,随着文明程度的提高,社会发展过程中可以成为史料的东西越来越多,文书档案制度也越来越健全,越来越规范。其次,史学逐渐由官学变为私学,使统治者篡改和伪造历史的企图越来越难实现。

以上五点理由告诉我们,历史远比史料所记录的人类生活丰富多彩。即使没有史料,过去的生活也曾经存在,因此,所谓"没有史料就没有历史"的说法其实是不对的。当然,历史学的首要功能是记载,记载又不能凭空记载,必须以史料为依据。某种意义上可以下这样一个定义,即历史学就是通过整理和研究历史史料,叙述和总结人类生活的进步过程的社会科学。所以,又必须承认,没有史料就没有历史也没有历史学,是十分正确的。

为什么呢?第一,没有史料无法说明任何历史。比如,一个种族、一个国家、一个社区、一个社团、一个政党、一个人物,即使人们可以确信它存在过,也只能说它有过某种经历,但无法说清楚它的面貌和过程。第二,运用不同的史料,可

---

① 梁启超:《中国历史研究法(节选)》,《国性与民德——梁启超文选》,上海远东出版社,1995年版,第261页。

② 李大钊:《史学要论》,《李大钊文集》(下),人民出版社,1984年版,第722页。

以说明不同的历史对象和历史的不同侧面。人们不断发现新的史料的过程,就是不断走向历史的真实的过程。第三,对于同一史料,历史学家可以依据自己的知识背景、教养、对历史的感悟能力,依据其他史料的互证,依据对其他历史学家看法的比较、选择,作出符合自身思维逻辑的推理、判断和解释。结论可能相同,也可能不同。无论如何,分析判断的前提是史料,否则没有意义。由此可以肯定,史料是史学的基础。古今中外的历史学家都非常重视史料问题,英国学者柯林武德说:"历史学是通过对证据的解释而进行的","历史学的程序或方法根本上就在于解释证据"①。胡适也说,历史学就是根据事实来推断造成这些事实的原因,所以历史学家"全靠用最勤劳的功夫去搜求材料,用最精细的功夫去研究材料,用最严谨的方法去批评审查材料"②。

二、史料的分类

史料是人类生活过程的沉淀物,历史学诞生以后,它们为历史学家所注意、收集和利用,就成了史料。

史料的分类有几种方法。第一,按中外文字分类。毛泽东曾说,研究历史必须用古今中外法。中外交流的扩大,是中国近现代历史区别于古代历史的显著特点。古代也有中外交流,例如佛教的传入,但在史料的意义上,远不及近代。罗家伦先生在研究近代历史时曾把近代史料区别为两大类,即中文的、外文的,旨在提示研究人员通过中外双方的记载来互相印证,互相考核,以便对于史实的认定更加可靠。第二,按文字和非文字分类。有的学者把史料区别为文字记录的史料和非文字记载的史料两大类。文字记录的史料包括档案、文件、文集、报刊、图书等。非文字的史料包括口碑史料、实物史料、声像史料等。也有人将其分为文字、实物、传说三类。第三,按史料的原始性分类。通过确认史料的原始性来区别史料的可信度,也是历史学家常用的方法。也就是说,通过辨别史料真实可靠的程度,来决定其对于科学研究的价值。有的学者根据这一点,把史料确认为原料、次料,即第一手资料、第二手资料。

上述三种方法都有其合理性,第三种方法尤受重视。一个熟练的历史学家,可以根据自己的素养,迅速确定某件史料是赝品,或者存在错误的记载,从而确定其是属于第一手、第二手,还是根本不能作为史料。不过,作为史料学的分类方法还需要进一步讨论。

---

① 柯林武德:《历史的观念》,中国社会科学出版社,1986年版,第10页。
② 胡适:《历史科学的方法》,《胡适文选》,上海远东出版社,1995年版,第423页。

如何进行史料分类呢？在这里，首要的问题是确定分类的标准。笔者认为，应当依据史料的社会属性分类。也就是说，根据史料的起源及其所反映的是何种社会力量从事的何种性质的社会活动，根据此种活动的社会功能及其对于史料价值的实际规定，来确定史料的分类。史料大致可以分为八种：（一）文献，（二）档案，（三）报刊，（四）回忆录，（五）前人著述，（六）声像资料，（七）遗址、遗迹与器物，（八）口碑资料与乡例民俗。

什么是文献？各门学科的定义不尽一致。孔子曾说过："夏礼吾能言之，杞不足征也；殷礼吾能言之，宋不足征也。文献不足故也。足，则吾能征之矣。"（《论语·八佾》）。郑玄、朱熹等人解释，"文"指文章，"献"指贤人。宋末学者马端临说："凡叙事，则本之经史而参之以历代会要，以及百家传记之书，信而有征者从之，和异传疑者不录，所谓文也。凡论事，则先取当时臣僚之奏疏，次及近代诸儒之评论，以至名流之燕谈，稗官之记录，凡一话一语，可以订典故之得失，证史传之是非者，则采而录之，所谓献也。"（《文献通考·序》）当代词语学的解释已有不同。《现代汉语词典》说，文献是指"有历史价值或参考价值的图书资料"[①]。《辞海》则认为其为"具有历史价值的图书文物资料"[②]。英语 Document 含有公文、文件、文献、证件、证券等意思，Literature 的含义是（某一学科的）专题文献。文献学的解释可供参考。我国国家标准局 1983 年公布的《文献著录总则》规定，文献是"记录有知识的一切载体"。1990 年有学者提出，广义地说，它是"以文字、图形、符号、声频、视频等手段将事实与现象、思想与行动等记录于各类载体上所形成的各种信息载体"[③]。1996 年出版的《中国文献编目规则》指出，文献是指"记录有知识信息的一切载体，包括纸质的图书、报刊等出版物和非纸质的录音资料、影像资料、计算机文档等"[④]。

笔者认为，本文所讲的文献，应与文献编目学的定义有所区别。文献编目，是按照一定规则对文献的形式特征和内容特征进行分析、选择和记录。根据文献编目学的这个性质，我国《文献著录总则》将文献定义为"记录有知识的一切载体"是十分确切的。换言之，这个定义的对象，必须覆盖文献保管部门（图书馆等机构）所保管并需要著录的所有知识载体。同时，也应与历史文献学的定义有所区别。文献学是研究文献整理的学问，它所要解决的问题包括文献整理的对象、文献整理的内容与方法，以及文献整理的历史。历史文献学是文献学的一个子

[①] 《现代汉语词典》，商务印书馆，1991 年版，第 1205 页。
[②] 《辞海》，上海辞书出版社，1980 年版，第 1535 页。
[③] 谢宗昭：《文献编目概论》，南京大学出版社，1990 年版，第 3 页。
[④] 《中国文献编目规则》，广东人民出版社，1988 年版，第 312 页。

学科，它以研究历史文献的整理为职责。历史文献学的以上学科性质，规定了它对文献的定义必须覆盖所有历史典籍，包括一应史书、类书、野史笔记、档案、方志、谱牒、甲骨文献、简牍与帛书、报刊与文集等等。某种意义上可以说，历史文献学是就文献谈文献。史料学与此不一样，因为它是关于鉴定和运用史料的学问。鉴定史料是检验史料的可信度，运用史料是采信史料表达的事实。它要解决的问题是如何通过史料说明历史。所以，本文所讲的文献，是指一切原始的文字资料。具体来说，中国近现代史上的文献，包括谕旨、诏令、实录、圣训、奏折、命令、公告、布告、传单、政策、法规、证件、决议、决定、报告、请示、指示、宣言、讲话、文件、账册、图册、电函、信札、文章、笔记、日记、歌谣、碑刻、约章、契约、合同、单据、外交文书等东西。上述文献还可以分为官方文献与民间文献两种。民间文献包括传单、账册、笔记、日记、歌谣、碑刻、契约、合同、单据、文稿、民间秘籍等东西。

　　档案是指一定历史时期内，一定机关团体按照各自的档案制度所收藏的各种历史资料。《中华人民共和国档案法》规定，它是"过去和现在的国家机构、社会组织以及个人从事政治、军事、经济、科学、技术、文化、宗教等活动直接形成的对国家和社会有保存价值的各种文字、图表、声像等不同形式的历史记录"①。档案与文献是什么关系呢？第一，档案包括文献。上文所讲所有文献，档案中都可能有所收藏。换言之，文献只要存了档，就是档案。第二，档案包括文献，但又不止文献。本文所讲的报刊、回忆录、前人著述和声像资料等等，档案馆也大量收藏。第三，就文献而言，档案中可能有附加资料。比如某份文件，不仅有该文件的正式文本，还可能有形成此项文件的有关会议记录、出席人员名单、文件的拟稿、逐级审阅修改的批件和修改件等等。第四，由于档案制度的作用，档案中保存的文献最为丰富，其中官方文献最集中。根据实际收藏情况，应分国家档案、社会档案和民间档案三种。国家档案是指国家档案馆，包括中央、省、市、县级档案馆收藏的档案。社会档案是各类社会组织，如各类事业、企业、教育、文化等机构收藏的档案。民间档案是民间社会包括各类民间团体、民间宗教和个人收藏的有价值的东西。民间档案包含的东西大致有：（一）先人遗留的珍宝、证件（契约、字据、证书、证章）和其他遗物；（二）文稿（手稿、未刊稿、文集）；（三）族谱、家谱；（四）藏书；（五）各类秘籍；（六）不见于文字的绝技。民间档案是民间珍藏、秘藏，轻易不露，甚至有绝不外传的东西，一般难以收集。民间档案常有旷世稀宝。近代史上李秀成被捕后的供词原稿，就为曾国藩的后人长期收藏。翁同龢的五世孙，美籍华人翁万戈收藏的祖传藏书，计有 80 种 542 册，其

---

① 《中华人民共和国常用法律大全》，法律出版社，1998 年版，第 979 页。

中宋刻本11种、元刻本4种、明刻本12种、清刻本26种、名家抄稿本27种。宋刻本《集韵》《邵子观物内外篇》《长短经》《重雕足本鉴诫录》《会昌一品制集》《丁卯集》《施顾注苏集》《嵩山居士集》等,被媒体称为百年来国内学术界"不知其存否"。

报刊资料有四个特点:(一)丰富性。近代化的报刊是鸦片战争前后才出现的。据研究,从1815年到19世纪末,外国人在中国共计创办了近200种中外文报刊,约占当时中国报刊总数的80%以上。上海收藏的1861年以后的旧报纸有2000多种。这是一个庞大的资料库。(二)全面性。报刊一般都连续发行几十年,折射着其间社会变迁的长期轨迹。同时,报刊集中提供时事、政治、评论、经济、外交、体育、文艺等多种信息,能从多个方面反映社会状况。(三)新闻性。一方面,报刊资料,尤其报纸作为媒体非常重视报道的及时和准确,所以它有真实性。但是新闻报道有他人采访加工的因素,当然有不全面、不客观、不准确甚至完全不正确的情况。另一方面,报刊通常受政治的制约,其主办者或编辑记者的倾向性与被采访报道的那些当事人的观点不会完全一致,有的甚至完全站在敌对立场。由于这些原因,其作为史料又有不真实性。这一点通常表现在对某些社会活动和历史事件的报道片面、失实,甚至拒绝报道、歪曲宣传、造谣诽谤等。(四)文献性。完全从新闻的价值上看待报刊资料也不正确。行政当局的有关指示、法规、文件、政令等等,除内部下发者外大多通过报刊公布,报刊也是发表个人文稿的重要场所。这些资料就是文献。本文把报刊资料单独列为一类,主要是针对它的丰富性、全面性和新闻性而来的。

回忆录有几种类型。一是当事人对某种亲身经历的回忆,二是当事人对其他当事人的回忆,三是局外人对某种事件或事件中人的回忆。同一回忆录可能兼具几种性质。比如甲的回忆录叙述了他在某次事件中的经历,但有部分内容涉及此次事件中的乙,那么,对甲而言所述经历属于一类回忆录,对乙而言,则属于二类回忆录。回忆录的根本特性是追忆,因此不准确是难以避免的。应当特别重视前两类回忆录,因为他能提供大量具体情节,这是其他史料无法取代的。

前人著述、报刊、家谱、族谱、野史、地方志和史学著作等东西,这类作品出自文人、学者和历史学家之手,记叙必有所本,议论必有所据,非有确证之误,不应忽视。

声像资料包括照片、电影、唱片、幻灯片、录音带、光盘、缩微胶片等。这类东西近代很少,现代稍多,在当代成为重要资料来源。它分为:(一)记录性声像,即完整记录某件事、某次讲话、某台戏曲、某支歌曲的纪录片、唱片、光盘等。(二)文献性声像,即专门复制的成套文献资料。记录性声像和文献性声像价值等同于文献。(三)新闻性声像,即对某人某事的新闻报道,例如中央电视台存档的新闻联播资料,价值等同于新闻。(四)宣传性声像,即为系统宣传而制作的专题片、采访集,价值介于文献、新闻、回忆录之间。

遗址、遗迹与器物是重要的实证史料。位于山西襄汾县境内陶寺村的尧舜古城遗址,发现有4 000多年前的古墓,从中挖掘到了世界上最早的青铜器,所获陶片上还有文化的"文"字。这一发现不仅使古代三皇五帝的传说可能被证实为信史,而且使国家的起源时代比目前认可的夏代提前近千年。随着史学研究中科技含量的提高,对实物的认识应有进步。今年(2000年)通过对周口店北京猿人遗址多处样品的研究,发现了含量很高的元素碳,证明北京猿人当时确实已学会了用火。近日,上海自然博物馆在一具420年前的古尸上提取线粒体DNA及测序成功,这在国内尚属首次,将为今后研究古尸及遗骸的种系、族系、谱系及遗传性疾病提供帮助。顺着遗迹、故居和活动路线考察,有助于确认某些历史活动的准确范围、地点,还有可能收集到相关文献证物和未见于文字的事实或传闻。

口碑资料与乡例民俗是一种民间活资料,利用和记录此类资料史有所载。司马迁说,"天下遗闻故事,靡不毕集太史公",说明《史记》运用了口碑资料。历代正史或方志中关于地方风土人情的记载,莫不有益于民俗社情的研究。本文所讲的此类史料不是成文资料,而是存活于民间的,必须通过社会调查才能采集到的流质文献。通过这类文献,可以直接了解有关社区的人际、村际、乡际、族际、区际关系,种种从前的和当下的故事与传说,种种成文的或不成文的乡规民约,以及由上述各种内容而综合形成的社区传统、心理和愿望。

以上八种史料,有以下几点不同。

第一,史料的起源不同。文献、声像资料、遗址遗迹与器物直接起源于人们的社会活动,属于一次文献或文物。乡例民俗是一种生活形态化的直接素材,报刊资料、回忆录和前人著述均为二次文献。

第二,史料属性不同。文献(包括档案中的文献)一般表示当时的行为、事件或社会活动;报刊一般代表新闻和言论方面对某种历史事件的报道和看法;回忆录代表事后的追忆;前人著述代表前人的记载。

第三,对历史的实际影响力不同。上述各种史料所代表的对历史的实际影响力并不相同,比如回忆录和前人史著是事后记载,这种记载活动对当初没有任何影响。一般来说,政府和政党的档案代表了政府和政党从事的具体活动,由于他们总是处于历史的中心位置,所以历史学家历来十分重视档案。

以上说了八种史料的相互区别,它们还有相互交叉的性质。这体现在:

第一,史料来源的交叉。今天我们看到的浩如烟海的中国近现代史资料,已经很难以一种绝对标准进行分类。首先,史料自身交叉流传。如政策、法规、指示、宣言,下达时即已同时登载于报刊。其次,随着时间的推移,历史学的发展,各类史料被有计划地搜集、整理、集中出版。如各种中国近代史、现代史资料集,就是搜集多种资料来源而成。

第二,史料属性的交叉。一件史料可能本身就具有两种性质,比如有些文稿,我们究竟视之为个人文稿,还是视之为党的文件?有些重大历史活动的个人文稿,本身就有党的文件的价值。如毛泽东的《将革命进行到底》、蒋介石的庐山抗战谈话,既是他们的个人文稿,也是国共两党的重要文件。私人手中的文献,档案中的文献,载于报刊的文献,流散于其他渠道的文献,来源不同,但都是一次文献。报刊新闻资料一般被视为二次文献,但如果用于新闻史研究,它就是一次文献。有些史料,如回忆录、笔记、野史等,既可看作回忆录,又可看作著述;既有史料的原始性,又有转记的二次性。

第三,史料价值的交叉。上述八种史料,其史料价值是不同的。一般来说,文献的可靠性比较高,最受重视,通常被视为第一手资料。但许多历史事件并无文献或档案佐证,这时新闻报道因为离事发时间最短,因而具有权威的性质。人们视回忆录为二手资料,但实际上也不绝对。有些回忆可以提供任何文献和档案所不可能提供的细节,有些回忆则是作者仔细参考了有关材料包括文献、档案、他人回忆、本人记载(如日记)或其他当事人共同回忆作出的,因而具有相当高的史料价值。

弄清楚史料分类的依据、各类史料的属性及其交叉性质,有利于建立科学的史料学体系,也有利于认识各种史料的意义、价值及其在使用中应注意的问题,提高利用史料的科学性。

三、利用史料的几个注意要点

对于专业人员来说,所谓利用史料的问题,实质上包括积累史料、发现史料、整理史料和利用史料这样几个环节,而这里讲的利用史料只是最后一个环节。

所谓积累史料,是指在日常的学习和研究过程中,时时刻刻注意收集史料。这种收集,以自己的研究领域和目前阶段的主要课题为范围,同时又不局限于这个范围。所谓发现史料,是指发现挖掘新的史料和史料源。收集是就现有的史料集中有关问题的史料,发现是指找到了现在史料中没有的新史料,是指通过调查了解发现新的史料源或者顺着现有史料的线索,如史料记载的关系人、知情人,日记、回忆录的作者,某些文献的收藏者等,找到了更充分的证据,能说明更具体的细节。所谓整理史料就是把发现收集的史料进行必要的技术处理,比如抄录、校点、题记或发表出来。如果我们没有这几个环节的必要素养,或者说,没有从事科学研究的一定经历,没有经受过一定的史料学训练,是谈不上利用史料的学术修养的。

利用史料的水平,是衡量研究人员学术上是否成熟的标志。这里所说的是否成熟,不是指他的历史倾向是否正确,历史观念是否正确,主要是指他的方法论是否正确。那么从史料学的意义上说,利用史料的方法论又有哪些内容呢?

(一)注意核实史料。也许有人会问,史料为什么要核实呢?第一,由于时间久远、书写习惯、保存不善等原因,史料本身出现残缺,造成其起源时间不清楚、短少文字或页码、重要史实失误等问题。第二,有些史料在整理出版的过程中有删节、脱漏或在抄录、排版、校对等多道工序上出错。比如,某些公开出版的档案,人名、地名、时间、文字的错误比比皆是,使用时须十分小心。第三,有些史料有不同版本,文字内容有差异。第四,某些史料出处不清,内容模糊,本人确认才能肯定。又如八七会议决议称地点是九江,实际则为应付白色恐怖而故作此说。第五,由于种种利害关系,有人会在史料中作伪。例如,篡改日记、信件、回忆录。第六,由于商业原因,往往会有人炒作假史料。所以,利用史料的第一个问题就是核实史料。核实史料是对史料本身的真实性加以确认,它要解决的问题有两个:1. 是不是原始件;2. 其中表达的事实有没有虚假的成分。

(二)注意提炼史料。有人可能会问,史料有什么要提炼的呢?所谓提炼史料,是指面对各类史料,面对各种史料的不同记载,要选择其中最有价值的史料和最有价值的记载。这是对史料进行去粗取精、去伪存真。去粗取精是指相对于我们研究的问题而言,有些史料不着边际、无关要旨,因此,把它们放到一边去,而致力于收集和利用其他有价值的史料。这里的去,不是销毁史料,而是在收集到手的史料中继续筛选。去伪存真是指某些史料明显记载失实,甚至具有故意作伪、篡改史实的倾向,所以在研究相关问题时,需要仔细甄别,弄清史实真相,避免采用错误的说法。

提炼史料要把那些与历史过程最为接近的史料挑选出来。历史上的某些社会活动总有一个发生过程,总会发生一定作用,也总会引起一些当时的评价以及事后的回忆。就史料的可信度而言,当时的过程、当时的反应、后来的回忆构成其真实性的三个不同级别。某件史料的级别越高,与历史实际越接近,反映历史真相越直观。这里有两个意思:第一,必须尽可能地使用核心史料。所谓核心史料,就是最贴近历史活动当时过程的史料,它是说明历史真相的直接证据。比如,你要研究某次会议,会议记录、会议报告、会议决议、其他有关文件以及与会人员的信件、日记和经过考实的回忆,就是核心史料。第二,必须尽可能使用关键史料。所谓关键史料,就是反映历史活动关键环节的史料。历史进程中的某些关节点,常常是各种社会力量、各种客观因素、各种偶然机会所共同酝酿而构成的一种必然趋势的临界点。这种临界点能否得到揭示或说明,代表史学著作的学术水平。不同的问题需要说明的关键是不同的。比如,我们研究战争,那么军事战略的决定、战役的目标及其实施过程中的重大措施与阶段性成果就是关键。我们研究经济,那么,有关社会经济的基本动态、有关经济政策、技术指标、宏观与微观的经济成就就是关键。所以,在选择史料的时候,要善于按照不同问题,选择最接近历史的关键史料。

在这里,我们没有机械地用第一手史料或第二手史料来说明问题,而用了核心史料和关键史料的概念。比如,经过考实的回忆录,虽非第一手资料,但可作为核心史料使用。又如某人公开就某事发表通电,可能档案中有电文原稿,报纸上也有电文。档案中的底稿是最原始的文字史料,但我们倒是应以报载电文为准。因为就此通电而言,报载是该通电公之于世发生社会影响的最重要的环节,也是最后的形式。

提炼史料包括以下四个要点:1. 努力精选史料,尽量淘汰无关紧要的或事实不准的史料。2. 重视第一手史料,尽可能使用文献和档案。3. 注意使用核心史料和关键史料。4. 考实第二手资料,使之成为核心史料。

(三)注意尽量把史料记载的史实转化为文字叙述。这里涉及一个学术传统的问题。中国传统史学包括纪传体、编年体、本末体、年表、年谱以及考据、注疏等体裁和方法的传统,这是一种值得继承发扬的宝贵学术资源。不过,以往或者当前学术著作中平铺直叙、烦琐考订、大段征引史料、缺少思想性也是常见的缺点。所以,在利用史料的时候,要防止猎奇和故弄玄虚,要注意抓住史实的关节去征引史料,而在一般过程和细节问题上,积极大胆地把史料记载的史实直接转化为文字叙述。

(四)征引史料时,注意进行必要的文字技术处理,以便自己的论著保持整体文风一致。必须指出,这里所说的对史料进行必要的文字技术处理,绝非改动史料的文字。史料是过去时代的产物,不允许随便改动。但是史料中的文字总是带有过去时代的文体、语言风格和叙事习惯,这些文字大段夹在自己的论著之中,不利于清晰地表达自己的思路,读起来也会令人感到别扭和晦涩,因此,在引用时可以围绕自己所说明的问题进行节选,以避开那些难懂的文字、累赘的陈述和与当今文风不一致的语言。节选可以在一大段中节用一小段,几行中节用一行或一句中节用部分文字。原则上,应尽可能避免整段整段地征引史料。

(五)注意对征引史料中所涉及的史实背景、环节做必要的提示、说明或解释。为什么要这样呢?第一,对于已经消失的历史过程来说,史料具有双重的意义。史料是历史的遗留物,直接史料是历史活动的直接遗留,间接史料是历史活动的间接遗留,它们都可以起到证明历史的作用。同时,史料本身就是历史过程的一部分。所以,在征引史料时,必然涉及对史料本身的解释说明。第二,史料记载的内容,可能有种种或明或暗的地方需要点明,包括有关人名、地名、其他种种因素及其相互关系。对此作出必要的解释便于说明历史的过程和细节。这种提示或说明,可以在正文中解决,也可以用注释解决,可以稍作说明,也可以详加论证,不同的文章论著有不同的解决方法。

（六）慎重对待记载事实有出入的不同史料。对史料的利用,常常代表研究人员的历史倾向性,这主要体现在研究者对研究对象的褒贬态度和对史料取舍态度的联系上。有的研究者受时代潮流、个人情感、利害关系或认识水平的影响,对研究对象的褒贬常常并不正确。他们受主观价值判断的限制,不能做到价值中立,往往无视或忽视与自己学术观点不一致的史料,这是需要克服的。我们研究问题时,往往会碰到不同的史料有不同的记载,这时候切忌采取轻率态度。有时候可以用考证的方法,通过其他史料来证明其中之一可信或不可信,有时候无法证实。碰到这种情况应当如实指明不同的说法。

（七）孤证不信与无证不信。这是讲对史料要有辩证的态度。孤证不信,是说对孤立的史料不能轻易相信;无证不信,是说对任何史料都不能轻易否定,亦即孤立的史料也可以相信。为什么孤证不信呢? 因为任何社会活动总要涉及方方面面,涉及许多人和事,如果是孤证,那么仅此一说别无佐证,很难确认。为什么无证不信呢? 因为史料肯定是某种历史过程的遗留,因此很可能事出有因,查无实据,不应轻易排除。在利用史料的时候,对于孤证,正确的方法是不可轻信,不可不用。两者统一的前提是分清是什么性质的孤证,关于什么问题的孤证,在什么背景下产生的孤证。在排除了明显伪证的条件下,可以大胆利用,但在下结论时,应注意留有余地。

（八）历史的真实与假设。历史是过去的事实,事实是不能假设的,所以历史也不能假设。从逻辑上来说这是正确的。历史的假设是指可以根据历史学的知识方法对历史上的某些情况进行推测。

历史是一个未知的领域,人们通过历史学所认识的历史只是这个领域的一部分,甚至是很小的一部分。穷尽历史既不可能,也没有必要。从理解的意义上说,历史学是一种具有特定科学规范的认识方法。科学史告诉我们,假设是科学进步的重要因素。按照认识论,科学的进步一般有三个条件。第一,传统理论不能令人满意地解释现象;第二,根据现有知识假设一种可能;第三,这种假设的可能得到证实,并能够对过去的理论进行证伪。历史学应当允许假设,因为历史永远是一个大于历史学的变数。对于没有弄清楚的问题,假设是一种尝试的解释。

但是历史学的假设,不是任意假设,不是胡乱假设,而是研究人员以一定认识水平,根据现有史料所提供的以一定条件为前提的假设。在这里,假设与利用史料具有密切的关系。它表现在:第一,过去的研究经历所积累的收集、整理、分析和利用史料的能力,对于研究人员养成自己的历史意识和历史洞察力,具有重要作用。这种历史意识和历史洞察力,是作出某种假设必不可少的知识能力。第二,历史学中的假设,绝非对于毫无研究的问题,在并不占有史料情况下的假设。如果是这种假设,就是无知的妄说。假设应该是在反复研究之后作出的一种推断。在充分占有史料的情况下,通过种种分析判断仍无法作出结论,这个过程看起来没有得出结论,但实际上已经排除了某些可能性,在此情况下所作出的尚不能肯定的某种假设,很可能就是现存史料不能证实又不能排除的,而实际上确实存在的某种可能性。第三,学术的进步总是点滴积累的。某些学术新见,提出之初难免带有假设的性质。也许这正是作者继续前进、逐步接近真理的起点。第四,假设可以打开思路,对其他人有启发。历史学是一门个性很强的学科,独立思考和研究是它的鲜明特色。但它并不排除集思广益,互相切磋,百家争鸣。某种假设可能本人无法找到史料来证明,但会推动其他人思考,来收集证据,于是就可能"东方不亮西方亮"。第五,假设只有经过史料的证实才能成为史实,所以史料对于验证假设具有最终的意义。

提出一种假设,常常是学术史上重大进步的先导甚至标志。

(原载《福建论坛》2000 年第 5 期)

史料学的内容与研究史料的方法

一、史料学的内容

　　史料学的内涵是什么呢？概括地说,史料学是关于分析和运用史料的知识方法和对某些领域具体史料的研究。所谓分析史料,是指确认史料的真实性和有效性,即在什么地方发现的,形成于什么时候,属于哪一类史料,反映了什么问题,等等。广义上说,人们历史上遗留下来的一切文字资料、实物和遗迹都有史料的意义,但它们不可能都是有价值的史料。因为历史学并不需要全盘复制过去的生活,所以真实的遗留不一定有用。另外,史料也有原始史料和非原始史料、核心史料和非核心史料、边缘史料和关键史料的区别。因此,大量非原始、非核心、非关键的史料也不一定有用。除此之外,还要看它与你所了解的历史实际有没有关系。有些史料与你研究的问题无关,它对你也就无足轻重。或者你对历史上的有关社会运动、事件、现象一无所知,当然无从判断相关史料的价值,对你来说,它也许就是一份废纸或者废物。这就是史料价值的相对性。所谓运用史料,是指恰如其分地选择史料证明你的论述。过去讲"论从史出"是说史学论文的叙述和论点有史料作为根据,不是主观臆想。历史学的研究对象是历史,它只能通过对史料的解读重现历史实际。从根本上说,史学研究的水平取决于占有史料和分析运用史料的水平,因此,史料学是历史学的核心内容。

　　史料学与历史学之间的关系值得研究。说"史料学是历史学的一个基础学科,是历史学的一个重要组成部分"[①],这样的表述是不准确的。从把史料学的建设专门化,进行更为细致的学术训练这个意义上讲,把它作为历史学的一个领域是可以的,但不一定非要强调是一个专门的学科。过去把学科越分越细本来就不科学。研究史料的目的在于提高史学研究的水平,而研究人员的史料学水平恰恰融合于他的史学水平。这不是这一部分和那一部分的问题,不是整体与局部的问题,也不是主干与分支的问题,而是整体水平的表现。它们是统一的,

---

① 张宪文:《中国现代史史料学》,山东人民出版社,1985年版,第1页。

其关系具有互相融会、互相渗透、互相影响的性质。史料学的内容许多方面与历史学有同一性。第一，史料是史学的基础，搜集史料是进行研究的先决条件。因此，研究人员在确定了研究课题之后，总要最大限度地收集现有史料，尽可能地挖掘新史料。史料的丰富和准确程度是衡量史学著作学术水平的重要标准。就这一点而言，笔者认为史料学的内容是否可以不涉及搜集史料应当允许讨论。第二，史料学的水平是研究人员解释历史现象的重要前提。历史是人类过去的经历，如果没有史料，即人们生活过程遗留下来的各种文字记录和实物，当然无从说明它。不过，并非有了史料就能够正确地说明历史。为了科学地利用史料，必须首先弄清其产生于何时、所表示的事实及其在历史进程中的意义。这是史料学应当研究的，也是历史学工作者必须具有的能力。第三，对史料的分析利用不是一个纯粹程序化处理的问题，它与人们的观念血肉相关。这种观念包含历史倾向性、知识理念和推理判断的思维能力等等。因此，研究人员的史料学水平，常常也是他的历史观的直接表现。第四，史料学所要求的考订史料、判断史料价值、恰当地发挥史料之作用的能力，也是衡量研究人员史学水平的重要指标。

史料学与历史文献学有联系又有区别。

《中国现代革命史史料学》一书作者张注洪教授说："史料学有两类，一类是史料学通论，专门讨论搜集、鉴别和运用史料的一般规律；另一类是具体的史料学，专门研究某一历史时期或某一史学领域史料的来源、价值和利用。"[①]

这里提出了通论性史料学和具体领域史料学的概念，但是它们的内容有什么区别呢？运用史料和利用史料是同义的，而鉴别史料和研究史料的来源与价值又几乎同义。这是该表述在逻辑方面的缺陷，但是，这并不能抵消它提出问题的价值。一般来说，史料学包括两类内容，即分析与利用史料的基本学术方法和介绍某一史学领域史料分布的状况及其特点与价值。过去的某些史料学著作偏重于后者，而于前者泛泛而论，或者着力不多，甚至毫不注意。有些史料学著作，例如陈恭禄先生所著《中国近代史资料概述》一书，把作者对于史料的精深学养融会贯穿于具体史料的说明。这样的书凤毛麟角。无论分析利用史料的基本学术方法，还是某些史学领域的史料介绍，与历史文献学都有相通之处。

什么是历史文献学呢？王余光教授认为，历史文献是"关于历史方面的文字资料和言论资料"[②]，它是史料的一部分。历史文献学研究的问题有三个。一是历史文献的文本，即其材料来源、编著过程、体裁、体例、内容、价值，也包括整体

---

① 张注洪：《中国现代革命史史料学》，中共党史资料出版社，1987年版，第1页。
② 王余光：《中国历史文献学》，武汉大学出版社，1992年版，第1页。

意义上历史文献的产生原因和发展过程，不同时期历史文献的特点及其继承性。二是整理历史文献的学术内容与方法，包括通过辨伪、版本、校勘、辑佚等方法证明历史文献的真实性，通过标点、注释、翻译等方法解释历史文献的语言和内容，通过编写书目和索引的方法理清历史文献和有关研究成果的源流。这三者称为历史文献的实证、解释和整序。三是对前人整理历史文献的成就加以总结。

这里须讨论史料和文献的定义。

王余光教授认为，史料的内容包括文字史料、实物史料和口传史料三类。口传史料包括民间流传的历史传说、史诗等等。这个说法也是学术界的通行说法，没有什么问题。不过，由于近代以来物质生活与人文社会科学的发展，对史料的看法也应更为丰满一些。比如，过去所讲实物史料是指遗址、遗迹、古建筑、古器物等东西，而今天实物史料的含义更广一些。比如照片、唱片、电影、光盘等，它们也兼具文字史料的性质。历史传说、民间史诗当然是重要的口传史料，而那些乡风、民俗、俚语、杂耍、庙会、法事等生活形态化的民间素材，也有史料价值，应予以重视。另外，从历史文献学的角度看，历史上的一切文字资料都是文献，其中包括一应史书、野史笔记、方志、谱牒等东西，而从史料学的角度上说，它们属于前人著述，是二次文献，因此主张不作文献看待。笔者所讲的文献，是指伴生于历史活动的原始文字资料。以文字史料、实物史料、口传史料划分史料种类，是从史料的物质形态方面着眼的，如果按照史料的起源和社会属性，应当还有更为科学的史料学的分类方法。撇开以上差异不谈，史料学对史料文本的考订，对史料的解读，对前人收集、整理史料的史学成就的重视，与历史文献学采用的实证、解释和整序的思想与方法，可以互为借鉴。

史料学与历史学的同一性，与历史文献学的相通性，证明了历史学的基本知识和方法无论在本学科的不同领域，还是相近学科相近领域，都有普遍的意义。

二、如何阅读和鉴定史料

阅读和鉴定史料是史料学的中心环节。

上文已经说过，史料学的内容包括分析利用史料的基本知识方法和对某些领域具体史料的研究。这两者都以阅读和鉴定史料的能力为前提。史料学的这个要求，根源于历史学的双重特性，即客观性和虚拟性并存。

历史学的客观性是指它的研究对象的客观性，也就是历史本身的真实性。人类社会的历史是一个真实的过程。真实就是实际存在的事物，或者称为事物的客观实在性。通俗地说，叫确有其事。历史学家经过研究把这个过程重新显示出来，应当承认其有真实性。历史学的虚拟性是指研究人员的叙述不能完全排除虚构的因素,具有不够真实,甚至不真实的性质。

历史学为什么会有虚拟性呢？第一,历史的真实性本来是相对的。所谓历史的过程,本质上是一种已经终结了的过程。已经过去了的过程不是过程,因为任何已经终结了的过程相对于新的时空领域来说总是不真实的,它已经不是一个客观实在。时间是一维的,过程是一维的,只有起点,没有终点。当下是起点,过去了的不在过程之内。就认识论而言,一切联系于主观的客观才是真正有意义的客观。除了史料,研究人员无法重演几十年、几百年、上千年甚至更久时代人类的社会实践,无法亲身经历有关社会观象的历史演变过程。这是历史学的表达与历史实际之间的天然隔膜。第二,证明历史依据史料,但是任何时代任何问题上史料的丰富性和客观性都是有限的。从这个意义上说,历史学家无法克隆历史。为说明历史,研究人员必须像沙里淘金一样一点一滴地搜求史料,并且通过对它们的分析、推理、猜测、判断获取有用的信息。其中,史料的不充分,主观分析的不正确,都可能造成误解。第三,研究人员对历史的叙述,依靠他的主观意义网络,即他的知识教养和价值观。它们是否有利于做出与历史的实际状况相吻合的解释呢？这常常是难以确定的问题。由于以上原因,历史学经常会在历史的真实性和历史学家的主观性之间来回摇摆。

历史学的双重特性,要求我们在史学的真实性和研究人员的主观性之间恰当地掌握一个度。有两种倾向需要防止。一是片面地强调历史学的真实性,而无视历史学家的主观性,就会导致完全忽视作者应当通过自身知识水平和判断能力揭示历史经验的问题,从而根本否定了历史学的价值;二是片面强调历史学家的主观性,而无视历史学的真实性,从而走向任意演绎历史,甚至顽固地从抽象的观念、原则、口号和既定的理论、政策出发,为某个特定社会集团的目标和利益服务,最终变成伪科学。

为了提高史学研究的科学性,必须加强研究人员的史学修养。

史学研究是一种以知识积累为前提的创造活动。第一,历史学是一种知识,它是关于过去的知识。你了解的关于过去的事实越多,你的知识就越丰富。第二,历史学是一种意识,它是按照特定的科学规范所解释和说明的过去。作者遵循此种规范,通过发挥自己的经验、范式、把握能力和叙述方法等等,融会贯通而形成一种特定的阐释能力,就是一种历史的意识。没有这种意识就没有历史学。第三,历史学是一种价值。它是现代人按照现代生活所提供的知识和审美标准所构成的理解体系或意义网络去解释和说明的过去。研究人员的学术观念必须与历史的底蕴相吻合,否则便有可能曲解历史的意义。

研究能力是通过著作和论文表现出来的。每年都会有大量史学论著发表、出版。在大学的历史系或者专门研究机构,也有很多本科生、硕士生、博士生经常接受史学论文写作训练。一般说来，这些论著按作者的不同素养，分为三种类型，即牙膏型、甘蔗型和泉水型。

所谓牙膏型论文，是指这些论文是像挤牙膏一样挤出来的。许多初入门者读了一些基础性的东西，例如教材、传记、专史等，尚未阅读较多史料，对史学动态了解不够，临时接触选题，收集资料，带有急就章性质。由于知识背景和专业基础不够，写论文的时候总是感到没有把握，甚至绞尽脑汁，难以一气呵成。通过这样的实践得到了写作锻炼，但其作品却甚少价值。所谓甘蔗型论文，是指这些论文是像榨甘蔗一样榨出来的。许多优秀的博士论文，许多研究人员集中时间和精力专心致志写作的论文，大致可以归入这一类。此类作者拥有比较扎实的专业知识和相对熟练的专业技能，有确定的研究领域和课题，有较为充分的资料准备，在自身或外界的一定压力之下，突击完成了任务。这样的成果拥有相当的学术价值。所谓泉水型论文，是指有些作者厚积薄发，文思泉涌，触类旁通。之所以能够达到此种境界，是因为经过长期积累，以广博的知识背景汇合于对研究对象的深入体验，形成了带有浓厚个性特色的新鲜知识流。这样的学者，常常能够高瞻远瞩，画龙点睛。

研究作品之所以存在以上区别，关键在于作者的积累程度不同。为了提高我们的研究能力，就要提倡大量阅读史料以不断增加研究课题的资料储备，大量阅读史学论著以不断了解学术研究的前沿信息，大量接触社会实际以不断增添人生经验，大量了解人文社会科学各个学科的理论方法以不断丰富阐释能力。

为了解决阅读和鉴定史料的问题，需要处理好以下几个关系：

（一）正确处理读史和读史料的关系。读史是指读史学论著。也许有人会说，读史料与读史没有关系。这是不对的。读史料的目的是积累，而积累的目的是研究。如果对学术研究的状况不熟悉，就无法知道别人利用过什么史料，无法确定正在阅读的史料是否是新史料，也无法判断别人对该史料的解读是否正确。对于研究人员来说，读史和读史料的关系互相依存，互相促进。在这里，读史的作用是：第一，使你晓得历史的概貌，知道别人有没有利用过该史料，并且明白它所表达的事实在有关历史进程或事件中的地位；第二，帮助你了解前人或他人思考和叙述的方法，以及说明问题的手段；第三，有利于你知道学术界关于某个问题的不同说法，了解它们的分歧点，以便在阅读和收集史料的过程中对它们进行比较，并且注意选择有益于推进研究的史料；第四，有利于在阅读史料的时候尽快地确定其价值，放弃已被利用过的史料，加快阅读的速度，致力于筛选新史料。在比较熟悉学术状况的条件下，读史料的作用是：第一，发现新史料，补充说明现有问题现有领域未知的部分；第二，通过对有关史料的重新解读修正过去所认为的史实和结论；第三，利用新史料研究新问题，开辟新领域；第四，扩大史料占有量,并通过上述实际研究活动,提高利用史料和分析问题、解决问题的能力。

(二)正确处理直觉思维与逻辑思维的关系。这是指阅读史料的时候要注意运用一定的思想方法。直觉思维一般凭直感,是一种整体的体验或者感悟。逻辑思维凭推理,是一种分析和判断。这两种方法各有优势,也各有局限,应当把它们统一起来。无论读史著,还是读史料,都可以先从总体上感觉一下,粗粗地估计一下它们的价值。有些自然科学家对研究中出现的新现象、数据,可能有突破的苗头,常常先作一个大致的判断,称为"毛估"。实际上这就是直觉思维。读史料用"毛估"是有条件的,就是你有比较广泛的史学背景。准确判断史料价值需要仔细推敲。比如过去别人使用是否恰当,你的史料是否对于解决有关问题至关重要,等等。因此,就需要分析别人利用史料解决问题的程度,以及比较一下你的史料是否具有更大的作用。这里就需要逻辑思维的思想方法。

(三)正确处理继承和创新的关系。有继承才会有创新,凡创新也必定先有继承。在学术研究方面只有继承没有创新,就没有进步。继承不是很难,难在创新。现在的问题是不少人所宣称的创新,实际上是在掩盖平庸。学术论著应当对现有知识系统有所贡献。必须反对"两饭"论文,即炒冷饭和煮夹生饭。炒冷饭是就现有学术成果东拼西凑,东拉西扯,不使用新材料,不提出新问题,不给出新结论。煮夹生饭就是不愿坐冷板凳,不肯下真功夫,浅尝即止,解决问题不彻底。虽然好于炒冷饭,也应痛下决心予以改正。就史学研究而言,创新没有捷径,唯有老老实实多读史料。你掌握的史料比别人多,发言权自然比别人大。别人利用史料的偏差,其结论失当的症结,都会一目了然。从史料学的意义上讲,学术研究的创新表现在什么地方呢?第一,指出别人利用史料的错误,包括引用史料的遗漏、史料文本的失察和对史料解读的不正确,并且由此引发修正或推翻其结论;第二,考订史料,对其来源和价值作出新的说明,改正原来的认识;第三,从事收集整理和出版史料的艰巨工作,为学术研究提供便利;第四,利用新发现的史料延伸学术研究的成果,乃至开辟新的学术领域。

必须指出,学术创新是一个永不停止的发展过程。就个人而言,当然希望不断进步,不断有所发明,然而事实上这是不可能的。任何人的发展都有限度,都受到年龄、精力、时间、创造欲、知识结构和其他来自家庭、社会等方面的精神因素以及物质条件的制约。除此而外,还受社会政治状况、学术界的总体认识水平和资料开发程度的限制。所以,学术创新还有学术界整体进步的含义。这里有几个问题需要注意。一是正确鼓励创造欲和探险精神,它们常常是人们勇于攀登、有所发现的强大内在动力。二是积极开展正常的学术交锋,包括健康的书评、正当的学术批评和必要的学术争论。三是尊重学术研究中的错误意见。要求科学研究中不犯错误、一贯正确是不现实的。人们对客观事物的认识很难一次成功,错误的东西具有引起怀疑和批评的作用,这就包含正确的因素。对学术争论中的不正确意见尤其要尊重。学术争鸣是推动学术进步的重要方式,其中争论的双方互相揭示对方的错误,一步一步走向正确。在这里,错误是走向正确的阶梯。这就是错误的贡献。常常还有这样的情况,被学术争论证明为错误的看法,其作者所遵循的基本方法仍然是严谨求实合乎科学的。当然,缺乏必要的学术训练所导致的错误除外。

(四)各种材料自证和互证的方法。鉴定史料是利用史料的先决条件。在史学研究中利用史料有错误被称为"硬伤",因为它说明你的证据有问题,难以构成事实,故而结论不能令人信服。真实性是历史学的根本特性,是它的科学性的体现,也是研究人员学术追求的目标。虚拟性是历史学受客观条件的限制而难以避免的局限性。历史学的科学性包括不断克服虚拟性的努力。研究人员也是在不断克服虚拟性、提高真实性的过程中不断成熟、不断自我完善起来的。研究人员的这种自我完善,还包括具体学术问题上整个学术界的交流、讨论、切磋学问,纠正错误,走向真实。真实性必须建立在史料的可靠性的基础之上,鉴定史料就是落实史料的可靠性。

鉴定史料需要解决几个问题。第一,它的真实性,包括该史料是否是原始件或者是根据原件发表的,它表达的事实是否真实;第二,它表达的事实能说明什么问题;第三,它在说明该问题时有什么价值,是否具有决定的意义。

解决上述问题需要多方面的能力,特别是后面两个问题,与研究人员对资料的熟悉程度、对有关领域是否作过深入研究以及学术敏锐性有关。以下几种方法对于解决第一个问题可作参考。

1. 通过史料自身资质的证明。一般说来,任何一件史料它本身都会提供一定表明其身份的信息,它们是分析其是否真实的重要依据。这里面有两种情况:一种是原始件,可以通过该件的纸张、格式、文字、笔法、语气、文风和所叙内容等方面,判断其真伪。另一种是已经出版的史料。对此类材料无从辨别其纸张、格式、文字、笔法,只能辨别其语气、文风和内容。史料的内容一般都会给出一个大致的时间和地点范围,其所叙事实也会涉及某些历史现象、事件、自身活动或其他人,从这些方面往往能直接判断其真假。

2. 不同版本的对照。史料的流传会有不同的版本,这就提供了比较的可能。近年出版的藏传史诗《格萨尔王传》是一个版本之众的典型。据说通过近20年的收集,共找到藏文手抄本、木刻本近300部,除去异文本还有大约100部,目前已出版70余部。一般说来,越近的版本越完善。比如,近年出版的《郭小川全集》共计12卷500万字,近三分之一为首次公布。特别令人佩服的是,其中收集了近50万字的自我鉴定之类的东西。再比如,1949年7月北新书局出版的《守常文集》，收集的李大钊的文稿只有十几万字。1959年人民出版社出版的《李大钊选集》有133篇文稿近40万字，1984年该社出版的《李大钊文集》有500多篇文稿120万字。今年河北教育出版社所出《李大钊全集》共收文稿577篇192.7万字。其中新发现的61篇60余万字，占全书文稿总数11％和总字数31％。以陈独秀文稿为例，1980年四川人民出版社出版的《后期的陈独秀及其文章选编》(以下简称《后期》)一书收有陈独秀所写的《我对鲁迅之认识》一文。该书把此文的四个自然段砍去两个，留下的两段又用节选的方法，全文仅余166个字。编者注明："本文写于1937年12月，摘自《怎样使有钱出钱有力出力》一书中《我对鲁迅之认识》一文。"①但是核对编者所讲之原书(亚东图书馆1937年12月版)，就能发现编者有以下错误：第一，原书书名为《怎样使有钱者出钱有力者出力》，编者所讲书名有误；第二，原书中此文题名《我对于鲁迅之认识》，编者所用题名有误；第三，原书版权页注明出版于1937年12月，但并不能据此断定此文作于1937年12月，编者判断显失轻率(据三联书店1984年版《陈独秀文章选编》下卷，此文作于1937年11月21日，原载《宇宙风》第49期)；第四，原文中仍有一个错字："怀恨而死"之"死"应为"终"。该书上述四处错误，加上对此文用了摘录的方法，使其价值大减，必须利用原书核对和增补。编者的错误是怎么产生的呢？可能与没有看到《怎样使有钱者出钱有力者出力》一书有关。根据是，第一，编者没有必要用节选的办法，删去陈独秀高度评价鲁迅的好多话。第二，《后期》一书还收入了《怎样使有钱者出钱有力者出力》一文，但注明选自1938年5月拔提书店出版的《抗战文选》一书。该文是原书的第一篇文章，如果编者看到了原书，则不应另从《抗战文选》一书选辑。第三，《后期》一书中《怎样使有钱者出钱有力者出力》一文，错误有十几处之多，如果看到了原书，当不致如此。

利用不同版本核对史料还要注意以下情况。

第一，反映同一史实的来源不同的史料。比如孙中山1905年8月13日在日本东京中国留学生欢迎大会上的演说，1981年中华书局版《孙中山全集》第一卷收有两份史料，一份是1905年9月30日出的《孙逸仙演说》，一份是《民报》第一号刊登的《记东京留学生欢迎孙君逸仙事》。这也是不同版本，但它们都是一次文献，具有互相补充的意义，不存在彼此否定的性质。另一种情况稍异。1904年8月31日孙中山所著《支那问题真解》一文，1930年上海民智书局所出胡汉民编《总理全集》收有当年的中英文本，1956年人民出版社出版《孙中山选集》以其英文件重新翻译，于是就有了两个译本。中华书局版《孙中山全集》将两个译

---

① 张永通、刘传学编：《后期的陈独秀及其文章选编》，四川人民出版社，1980年版，第88页。

本都收入，但以后一个译本为附件，这个处理是非常正确的。

第二，不同语种的不同版本。这是一个更为复杂的问题。有一个非常典型的例子。1912年4月孙中山辞去临时大总统职务后，曾在同盟会作过一次讲演，这就是4月1日所作《在南京同盟会会员饯别会演说词》。1912年7月11日比利时《人民报》发表了该文的法文译文，7月15日俄国布尔什维克机关报《涅瓦明星报》第17期转载了由比利时法文本翻译的译文，题名《中国革命的社会意义》，该报同时还发表了列宁针对俄文本所写的著名文章《中国的民主主义和民粹主义》。很长时间里人们不知道俄文本的来源。同一篇演说，辗转三国文字，其中含义已有变化。其尤著者，把原演词的将来新政府开办民政，"必将各地主契约换过"，改为俄文本的"新政府一成立，就必须改变不动产的全部法权根据"，并且由此影响了列宁的评价。这一错误直到1981年才被有关专家指出。中华书局版《孙中山全集》已将俄文本作为原演说词的附件收入。

第三，同类材料的互证。这是指以档案资料证明档案资料，以回忆录证明回忆录，以报刊资料证明报刊资料，等等。一般来说同类资料具有连锁性质。比如，某件事情某报可能有连续报道，或者几家报纸都有报道；某事的诸涉事者都有回忆录或都有记忆；档案中有关于某事的系列文件；等等。这就为它们的互相证明提供了可能。例如，包惠僧提供了关于中共一大的回忆，是否可信呢？不少出席一大的人都回忆包参加了会议，因此，包的回忆录就有价值。档案中的系列材料还能在时间、地点等方面互相印证，提供更准确的答案。

第四，多类材料的互证。这是指利用不同类型的材料互相印证。比如，利用报刊资料证明回忆录或档案，利用档案证明报刊或回忆录，利用档案、报刊、回忆录证明其他资料，等等。例如，有回忆录说，陈公博参加过中共一大，但由于旅社内隔壁房间发生凶案，所以偕妻离沪，最后一天会议没有参加。这个说法是否可靠？经查上海当时报纸，确系事实，不仅证明了回忆录的可信，并且为考定一大结束的时间增加了依据。

第五，史料与研究成果的互证。学术界的研究成果也能为新发现的史料提供佐证，所以，对学术动态越了解，学术积累越深厚，判断史料的能力越强。史料与研究成果的互证有以下意义。第一，研究成果越坚实，越是能够尽快衡量史料的真伪和价值。第二，重要史料的发现有可能使长期争论不休的问题马上得出结论。包括修正过去的只此一种的结论，肯定过去几种结论中的一种，提出一种新结论，等等。第三，通过对新史料的证明，会有力地促进研究成果薄弱的问题和领域的研究。

第六，其他证明的方法。包括请本人、其他当事者、亲属核实等等。

（五）阅读、思考、记录并举。阅读史料是一种积累，积累的价值体现于研究,所以,读史料不能茫然无措地只顾读。应当提倡读的过程中适当作一些思考和笔记。比如,这些史科有什么价值?和自己目前的课题有没有关系?如果没有关系以后会不会用得上?记的内容更多,比如,收集到的有用素材(作卡片或笔记);史料中有价值的线索;与目前课题无关的史料中的重要素材、线索,或者这些史料可能形成的课题;阅读过程中临时产生的看法、论点或灵感;在阅读新史料的过程中对过去接触的材料和思考的问题产生的新想法;结合读史料随时查阅有关论著所作的批语、纠错和自己的不同看法;研究问题动手收集和阅读史料时,所考虑的计划、目的、难点;等等。

（六）了解关于史料的规范和必要的工具书。所谓史料的规范是指它的类型和性质。类型分两种。一种是史料学所分的种类,比如文献、档案、报刊资料等等。另一种是根据史料本身性质所分的种类,比如报刊资料又有报道、评论、文稿、社论等区别;档案也有上谕、奏折、文件、电稿、文告、文稿等许多种材料。这里讲的史料的规范是指后一种类型。比如,应该知道什么叫上谕,什么叫奏折,什么叫题本,以及实录、起居注、圣训、黄册、手本、宣言、训令等是什么东西,它们是什么程式,有什么区别,等等,以便阅读时心中有数。由于学者们的不断努力,许多领域都出版了一些工具书,比如查纪年、查人物、查书籍、查论文、查报刊、查档案、查作者、查史学动态等等,都有现成的索引资料。善于利用它们,有利于尽快找到所要的东西,以收事半功倍之效。

史料学是一种具有专门特点的学问,又是一种历史学的综合能力;既有方法论的意义,又有历史观的性质;既有理论学习的必要,又要经过长期实线,才能有所理解,有所熟练,有所成就。

（原载《安徽大学学报》2001年第1期）

史学研究中的利用档案问题

戴逸教授指出,二十世纪发现了五种新史料,包括:(一) 世纪初发现的甲骨文以及金文(金文宋以后就陆续有所发现);(二) 以马王堆帛书以及山东临沂、湖北云梦、甘肃居延等地简牍为代表的帛书与简牍;(三) 敦煌文书;(四) 外文与蒙文、满文等少数民族文字史料;(五) 明清档案。他认为"20 世纪史料的发现是过去任何时代不能相比的,是大批的、连续的、重大的发现;从古到今都有,极为丰富","20 世纪发现的史料大大促进了本世纪史学的发展"[①]。这是一个非常精辟的看法。其中,档案的开发利用及其带来的历史学的进步,是二十世纪史学的重大标志之一。包括明清档案、民国档案、中国共产党历史档案、中国当代档案,以及外国政府、机构、个人档案的大量开发利用,不仅短短几十年就取得了空前的史学成就,锻炼和造就了一大批史学人才,开辟了明清史、中国近现代史、中华民国史、中共党史、中国当代史、各种专门史等热门领域,而且推动历史学进一步探究当下,剖析社会,观照现实,以获得更多的知识和借鉴。

档案史料的发现和利用对历史学的发展具有非常突出的意义。

第一,档案是最集中、最丰富的历史资料来源。一般说来,档案馆、图书馆和博物馆是文献、典籍和实物资料的主要收藏单位。档案馆以收藏档案为主,图书馆以收藏图书为主,博物馆以收藏实物为主。可以毫不夸张地说,每个档案馆收藏的资料,都足够耗尽研究人员的毕生精力。据报道,华盛顿的美国国家档案馆保存着历史文件 30 亿份以上,堆积起来有 150 万立方英尺。其中有 1843 年至 1950 年期间有关中国和中美关系的史料,包括《望厦条约》《天津条约》的原件和 100 多年来中美两国政府、团体、私人之间发生的各种照会、换文、函件、图书,堆积起来有 3 100 立方英尺。中国国家档案馆成立于 1959 年,截至 1993 年,收藏的中共历史资料和新中国资料共 249 个全宗 66 万卷,资料 150 万册,声像资料

---

① 戴逸:《二十世纪中国史学名著·总序》,载翦伯赞:《历史哲学教程》,河北教育出版社,2000 年版。

8 500 余盘,库房档案架总长度 6 400 米。北京的第一历史档案馆主要收集明清时期的档案资料,总计有 900 多万件册。南京中国第二历史档案馆收藏的档案,计有 756 个全宗,140 多万卷,排架长度 34 000 米。以省级档案馆南京的江苏省档案馆为例,它的收藏量有 576 个全宗 440 441 卷(件),声像资料 92 799 份(盒、本、盘),资料 37 238 册,排架长度 10 762 米。

第二,档案的根本特性是它是原始资料,也就是人们通常所说的第一手资料。所谓原始资料的意义是什么呢?作为文字资料,档案是人们从事某项社会活动时直接形成的文献依据,该文献本身就是该项社会活动的一个要件,也是事后能够证明该项社会活动确实发生过的最直接的证据。在史学研究上,原始资料的价值是,它具有不可动摇的真实性。这种不容置疑的性质,甚至不需要以当事人后来是否承认该项事实为条件。比如,党的地下组织组织过飞行集会,在集会上散发了传单。这个传单不仅是一份史料,其本身就是这次集会使用的物品,是组织这次集会的要件。再比如,某人给你写过一封信,时隔多年,只要找到了这封信的原件,不论某人是否承认,也不论你是否记得,都可以确信这件事发生过。之所以称为档案,只是因为这些资料入了档,有档案馆专门负责保管而已。历史资料的原始性、真实性,是历史学的真实性的客观基础。我们说利用档案对史学研究非常重要,这是重要原因之一。

第三,档案资料具有其他类型的史料所不具备的系统性。一般说来,档案馆收藏的资料,以政府与社会机构、团体的档案资料为主。档案的整理,最基本最通用的方法是严格地按照历史上实际存在过的某个实体机构所形成的档案归类,建立一个全宗。一个全宗,就代表着目前已经收集到的某个机构实体所形成的历史资料都完整地收集在这里面。如此看来,把一个机构实体在前后几十年、上百年时间内自己发出的,以及与自身活动有关系的上下左右、方方面面的来往文件集中在一起,再经过档案管理人员的整理、分类、编目,十分方便研究人员系统地探讨问题解决问题。因此,一个领域档案的发现和利用,常常带来一个学科的产生和繁荣。

第四,档案馆所收藏的档案,以国家机关档案和政府档案为主(在中国包括党的资料),这些资料是国家机关和政府活动的历史记录。这些资料对于史学研究具有决定性的价值。为什么呢?我们知道,人类社会是一个有组织的社会,组织性是人类社会的根本特性之一。人类社会的组织性反映在哪些方面呢?反映在民族、国家、社区、宗族、家庭、团体、机构、制度、法令、规章、习惯、宗教、思想、意识形态等东西所形成的社会网络里面。这些东西所构成的不同形式、不同功能、不同价值的体制性内容,决定了某一个历史阶段社会的总体面貌和水平。国家机关和政府的活动,在上述社会网络里面处于中心的位置,因为它们是整个社会的控制中心。国家机关和政府通过制度、法律、政策、规章对社会政治、经济、文化和民众日常生活所起的规范和调节作用,是整个社会发展的决定性因素。因此,国家机关和政府活动所产生的历史档案,对于解释历史发展的过程和环节,就具有不可替代的作用。同时,国家机关和政府为了贯彻自己的意志,必须及时发出必要的指示,获得下级机关的请示汇报,通过各种渠道充分了解、收集和分析各方面的实际情况和信息动态,我们把这些材料称为政情档案。因此,国家机关和政府档案,本身就是最大的社会信息库。研究国家机关和政府的施政举措,掌握这些政情档案所包含的历史信息资源,有利于对相关历史现象作出相对全面和有力的说明。

第五,研究人员系统地查阅利用档案、研究问题、形成科研成果的过程,是一种十分艰苦而又卓有成效的史学实践。通过这个过程,可以尽快在理解史料、发现问题、提出课题、解决疑难等方面提高水平。

第六,大量档案被有计划地、系统地整理出版之后,就会随着图书流通渠道、网络等进入各级图书馆、科研机关和私人手中,造成广大范围的资源共享,免去研究人员往返奔波之苦,在时间、精力、经济上大大地节省了科研成本。

档案资料既然如此重要,我们在利用这些资料的时候需要注意哪些问题呢?

第一,重视档案但是不要迷信档案。所谓不要迷信档案是指不要认为档案可以解决所有问题。为什么档案不能解决所有问题呢?原因是:(一)档案只是人们从事社会活动时存留下来的很少部分原始材料,大量材料不可能也没有必要都保留下来。(二)许多历史活动中,包括许多重大历史事件中,统治者、历史中心人物行事谋划的时候,会有意识地不留历史痕迹,当然也就不可能有任何档案。比如,许多确凿的证据表明,1966 年北京大学所谓的"第一张马列主义大字报"是康生、曹轶欧密谋策划的,矛头明确对准北京市委和彭真[①]。康生以一个政治局候补委员的地位,有多大的胆量敢搞彭真?谁在指挥康生?也许档案里头永远不会找到材料。(三)在许多特殊的情况下,会有大量档案被销毁损失。比如,1945 年 8 月 15 日,日本天皇宣布无条件投降,驻长春的日本关东军司令部立即开始烧毁档案。1949 年,国民党退出大陆,在抢运了不少档案的同时,也销毁了大量档案。据记载,1921 年,北洋政府教育部曾经把大约 15 万斤清廷档案卖给纸商,后来被罗振玉、李盛铎先后收买,最后于 1928 年被历史语言研究所买入,几经转手,比之前少 20 000 多斤[②]。这是另一种损失。因此,档案的完整性也是有限度的,或者说是相对的。(四)根据档案管理的制度,一般档案馆都

---

① 参阅王效挺、黄文一:《康生、曹轶欧与"第一张大字报"》,《世纪》2003 年第 1 期。
② 陈恭禄:《中国近代史资料概述》,中华书局,1982 年版,第 50 页。

按照永久、长期、短期三种保管期限来分类管理档案,同时也按照重要、一般、不重要三个等次区分档案的价值。一段时期之后,还将经过鉴定剔除部分失去保存价值的档案。从档案保管的角度讲,这样的剔除是必要的,但是并不能排除被剔除的档案还有价值。(五)档案的开放是有制度的,不同密级的档案开放的对象和范围不同。你需要查阅的档案如果不在开放的范围,你研究的问题自然就难以通过档案找到答案。(六)档案馆的资料浩如烟海,虽然有专业人员负责整理、编目,提供许多方便,但是仍然常常摸不到边,一时毫无头绪,花费许多精力无功而返。或者,相对于你所研究的问题,只找到只言片纸,无从说清真相。因此,要辩证地看待档案。档案馆的巨量资料中对你有用的可能只有一鳞半爪,或者必须花很大工夫,阅读大量材料,经过多年努力才能解决问题。

第二,及时了解档案出版的信息,注意尽量先查阅已经出版的档案。经过广大档案工作者的努力,已经出版发行了大量档案,这是一件对学术界有莫大贡献的事。我们应该做到对档案的出版状况心中有数。在利用档案的时候,首先检查一下已经出版的档案资料集,看看其中有没有你需要的材料,能不能解决你的问题,尽量利用已经出版的档案资料集,这样做可以节省许多时间、人力、物力。在这个问题上尤其要明白,我们利用档案,其意义仅仅在于解决问题,并不在乎你利用的是已经出版的,还是没有出版的,甚至是人们还没有发现的档案。

第三,打破猎奇心理,用其他材料能说明问题的,可以不用档案。上面已经说了,我们利用档案,意义只在说明问题,所以正确的态度是用什么材料恰当就用什么材料。有的研究人员不这样看问题,他们似乎认为只有在自己的论文著作里多用档案才足以显示学术水平,这是不科学的。有人在研究1927年国共分裂问题时,引用了郑州会议后冯玉祥6月21日致汪精卫等人的"马电",注明引自第二历史档案馆吴稚晖全宗档案。其实这封电报在军事新闻社出版的《冯玉祥先生名著集》、1981年台湾正中书局出版的《北伐时期的政治史料》、1981年第3期《党史研究资料》中早已公布,这样的引用方法是不足取的。在这里,有一个综合利用史料的问题。档案是第一手资料,是原始资料,未加窜改的个人文稿、文集也是原始资料,它们的信度是一样的。就利用史料来说,学术水平的高低表现为所采用的史料是否具有足够的真实性,是否能够可靠地支持你的观点,而不在于你使用的是档案,还是其他资料。所以,应该注意尽可能地综合提炼各种类型的材料。

第四,注意核实档案。前面说过,档案的根本特性在于它是原始资料,也就是说它是真实的,既然如此为什么还要费工夫去核实它呢?(一)档案作为人们社会生活中文字的或者其他形式的遗留物,是一种真实的证据,这一点不需要怀疑。但是,也常常有人伪造历史材料,这就必须注意。(二)有些历史事件本来就是一团迷雾，留下来的档案自然就是假的。比如，当代国家主席刘少奇被迫害致死，本来就是冤案，有关档案材料根本不可信。（三）档案虽然是原始资料，但是它所记载的内容也可能语焉不详，为了正确地采信档案所表示的事实，就要进行一些必要的考证。比如，20世纪30年代中国青年党曾经发表过一份《中国青年党政策大纲》。1931年1月17日国民党政府教育部下发的《教育部密字第76号训令》称，收到国民党中央宣传部密函，内称南京首都警察厅报告，有特务"昨在中央大学各宿舍巡视"，发现了中国青年党散发的《中国青年党政策大纲》，要求组织查办。训令附有《中国青年党政策大纲》抄件。这份档案就有几个问题不是很清楚。比如，国民党中宣部的密函是什么时候发给教育部的？首都警察厅的密函又是什么时候发给国民党中宣部的？首都警察厅密函说特务"昨在"中央大学发现了大纲，究竟是什么时候？这份青年党的政策大纲究竟又是什么时候制定的？这些问题都需要通过进一步查找材料来落实。（四）除了查阅档案馆的档案之外，利用档案包括使用已经出版的档案资料时也应仔细辨别。一般说来，档案工作者和其他专业人员在编辑出版的过程中付出了极大的心血，但是由于这个过程包括查阅档案、抄录档案、内容鉴定、文本编辑、校对印刷等多道程序，出错的机会太多。因此，不可避免地会有一些文字遗漏、标点不对，时间、人名、地名等方面的舛误，等等。所以，利用时要适当考订，以免给你的研究带来这些差错引起的错误。（五）有的档案在形成过程中就已经出现了事实上的错误。比如，中共八七会议《告全党党员书》说，马日事变后湖南十万农军打长沙，中央政治局的委员（指李维汉）"取消进攻长沙的计划""使反革命大奏凯歌"，执行了"投降的政策""简直等于出卖革命"。事实上当时根本没有组织起十万农军，根本没有打长沙的完整计划，李维汉也根本没有故意实行投降政策。

第五，注意理顺档案线索，寻找所需要的材料。就国家机关和政府档案来说，一份完整的档案体现档案主体的社会活动的程序。现以上述1931年1月17日国民党政府《教育部密字第76号训令》为例，来说明这个程序。首都警察厅致国民党中宣部的密函称，共查获《中国青年党政策大纲》五份，"除存留一份备查，并饬继续严加注意外，理合检同原印刷品四份，请查核"。国民党中央宣传部致教育部的密函说："本部详加查核，此项反动印刷品，既在中央大学宿舍发现，显有该中国青年党反动分子潜伏活动。应请贵部密饬该校当局，严密注意侦查，随时取缔。相应抄同原送反动刊物，函查照办理见复。"1月17日，教育部训令中央大学，要求"该大学严密注意侦查，随时取缔，以杜反动，并将侦查情形具报为要"。19日，中央大学校长室文书组将训令送达庶务组。当天，庶务组将训令退回文书组，并表示："自当遵命，饬各宿舍舍务员及消防队随时严密注意侦查。"20日，中央大学复文教育部表示："遵即派员密查取缔，暂时尚无发现，除仍严饬各舍务员督同校警随时注意侦查外,理合将侦查情形呈复。"23日,教育部发出致中央大学的密字第79号训令称:"已据情转复中央宣传部鉴核,仍仰该大学随时注意侦查。再,嗣后关于密令复文,务需标明密件,以防泄漏而昭慎重。"上述公文流程,涉及首都警察厅与中宣部、中宣部与教育部、教育部与中央大学、中央大学内部文书组与庶务组之间的文件流通。今天,从查档案的角度来看,就要善于顺着这种档案关系来找材料。根据文件上行、下行和左右抄送的惯例,有些下面的问题在上一级档案馆可以查到,上面的政策规章在下一级档案馆可以查到,此部门的问题可以在彼部门找到材料,等等。

第六,注意开发利用社会档案和民间档案。我国各类档案的保存分为国家档案、社会档案和民间档案。国家档案是指各级国家专门档案部门保管的档案。社会档案包括:(一)各级党政部门尚未移交档案馆的档案。这些档案也有严格的管理制度,由于尚未入档,所以我们把它列为社会档案。这一类档案中数量巨大的是县乡一级党政部门现存的材料,特别是其中的政情档案,是地方史、个案、历史细部研究的宝贵资料。(二)社会基层组织保管的资料。比如城市街道、农村村组材料。这些资料保管更差一些,更容易流失一些。特别在农村,经过经济体制的大变化,有些材料收集起来非常困难。(三)各类企业、事业单位自行保管的档案。许多大一点的公司、学校、工厂都有专门的档案室,它们保管的材料是一个值得重视的资料源。近代一些金融业、工业企业的资料已经有不少出版。所谓民间档案,就是民间社会按照传统或者习惯自己收藏的各种文献和实物。民间档案其实是有传统的。中国的传统文化学术,最基本的形态有四种,即官学、书院、寺院和家学。过去有的显赫家族,世代官宦,代有学人,家里就有丰富的藏书和私人学术继承。有个古民居里挂的条幅说"几百年人家无非积善,第一等好事只是读书",就是宣扬诗礼人家。这样的人家往往是有家学传统的,现在这种情况基本已经绝迹。传统社会的官学、书院、寺院、家学的成果,有的历经艰难被保存下来了,有的已经湮没,有的正在被开发,有的作为资料收藏在博物馆、档案馆里,有的作为典章和文化成果转化为当代教育和研究机构的业务内容。比如,2000年8月媒体报道,线装书局出版《北藏》。该经最初雕刻于1421年—1440年,1584年又补刻36卷和5种《南藏》著述,合计经典1 662部、6 930卷,分为693函,刻成后一直藏于皇宫。此次出版采用数码全息制版技术,每套200函,每函6册,合计1 200册,只发行100套。这就是传统官学的开发。现在所讲的民间档案包括这样几种:一是寺院、团体等民间机构收藏的材料。比如,西藏大昭寺保存着大量藏传佛教典籍。我去苏州西园寺,承蒙他们惠允参观藏经楼,其中收藏古经籍6万多册,还看到了贝叶经和元代僧人用血写的佛经。2000年5月媒体报道,由少林寺、中华书局、国宝文化研究中心等单位联合出版的《少林武功医宗秘籍》,共 10 卷 80 万字,含 2 000 多幅插图,介绍了少林密传拳法、棍法、内功和医术。二是一些名人的亲属、后人手里有不少材料。比如,苏州市章太炎后人 1987 年捐出章氏手稿、书信、遗物 1 000 多件。1998 年 11 月媒体报道,南京一位张女士捐出祖上留下来的《三希堂法帖》。三是普通民众收藏的文献和实物。这是最大量、最能反映社会日常生活的材料。1998 年上海报道了一市民 1978 年至 1998 年 20 年间的家庭收支账册,后来被博物馆收藏,它真实反映了上海群众的生活变化。

第七,不要曲解档案。在利用档案问题上,最严重的错误是曲解档案。当然,曲解档案和曲解其他任何史料都是同样性质的错误。一般说来,所谓史学能力,包括利用史料、解释现象、总结经验以及基本的写作叙事的文字水平等等。而利用史料的能力又包括收集整理史料的工夫、及时发现史料价值和正确解读史料的水平等内容。利用档案进行史学研究是一种史学实践。人们的任何社会实践都是一种摸索性的渐进过程,不可能一步到位,正确无误。要求史学研究不犯错误是不现实的,但是曲解档案、曲解史料是一种不合常规的错误,是缺乏基本学术素养的表现,应当尽量避免。

通常所见对档案的曲解有以下几种情况:(一) 把档案所记录的史实转化为自身叙述时,由于理解不够、叙述不全或者记载不准,产生与档案内容不合的差错。一份完整的档案材料,往往包含当事者什么时候形成材料的,其中说了什么事,与什么人或者什么机构团体说该事等内容。我们在引用的时候,不需要把所有内容都用引文的形式引证出来,可以而且必须把其中许多非关键性的内容转化为事实性的叙述。把史料记载的事实转化为研究人员按照自己语言习惯的叙事,是史学研究的基本要求之一,某种程度上也可以说史学研究就是把史料变为故事。但是,这种转叙不能违反史料的记载。比如,前面所说的 1931 年 1 月 17 日国民党政府教育部密函中央大学,你不能说成 1 月 16 日、1 月 18 日,或者其他日子、其他年份,那样就错了,实际上就曲解了史料。当然,此种曲解不仅指时间,更重要的还有发生事实的地点、人员、具体情节和基本内容等等。我把这种曲解称为转叙性曲解。(二) 对档案记载的事实进行鉴定时发生错误,导致结论完全不可靠。档案是原始资料,必须经过研究人员的解读,才能正确地证明相关历史过程。如果解读错误,实际上就曲解了档案。举一个能够说明这一点的例子。1937 年七七事变后,宋哲元一边抵抗一边企图和日本和平解决问题。有人这样记载了 7 月 10 日以后宋和日军的关系:"10 日,日方又在'就地解决'的幌子下,提出二十九军向日军道歉,处分中国抗日责任人,卢沟桥、宛平县和龙王庙地区不得驻扎中国军队,以及取缔共产党和其他抗日团体等条件。虽宋哲元表示'决本中央之意旨处理一切',接受了日军的苛刻条件,但并没有缓和日军的进逼。"这段叙述告诉我们,宋哲元接受日军条件,是根据国民党中央的"意旨"。七七事变后,宋哲元多次表示"决本中央意旨解决一切",那么"中央意旨"是什么呢？7月9日宋哲元致蒋介石的密电说:"职决遵照钧座'不丧权、不失土'之意旨,誓与周旋。"[①]10日前后,国民党中央并未指示宋哲元和日本人谈判,宋的谈判也从未得到国民党中央首肯。那么,又从何说起宋"决本中央之意旨解决一切"接受了日方的条件呢？这是十分典型的曲解档案,是一种非常低级的错误。我把这样的曲解称为"识别性曲解"。(三)忽视或者有意撇开有关材料,导致对被采用档案的片面的、不正确的理解。这一类曲解往往发生在研究人员失去了对于研究对象的必要的学术中立的时候,于是,档案材料中无论有利于还是不利于研究对象的事实的意义,都难以得到恰当的说明。它们不是被夸大,就是被缩小。我把这种曲解称为"掩饰性曲解"。

  曲解档案是一种常见的史学错误,其原因也很复杂。有的由于接触档案太少,掌握和熟悉材料不够;有的属于学识不足,缺乏解读史料的能力;有的因为政治情绪过于强烈,只见树木,不见森林。多读书,多写作,多总结,不断实践,不断提高,是优化学养、取得成功的基本方法。

(原载《江苏社会科学》2003年第2期)

---

  ① 《宋哲元致蒋介石密电》(1937年7月9日),《抗日战争正面战场》(上册),江苏古籍出版社,1987年版,第163页。

关于前人著述的史料性质

传统的史料分类方法,比较注重史料的形式。一般按照谕旨、诏令、实录、文件、档案、报刊资料、回忆录、个人文集、日记、书信、年鉴、地方志等不同门类对史料进行分类介绍。笔者主张按照史料的属性来分类,其中,前人所写的具有史料价值的史学著作,统归于前人著述。

如果按照通常的理解,所谓前人著述有三个意思:一是广义的前人著述,即前代人所写的东西。所谓前代人,是指所有我们之前的以往时代人,或者你所研究的那个时代的人。比如,关于辛亥革命的前人著述,是指有过与辛亥革命发生的时间大致相当的生活经历或者与这场革命有过关系的人们留下来的作品。一般说来,由于作者已故,这些东西已经定型,不会再有改动。二是狭义的前人著述,即在你研究有关问题之前,已经或者正在研究这个问题的人所取得的研究成果。换句话说,就是最新研究成果。这些东西有参考价值,必须了解。比如我们研究孙中山,必须了解有关学术动态。2001年南京大学出版社出版了一部《孙中山评传》,尽管作者之中有的人是我的前辈,但是我们分析这本书还是把它看作最近的研究成果,列为狭义的前人著述。甚至还有这样的情况,在我研究某个问题之前,某位比我还年轻的同志已经发表了相关成果。虽然他比我年轻,但是研究成果发表在先,因此,也将其纳入前人著述的范畴。所以,狭义的前人著述,不是按作者的年龄与生活时代确定的,而是一个现有作品的概念。三是著述这个词的含义比较宽泛,某作者所写的所有论文、诗歌、小说、书信、回忆录等等都是他的著述,所以史料学讲著述需要有一些限定。本文所说的前人著述,是指在你之前他人所写的,内容与你所研究的那个历史时代、那个问题有关的带有史学著作性质的东西,包括家谱、族谱、野史、笔记、地方志、年谱、碑刻、史学著作等等。因此,前人著述的作者,既可以是广义的,也可以是狭义的。作品的性质,主要是指有史学意义的著述。本文是研究史料的,所以,不把相关问题的当代学术成果列为讨论对象。比如,我们研究孙中山和辛亥革命,冯自由所著《革命逸史》可视为前人著述,上述《孙中山评传》则应作为当代学术成果对待。前人著述是重要史料来源,这些东西出自文人、学者、当事人和历史学家之手,记叙必有所本,议论必有所据,非有确证,不应忽视。

家谱、族谱这类东西带有很强的中国特色。中国是个有家族传统的国家,家谱、族谱又叫宗谱,或者叫谱书或者谱牒,是家族文化的特征之一。什么叫宗谱呢?说简单一点,就是记载氏族世系历史的书。唐太宗、武则天时期曾经修过《氏族志》,有人说是比较早的宗谱。赵匡胤、岳飞都有宗谱。近年发现《水浒传》的作者施耐庵的家乡,江苏兴化县施家桥村有《施氏族谱》①。福建上杭县白沙镇茜洋村有一座古墓,墓主张化孙为唐代张九龄第 18 代孙,1175 年生(南宋),曾任汀州知府,生 18 子,108 孙,其族谱都有记载②。北宋名将杨业一族宋以前就有族谱,宋以来五次修谱,已不传。1367 年(元代)杨业 16 代孙杨怀玉重修族谱,以杨业之父杨信为祖,开封有第 35 代孙杨俊乾,当代名将杨成武为第 38 代孙。2000 年 9 月海内外至开封认祖归宗者 3 000 余人③。1997 年,媒体报道,在丹阳司徒镇周巷村发现了北宋学者周敦颐的族谱《周氏宗谱》,1946 年重修,印 8 套,分 8 家保存,由 28 世孙周洪钊的媳妇吴九英献出④。1997 年,徐州市为了城市建设,挖了清初将军丁秀宇的墓。丁氏后人于当年 4 月告上法院,以族谱为据,要求作为有主坟,判文物局侵权⑤。书圣王羲之出身何处一直有争论,1971 年浙江嵊县(现嵊州市)发现康熙年间修的《金庭王氏族谱》,其中记载王羲之于东晋惠帝太安二年(公元 303 年)生于琅琊(今临沂一带)。唐诗说,旧时王谢堂前燕,飞入寻常百姓家,南京夫子庙修了王谢故居。据媒体报道,谢安的原籍浙江嵊县白泥墩,谢氏有族谱,起自谢安的祖父谢衡,现已到 42 代。族谱由 41 代孙谢家献保管,42 代孙谢汉民现居南京⑥。历代以来族谱有 30 年一小修、60 年一大修的说法,虽然不一定很严格,但是只要宗族有力量,对修谱总是非常重视的。这是一种有极强生命力的史学传统。二十世纪八十年代以来,各地农村修谱之风盛行,修了多少宗谱没有统计。不过,我估计今后宗谱文化会逐渐走向衰微,因为随着社会的发展变化,人口流动的规模越来越大,家庭人口结构缩小,宗族的凝聚力削弱,社会对宗族的认同感降低,家族文化的政治基础、经济基础、文化基础日渐瓦解。当然,现在宗谱还是我们研究历史的重要资料。

---

① 杨子忱:《满族谱牒文化与长白山渊源》,《学问》2002 年第 9 期。
② 《新华日报》1999 年 6 月 21 日。
③ 《扬子晚报》2000 年 9 月 12 日。
④ 《扬子晚报》1997 年 8 月 15 日。
⑤ 《扬子晚报》1997 年 8 月 14 日。
⑥ 《新华日报》1998 年 1 月 28 日。

中国的地方志也是一种有悠久传统的史学形式。据《隋书》记载,晋代有一本《畿服经》,已失传。唐以前的地方志多不传。有人统计,从南北朝到民国,计有地方志 8 371 种。内容上有跨省跨地区的,比如《大元大一统志》,有省志、县志、乡镇志。

新中国成立以后曾经着手开展地方志的编撰工作,但是,很长时间指导思想问题没有解决,措施不落实,所以成效不著。1980 年,胡乔木呼吁要重视修志,1981 年 7 月成立了中国地方史志协会,1983 年,中共中央书记处批准恢复中国地方志指导小组。1985 年,中国地方史志协会改名中国地方志协会。80 年代以来,地方志的编辑出版进度很快。1990 年 2 月统计,全国出版省志、专业志 46 部,市地志 18 卷,县、市志 208 部①。两年以后,1992 年 4 月统计,出版市志 58 部,省、专业志 73 部,县志 323 部。再过三年,1995 年 6 月统计,全国已出版省、地、市、县地方志 2 183 部,加上已定稿的,计完成 3 400 多部②。2002 年 7 月统计,全国累计出版志书 12 000 多种,其中省、市、县志 5 000 多种。这是一个巨大的资源。有人曾经估计,如果省级志书每部 2 000 万字,共计 5 亿多字;每部市志 200 万字,全国 360 个市,合计 7 亿多字;县志每部 90 万字,算 2 000 个县,合计也有 18 亿字,以上合计 30 亿字③。

不仅当代所编的地方志为后人留下了大量重要资料,目前地方志的编写还有向地方通史转型的趋势。早在 1990 年的全国地方志工作会议上(1990 年 4 月 3 日至 7 日,哈尔滨),就有人已经注意到了地方志编写告一阶段之后怎么办的问题。有人提出,地方志有几十年一修的传统,因此,将来必须注意保留部分人员,进修提高,把已收集来但没有入志的资料分类整理,归档保存;组织整理编写专题资料;整理旧志;开展方志理论和地情研究;开展地方史的研究;等等④。现在,上海等少数地方已经出版了地方通史,南京正在编写过程中,去年我还应邀为他们作了一次关于编写地方通史的报告,估计很快会有一批地方通史著作出现。

前人著述包括年谱和碑刻资料。笔者以前谈到年谱的时候说过,自订年谱属于回忆录的范围,他人所作年谱则属于前人著述的范围。年谱也是中国史学的传统体裁,1962 年杭州大学图书馆曾经编过一本《中国历代人物年谱集目》,收录年谱书目 1 840 种。碑刻资料是一种历史悠久且丰富的史料,开发的余地

---

① 《1990 年全国地方志工作会议纪要》,《南京史志》1990 年第 5 期。
② 郦家驹:《修志工作的回顾与今后的任务》,《南京史志》1992 年第 4 期。
③ 《重视国外地方志资源的收集与研究》,《光明日报》1996 年 9 月 17 日。
④ 郦家驹:《修志工作的回顾与今后的任务》,《南京史志》1992 年第 4 期。

也很大。1959年中华书局出版过一本《清代碑传文通检》，收录了1 025种清人文集所收的碑文、哀辞、祭文、记、序，涉及明代死于1644年后、清代生于1911年前者共计一万多人。1959年生活·读书·新知三联书店出版的《江苏省明清以来碑刻资料选集》一书收录碑刻370件，1981年江苏人民出版社出版的《明清苏州工商业碑刻集》一书收录碑刻资料258件，1998年苏州大学出版社出版的《明清以来苏州社会史碑刻集》收录碑刻资料500件。

前人著述中很值得研究的是野史笔记。从史学著作来说，野史和笔记有时候没有明确界限。民国史学者冯自由说过："史有正史野史之区别，吾国自周秦迄今三千年来，除官书而外，举凡民间记载及历代相传之奇闻轶事，皆逸史也。逸史又称野史，其所以异于正史者，则正史以简约明达要言不烦为主，而逸史之旨趣，则在于搜罗世间之典章、故实、嘉言、懿行、旧闻、琐语、奇谈、艳迹，一一倾囊倒箧以出之。体例无须谨严，记载不厌琐细，既可避文网之制裁，亦足补官书之缺漏。"①这个说法有一定道理。我国野史笔记著作非常丰富，有人研究笔记最早产生于南北朝，盛于唐宋，唐宋笔记不下数百种。"笔记"两个字的最初含义就是散文，在宋代有笔记、笔录、笔谈、随笔等不同说法。比如，宋祁的《宋景文公笔记》、苏轼的《仇池笔记》、陆游的《老学庵笔记》、魏泰的《东轩笔录》、沈括的《梦溪笔谈》、洪迈的《容斋随笔》等。据说毛泽东很喜欢读《容斋随笔》，去世前不久还让人念过。明清史学者谢国桢著有《明清野史笔记概述》一文，把野史笔记分为10种类型，如记农业的徐光启的《农政全书》，记手工业的宋应星的《天工开物》，记历史与自然地理的《徐霞客游记》《海国图志》，记中外关系的王韬的《中英通商纪略》，记学人传记的钱谦益的《列朝诗集小传》，其余还有记科学技术、农民起义、历史文献与人物、少数民族、政治制度和典章的，等等。周作人读过不少笔记，他还对笔记提出了一个衡量的标准。他说：一本好的笔记"要在文词可观之外再加思想宽大，见识明达，趣味渊雅，懂得人情物理，对于人生与自然能巨细都谈，鱼虫之微小，谣俗之琐屑，与生死大事同样对待，却又当作家常话说与大家听，庶乎其可矣"②。海洋出版社1983年曾出版过一本《晚清海外笔记选》，收录了郭嵩焘、刘锡鸿、曾纪泽、薛福成、梁启超等人关于19世纪以来海外华人社会的记载，其中包括一些笔记、游记、游历记、述略、纪略、纪实等，但是也收了一些日记。该书夹带一点日记，称为笔记选是可以的，但是日记在史料学角度上应当归于文献。

除了以上所说以外，前人著述还包括正式史学著作。传统史学可以二十五

---

① 冯自由：《自序》，《革命逸史》(初集)，商务印书馆1939年版。
② 周作人：《谈笔记》，《知堂小品》，陕西人民出版社，1991年版，第405—406页。

史为代表。我们应该从史料与史学的双重意义上认识二十五史。这些东西是史学著作,又是史料。它们是历代历史学家写出来的,是正式的历史记载,虽然其中可能包含片面的、不完整、不准确的成分,但是除了确能证明有误者外,不应有所怀疑。另一方面,之所以要把二十五史看作史料,是因为历代政权把它们颁布为国家正史后,编者所用原始资料已大部不存。它们记载的事实,已经成为公认的历史。二十五史具有多种文化意义。从文明史的角度,它们是传统文化的标志性产物之一;从史学史的角度,它们是传统史学的代表性作品;从史料的角度,它们的记载本身就是经过消化梳理的资料。一定意义上可以这么说,今天它们作为文化遗产的价值是第一位的。对于研究人员而言,它们的资料价值也许远远大于作为传统史学的价值。在近现代史领域,可以作为资料看待的史学著作就更多了,不妨以曹亚伯《武昌革命真史》、冯自由《革命逸史》、贺觉非的《辛亥首义人物传》三种著作为例。

《武昌革命真史》于 1927 年 6 月完稿,1930 年 3 月出版,随即被销毁。1982 年上海书店影印出版。国民党政府之所以要销毁此书,看来有两个原因。一是作者对革命的批评态度。据作者自序说,他一生的政治倾向,早年反基督教,"耶稣教为异端,痛恶之"。15 岁加入教堂,"于是家庭革命、社会革命之思想日往复于胸中,不顾自身之一切,时与旧习惯相抗矣"。入民国后,他又转向批评革命。他说:"自民国成立以来,吾同胞痛苦日增,乃至上无礼,下无学,贼民朋兴,谓非革命者不能自苦以利天下之咎乎?"二是作者叙述辛亥革命从黄兴长沙起义开始,以武昌革命团体、武昌起义为主线,回避了兴中会、同盟会、孙中山、国民党的法统,不合乎国民党的主体意识形态。但是,该书对于研究辛亥革命却很有价值,不光因为作者是武昌起义的参与者,而且因为该书保存了大量史料。上海书店在《武昌革命真史》下卷《复印说明》中说,书中利用了作者多年收藏的"'日知会'文书笔记及辛亥革命一切文告、函电等"。

《革命逸史》共五集,初集由商务印书馆于 1939 年出版,中华书局 1981 年 6 月重版。(笔者按:刘望龄编著,知识出版社 1981 年 11 月出版的《辛亥革命大事录》一书所载《辛亥革命史主要中文书目》一文,记载该书 1945 年—1947 年出版,不准确。)作者在初集的《本书大意》中声明,该书材料除根据记忆外,"其余概以香港《中国日报》及著者历年笔记、函牍、民元稽勋局调查表册为底本""本书所据均属最有根据及最有价值之正史材料,以民国至今尚缺乏清季革命时代的正史之公布,故暂以革命逸史名之"。

《辛亥首义人物传》由中华书局于 1982 年 10 月出版。该书收录人物传记 458 份,还附有 1912 年《鄂稽勋调查会阵亡将士调查表》《辛亥阳夏战争鄂军阵亡官佐目兵名单》《湘军援鄂阵亡官佐目兵名单》所列烈士名单 881 人。该书《出版凡例》称:其资料依据包括五种,即"前湖北革命实录馆人物事略""前湖北通志馆采访册""传主生前日记、自传及其亲友所撰事略、行述等""书刊关于首义人物记载""编者历年访问、调查、通讯所作记载"。

分析上述三种著作所使用的材料,我们可以知道史学著作就是通过运用科学方法选择史料、解释史料来对历史事实的叙述。正是在这个角度上,我们有理由把前人著述当作史料看待。也许有人会问,为什么要采用前人著述这个史料学概念呢?为什么又不把相关问题的当代学术成果列入前人著述的范围呢?首先,这与史料的相对性有关系。比如,上面说到笔记,近现代人写的笔记对研究近现代史当然是重要资料,但是今天有人发表了笔记作品,就不会有人把它当成史料,因为现实的当下还不能作为历史来研究。我们可以把上述《武昌革命真史》一书作为史料对待,而当代学术界的那些关于辛亥革命史的著作,只能作为当代学术成果和研究动态来参考。其次,这与本文所论列的前人著述的特定史学性质有关。这些作品,本来就具有很强的历史记载的性质,或者本身就是比较规范的史学著作,有很高的可信度。再次,这涉及学术研究中区别对待史料和成果的问题。我们在研究某个问题的时候,注明所依据的史料,作用是表明我的说法是有根据的,不是杜撰的。在有些情况下,可以把史料所记载的事实,直接转化为你自己的叙述。但是对他人的研究成果,包括他人挖掘史料所发现的事实或者得出的结论,就不能用处理史料的方法对待。你不能把别人的东西,直接转化为自己的叙述。当代人的学术成果,是作者辛勤劳动的结果,必须给予应有的尊重。不论研究什么问题,允许借鉴学术界的现有成果,但是参考他人的成果必须说明,否则就破坏了基本的学术规则。任意把他人的成果拿来不加注明地使用,是不道德的。

我们在利用前人著述的时候,应当注意哪些问题呢?

第一,充分认识前人著述的真实性。我们把前人著述当作史料的依据是什么呢?是它们的真实性。首先是它们的作者具有追求真实的动机。钱大昕说过,谱系之学"直而不污,信而有征,故一家之书与国史相表里焉"。章学诚也说:"家有征,则县志取焉;县志有征,则国史取焉。"不只这些大学者这样看,民间修谱也很重视真实,如同有的旧谱所说:莫道渊源无考证,私家记述最为真。不仅古人重视宗谱、志书的真实,当代也十分强调质量。1990年全国地方志工作会议就提出:"新志书究竟有用无用,以及作用的大小,归根到底取决于志书本身的质量如何。新志书应当有益于当代,无愧于后人,经得起社会和历史的考验。"其次,前人著述值得重视的地方,还在于它们保存了大量原始资料。比如,明代抗倭英雄沈有容,曾编过《沈氏宗谱》,其中收录了他的《仗剑录》《闽海赠言》《舟师客问》等著作。沈的这些著作几百年来已失传,1985年有人在安徽宣城洪林发现《沈氏宗谱》,这些材料终于再见天日①。这类第一手材料宗谱中有,方志中也有。有的方志甚至直接用辑录时人著述的方法汇编。另外,方志中撰写的人物传记,可以当第一手材料用。1963 年中华书局出版的朱士嘉所编《宋元方志传记索引》一书,列出了 33 种方志所收的人物传记 3 949 篇。再次,宗谱、方志类著作,有经常出新的性质,和正史记载形成互补。过去几百年一个朝代,正史只有一部,但是地方志和宗谱却经常增修、补修或重修。这些经常增加的资料,大大弥补了正史记载的不足。

第二,前人著述对经济社会史研究、区域研究、某些专题研究、微观研究的特定价值。前人著述保存了大量关于国情、政情、社情、民情的记载,在价值上它们有一致性,但是正史、地方志、笔记、家谱、族谱类东西在价值上又有区别。正史是关于国家王朝的记载,地方志是关于地方的记载,家谱、族谱是关于家族的记载,野史笔记是文人学者记的所见所闻,内容上有分工。过去由于人们带有单纯王朝史观、政治史观,对有些历史内容不重视,对史料的理解也不全面,现在人们的历史观发生了变化,更多地关注政治史、制度史、政权史、重大事件史、重要历史人物传记以外的社会内容,因此笔记、方志、宗谱、碑刻类史料的重要性越来越被人们认识。比如,方志、宗谱中关于族田、义庄、赋役、契约、乡风、族规、人物、诗文、世系等的记载,是经济史、财政史、风俗史和人物研究不可忽视的材料。在对中国宗谱的研究方面,英国社会人类学家莫里斯·弗里德曼 1958 年发表过《东南部中国的宗族组织》,1966 年发表了《中国的宗族与社会:福建和广东》,被称为中国宗族问题研究泰斗。日本学者濑川昌久对广东、福建、海南,特别是香港新界地区的宗谱做过仔细研究,他的著作《族谱:华南汉族的宗族·风水·移居》,通过族谱的文本指出"与族谱的虚构性并存而隐藏其背后的历史意识""香港新界各宗族的移居史以及地域社会形成的过程""各宗族间的联合与纽带关系""宗族参与墓地风水事务的具体方式";宗族的形成与参与风水事务之间"存在着哪些有意义的关联""考察记载他们移居故事的宁化石壁传说的真伪性""重新考察客家的移居传说,并进一步讨论华南地区族群的族源变化问题"②。这种通过族谱来分析它的社会意义和文化意义的方法,很值得借鉴。

第三,利用这类资料除了要注意广泛收集外还要注意综合考察。比如,有学者考订陈昌浩的生年,最后解决问题就是靠多种史料的综合。陈是哪年出生的?

---

① 郭静洲、袁雪梵:《家谱与史志》,《南京史志》1992 年第 4 期。
② 濑川昌久:《族谱:华南汉族的宗族·风水·移居》,上海书店出版社,1999 年版,第 11 页。

他自己历次填写的履历表均说是 1906 年。少年好友有的说 1903 年,有的说 1904 年。原配夫人刘秀珍说与自己同年,1905 年九月十八日(农历)生。弟弟陈俊(原河南省军区副参谋长)、堂弟陈昌盛说生于 1905 年,属蛇,与原配夫人同龄。最后在陈的家乡武汉市蔡甸区侏儒镇高登村找到了家谱《义门陈氏宗谱》,其中记载,陈昌浩高祖陈育仁,曾祖陈英善(三子),祖陈华銮(长子),父陈荣发(次子)。家谱记载陈昌浩:"荣发长子,生光绪乙巳年九月十八日辰时",查公历为 1905 年 9 月 16 日。最后,综合他的原配夫人、弟弟、堂弟的回忆和家谱材料,否定了陈自己的材料和少年好友的回忆,肯定了 1905 年的说法①。再比如,瞎子阿丙(音乐家华彦均)的生年,有三个说法:一是光绪十八年六月十六日(公历 1892 年 7 月 9 日),根据是 1950 年无锡市崇安寺派出所登记的户口册;二是 1887 年,根据是 1959 年中央音乐学院和无锡市文联为他立的墓碑,根据是他自己的身份证;三是 1898 年 10 月 18 日(公历),根据是他故居的牌位。上述三个材料好像都有根据,但是都没有被采纳,1979 年版《辞海》确认的是 1893 年②。再例如画家齐白石的生年,1982 年上海辞书出版社出版的《简明社会科学词典》说是 1860 年,1981 年出版的《辞海》分册《中国美术家辞典》说是 1863 年。齐自己 1953 年画的画自题"时年 93",1955 年自题"95 岁白石老人",1956 年自题"96 岁白石",据此推算应为 1861 年。1962 年人民美术出版社出版的《白石老人自传》说,他生于 1863 年,年轻时算命,算命先生说他 1937 年 75 岁时将有大难。所以 1937 年起,他为自己加了 2 岁,说成 77,自称"瞒天过海"。由此可见《辞海》分册 1863 年的记载是正确的③,不综合分析,就会有差错。需要综合分析的另一个重要原因是此类材料也有可靠性低的情况。比如,孙中山的籍贯就有两种说法。孙中山之前五代,是住在香山县翠亨村,其家世源流有两种说法。一说明代从东莞迁来的,另一说从紫金迁来的,至今没有定论,但一般接受东莞的说法。为什么多数人倾向于东莞但又不能确认呢?有关专家指出,由于翠亨村的《孙氏族谱》残缺不全,内容粗漏,修谱时间不详,不足以服人。1918 年修的《武岭蒋氏宗谱》说,蒋介石的先祖居于宜兴,五代时迁往宁波。1946 年—1948 年重修,蒋介石十分重视先系问题。于是,编修人员硬是从各地蒋氏宗谱中,找到浙江龙山一支的线索,再参证其他宗谱,七拼八凑,一直接到周公。"至于宜兴、天

---

① 参阅陈汉辉:《从新发现的〈义门陈氏宗谱〉考订陈昌浩的生辰》,《中共党史研究》1999 年第 6 期。

② 参阅《来函选载》,《中华民国史资料丛稿》第 18 辑。

③ 参阅顾龙生:《〈毛泽东书信选集〉注释的齐白石生年》,《文献和研究》1984 年第 2 期。

台及临海诸谱详载西周以来一连串的世系名爵,我以其'于史无证',概不采用"①。把蒋介石说成周公之后,是出于抬高身价和荣宗耀祖的需要。对于此种无聊的说法,我们应有正确认识并采取批判的态度。

前人著述是一个新的史料分类概念,也是一个值得研究的史料学问题。上述归于这个类别的史料,在属性上有一致的地方。重视和加强对前人著述的利用,不仅涉及对史料的鉴别,而且包含历史观念方面进一步向经济社会史转变的内容。

(原载《徐州师范大学学报》2003 年第 4 期)

---

① 沙孟海:《〈武岭蒋氏宗谱〉纂修始末》,《蒋介石家世》,《浙江文史资料》第 28 辑,浙江人民出版社,1988 年版。

文献的史料学定义与利用问题

为了对史料进行分类研究,过去人们比较注意史料的形式,比如,按照谕旨、诏令、日记、书信、文集、报刊、档案等门类分类。这样的分类方法有它的优点,今天仍然可以使用。笔者主张,按照史料的社会属性,把它分为八类,即文献,档案,报刊,回忆录,前人著述,声像资料,遗址、遗迹与器物,口碑资料与乡例民俗。其中,文献是一个史料分类的新概念。

文献的含义是什么呢？在词语学、文献学、社会语言学和史料学等不同领域,它的含义不一样。当代汉语词语学是指"有历史价值或参考价值的图书资料"①。英语有两个词,Document 含有公文、文件、文献、证件、证券等意思。Literature 是指(某一学科的)专题文献。中国文献学有另外的解释。1996年出版的《中国文献编目规则》指出,文献是指"记录有知识信息的一切载体,包括纸质的图书、报刊等出版物和非纸质的录音资料、影像资料、缩微资料、计算机文档等"②。在中共党史研究领域,它的一般含义是指文件。中共中央有一个专门研究党的历史文件的机构,叫中央文献研究室。经过编辑整理出版的资料集,如《十一届三中全会以来重要文献选编》等,收入的也是党的文件。在社会语言学的角度,文献还特指某些有重大指导意义的文稿,包括某些重要报告、决议、文章、社论等等。比如,人们常常说"十一届三中全会公报是一篇光辉的历史文献""党的十六大报告是一篇光辉的历史文献"等等。本文所讲的文献,是从史料学角度上说的,是指一切原始的文字资料。具体来说,中国近现代史上的文献,包括所有谕旨、诏令、实录、圣训、奏折、命令、公告、布告、传单、政策、法规、证件、决议、决定、报告、请示、指示、宣言、讲话、文件、账册、图册、电函、信札、文章、笔记、日记、歌谣、碑刻、约章、契约、合同、单据、外交文书等等东西。上述文献还可以分为官方文献与民间文献两种。民间文献包括传单、账册、笔记、日记、歌谣、碑

---

① 《现代汉语词典》,商务印书馆,1991年版,第1205页。
② 《中国文献编目规则》,广东人民出版社,1996年版,第312页。

刻、契约、合同、单据、文稿、信件、私人藏书、其他民间秘籍等等东西。

把上述那么多形式的史料统统归类为文献,依据是什么呢?因为它们都是第一手的原始资料,换句话说,在史料的原始性这一点上,它们是一致的。

原始性是决定史料真实性的重要因素。我们知道,史料学要研究史料的真实性以及对于史学研究的价值,而史料的真实性又是决定它的史学价值的首要因素。所谓史料的真实性包括两个意思:一是这份史料是真实的,不是伪造的假史料。二是这份史料所表达的内容,也就是它所记录的事实是真实的。所谓史料是真实的,可以有两种理解。第一,这份东西是不是原件?比如,某张报纸,是不是当年所出版的那张?第二,这份东西从史料学上说是不是原始资料?某份资料是不是原件,和它是不是原始资料不是一回事。比如,某张当年的报纸是一份原件,但是它所登载的新闻消息对于它所报道的那件事来说并非原始资料,一般意义上报刊资料是新闻资料而不是原始资料。比如,某人写的回忆录是原件,但是回忆录是一种事后的回忆资料,也不是原始资料。而本文所讲的文献,以原始资料为唯一特性。

应该看到,史料的真实性和它的内容的真实性之间,有相当大的关系。其中,具有决定性意义的因素,是它们是否是原始资料。所谓原始资料,就是历史上遗留下来的人们从事社会活动的直接产物,也是我们叙述这些活动的最可靠的凭据。比如,很早以前进行过一桩买卖,当初所订的合同、买方购货的汇款单据和卖方的收款单据、发货单据等,都是原始凭证。有了它们,我们不需要做任何考证,就可以肯定确实发生过这桩买卖。比如,我给研究生上课,若干年后找到了课程表、我的讲课笔记和同学们的课堂笔记,那就可以断定有这回事。

分析文献资料的真实性,不能离开史料具有绝对性和相对性并存的特点。以上所说八种史料,都具有这个特点。绝对性是指任何一种史料都有它的客观实在性。比如,某份报纸,是它在发行期间一天一天出版出来的,今天各图书馆收藏的装订成册的旧报纸,百分之百是当年的出版物。比如,某人收藏的旧时日记,百分之百是当年的原物。哪怕是民间传说,就其作为口碑资料、民俗资料存在而言,本身也是一个实实在在的事实,不需要怀疑。但是,我们研究史料的价值,还要从相对性意义上分析。史料的相对性意义是指什么呢?

第一,史料与有关历史事实的关系,是决定其真实性的重要因素。不同史料的产生,和它所记载的事实的本来关系不一样。它们的原始性不一样,真实性就不一样。就像刚才所说的,当年做买卖订的合同、买方的汇款单据、卖方的发货单据等,是买卖活动本身的构成要件,是原始凭证,具有不可反驳的真实有效性。如果我们依靠当事人事后的回忆来证明这桩买卖,它的可靠性就差一些。某人今天写了一份回忆录,就他的写作活动来说,是绝对可靠的一件事,这份回忆录肯定是他的作品。但是,它所叙述的过去曾经发生的那件事,就不一定可靠。因此,原始合同与回忆录这两种史料,在可信度上就有区别。

第二,史料所反映的有关历史内容的主体事实与派生事实之间,在真实性方面有差异。什么叫主体事实呢?主体事实就是与史料内容相对应的历史活动的事实,换句话说,就是史料内容与它所表达的历史活动的基本目标完全一致的事实。比如,《中共八七会议告全党党员书》(以下称《告全党党员书》),反映了八七会议的内容,主要就是批评陈独秀右倾机会主义(笔者注:现在学术界已经不再使用陈独秀右倾机会主义这个提法,笔者 1996 年出版的《新编中国通史》第四册早已不用,这里只是为了叙述方便),决定采取武装反抗国民党统治的方针。《告全党党员书》的内容和八七会议的主要内容是一致的,这份史料的主体事实是真实的。什么叫派生事实呢?所谓派生事实,就是史料所表达的与历史活动的主体内容有牵连的次要事实。比如,《告全党党员书》中列举的作为陈独秀右倾机会主义罪状的那些事实。有的个别事实可能不真实。再举一个例子。某人在日记里记载,当天公司召开的会议上,领导表扬了某职工。这一天召开会议和表扬谁都是事实,是日记的主体事实。但是,日记还记录说,旁边有人说了一件什么传闻,这个传闻就是会议上的一个次要事实,或者叫派生事实。一般说来,原始资料的主体事实都是真实的。

第三,衡量一件史料是否为原始史料取决于它所记录的历史事实。比如,今天我给谁发了一封 E-mail,就这件事来说,这封 E-mail 是原始资料。假如这封 E-mail 是向对方报告一件其他事情,它就不是那件事的原始资料。某人某天在日记里记了他所听说的一件事,就这一天他记了日记这件事而言,这份日记是原始资料;就他听说的那件事而言,日记是间接资料,不是原始资料。

第四,史料价值有可比性。这主要指反映同一个问题的许多史料中,价值有大有小。有的很重要,有的不太重要;有的原始资料,没有提供什么有价值的内容;有的第二手资料,也许倒很说明问题;另一来源的某份史料可能记载着这个问题的重要情况;与这个问题有关系的某份不起眼的资料中,可能记载着与另一个问题有关的重要内容;等等。

第五,课题体现史料价值。任何史料,它的重要性都是相对于研究课题而言的,不在人们目前的研究课题范围之内的史料,人们就不会发现它的重要性。换句话说,你不研究某个问题,那么,所有关于这个问题的史料你可能不会去关心。它们再有价值,对你也没有意义。原始资料为什么值得特别重视,就是因为它在史料的原始性、它反映的主体事实方面有绝对可靠性。这一点使它在史料价值方面又具有特殊的优势。

这就是把原始资料归纳为文献的原因。

谕旨、诏令、实录、圣训、奏折都是明清史料。所谓谕旨都是皇帝的指示。谕是根据下级的请示而发的指示，即所谓上谕。下级没有请示而下发的指示为旨。所谓诏令也是指皇帝颁发的命令文书。这个令今天还保留着，比如国家主席令、国务院令。上谕也是诏令的一种。圣训是把谕旨汇编成书。在清代，清太祖努尔哈赤和清太宗皇太极的圣训是入关后编的，再后来就是皇帝死后才编辑。所谓实录是先皇帝死后按照年代把谕旨和奏折编辑成书，是一种编年体的史料集。奏折是明清两代官员向皇帝报告政务的文书。明代的奏章分为题本与奏本，分别向皇帝报告公务和私事。清代康熙年间实行改革，总督、巡抚等高级官员有专折奏事权，奏折成为他们向皇帝直接反映情况的公文文书。经过雍正、乾隆两代的扩大，奏折逐渐成为清廷广大官员均可使用的正式公文文书，取代了奏本，是与题本并行的两种上行文书之一。

电函是电报业发展起来才出现的史料，一般来说应该是十九世纪六十年代以后的事情。中国的电报业务起步于十九世纪七十年代，1880年李鸿章在天津设立电报局大约是个正式的开端。从史料上说，十九世纪六十年代的电报当然十分罕见。电报业务的衰落是在二十世纪九十年代。据统计，二十世纪六十至八十年代的电报业务鼎盛时期，我国全国城乡办理电报业务的邮电局、邮电所有8万多个，电传打字机3.5万多台，电报电路1.6万多条。自1992年起，电报业务每年以30%左右的速度下降，"八五计划"以来，随着电话、传真、移动通信、寻呼、电脑、互联网的发展，只剩下大约10%的电报用户在继续使用。1997年媒体报道，全国已有60%的城市取消了电报业务①。进入二十一世纪以来，电报业务继续萎缩，即使在北京、上海这样的大城市，也很少有人去邮局拍电报。所以，电报作为一种通信载体离最后消亡的时候不会太远。可见电函可能就是最近一百二三十年间的一种特定形式的史料。

电函实际上是以电报形式出现的文稿，自然会被有意识地收集出版和引用。1914年4月新中国图书局出版的黎元洪文集《黎副总统书牍汇编》，全书一册，分六卷。第一卷文辞，第二至第五卷函牍，第六卷批牍，其中第四卷收入了不少电报，没有注明时间。护国战争后，经蔡锷提议，梁启超出版了《盾鼻集》一书，1916年10月由商务印书馆发行。全书两册，分公文、函牍、电报、论文、附录五个部分，电报部分收入护国战争期间的103份电报。1927年—1929年，胡汉民编辑孙中山的文集《总理全集》，1930年由上海民智书局出版，全书三集四册，其中第三集收入电报50多份。1938年国民党军事委员会政治部编印的蒋介石的《第一期抗战领袖言论集》，也收录了10份电报。1930年上海太平洋书店出版

---

① 《扬子晚报》1997年1月21日。

的李剑农的《最近三十年中国政治史》一书,引用了许多电报。1936年2月上海人文月刊社出版的白蕉的《袁世凯与中华民国》一书,也以引用电报为特点之一。这两种著作都有过较大的学术影响。

建国以来更为重视对电函的整理出版和利用。比如,1954年创刊的《近代史资料》在专刊和期刊中分别公布过大量电函。例如专刊中的《徐树铮电稿》(中华书局,1963年),《1919年南北议和资料》(中华书局,1962年)所载《李廷玉所存电稿》《南北议和文献》《议和文献辑存》《唐继尧函电》《护法诤言》,《秘笈录存》(中国社会科学出版社,1984年);期刊中仅"文革"前就有《闵尔昌旧存有关武昌起义的函电》(1954年第1期)、《张广建电稿》(1958年第4期),《四川军阀混战的文电》(1962年第4期),《袁世凯政府电存》(1963年第2期),《金永炎电稿》《汪荣宝函电》(1963年第4期),《张勋逃匿荷兰使馆交涉文电》(1964年第2期)等。至于各种个人文集、各种资料集、各种刊物,比如清史、中华民国史、中共党史以及中央与各地档案馆刊物,所定期不定期公布的函电则更多。当然,受各种原因的限制,各档案馆和有关公私部门、个人收藏的函电的开发利用空间还很大。

私人通信古已有之,所以,从形式上看信件是一种传统性质的史料。结集出版的信件,从内容上看可以分类。有本人的书信,如《毛泽东书信选集》;有情侣之间的通信,如鲁迅和许广平的《两地书》;有朋友们写来的信,如《汪康年师友书信集》;有写给亲属子女的信,如《傅雷家书》;有政客之间的秘密通信,如《热河密札》(载《近代史资料》1978年第1期);有的个人文集中,信件单独分类或者单独成册;有的收集较全的个人文集中,信件与其他文稿均按时间顺序排列,不分类。

曾国藩和周作人留下的信件较受关注,出版版本比较多。1879年,即曾国藩死后7年长沙就出版了《曾文正公家书》,20世纪10年代商务印书馆出版过《曾文正公家书》和《曾文正公尺牍》;二十世纪八九十年代钟叔河一人就编过四种版本的曾国藩家书:《曾国藩教子书》(岳麓书社,1986年)、《曾国藩与弟书》(文化艺术出版社,1988年)、《曾国藩与祖父、父、叔书》(湖南大学出版社),以上三种的合集《曾国藩家书》(北岳文艺出版社,1994年)。2002年,岳麓书社出版了《唐浩明评点曾国藩家书》上下卷,从曾氏所留1000多封信件中选出300多封。周作人的书信集有1933年青光书局的《周作人书信》,1972年香港太平洋图书公司的《周作人晚年手札100封》,1973年香港南天书业公司的《周曹通信集》,1992年四川文艺出版社的《周作人早年佚简笺注》等。1994年华夏出版社的《知堂书信》,收录信件421封,是比较全的一个本子。曾国藩的信件受重视是因为他的历史地位和事功。唐浩明说:"看透曾氏,最主要的方法是读他的文字,但曾氏传世文字千余万,通读亦不易,只能读其精华;其精华部分首在家书。"①周作人是因为他散文体的文风,如同编者所指出的:"在现代作家中,带着浓厚的兴趣和自觉写作书信,并在这方面取得突出成绩的,周作人恐怕要算作第一人。"②

  布告、传单、政策、法规、决议、决定、报告、宣言等东西是近现代才多起来的。1894年兴中会建立时发表了宣言,这是近代中国第一份政党宣言。后来不仅召开党的重要会议要发表宣言,碰到重大社会活动或者政治事件也要发表宣言。党内所做的决议、制定的政策法规,更是管理国家社会的手段。国民党获得国家权力以后,出版了不少这类宣言、政策、决议的文件集,尤以二十世纪三四十年代为多。比如,1938年3月,独立出版社出版的《中国国民党宣言集》,就收录了65篇宣言,开头是1894年檀香山兴中会宣言,最后一篇是1937年2月发表的国民党五届三中全会宣言。1941年9月,国民党中央训练委员会编辑出版了一套三卷本的《中国国民党历次会议宣言及重要决议案汇编》,起于1924年1月的国民党一大,止于1941年4月的五届八中全会,文后附有1895年香港兴中会宣言、1905年同盟会宣言、1912年8月13日国民党组织宣言、1912年8月25日国民党宣言、1914年7月中华革命党宣言、1923年1月1日中国国民党宣言等六篇宣言。二十世纪六七十年代,台湾国民党党史会出版的《革命文献》收有大量国民党宣言政纲类资料。其中,《革命文献》第69辑为《国民党宣言集》,第70辑为《中国国民党党章政纲集》,第76—77辑为《中国国民党历次"全国"代表大会重要决议案汇编》上下集。大陆出版的有1985年光明日报出版社内部发行的《中国国民党历次代表大会及中央全会资料》(上下册,166万字),起于1924年1月的国民党第一次全国代表大会,止于1949年7月国民党在广州召开的非常委员会会议。虽然还不完备,但为研究者利用提供了不少方便。中国共产主义运动也发表了大量宣言。1919年6月9日,陈独秀起草了传单《北京市民宣言》,11日晚上在北京前门一带散发并因此而被捕坐牢。12月1日,陈独秀在《新青年》发表《〈新青年〉宣言》,再次宣明了《新青年》同人的主张。1919年7月14日,毛泽东主办的《湘江评论》第一期发表该刊《创刊宣言》。12月29日,周恩来主办的《觉悟》第一期也发表了《觉悟的宣言》。1920年11月,上海的中国共产党的早期组织(俗称"共产主义小组")发表了《中国共产党宣言》。二十世纪四十年代,中共中央曾经把历史上的宣言、决议、政纲、政策类资料汇编成册,即1941年

---

  ① 唐浩明:《一个大人物的心灵世界》,载《唐浩明评点曾国藩家书》(上卷),岳麓书社,2002年版。

  ② 《知堂书信·前言》,华夏出版社,1994年版。

12月由毛泽东主持编辑的党内秘密文件《六大以来》，收入的文件起自1928年7月，止于1941年11月，计500多份。1952年4月，中共中央办公厅做了一些调整再版，1980年4月人民出版社根据1952年版本重印，内部发行。20世纪80年代以来，有两个比较大的集子。一个是中共中央党校党史教研室编辑、人民出版社出版的《中共党史教学参考资料》和《中共党史参考资料》。前者三册，99.4万字，1957年印行，1979年2月重印，内部发行。后者八册，272.9万字，1979年4月内部发行，全书372.3万字，起自1915年《新青年》出刊，止于1957年。另一个是中央档案馆编辑、中共中央党校出版社1989年—1992年出版的《中共中央文件选集》，全书18册，是在前述集子的基础上扩充而成的，但是收录文件止于1949年。

利用文献资料需要注意哪些问题呢？

第一，文献与个人文集的关系。以上我们强调文献是指历史上留下来的一切原始的文字资料。比如我们今天上课，我的讲稿和大家的课堂笔记都是原始的文字资料，因此都可以作为文献。假如我出版个人文集，我的讲稿是可以收的，当然必须有原创性。也许有人问，如果今天有实况录像，算不算文献？应该算，但是实况录像与文献是一种交叉性的史料，这一点还要另外研究。现在的问题是，如何看待个人文集？

一般来说，个人文集是个人作品的汇集，收有作者个人的文章、日记、信件、回忆录、文艺作品以及未发表的手稿等等，其中文章、日记、信件、手稿等都是文献。本文以上所列的三十几种文献没有把个人文集列进去，有几个原因。一是因为个人文集往往是以各种来源的材料汇集起来的，其中有从报刊中收集来的资料，有从档案中收集来的资料，也有回忆录等等。这些不同类型的资料我们是分别归在报刊资料、档案和回忆录中的，因此文集是一种跨类别的资料集。二是有些个人文集中还收有文艺作品，多数情况下这些东西我们不作为文献史料看待。三是因为从史料形式上说，我们以上所列举的三十多种文献，都是具有单一特征，比如奏折、文章、信件、日记、宣言、政纲等，这样有利于史料的归类分析，而文集是一个总类。四是因为经过二十世纪史学的发展，史料的整理出版已经非常丰富，已经有了各种汇编性的资料集，个人文集实际上是汇编资料集的一种。

汇编性的资料集通常有这样几种：（一）个人文集，包括全集、选集、书信集、某一方面的文选。比如，关于经济工作的文选、关于新闻工作的文选、关于文化工作的文选、关于统一战线工作的文选等等。某一时期的文选，比如《建国以来毛泽东文稿》，收录了1949—1965年间毛泽东的各种批语、按语、修改稿、书信、文章等等。个人文集中还有一种笔者称为准个人文集或类个人文集的。有些人限于各种条件、原因，可以收集到的关于他的资料不多，因此，研究人员把他的有关文稿、有关人员对他的回忆、研究人员对他的研究成果汇合起来,编成文集。比如,江苏人民出版社1992年出版的《何孟雄研究文集》,收有何孟雄的14份著作,包括1920年其被捕后的两份供词,部分党的工作计划、决议、意见书,会议发言等。还收有1921—1923年间北洋政府北平警方对何孟雄从事社会主义青年团活动的侦查报告、18篇关于何孟雄的回忆录、3份传记著作、8篇研究论文、1篇学术会议综述、1篇研究资料索引。类似的书还有重庆出版社1984年出版的《曾中生和他的军事文稿》等。(二)综合性资料集,包括综合各类资料的史料集和专门的档案资料集。比如,解放军政治学院党史教研室1979年4月编印的内部参考资料《中共党史参考资料》(十一册)和中国第二历史档案馆编辑出版的《中华民国史档案资料汇编》等。(三)专题资料集。这类文集规模大小不等,其中规模最大、影响最大,也最有代表性的有两种。一是中国史学会主编的"中国近代史资料丛刊",计有11个专题68册2758万字,包括《鸦片战争》(六册)、《太平天国》(八册)、《第二次鸦片战争》(六册)、《回民起义》(四册)、《洋务运动》(八册)、《捻军》(六册)、《中法战争》(七册)、《中日战争》(七册)、《戊戌变法》(四册)、《义和团》(四册)、《辛亥革命》(八册)。这套资料有重大学术价值,1999年,有学者说:"现在活跃在史学界的一批著名的近代史专家学者,就是从研读这些专题史料的基础上开始起步的。前几年有美国学者说,他们利用这套'丛刊'培养了数百名汉学博士。"[①]另一种是中共中央党史研究室第一部主持、北京图书馆出版社1997年出版的《联共(布)共产国际与中国国民革命运动》(六卷),全书313.9万字。其中第一、三、四卷收有1920—1927年间联共(布)和第三国际关于中国革命的473份档案和其他文献资料,绝大多数为首次发表。该书是俄罗斯远东历史研究所、俄罗斯现代历史文献保管与研究中心、德国柏林自由大学东亚研究会合作,根据俄罗斯现代历史文献保管与研究中心(即原苏共中央社会主义理论与历史研究院中央党务档案馆)收藏的档案整理出版的,1996年中方购买了原书版权翻译出版的。原书编者说,该书第一卷收录的205份资料:"不仅在于能够证实或推翻以前对国共合作历史的一些说法,而且含有许多鲜为人知的事实和评价,更为详细地阐述为我们对整个历史发展过程的理解提供了可能性。"这套资料大大改善了关于共产国际与中国革命的关系、中国大革命史、中共党史、陈独秀等相关历史人物研究的水平。2002年5月,中央文献出版社出版了该书的第7—12卷,反映了1927—1931年间共产国际和中国革命的关系。有一份介绍说,该书"披露了过去鲜为人知的大量、系统的绝密档案。同时也提供

[①] 庄建平:《近代史资料的整理出版》,《五十年来的中国近代史研究》,上海书店出版社,2000年版,第686页。

了不少国民党、第三党及其他各派政治力量的许多资料"①。这套资料,甚至被认为是中共党史、中国革命史研究人员的"必读工具书"。(四)学术界关于某一问题的研究论文集,比如《中国农村论文选》(北京人民出版社1983年版)、《中国社会性质问题论战》(人民出版社1984年版)、中国社会科学院哲学研究所图书资料室编的三辑五卷本《三十年来阶级和阶级斗争论文选集》等。(五)专门由报刊文章辑录而成的政论选集,比如《辛亥革命前十年间时论选辑》(三卷本五册,生活·读书·新知三联书店1977年版)等。(六)专门收录报刊社论、时评而成的评论集,例如《民呼、民吁、民立报选辑》(河南人民出版社1982年版)等。(七)会议资料或者论文集。上述各种资料集所收的大部分资料,都是文献资料。

　　本文把个人文集当作一种汇编性的资料集看待,不作为特定的具体史料分析。当然,在了解或介绍某一领域的史料的时候,应当注意个人文集仍然是一个资料类别。

　　第二,文献资料与档案的关系。既然一切原始的文字资料都是文献,那么档案与文献是什么关系呢?就档案材料的原始性而言,档案与文献没有区别。档案就是入了档的文献,有没有进入档案馆是它们的主要区别。那么,为什么要把档案列出来作为一类呢?有三个原因。首先,到目前为止,档案馆最主要的收藏品是文献,所以从收藏的角度上看应该作为一个大的类别。其次,档案也有自己的特征。档案馆是官方材料的集散地,所以档案的最大含义就是官方资料。一讲档案,首先想到的就是政府文件。人们研究问题,写成了论文,评价它的重要指标是要看你使用了档案没有,也就是说,你用了政府的材料没有?最后,档案馆收藏的材料一般都是比较有价值的东西。

　　第三,对民间文献的收集应特别注意。比如,碑刻、契约、传单、合同、账册,散落民间很多,研究经济生活不可忽视。1997年,有人公布过一份"文革"期间的《社员经济手册》,上面记载:1977年生产队分配猪肉0.45斤,价格0.33元;1977年2月过春节,分橘子0.4斤、带鱼0.6斤,价格0.33元②。这个材料非常真实地反映了"文革"期间的农村消费水平。南京大学百年校庆时,我的一个同学告诉我,他还保留着当年大家领取生活补助的一些单据。其中有一份1973年12月28日参加学校基建劳动的补助,每人一天补助粮票半斤、两毛钱。我把这份补助的签领单印在我们的同学通讯录里,它真实地记载了当时的劳动价格。在我的日记中,有1977年7月3日记下的山东省长清县一个集贸市场的蔬菜价

---

① 陈独秀研究会:《简报》2003年1—2期合刊。
② 《扬子晚报》1997年10月1日。

格:鱼每斤1.7元,鹅蛋每只0.27元,芹菜每斤0.10元,鸡每斤0.90元,鸡蛋每只0.10元,葱每斤0.10元,盐须每斤0.05元。还有6月12日记下的以北京永定门车站为起点的火车票价:周口店0.70元,天津西2.40元,天津2.30元,济南8元,南京16元,济南到南京12.50元。这些内容非常平凡,看起来也许毫无价值,但是如果研究那个时期的百姓生活和社会日常经济,它们不仅有价值而且找起来还不容易。在我1976年2月17日的日记中,记着当年以省委工作队的身份在江苏省江都县二姜公社福舍大队第四生产队记下的这个队的分配水平。1975年核算,该队七户农民扣除从生产队分得的粮食、柴草等生活品外,必须倒贴生产队钱,七户共计555元。很奇怪,日记中还记载了这个大队第一生产队一只木船承包经营的情况。这个生产队有一只私人的船,1974年四个农民搞运输,他们每月交给生产队110元,其余收入归己,生产队全年收入1 320元。1975年生产队花6 000元钱把这只船收归集体,仍由这四个农民经营,收入归公。结果全年收入3 856.55元,付去四个农民报酬1 800元,修船1 569.59元,修船吃掉160.45元,结余326.51元。今天来看这个例子就很有意思。再比如,我们研究人物,很重要的是收集他的日记、信件和文稿。这些东西,显要人物的是在档案馆,但大量的还是在私人手中。作家丁芒说,他的文集中,收入的亲笔书信只占已收集到的2%—3%,日记一概未收,师友间来信,积有一公尺之厚,均未收入[1]。1996年10月22日,张学良向美国哥伦比亚大学赠送生平史料文物,其中包括东北时期、华北时期、西安时期和软禁时期四个阶段的日记、相片、来往信件、读书笔记,以及收藏的名人字画、印章等。张规定这些材料"不得在2002年前公开"。哥伦比亚大学为此专门建立了"毅荻书斋"(张学良别名毅庵,荻指赵一荻)。张表示:"希望这些文物和资料能够供给国际上研究历史的学者们参考。"[2]1991年,张学良访问美国,决定由哥伦比亚大学的专家张之丙为他作"口述历史",至1996年已完成录音。据报道,张之丙为张学良做的采访录音有150盒[3]。1993年,浙江德清县建立俞平伯纪念馆,俞氏后人捐出了许多东西。俞氏家族俞鸿渐(1781—1846年,举人,在乡设馆授学)、俞樾(1821—1907年,道光三十年进士、翰林院编修、河南学政)、俞祖仁(俞樾次子,早病故)、俞陛平(1868—1950年,清光绪二十四年探花、翰林院编修、浙江省图书馆馆长)、俞平伯(学者、红学家),有五代文化人。俞平伯之子俞润民捐出的材料包括祖传百年的许多真迹,其中有俞樾为俞陛平所写的课本《曲园课孙草》,俞平伯题诗、夫人许宝驯画

---

[1] 丁芒:《清醒的阿Q》,《学问》2002年第1期。
[2] 《张学良向哥伦比亚大学捐赠生平史料文物》,《光明日报》1996年1月23日。
[3] 《张之丙女士为张学良口述历史录音》,《名人传记》2002年第8期。

的诗画长幅,章太炎写给俞平伯的长幅,70年代俞平伯夫妇楷书《红楼梦八十回校本》,70年代叶圣陶致俞平伯的篆字对联,以及俞平伯的印章、毛笔、工作证、名片、晚年的部分手稿、一生著作和大量照片①。

　　第四,文献作为原始资料也不能迷信。有些文献,尤其是私人日记和信件,是人们相互交往的工具,因此是一种非常真实的记录,有极高的价值。周作人说:"日记与尺牍是文学中特别有趣味的东西,因为比别的文章更鲜明的表现出作者的个性。诗文小说戏剧都是做给第三者看的,所以艺术虽然更加精练,也就多一点做作的痕迹。信札只是写给第二个人,日记则给自己看的(写了日记预备将来石印出书的算作例外),自然是更真实更天然的了。"②比如,延安整风期间搞了抢救运动,现在看来完全是无中生有。据说我公安部收缴的《唐纵日记》1942年8月29日就记着:"现在延安很乱,可惜没有一个内线。"③当然,日记或信件中的记载也有各种复杂的情况。比如,电影《林则徐》上映后,茅盾曾经看过,并在日记里写了"此剧很好",但"文革"期间他又改为"此剧很坏"。这是迫于政治环境的结果。也有人故意作伪,像周作人所说,专门写出来给人看。有人说,民国时期某人就有两套日记,其中一套就是派这种用场的。由于文献资料同样存在问题,就要注意对它进行核实。可能有人会说,既然文献是指一切原始的文字资料,那么,为什么还要核对?我们说,是要核对的。原因是:

　　(一)人们在社会活动中,是作为个体出现的,无论他的个体活动,还是参与作为重要历史事件的社会集体活动,一般只能介入历史过程的一个或者几个环节或侧面。因此,留下来的文献总是一些零碎的片段的带有片面性的材料。我们研究问题的时候,收集了许多材料,这些材料与材料之间、材料与历史实际之间需要互相比对,才能弄准确真实的情况。

　　(二)历史文献产生的过程中会有一些原始性或者叫原发性的差错。比如,有人在整理刘伯承的讲话记录时,发现他在谈到军事训练的重要性时说过"不教而战,是谓善之",觉得这句话有问题。那么,问题在哪里呢?经查,这句话来自孔明。孔明的原话是:"不习而战,百不当一;习而后战,以一当百。故仲尼曰:不教而战,是谓弃之。"看来刘引证了孔明的话,他的完整句子应该是:"不教而战,是谓弃之;教而后战,是谓善之。"④这是因为刘在讲话时记录的人没有记全,因

---

① 《陈熙:为传承俞氏家族的文化精神奉献余生》《百年遗响三春动,千古俞家一剪梅》,《学问》2002年第5期、第3期。
② 周作人:《日记与尺牍》,《知堂小品》,陕西人民出版社,1991年版,第107页。
③ 李锐:《王实味冤案始末·序言》,《书屋》2002年第8期。
④ 徐怀中:《陈斐老素描》,《百年潮》2000年第8期。

此留下了原始文献方面的问题。

（三）有些文献材料在产生的过程中发生过一些变化。有些文献是由官方公布的，使用时必须注意有没有改动。比如，清代的圣训和实录。有关专家指出，清代圣训有改窜。清代共有11代实录，努尔哈赤和皇太极的是入关以前修的，清初有顺治、康熙、雍正三代实录，这些东西到乾隆时有很大的修改。乾隆修了《五朝实录》，出入很大。比如，努尔哈赤建立金国后，曾致书明朝政府，表示对明有七大恨，但要求和谈，并表示服从。这些表示臣服的内容都被删掉了。在雍正的实录中，雍正残害兄弟的种种手段均被隐瞒。《东华录》的修订在《五朝实录》之前，也是收集的从努尔哈赤到雍正计五代的实录，但是保存了许多原始的内容，可信度就要高一些。除了这些实录外，清代还有乾隆、嘉庆、道光、咸丰、同治、光绪六代实录，与前述五代合计十一朝实录。溥仪只有三年皇位，只有《宣统政纪》。这些材料尽管已经经过编辑，我们仍将其作为文献看待。再比如，蒋介石1937年7月17日庐山谈话，有人回忆当时是口头讲话，有些内容在发表时就删掉了，其中包括："现在我已经命令宋哲元从他的家乡回北平。我现在要告知日本人，除非不打，战端一开，一定要抗战到底，绝不中途妥协，中途妥协就是灭亡。""什么叫何梅协定？我把他撕了！我已经命令关黄两师进驻保定。"①

（四）有些文献在整理出版的过程中会有作伪的可能。比如，康有为1911年出版了《戊戌奏稿》，但是，经过学者对第一历史档案馆档案的比对，这些奏稿与戊戌期间他的奏稿相比，有重大改动。一是加进了"制定宪法，立行宪政"的内容；二是把维新派的政治主张由开制度局改为开国会；三是去除了歌颂君权的语言②。据研究，清代曾经编过12种方略，其中有《钦定平定粤匪方略》，1873年编印，420卷。这部书收录的是镇压太平天国运动的有关奏章和谕旨。但是，由于是官方编的，许多文件改动很大。比如，咸丰元年四月二十七日（1851年5月27日）乌兰泰报告象州中坪作战失利的奏折，1800多字，只留下360个字。六月十一日（公历7月8日）报告原片4000字，只留下800字。咸丰三年六月十五日（公历6月21日）安徽巡抚李嘉端报告地方腐败和民众跟随太平军西征的奏折，原折1100多字，只留了100多字。该书还把周天爵、李星沅、向荣等人奏折中所说的"洪泉""洪泉即洪秀全"改为"洪大泉"，使人很长时间为此争论不休③。《清政府镇压太平天国档案史料》一书收集整理的档案证明了这些改动。

---

① 《平津学界与二十九军》，台湾《传记文学》第31卷第1期。
② 参阅孔祥吉：《康有为对戊戌奏稿的改窜及其原因》，《人民日报》1982年6月15日。
③ 庄建平：《近代史资料的整理出版》，《五十年来的中国近代史研究》，上海书店出版社，2000年版，第686页，第697—698页。

（五）人们对历史文献的不正确解读会导致某些对文献内容的误解。在《林徽因文集》中，有一篇《闲谈关于古代建筑的一点消息》，原载天津《大公报》1933年10月7日，文后附有《外通讯一至四》，是四封梁思成写给林的信，信中介绍了发现山西应县木塔（佛宫寺释迦塔）的经过。大约文集编者没有说清楚这四封信是梁思成写给林徽因的，有人把它们当成是林氏自己的信了，于是在2000年7月号《万象》杂志上发表《应县照相馆旧事》，说梁和林一起去应县，发现了佛光寺。这篇文章被《读者》2000年第20号转载（《读者》为半月刊），2001年播出的一部关于梁思成的电视片照用了这个内容。《万象》杂志文章发表之后，林、梁的二儿子梁从诫于2000年7月9日致书《万象》编辑部，说明1933年初秋林正怀着自己，根本无法去应县。这是典型的误读文献的例子①。

（六）有些文献版本不同可能在题解、注释、序言、后记或者附录的资料中发现新的说法或者资料。比如，秋瑾烈士的著作，就有两个不同的版本，一是1912年长沙秋瑾烈士纪念委员会所编的《秋瑾烈士遗稿》，一是1960年中华书局版的《秋瑾集》（后来有修订版）。《秋瑾烈士遗稿》一书收有一篇《王时泽序》，作者王时泽是当年秋瑾赴日后交往甚深之人。王的这篇序记载秋瑾19岁结婚，与丈夫王廷钧关系很好。这和陶成章所著《秋瑾传》的记载就不一致。王文还记载秋瑾在日本曾和11个人结为秘密团体，并列出了其中四个人的名字：刘道一、彭竹阳、曾骥才、王时泽。这个材料就来自不同版本②。

（七）有些文献在不同的版本中内容上有差异。毛泽东的一些文章就有这种情况。比如，《湖南农民运动考察报告》一文，在当年的湖南省委机关刊物《战士》上发表时，就有这样的话："我这次考察湖南农民运动所得到的最重要成果，即流氓地痞之向来为社会唾弃之辈，实为农民革命之最勇敢、最彻底、最坚决者。"③现在的版本就删掉了。毛泽东的《中国社会各阶级的分析》一文，1925年12月底到1926年3月发表了4次，1942年延安整风中又做了一些比较重要的修改，收入《六大以前》。起初的四次发表是：1925年12月1日国民革命军第2军司令部《革命》半月刊第4期《社会各阶级的分析》，1926年1月国民党中央农民部机关刊物《中国农民》第1期《中国农民中各阶级的分析及其对于革命的态度》，1926年《中国农民》第2期《中国社会各阶级的分析》，1926年青年团中央机关刊物《中国青年》第116—117期《中国社会各阶级的分析》。1951年8月《毛

---

① 《梁从诫先生来信》，《读者》2000年第20期。
② 谢文耀：《得而复失的〈秋瑾集〉长沙本》，《书屋》2000年第7期。
③ 《修改：让错误披上一件正确的外衣》，陈独秀研究会主办：《简报》2003年第1期、第2期合刊。

选》第 1 卷出版，《中国社会各阶级的分析》一文注明作于 1926 年 3 月，实际上它们的前后版本差异很大。比如，关于阶级的划分，1926 年 1 月的版本就把社会阶级的范围只放在农村，指出农村阶级包括大地主、小地主、自耕农、半自耕农、贫农、雇农、乡村手工业者、游民。这和后来的分析范围并不一样，根据后来的版本，我们就无法研究他的早期思想。

把所有原始资料归纳为文献，作为史料学的分类方法需要新的理解。它有利于构建更加科学的史料学分析体系，又要求我们正确认识文献所包含的与各种形式的史料的相互交叉关系；在利用史料的时候，既要承认文献的可靠性，又要从它的相对性出发，承认也有提炼和选择的必要。笔者曾经提出过核心史料和关键史料的概念，它的史料学基础就是史料的相对性。

（原载《南通师范学院学报》2004 年第 1 期）

回忆录及其对于史学研究的价值

回忆录是历史研究的重要史料。

什么叫回忆录呢？回忆录就是记录当事人回顾自身经历所形成的文字或音像资料。这个定义有三个要素：第一，它是当事人对自身经历的回顾，这是从内容上对回忆录的限定。所谓回忆录，必须是回忆者对亲身经历的社会活动、历史事件所做的回忆。当然，他回忆什么没有限制，可以是政治事件，也可以是经济生活、文化运动或者其他方面；可以是事物的全貌全过程，也可以是片段；可以记事，也可以记人。但是，所回忆的内容必须与回忆者有直接间接的关系，或者说与他的阅历有联系，否则就不能称为回忆录。第二，它是把当事人的回顾记录下来形成的资料，可以是自己写下来，也可以是当事人口述，其他人记录整理。这是对回忆录作者的规定。第三，它是文字资料或音像资料（包括录音、录像、光盘、纪录片等），这是指回忆录的物质形式。

作为史料，回忆录涉及多种史学作品，大致说来，有以下几种不同的体裁：（一）自订年谱。年谱从体裁上说是一种传记，从史料的角度上看它有双重性，自订年谱由于是自己所撰写，可以纳入回忆录的范围；他人所写则纳入前人著述的范围。中国文人学者有自己为自己写年谱的习惯，例如康有为就写过《康南海先生自订年谱》，中国史学会所编中国近代史资料丛刊《戊戌变法》第四册曾收入，该书还收有《周馥自编年谱》。（二）自传。如《我的前半生》《实庵自传》《阎锡山早年回忆录》《吴玉章回忆录》等。《我的前半生》是末代皇帝溥仪所写的自传，《实庵自传》则是陈独秀所写的自传。（三）新闻采访而成的传记类著作。例如，关于毛泽东的《西行漫记》，关于朱德的《伟大的道路》。（四）专家学者协助记录整理的回忆性文稿。比如，旅美学者唐德刚帮助整理的《李宗仁回忆录》。（五）特定环境中留下的自述材料。这类材料通常是在政治上被迫害的特殊情况下所写的检查、交代或陈述，比如李秀成的《李秀成自述》、李大钊的《李大钊供词》、彭德怀的《彭德怀自述》、方志敏的《我从事革命斗争的略述》、瞿秋白的《多余的话》等。《彭德怀自述》的编辑者在《出版说明》中称，彭德怀1962年6月写过《八万言书》，"文革"期间写过几份简历，该自述是"以1970年的自传式材料为基础，以其他几份材料做补充"①整理出来的。"文革"期间有很多人受过隔离审查，写过检查交代，多数已经销毁或流失，也有一些保留下来了。比如，厦门市委原副书记汪大铭"文革"期间由于传播了反对江青的言论而遭迫害，1969年5月到1970年9月期间写过一份交代材料，现已题名《汪大铭自传》收入中央文献出版社2002年6月出版的《汪大铭纪念文集》一书。（六）当事人所写的单篇回忆文章。这种回忆录比较常见，今天行世的大量回忆录资料集收入的基本上都是这种文章。（七）以诗词歌赋等文学题材的题解、注释等形式出现的回忆文字，以谭人凤所著《石叟牌词》为代表。《石叟牌词》是谭人凤于二次革命失败后逃亡日本期间写下的，记叙了作者1895—1913年的经历，全部牌词有49组，每组分词、图、叙、评四个部分，以叙和评两个部分史料价值较大。（八）以机构、组织或与当事人没有关系的个人的名义发表的带有例行公事性的纪念或回忆文章。要注意这类文章多数套话很多，材料一般，严格说来不能作为回忆录。由于它们是以回忆录形式出现的，加上作者具有特殊地位、掌握内部资料而且多少能公布一点外界还无法知道的史实，有一点新内容，不妨作为回忆录对待，所以划在回忆录这个史料类别里。（九）传记著作包含的回忆录成分，或者叫具有回忆录性质的传记。有些传记著作，是在专家或者专门班子经过查证材料、广泛采访并在传主全力配合下写成的，其中大量采用了传主的口述资料。它和没有得到传主的协助、没有利用传主的口述资料的传记著作是不同的，由于它们大量采用了传主的口述资料，因此有回忆录的性质。它们和新闻采访而成的回忆录，例如《西行漫记》，专家协助记录整理的回忆录，例如《李宗仁回忆录》也不同，主要是这两类回忆基本上以当事人的口述为主，没有这样广泛收集资料和查证的过程。具有回忆录性质的传记有许多，现以《刘顺元传》为例。该书作者为丁群，由江苏人民出版社于1999年2月出版。刘顺元(1903—1996)，前中共江苏省委副书记。作者称，他曾和刘顺元长谈了46个半天，走访了刘生前工作过的9个省市的几十个地方，采访了200多位知情人，查阅了中央档案馆、中央组织部档案处以及江苏、上海、安徽、大连、济南等地档案馆的有关档案。在本书中，刘顺元回忆，1955年5月，在毛泽东召开的21省市自治区书记会议上，要求江苏的合作社要从上年的35 000个发展到67 000个。在引用此类传记著作的此类内容时，可以直书根据某人回忆。

从史料学的角度上看，回忆录是一种什么性质的史料呢？这个问题需要做一些界定。陈恭禄先生认为："回忆录是重要的史料，有不少的种类。""当事人回

---

① 《彭德怀自述》，人民出版社，1981年版。

忆,是第一手资料。"①陈先生的说法有两层意思,第一层意思是强调回忆录有不同种类,第二层意思是说回忆录属于第一手资料。对这两层意思,需要进行一些分析。

第一层意思是对的。回忆录确实有不同的种类,上面我们就分析了九种回忆录。如果按照当事人与所说事实的关系,又有三种不同的性质。一是当事人对某种自身经历的回忆,这种回忆录我们称为回忆自己的事。二是当事人对其他当事人的回忆,这种回忆录我们称为回忆自己熟悉的与自己有关的其他人和事。三是局外人对某种事件或事件中人的回忆。这种回忆有两种情况,一是同时代的与有关历史事件人物没有直接关系的人,根据有关见闻、印象、传说所做的回忆。二是有关历史人物的亲属的回忆。同一回忆录可能兼具几种性质。比如甲的回忆录叙述了他在某次事件中的经历,但有部分内容涉及此次事件中的乙,那么,对甲而言所述经历属于一类回忆录,对乙而言则属于二类回忆录。应当特别重视前两类回忆录,因为它能提供大量具体情节,这是其他史料无法取代的。

第二层意思不一定准确。即使当事人提供的事实是真实的,可以作为依据,把这种回忆录看作第一手资料也不是很恰当。陈恭禄先生之所以强调当事人的回忆录是第一手资料,可能是因为他把回忆录分成了两类,一类是当事人的回忆,另一类不是当事人的回忆。当事人的回忆叙述了他的亲身经历,所以是第一手资料。这样说某种意义上有一定道理。我不赞成把回忆录看成第一手资料,因为我的史料分类方法不同。史料学上确定是否为第一手资料的标准,不是该史料所叙述的内容是否确实,也不是该史料所记载的是否为亲身经历,而在于该史料是否为事发时留下来的原始的文字资料或者物件资料。比如,我亲身经历过某件事情,有一份当时的日记,又有一份多少年后的回忆,两份材料都是我自己的,其中只有当年的日记是第一手资料,而回忆则是第二手资料。

还有人提出:"回忆录的基本特点是真实性,这可以说是它的本质。"②这个说法的错误有两点。一是没有针对回忆录的史料本质。回忆录当然有真实性,但是回忆录的真实性和它是什么性质的史料并不是一个概念。二是说回忆录的本质是真实性没有意义。任何可以作为史料学讨论对象的史料都必须具有真实性,否则就不是史料,就没有讨论价值。另外,如果把各种史料的可信度作比较,也许回忆录的真实性最容易出问题,假如回忆录的本质是真实性,那就等于说所有史料的本质都是真实性了。大家都有同样的本质,这种本质还可以称为"基本

---

① 陈恭禄:《中国近代史资料概述》,中华书局,1982年版,第231—232页。
② 张宪文:《中国现代史史料学》,山东人民出版社,1985年版,第201页。

特点"吗？

如何给回忆录下一个史料性质方面的定义呢？我认为，回忆录是当事人或者知情者对有关历史事实的记忆。它不是事发时留下来的直接凭据，所以不是第一手资料，从史料的起源上说它属于间接史料；它是作者以对有关历史事实的参与或者知情为依据的事后追忆，从史料性质的角度上看它是一种根据记忆形成的资料。所以，记忆资料是它的本质，不能说真实性是它的本质。

人们常常认为回忆录缺乏可靠性，不太重视它。这种态度有片面性。应该承认，回忆录有真实性。上面我们讲了三种性质的回忆录，其中第一、第二种都是当事人的回忆，第三种是局外人包括亲属的回忆。其中，以当事人的回忆最有价值。作为当事人，无论是回忆自己还是回忆其他当事人，他回忆的事实，都有真实的一面。第三种回忆录虽然不是直接参与者的回忆，但是仍然不能排除其真实性。比如，曾经有人告诉我什么事情，相当长的时间里我不便说出来，但是，时机合适的情况下我说了出来。这件事情确实发生过，并不因为不是直接当事人说出来的所以就不是真的。那么，回忆录真实性的基础在哪里呢？在两个方面，一是历史上确实发生过这件事，二是作者确实是这件事的参与者或者知情者。如何评价回忆录的价值呢？我认为应该从两个层面来分析。

第一个层面是回忆录本身的史料价值。回忆录本身的史料价值取决于三个因素。一是这件事的史学价值。回忆录所谈的历史事件越重要，它的史学价值就越大。二是当事人对这件事参与或者知情的程度。回忆者越是处在这件事的核心地位，发挥的作用越大，他的回忆价值就越大。三是当事人回忆的准确性，准确性越高价值越大。

第二个层面是回忆录对于史学研究的价值。回忆录对于史学研究的重要价值体现在八个方面：（一）作为史料，回忆录具有不可取代性。我们知道，人们的历史活动是不可能都有记载的，或者说，绝大多数是没有记录的。记忆是人们的一种思维活动，也是人们精神生活的内容之一。人们不可能把日常生活的内容都记录下来，历史学研究必须注意收集回忆资料，以弥补文字记录材料的不足。因此，口述历史是历史学的重要分支，也是史学研究的重要基础之一，是无法忽视的。（二）撰写回忆录是一种特殊的写作活动，一般情况下作者总是带着总结人生经验的心态来做这件事，事发时的情感和功利性已经大大淡化，多数情况下会把真实的经历写下来。这是回忆录真实性的主观基础，它和历史学的真实性要求是一致的。（三）有的作者所写的回忆录，不单纯是个人的记忆，而是会同有关当事人共同回忆，或者参考了自己收藏的文字资料，甚至专门查阅利用了报刊、档案才写出来的，有比较高的可信度。比如，原志愿军板门店谈判人员王迪康所写的《朝鲜谈判中的战俘遣返》一文，提到美方最初交来的战俘名单是

132 474 人,最后接收回来的战俘是 75 799 人,其中志愿军 5 640 人。这种有具体数据的回忆录肯定利用了档案①。相同的例子还有《刘顺元传》。在这本书中,刘顺元的回忆提到江苏省的反右运动定了右派分子 13 349 人,这个数据也是来自档案。(四)回忆录可以解决没有文字记载的问题。比如,中共党史上关于中共一大的地点、人员,八七会议的地点、人员,遵义会议的地点、人员都没有记载,而是靠回忆录解决的。特别是少数人之间的活动,没有其他任何资料,只能靠回忆录说明。比如,辛亥革命期间的南北秘密会谈。武昌起义爆发后,袁世凯的幕僚廖少游于 1911 年 12 月 17 日在上海与黄兴、顾忠琛密谈,拟定和平条件。廖少游所写《新中国武装解决和平记》就有比较翔实的回忆②。这样的资料无法被取代。(五)有时候,回忆录还能纠正文献资料的错误。1927 年 4 月,张作霖搜查苏联驻华大使馆,后来公布了一批苏联文件,编成《苏联阴谋文证汇编》,其中有一篇《致驻华武官训令》,指示说为了引起外国干涉,"必须采取一切措施反对外国人,不惜采取任何手段,直至抢劫和杀人"。1983 年 10 月 31 日,有专家访问了张作霖原外交特派员张国忱,他说出了伪造文件的真相。事实是,这个指示是张国忱根据张作霖的指示,找了一个白俄、哈尔滨《喇叭报》主编来塔列夫斯基伪造出来的③。1980 年 4 月,刘少奇的子女刘平平、刘源、刘亭亭写的回忆文章《胜利的鲜花献给您》④一文说,刘少奇 1969 年 10 月 17 日被送到开封是根据林彪的"一号手令"。在此前后的许多文章都谈到当时许多老同志被迁出北京是因为"一号手令"。但是,当年记录、整理、执行"一号手令"的解放军原副总参谋长阎仲川之子阎敏所写的《我的父亲与"一号手令"》一文,却以确凿的事实证明,疏散老干部是中央政治局 10 月中旬根据毛泽东的指示做的决定。毛泽东指示说:"中央领导同志都集中在北京不好,一颗原子弹就会死很多人,应该分散些,一些老同志可以疏散到外地。"⑤17 号刘少奇被送走,当晚周恩来向老同志们做了传达,要求大家在 20 日或稍晚一些离开。18 日,所谓"一号手令"才整理传达下去。这说明,刘少奇和许多老干部被疏散与林彪的"一号手令"没有关系。(六)回忆录能够揭示某些当事人出于各种原因而不承认的事实。比如,毛泽东曾经写过一首六言诗《给彭德怀同志》:"山高路远坑深,大军纵横驰奔。谁敢横

---

① 柴成文主编:《板门店谈判纪实》,时事出版社,2000 年版。
② 《新中国武装解决和平记》,陆军编译局 1912 年印行,载中国社会科学出版社 1981 年版《辛亥革命资料类编》。
③ 参阅习五一:《张作霖伪造共产国际真相》,《民国春秋》1987 年第 1 期。
④ 载《历史在这里沉思——1966—1976 年记实》(一),华夏出版社,1981 年版。
⑤ 载《老照片》第 24 辑,山东画报社,2002 年版。

刀立马,唯我彭大将军!"这首诗最早是发表在 1947 年 8 月 1 日《战友报》(晋冀鲁豫解放军的报纸)上。1957 年 2 月,有杂志致信毛泽东,要求批准发表,毛回信:"记不起了,似乎不象。腊子口是林彪同志指挥打的,我亦在前线,不会用这种方法打电报的。那几句不宜发表。"但是,无论彭德怀的回忆,还是黄克诚、伍修全、杨尚昆、王震都确认这是毛泽东所写,这首诗现已收入 1986 年版《毛泽东诗词选》①。(七) 有些特别有价值的回忆录还能揭示历史上确实发生过的极有价值的真实细节。比如,鲁迅的儿子周海婴在《鲁迅与我七十年》一书中回忆,1957 年毛泽东接见湖南老乡罗稷南等人,罗问:"要是鲁迅今天还活着,他可能怎样?"毛泽东回答:"以我的估计,要么是关在牢里还是要写,要么他识大体,不做声。"这个谈话是罗稷南生前告诉朋友贺圣谟的,贺于 1996 年告诉了周海婴。2001 年 12 月贺又对上海《新民周刊》谈了这件事。2002 年 8 月出版的《老照片》第 24 辑发表了罗稷南的侄儿陈琨《我的伯父罗稷南》一文,再次证实了这件事。罗稷南不仅告诉过贺圣谟,而且告诉过陈琨。罗稷南是什么人呢? 他原名陈小航,其父陈宝航早年是蔡锷的助手。陈小航 1918 年考进北京大学,和梁漱溟是好友,后来在东北、云南从教,三十年代参加十九路军的福建事变,参与福建方面和中央苏区签订条约。福建事变失败后定居上海,1971 年 8 月去世,罗稷南是他的笔名。这个谈话不见于其他任何文字资料,但是非常真实,而且极有价值。(八) 回忆录所包含的作者对人对事的看法,是研究人员作出历史评价的重要参考。比如,胡汉民去世后,林森于 1936 年 5 月 10 日发表文章说,胡有四点优秀的品德。一是负责的精神,二是严正的态度,三是操守的廉介,四是学问的丰富。他赞扬胡担任立法院院长期间,"开会没有一次不出席,在职四五年,从来没有离开过南京一次",廉洁的品德"格外令人佩服""重于责己轻于责人""对本党的最大贡献,就在学问方面"②,等等。这个评价基本上是客观的,后人研究胡汉民就可以参考。

　　利用回忆录有一些需要注意的问题。

　　第一,回忆录的根本特性是追忆,因此不准确是难以避免的。我们知道,回忆录作者的历史活动是通过记忆再现出来的,所以记忆是一个中介,记忆是否准确是回忆是否准确的前提。记忆是人的一种思维能力,它有因人而异(有人记忆力强,有人记忆力差,记不住事)、随年龄增长而衰退、怀旧性(随着年龄增大眼前的事容易忘记,很早以前的事反而记得)、与印象深刻的程度相联系(特征明显、感觉特别的事物容易记住)等特点。由于这些特点,所以回忆录的真实性不是指

---

① 陈安吉:《试论研究毛泽东诗词版本的意义》,《党的文献》2002 年第 2 期。
② 林森:《纪念胡氏之感想》,《革命纪念日名人言论集》,南京提拔书店,1937 年版。

全部内容完全真实,而是指主要事实基本真实,在有关细节上,例如日期、人员、具体过程等方面可能记忆不准确。我们在使用回忆录的时候,要注意哪怕是基本真实的回忆录,对它提供的有关细节也要进行必要的核实。

第二,细心处理缺少佐证的、互相矛盾的、曲意掩饰的回忆录。利用回忆录需要细心处理的问题有这样几个:一是回忆录提供的史实缺少旁证,它的真实性不能确认;或者是个别人提供的内容或细节没有佐证,既不能肯定,也无法否定;或者是一个大的活动许多人参加了,过了多年,现在各人说法不一,甚至互相矛盾,无法得到一个确切的结论。这里并不是大家都不真实,而是许多说法中也许只有一个人说的准确,一下子又不能肯定这个人是谁;或者这些说法都只有部分准确。二是人们写回忆录的时候,总还会有一些顾忌,特别是涉及一些敏感的人和事,就会有所保留,不会说得很清楚。三是不能排除有的人在回忆录中推卸责任,为自己评功摆好,甚至伪造事实。碰到这些情况需要仔细对待,有的需要认真收集旁证,有的需要互相参照,能够证伪的则要及时从史料中剔除。这方面的例子很多。比如《陈洁如回忆录》,该回忆录最早刊登于台湾《传记文学》第61卷第1—6期(1992年),著名学者唐德刚曾在该刊第60卷第6期发表《私情的感念和职业的道义》一文加以推介。但是,许多人不以为然。胡元福、王舜祁先在香港《大公报》发表《〈回忆录〉外的查访》,后于《民国春秋》1992年第6期发表《〈陈洁如回忆录〉几件史事纠谬》,认为其是伪作。杨天石在《团结报》发表《〈陈洁如回忆录〉作伪举证》指出,"该回忆录中有若干部分,属于有意伪造"。陈兴唐、王晓华也在《民国档案》1993年第1期发表《〈陈洁如回忆录〉质疑》、《民国春秋》1993年第5期发表《记忆的偏差与编造的历史》,指出该回忆录与中国第二历史档案馆收藏的蒋介石早年信函、毛思诚之孙毛丁所捐《蒋介石年谱稿本》《蒋介石日记类钞》等对照,有许多事实或情节上根本不合。

第三,亲属的回忆是一个必须重视的资料源。不仅要重视通过各种渠道收集亲属已经发表的回忆录,而且要注意采访亲属。为什么呢?(一)可以通过亲属帮助鉴定已经掌握的有关材料。(二)通过亲属核实其他回忆材料,把那些不清楚的细节、互相矛盾的回忆、不准确的结论尽量核实清楚。(三)亲属手里可能有若干尚未面世的资料。(四)亲属可以帮助提供重要线索,主要是时间、地点、参与人以及有关社会关系。(五)亲属常常本来就是某些重要事件的知情人。比如,斯诺的《西行漫记》说,1936年斯诺访问陕北,是在宋庆龄帮助下到西安,找到了一个王牧师。这个王牧师是谁呢?他就是地下党员董健吾,当时是中共地下组织与宋庆龄之间的联络员。这个人抗战时期和地下组织失去联系,后来到南京汪伪的一个警察学校找了一份工作糊口,留下一段说不清的历史。1955年被以"汉奸反动分子"罪名判处入狱,1960年由于斯诺提出要会见他才被安排在上海市参事室工作,1970年在上海去世,1976年始获平反。他的女儿董惠芳当时也在宋庆龄身边工作,她就是知情人。她具体回忆当年宋庆龄把一张名片剪为两半,一半先给了董健吾,另一半给了斯诺,作为他们到西安接头的证物。

第四,无论当事人还是其亲属所做的回忆,都难以避免感情因素。我们知道,人们的历史活动,是自身生命过程的一部分,他对这些活动肯定会作出自我评价。无论对自己,还是对相关的人,其评价都与对自己价值的肯定联系在一起。因此,他的褒贬必然带有感情因素,我们姑且把这种感情称为"历史感情"。1990年10月,我们的《山西王阎锡山》一书出版。1991年4月25日,山西太原重型机械学院社科部的吕文载同志给我来信,称赞此书"多方掌握材料,力图就历史的本来面貌来展现历史的辩证法,时代纵横,人物动因,跃然纸上"。这位先生为什么对这本书感兴趣呢?原来,信中说他是1937年参加牺盟会的,对阎锡山有一定了解,他认为我们比较公正地评价了阎。在信中,他一一列举了阎锡山积极抗战的表现,回忆了抗战前山西高中以上学生集训队的队歌:"弟兄们散开,——这地方是我们的,我们不挂免战牌,——守土抗战,谁说我们不应该?"吕先生对阎锡山的肯定,与对自己的革命历史的肯定联系在一起。我估计,"文革"中薄一波由于"四人帮"的诬陷受到迫害,吕先生这位老革命、老牺盟会员也会受到不公正待遇,我们的书引起他的共鸣是正常的。1981年8月,冯玉祥的儿子冯宏达出版了一本《冯玉祥将军魂归中华》,书中称冯玉祥为"一个真诚的爱国者,一个坚决抗战的民族英雄,一个反对独裁以身殉职的民主斗士"[1]。作为亲属的回忆,如此推崇冯玉祥是可以理解的,因为亲属比其他人更多一些感情的作用。

应该承认历史感情有正当性。人是一种感情动物,无论回忆自己的经历,还是回忆他人的往事,心理上的爱慕、感恩、自恋、怀旧、荣誉感、崇拜感等等情绪肯定会流注进去,有一点过头的肯定或者赞美不算什么。但是这和历史研究不是一回事。因为历史研究需要坚持真实、客观和公平的原则。真实就是不虚假,客观就是不加入自己的好恶,公平就是一碗水端平,按照统一的评价标准论人论事。我们把回忆录作为史料的时候,就要注意由于感情的作用,当事者或亲属的回忆会有片面性,或者有拔高甚至隐恶扬善的可能。比如,对亲属提供的一些鲜为人知的很有褒扬意义的事实,就需要进行特别细致的考证才能认定。例如邓中夏的夫人夏明1978年发表文章说,1921年6月李大钊指派邓陪同共产国际

---

[1] 冯宏达:《冯玉祥将军魂归中华》,文史资料出版社,1981年版,第294页。

的代表到上海,布置中共一大的各项准备工作①。这个材料目前很少有佐证,不能落实。

对研究对象的历史感情,是研究人员既无法完全摆脱,又必须注意克服的主观因素。在没有偏见的情况下,历史感情是科学正义的动力之一;在失去了基本的学术中立的情况下,它又是发生偏见的主观基础。史学研究是一项必须体现社会正义的事业,因此,研究人员需要用科学理性恰当地把握历史感情的限度。

(原载《社会科学研究》2004年第1期)

---

① 夏明口述,李致宁整理:《缅怀邓中夏烈士》,《湘江文艺》1978年第3期。

报刊史研究与报刊资料的史学利用

一

在史学研究中,报刊资料是一个巨大的可资利用的史料宝藏。所谓报刊资料,包括报纸资料和刊物资料。报纸是指以发表国内外时事新闻,包括政治、经济、军事、文化、社会、学术、人物等方面的消息与评论为主要内容的不间断发行的散页出版物。一般意义上,多为日报。刊物是指有计划地集中刊布有关内容的定期或不定期发行的成册出版物。一般意义上,多为期刊。今天所谓报刊,大多指报纸与杂志。

中国历史上很早就有了以传播中央政权政治信息为主要内容的读品。方汉奇教授在《中国近代报刊史》一书中指出,唐末孙可之在《经纬集》一书中关于"开元杂报"的记载,证明唐代已经出现了具有早期报纸性质的"邸报",并且肯定,邸报就是"封建王朝的政府机关报"。芮必峰教授主编的《简明中外新闻事业史》,征引了《经纬集》中《读开元杂报》一文,肯定了方汉奇教授的看法,也认为,"在我国唐代至少是在开元年间,就有了一种以传播政治信息为主的面向大众的传播物了"。这些所谓"开元杂报""不是真正的报名",但"具有报纸的一些特点","应该属于古代报纸的范畴,是一种早期的原始形态的报纸"。与方说不同的是,芮书认为,唐朝代宗大历十年(775年)以后,各地藩镇、节度使派驻中央的机构由"邸"改称"上都知进奏院",简称"进奏院"。它所发出的关于中央政府政治信息的读物,称为"进奏院状",是由进奏官发出的书面报告,"是早期的官报雏形",而"邸报"的称呼则是在宋代才出现的。笔者认为,唐人记载的开元年间的"杂报",是地方政府派驻中央机构官员为通报信息所写的读品,属于函件的性质,它具有传播信息的功能。就此而言,可以视其为中国报刊的原始萌芽。但是,它只提供给地方高官个人参考,不面向社会,不面向公众,不是中央政府有计划发布的政务信息,也不是地方政府有意发布的政务信息。所以,不具有早期政府机关报的性质,称为原始形态的报纸也很勉强。从史料学的角度上说,这类"杂报",包括后来的"进奏院状"和"邸报",存世稀少,利用价值十分有限。

　　报刊资料对史学研究,包括政治史、文化史、思想史、新闻史、外交史、报刊史、学术史、出版史、社会史等领域的研究都有重要利用价值。当然,需要从不同角度出发,解读和利用方法也会有一些差异,所以,必须给予相当的重视。在史料的分类方面,我主张分为文献、档案、报刊、回忆录、前人著述、声像资料、遗址遗迹与器物、口碑资料与乡例民俗八种类型。那么,为什么要把报纸和刊物资料看作同一种类型的资料呢?

　　第一,报刊作为一种近代化的社会舆论、政治理论和学术研究载体,是近代社会发展的产物。报刊业的出现和不断繁荣,是近代中外文化交流、教育文化进步、国民知识学科化、社会民主化、社会政治文化结构变化的结果。因此,报刊资料共同反映了近代以来社会变革的实际,能够反映一定时代整个社会的完整面相。也就是说,报纸和刊物在社会功能方面具有统一性。笔者把报刊资料合为一种类型的资料,主要就是因为它们在产出形式和社会功能方面有同一性。

　　第二,报纸资料和刊物资料除了具有同一性以外,还有差异性。作为一种文化产品,它们在产品的形式和功能方面存在区别。一般来说,报纸以传播新闻信息为主要特色,是对社会生活的直接报道。所以,报纸资料也可以笼统地定义为新闻类资料。而刊物多半以学术理论为特色,大致属于理论研究类资料。除了综合性的自然科学与人文社会科学刊物之外,一般刊物有专业领域或者内容侧重的限制,反映了科学文化的专业分工,也反映国家科学技术水平和上层建筑意识形态的状况。

　　第三,报纸资料和刊物资料不仅具有上述同一性和差异性,作为一定时期社会新闻与学术理论载体,它们在新闻性和学术理论性方面还有互相交叉的性质。比如,《新民丛报》《民报》是清末时期影响很大的两份刊物,用今天对报刊的定义衡量,可以划入杂志的范畴。大量地发表论说文章是它们的特色,也是它们能在清末民初政治史、思想史、新闻史等领域大放异彩的重要原因。不过,新闻消息依然在它们的版面中占相当的篇幅。例如,刘坤一去世后,《新民丛报》就发布了消息。1906年《民报》第3号、第7号发表的《一千九百〇五年露国之革命》一文,是该报关于俄国1905年二月革命的长篇报道。查阅宋教仁日记可知,这篇报道是宋教仁1906年2月10日至20日期间,根据日本《东京日日新闻》的一篇新闻报道翻译过来的。反过来说,近代的许多报纸上,有思想理论深度的、发生过极大社会影响的文章也不少见。一直到现在,报纸上有大小不等的理论文章,杂志上有多少不同的新闻消息,都是报刊内容的一个重要特点。

二

严格说来,近代出现的逐渐正规起来的报刊,才成为值得重视的广泛存在的历史资料来源。中国近代化报刊的出现是在十九世纪上半叶,有关学者指出,1815年,英国传教士马礼逊和米怜在马六甲创办的《察世俗每月统纪传》,是以中国人为对象的,可以视为中国近代化报刊的起点。笔者认为,1815年以来,中国的报刊业发展,经历了1815—1872年、1872—1915年、1915—1927年、1927—1949年、1949—1976年、1976—1995年、1995年以来七个阶段。

1815—1872年是近代报刊业的酝酿阶段。孕育近代报刊业的一个很重要的历史条件,是西方来华传教士的影响,传教士办报刊主要是为了传教。有的专家统计,到十九世纪六十年代,外国教会和外籍传教士在中国创办的报刊有30多家,所以,有人把甲午战争之前称为中国报刊史上的一个特殊的历史时期。

1872—1915年是近代报刊业的诞生阶段。1872年《申报》的创刊,1874年《循环日报》的创刊,1896年《时务报》的创刊,1898年和1902年《清议报》和《新民丛报》的先后创刊,1905年《民报》的创刊,是近代报刊业诞生过程中的重大事件。初步形成了本土化的内容特色,言论和报道是政治变动和社会进程的直观反映,形成了比较稳定的栏目设置和编排形式,出现了一批中国人组成的编辑记者队伍,出版发行采取商业化方式,是中国近代报刊业诞生的六个标志,也可以将其视为近代新闻业诞生的六个标志。

1915—1927年是近代报刊业的本土化阶段。所谓中国报刊的本土化,是指完全在国内出版发行,完全以国内读者为对象,完全服务于国内社会生活,实现了官方与民间两种新闻载体的分化,行政当局的管理规则有行业化性质,新闻界的行业规范与职业操守开始酝酿。根据上述六个标准,从1915年《新青年》(初名《青年杂志》)的创刊,到1927年国民党国家政权的建立,《中央日报》国家新闻工具的形成,是这个阶段的两个重要标志。

1927—1949年是近代报刊业的政治多极化阶段。政治多极化的特点是由该时期国共对立的时代特点决定的。由于国共两党政治路线的不同,1927年以后双方进行了长期的残酷的军事政治斗争,报纸杂志作为各自的政治舆论工具,鲜明地体现了它们的意识形态。除了国共两党两极之外,在国统区,当时还有一个非官方的新闻空间存在。就报刊业而言,就是民间报刊的艰难挣扎,惨淡经营。民间报刊的继续发展,是近代民主传统和新闻传统的传承,是近代工商精神和城市精神的延续,是近代知识阶级主体意识和使命意识的赓续。也许,这些报刊并不具备上述两极,特别是与国民党国家报业所拥有的政治优势和经济资源相比,够不上一极。但是这些报刊,特别是那些优秀民营报刊所显示出来的报人精神、读者意识、质量意识、市场意识、营销意识和恶劣环境中的生存意识与技巧,为我们留下了一笔丰富的历史文化财富。

  1949—1976年是当代报刊业的政治一元化阶段。1949年以后,中共中央在成为执政党的条件下,有了可能把过去在根据地时期形成的一整套关于新闻管理的理论、方针、方法和操作制度推广和实行于全国范围内。这个时期的一元化,表现在三个方面:一是迅速实现了民营报刊的公有化,到1953年初,少数建国前遗留下来的私营报刊全部实现了公私合营,并且很快通过退还私人股份等办法实现了完全的公营。二是迅速建立了国家报业系统,通过中共中央《人民日报》(1949年8月)、全国总工会《工人日报》(1949年7月)、共青团中央《中国青年报》(1951年4月)、人民解放军的《解放军报》(1956年1月)、少数政府部门报纸和刊物、少数企业内部报纸,以及解放军各大军区报刊、地方各地市报刊、为数不多的少数民族文字报刊,构成了统一的公有公办的报刊系统。据方汉奇等人主编的《中国当代新闻事业通史》一书统计,截至1955年5月,全国共有专区以上报纸265份,平均每期发行936万份;杂志305种,平均每期发行1 246万册,其中全国性杂志166种。三是全国报刊业执行统一的新闻方针。这个阶段的报刊,取得了一些成绩。比如,宣传了新中国的形势,配合了各项中心运动,培养了新中国的新闻人才,积累了办报办刊经验等。但是后期在国家"左"倾路线的支配下,这个时期报刊的基本特色,是政治的喉舌、样板的园地、阶级斗争的工具、革命大批判的场所。

  1976—1995年是当代报刊业的多样化发展阶段。"文革"结束之前的"左"倾思想路线贯穿下的当代报刊发展,走了一条过于复杂曲折的道路,付出了沉重的代价。报刊是新闻舆论和思想学术的载体,它所发表的内容固然有政治的性质,这是中外报刊均不能例外的。因为人类社会首先是一个政治社会,报刊所反映的内容必然包含社会政治生活的内容。同时,报刊也有传布国家意识形态的功能。但是,它的这些功能只能限制在国家宪法和法律的范围以内。本质上,报刊应该是民间社会发展的产物,它的立场,本来要求具有超然于政党、政府、社会组织、社会阶层各自局部利益的取向,才能发挥它对方方面面的监督作用,从而保证国家政治法律框架内社会秩序的良性运作。极端地强调报刊乃至新闻的阶级性、政治性、革命性,必然导致对国家的民主性、公共性的否认,从而伤害乃至损耗国家的合法性资源。所以,报刊包括新闻界整体立场的公正性,是社会正义的重要保证之一,也是国家政治基础赖以稳定的重要因素之一。"文革"结束后报刊的多样化,是指"四人帮"的"文革"极"左"新闻工具论受到了批判,建国以来特别是"文革"期间人们在报刊上遭受的极"左"政治污蔑被洗刷,个别长期进行过极"左"教条主义宣传的刊物被改组或停刊,报刊数量空前增长,报刊类型大幅度增加,多数报刊实现了向企业化、市场化经营过渡;报刊内容不断改进,出现了向贴近实际、贴近生活、贴近群众转轨的趋势等等。20世纪80年代以来,报刊业得到空前发展。据新华社1984年9月9日报道,仅全国农民报的发展,就十分惊人。全国各地已办农民报209种,经邮局发行的农村科技小报58种,每期发行1 450万份。另外,广东、湖南、吉林、山西等13个省中,还有未经邮局发行的科技小报578种[1]。据统计,截至1996年,我国共有公开发行的期刊8 954种,公开发行的报纸2 202种。经过整顿,截至1999年底共有报纸2 038种,期刊8 187种[2]。

1995年以来进入了当代报刊业的网络化发展阶段。因特网的前身,是美国1960年代末起步的一项军事信息工程。二十世纪八十年代中期,美国形成了因特网最初的主干系统,接着在西方发达国家推广,二十世纪九十年代中期慢慢普及。1994年,我国开始加入国际互联网。最近10多年,网络在中国茁壮成长起来。报刊的网络化开始于1995年。当年,《广州日报》率先上网。1998年,《人民日报》、新华社、《中国日报》、中央电视台、《光明日报》五大媒体建立了媒体网站,国务院新闻办公室建立了"中国国际互联网新闻中心"。截至1999年,全国已有近150家报刊正式上网。现在,全国报刊均已实现了网络办公,建立了网络版,许多刊物都要求作者在投稿时转让论文的网络传播权,并许诺获得相应的网络信息服务报酬。可以说,1995年以来,我国报刊已经从单一的纸质传媒时代进入了纸质传媒与网络传媒并举的时代。

三

1815年以来,中国报刊走过了近200年的艰难历程,为我们留下了广阔的研究空间和丰富的历史资料。为了提高利用报刊资料的水平,应该提倡把收集报刊上的历史资料和对报刊本身的研究结合起来。历史上留下来的过期报刊存量巨大,过去做过一些整理的工作,出版过一些专题报刊资料集,但是这些远远不够。研究人员在分析某个历史问题的时候,如果没有系统地阅读过报刊,要想知道并且很快找到哪些报刊上有过什么相关资料,有时候还真的有点难。笔者

---

[1] 《全国已办农民报209种》,《新闻研究资料》第28辑,中国社会科学出版社,1984年版,第208页。

[2] 《建章立制,守土有责》,《新闻出版报》2000年7月28日;柳堤:《期刊发展势头劲》,《新闻出版报》2000年9月26日。

曾经花费相当时间,全面查阅过《新中华报》《解放日报》(建国前)、《人民日报》(晋冀鲁豫)、《新华日报》(建国前)等,并在阅读过程中做过不少笔记卡片,深感系统读报大有好处。研究报刊史和掌握报刊资料是相辅相成的,报刊读得越多越细致,发现的新材料越多,运用的时候越能信手拈来。同时,对该报刊的发展脉络、政治倾向、办刊宗旨和风格也越了解,报刊史研究越扎实。

  应该继续加强对近代以来的重点报刊的研究。所谓重点报刊,是指那些在社会政治进程中产生过重大历史影响的报刊,也包括那些虽然在社会政治革新过程中不具备或者较少发挥重大政治影响,但是在新闻史、文化史、学术史上成就卓著、留下相当文化积累的报刊。既要站在近代以来文化变迁宏观趋势的背景中衡量这些报刊的价值,又要透过它们成长过程中的具体政治文化环境分析其发展条件和要素;既要恰当估计总体时代内容为它们提供的支持,又要充分揭示其主办者个人素质中那些超越时代限制的优良成分;既要客观地叙说它们当时作为现代文化生长点的重大历史价值,又要科学地阐释它们所遗下的精神财富对于后人的宝贵启发;既要全面肯定近代以来那些进步报刊的历史意义,又要坚定地揭露那些作为统治者舆论工具的官方报刊所包藏的伪民意伪科学性质。这就要求我们把对报刊史的研究,大大地推进一步。

  比如《申报》,在1872—1948年的76年里,1912—1934年的22年中是由史量才主持。其中,1931年9月—1934年11月的四年,是《申报》历史上最辉煌的4年。《申报》报人明确地提出了自己的办报方针:"新闻纸之责任,在于发扬文化,介绍新知,代表人民,为人民之喉舌,同时又为人民之学校,对于现实作公正之批判,对于未来作正确之引导。"[①]"九一八"事变之后,《申报》对国民党的统治作了尖锐的批评。它批评国民党的军人专政导致了"人欲横流,正义断绝""自北洋军阀袁世凯曹吴以迄今日,盖一脉相承,毫无二式"[②]。它指责国民党奉行官僚政治体制:"无官不贪,无官而不剥削民众,官愈肥而民愈瘦,官愈居尊养贵而民愈辗转流离,归死无所。"[③]"一入官门,即成富翁。宅皆洋式,步皆摩托。姬妾盈前,犬马盈厩。款存外行,产置租界。穷极奢侈,务逞个人之私欲。"[④]它正告国民党:"历年来纠纷扰攘,分崩离析,使兵连祸结,国本动摇,民不堪命者,皆为国民党党内曾共甘苦患难之同志,而非党外之敌人。故人民对于国民党由拥护爱戴而渐以冷淡怀疑,强者发诸言,懦者厉于色,皆由于国民党之自召,而非由于

[①] 陈彬龢:《自序》第2页,《申报评论选》第1集,上海申报馆,1932年版。
[②] 陈彬龢:《北方将设政治分会》,《申报评论选》第1集,第12页。
[③] 陈彬龢:《官僚政治与专家政治》,《申报评论选》第1集,第10页。
[④] 陈彬龢:《建设廉洁政府》,《申报评论选》第1集,第15页。

人民主观意识之错觉。"①它公开发表《为争取言论自由致汪精卫先生书》，列举事实，揭露其在野大谈民主政治与言论自由，在朝大肆指责舆论并制裁新闻的流氓行径，表示："在权威压制之下，或者吾人不死于日人之手，而死于我政府之制裁，为正义而奋斗，为职责而奋斗，吾人又何敢辞？"②通过系统地阅读报刊，弄清楚这些事实，无论是对于客观说明《申报》历史，还是对于全面地分析史量才的生平与死因，都是非常有意义的。

应该加强对于报纸的学术版以及学术刊物的研究。一般来说，报纸会适当反映科学发展和学术研究的情况，一些专门的学术刊物则以发表研究论文为主要职责，对这些内容的系统分析，应该是开展学术史研究的基本路径。二十世纪七八十年代以来，对一些知名高校、学术名人、著名刊物、重要学术争论的研究越来越多，越来越深入。出于各种原因，也出版了不少学术论文资料集。比如，1982年人民出版社出版的《中国社会性质问题论战》(资料选辑)，2002年东北师范大学出版社的《东北师范大学历史系史学研究》(1949—2002)等。特别是2003年海南出版社所出《古史考》，全书9卷，600多万字，编者称其为："中华人民共和国成立以来有关中国古典学的专题论文集，旨在展示1949年初至2003年底54年间中国古典学的重大进展和前沿成果"，是"对古典学作批判式的研究、结账式的整理"。上述资料集收录的学术文稿，都是从各种书籍、报刊或私人手中收集起来的，还不属于对某一份报纸或刊物的专门研究。对特定报刊的学术积累作专门清理，应该是报刊史、学术史研究的新课题。

应该加强对报纸的生活版、娱乐版以及那些时尚类、休闲类、通俗类杂志的研究。对这些内容的收集和分析，小而言之，涉及社会生活变化的诸多元素；大而言之，涉及社会文化面貌变迁的许多方面。比如，婚姻、家庭、服饰、饮食、广告、休闲方式、明星状况等。比如，二十世纪八九十年代，南京某些报纸经常在广告栏或报纸中缝大量刊登征婚广告，系统收集这些广告，就能够分析不同年份、不同年龄段、不同社会阶层的婚姻取向。已经有不少作者收集近代报刊上的广告，分析那些大型商业公司的广告策略与收益，这些研究很有意思。

应该加强对政府内部报刊、企事业报刊的研究。近代很少有企业自办报刊，1928年天津碱厂曾经办过一种旬刊《海王》，前后20多年。这类材料当代比较多，据统计，二十世纪五十年代北京有企业报11家，上海有18家，辽宁40家。二十世纪八十年代以来各地大型企业又办了一些，据2000年统计，全国有企业

---

① 陈彬龢：《四届一中全会》，《申报评论选》第1集，第18页。
② 陈彬龢：《申报评论选·附录》，《申报评论选》第1集，第64页。

报 150 多家①。据统计,二十世纪九十年代,我国共有各种党政部门内部报刊 17 000 多种。1999 年进行过一次整顿,取消内部期刊 9 640 种,压缩 468 种,划转国家机关厅局机关刊物 299 种②。另外,从民国时代起,我国大学开始有自办校刊、内部发放的传统,建国后的大学校刊更形丰富。这些社会上不流传的报刊,往往记载着许多十分重要的内容,是研究历史的重要资料。

比如,在建国初期的土地改革中,组织知识分子参加土改,是党的一项重要政策,旨在争取社会舆论支持并改造知识分子。在建国初期的南京大学校刊《南大生活》上,就能看到一些教授参加土改的体会文章。比如,1951 年 2 月 26 日第 44 期上哲学系教授熊伟所写的《前线报道》,4 月 1 日第 47 期上外文系教授陈嘉所写的《参观土改两天的收获》,4 月 21 日第 49 期上中文系教授赵瑞蕻所写的《从郊区土改看镇压反革命的活动及其他》,6 月 1 日第 53 期上哲学系教授熊伟所写的《出征记》、农经系刘书楷所写的《参加土改斗争的体会》,6 月 21 日第 55 期上农经系教授刘世超所写的《农民教育了我》,12 月 6 日第 66 期上经济系教授朱契所写的《土改小记》,12 月 20 日第 67 期上外文系副教授张威廉所写的《土改中的几点体会》等。这些文章,从一个侧面反映了南大知识分子的思想转变过程,是研究建国初期大学状况和大学转型的重要资料。在国家经济体制改革委员会所办的内部刊物《改革内参》1995 年第 9 期上,有一篇《最经济的选择:三层次事业保障》,文中指出:"中国国有企业的富余人员经过几十年的积累,现在的规模已经达到了十分惊人的地步:政府能够接受的,最保守的估计是 2 000 万人左右。这个数字是 32 万个国营企业的 7 300 万职工的近 30%(1990年)。"由此能够看出,1990 年代后期到本世纪初期大力推行的减员增效、下岗再就业政策趋向。在该年第 14 期《改革内参》上,有一篇《国有企业不能再萎缩下去了》,其中指出:"改革以来国家机构扩大了一倍,由 500 万人扩大到 1 000 万人,加上事业单位近 4 000 万人,每年因部队转业等增加 100 万人。"从该文披露的国家机构的巨大行政消费,可以分析 1990 年代中期以来直至当前的某些改革思路。在中央党校内部刊物《理论动态》1998 年第 11 期上,有参加当年抗洪救灾的某集团军干部的《士气比洪水高》,其中记载了中央关于抗击第六次洪峰的决策情况:"中央政治局 8 月 7 日紧急会议曾经授权全国防总,在沙市水位达到 45 米时,就可以在公安分洪。""8 月 16 日,沙市水位一直攀升到 45.22 米,超过历史最高水位 60 余公分,仍未分洪。"最后,中央决策死守,取得成功。在中央党

---

① 叶世忠:《新中国企业报事业五十年》,《新闻出版报》2000 年 7 月 10 日,第 3 版。
② 《建章立制,守土有责》,《新闻出版报》2000 年 7 月 28 日;柳堤:《期刊发展势头劲》,《新闻出版报》2000 年 9 月 26 日。

校《中共中央党校报告选》1998年第20期上,有国家经贸委主任盛华仁当年11月6日所作的报告《总结经验,不断探索,推进国有企业改革向纵深发展》,其中提到"去年通过股票上市为企业筹集资本金1 300亿,今年原计划再筹集1 000亿元"。这是分析1997—2007年10年间证券市场政策取向的重要材料。

应该加强对"文革"期间的红卫兵小报或"文革"小报的收集、整理和研究。红卫兵小报的出现,是"文革"期间的特有现象。它有以下几个特征。

第一,是在"文革"特定年代,主要是在1966—1969年间大量出现的。自从1966年6月1日广播了北京大学的所谓"第一张马列主义大字报"之后,红卫兵运动就正式开始了。这期间各种学生造反组织、工人造反组织、农民造反组织、机关干部造反组织、企事业职工造反组织层出不穷,其中多数组织都程度不同地办过大批判专栏和造反报。当时,全国城乡究竟办过多少种造反小报,已经无法考证。

第二,是"文革"初期猛烈泛滥起来的极"左"造反思潮的产物,多数由红卫兵组织创办,办报人员多数为大中专院校红卫兵学生或教职员工中的青年知识分子,其内容多半是各种小道政治消息,对毛泽东的歌功颂德文字,对被揪斗或打倒的党和国家领导人以及各级地方党政负责人的揭发批判,中央领导人处理"文革"期间各种问题的指示、谈话,本地造反组织的各种举措和派性斗争宣传,等等。

第三,这类造反小报在形式、内容、功能方面兼有大字报、传单、报纸性质。严格说来,"文革"时期的造反小报是个比较笼统的概念。所谓小报,有两种理解。一是包括一应油印的或者铅印的宣传品,只和手写以后马上贴上墙的大字报相区别。因此,当时大量的海报性的、传单性的、批判稿性的多页或单页的油印品、印刷品也可以称为"文革"造反小报。二是有意识地有计划地按照报纸的版面要求定期不定期出版的造反小报,够得上这样标准的"文革"小报为数不多。即使勉强可以称为小报,其中多数也是印制简单、编排粗糙、出刊随意、缺少报纸规范。所谓兼有大字报、传单、报纸功能,指的是这类小报。按照这样的标准,"文革"期间许多造反派的油印品、印刷品属于传单,不算小报。笔者站在史料学的角度上,采取前一种标准,把手写的直接贴上墙的大字报以外的一应油印、铅印的宣传品统称为红卫兵小报或者"文革"小报。

第四,带有鲜明的"文革"体文风。颂词化、语录化、说教化、武断化是"文革"体文风的四个基本特点。"文革"期间的文章,总要歌颂毛主席的伟大正确,总要引用毛主席语录,总要提到政治路线的高度来宣扬,总要板着面孔指责不同意见,根本不容置疑、不容讨论。所以,"文革"体文章带有极端个人崇拜、生硬说教和武断攻击的浓厚色彩。"大批判文章"是"文革"文章,也是"文革"文体最显著的标志。现在,还经常听到有人说,某某只会写大批判文章,指的就是其人不会写学术论文,只会写"文革"时期大字报式的大批判论文。

"文革"小报已经引起了人们的注意。2006年8月14日的《藏书报》上,发表过一篇《〈惊雷〉:一张特殊的〈红卫兵〉报纸》,全文不到800个字,介绍了1967年8月3日创办的《惊雷》报。主办者是中国大学生和日本在京留学生,主办单位包括"在京日本留学生""首都红代会北航红旗战斗队""中国人民大学三红""外交学院革命造反兵团""北外红旗大队"。该报头版消息是"在京日本红卫兵召开大会",副标题是"富士山头喷怒火,北京城里响惊雷"。作者评价该报"版面规整大气,稿件编排有序,字迹图片清晰,其印刷在林林总总的'文革'小报中是比较精良规范的"。该文是从收藏的角度分析"文革"小报的,笔者的出发点是史料学,关注的问题是红卫兵小报或者"文革"小报有没有史料价值。

解答这个问题的前提有两个,一是"文革"小报是不是史料,二是"文革"小报上的内容有没有真实性。首先必须肯定,"文革"小报是造反派当时编印出来的,是他们造反活动的原始要件,具有原始史料的性质,因此是研究"文革"的重要史料。其次,"文革"小报上有大量小道消息、鼓惑宣传、对各级领导人的攻击污蔑言论或个人崇拜内容,但是,有相当多的内容是真实的,其中有许多内容是当时造反派不需要或者不敢伪造的。这体现在以下几个方面。一是转载的"文革"期间的中央正式文件。比如,1968年11月2日苏州市《工人造反报》《苏州红卫兵》《大批判专刊》联合出版的《联合报》套红刊登的中共八届十二中全会公报,类似文件"文革"小报上很多。二是"文革"前中央没有公布过的毛泽东有关文稿或中央有关文件。比如,1967年8月31日首都红代会清华井冈山兵团"六·二四"等组织所出的《井冈山人》所刊登的毛泽东1959年8月2日给张闻天的一封信,笔者比对《建国以来毛泽东文稿》第八卷所载此信,仅存个别文字标点差异,基本上也是真实可靠的。三是周恩来等中央领导人处理"文革"问题时在各种场合的讲话、指示等,其中多数也有准确性。比如,1968年2月1日《新苏州》《苏州红卫兵》联合发表的周恩来等1968年1月28日《接见南京军区、江苏赴京代表团时讲话纪要》,笔者核对了中央文献研究室所编《周恩来年谱》下卷的记载,其摘要精神在上述纪要里也能找到。另据群众出版社2003年出版的《建国以来公安工作大事要揽》记载,1967年8月7日,公安部召开批判罗瑞卿大会,谢富治在会上污蔑彭真、罗瑞卿反党,提出要彻底肃清他们的流毒,砸烂公检法,并"指令把他的讲话刊登在当时流行的小报上广为散发",这也证明了"文革"小报所登相关内容的真实性。四是对当时当地一些派性活动的报道,是不需要伪造的。比如,1967年9月5日苏州市工人造反司令部驻沪办事处主办的《苏州火线》创刊号上发表的《上海市革命造反派举行隆重集会,追悼在苏州战场上牺牲的陈礼珊烈士》的报道,同时还刊登了陈礼珊的照片和追悼大会照片。再比如,1967年9月7日首都红代会新北大井冈山兵团华东通讯组所出的《北斗星》第3期增刊上发表的《聂元梓在华北局"文化大革命"中扮演了什么角色?》一文,就是该报转载的井冈山兵团"南征北战""子弟兵"两个造反组织根据华北局"红联"井冈山纵队大字报内容所写的一份大字报,应该说,是一份原版的大字报。这些内容应该都有可信性。当然,利用"文革"小报的资料研究历史,必须更加小心地考订史料,以便尽可能地提高研究成果的科学性。

四

不同类型的历史资料,具有不同特点,报刊资料有以下一些特点。

报刊资料记录的内容具有全面性。报刊资料的优点首先体现在内容广泛上,能够集中提供时事、政治、经济、外交、体育、文艺等多种信息,从多个方面反映社会状况。报纸一般以报道各类新闻为主,刊物的种类很多,除了专业性杂志以外,有大量的生活类、通俗类、时尚类杂志,其中反映的社会内容也很丰富。其次,体现在连续发行上,能不间断地折射社会变迁的长期轨迹,这就非常有益于研究者方便地获得大量信息。比如《万国公报》,原名《中国教会新报》,1868年9月创刊,1874年更名《万国公报》,1889年成为广学会的机关刊物,1907年停刊。前后近40年,实际发行30多年。再比如《申报》,原为英国人1872年创办,1910年由中国人接办,1912年由史量才买下,1948年停刊,前后76年。比如《大公报》,1902年创刊,1966年停刊,前后64年。比如《东方杂志》,1904年创刊,1948年停刊,前后经历45年,出版817期,"基本上伴随了20世纪上半叶的中国社会历程,被学术界认为是旧中国寿命最长的一个综合性杂志"①。

报刊资料具有资料存量的丰富性。根据国家图书馆公布的信息,截至2006年,该馆收藏中文报纸7 296种,西文报纸1 151种,合计186 696合订册;中文期刊49 121种,西文期刊43 407种,合计12 382 914册。根据上海图书馆的信息,该馆收藏1850—1949年间的报纸3 543种,其中上海地区的外文报纸92种;1868—1949年间的杂志18 733种,合计35万册;1949年以来的中文报纸1 508种,中文期刊19 915种,外文报纸377种,外文期刊19 564种。根据2004年南京图书馆公布的信息,该馆收藏中文期刊5 430多种,中文报纸340多种。据1973年11月重庆大学图书馆编辑的《重庆大学图书馆解放前中文报刊目录》,

---

① 洪九来:《宽容与理性:〈东方杂志〉的公共舆论研究》,上海人民出版社,2006年版,第1页。

该馆收藏有1949年以前的中文报纸63种，中文期刊、机关团体出版物、会议录、特刊等2552种。据1989年南京大学图书馆编辑的《南京大学图书馆馆藏中文报刊目录》，该馆收藏有1876年至1987年间的中文报刊15 000多种，其中，1949年之前的8 000多种。可以毫不夸张地说，报刊资料是一个庞大的历史资料库。

报刊资料具有新闻性。报刊资料的这个特点是从新闻的本质特征派生出来的。近代新闻业产生的根本原因，是信息传播的需要、信息产业的进步和公共舆论空间的形成。新闻业的社会价值，是借助于特定的物质载体和传播方式，加快信息传播的速度，扩大受众范围，满足更多受众的需求，提高各种资源的价值，从而推动社会政治、经济、文化和日常生活的进步。因此，新闻的本质就是信息的有效传播。当然，从传播学的意义上说，任何物质载体和传播方式的传播，都不能保证信息的绝对真实，口头、传单、书籍、电视、网络都能传播事实，也都能传播谣言。新闻要体现其本质，就必须强调它的真实性，真实性是新闻的生命。因为只有真实，才能实现信息的有效传播。历史上留下来的旧报刊资料，是过去的新闻，或者说，是一种旧闻资料，其中记载的是相关时期的各种信息。所以，报刊资料具有新闻性。这一点，应该从以下几个角度去理解。

第一，报纸所发表的那些通讯、报道、采访等文稿，是编辑记者报道的事实，直接属于报刊新闻，但从史料学的角度看，不应作为第一手资料。因为报刊的编辑记者对某些事实的采访，不是这些事实发生时候的直接要素，多半是事后的反映。相对于被报道的事实，是一种间接资料。当然，如果这些新闻反映的内容是真实的，它们可以作为文献资料使用。

第二，刊物上也会发表一些新闻，从而留下一些纪实性资料。近代以来的刊物，有一些不同的类型，比如出版社、出版机构所办的各类综合性的或者专业性的刊物，政府部门所办的公报、行政类、市政类刊物，各种学会、协会所办的行业性、专业性刊物，各种研究所、大专院校、中等学校所办的教育性、学术性刊物，各政党、政治团体及军事组织所办的政治性刊物，各文化艺术团体包括作家自办的文艺性刊物，各种社会机构所办的知识性、休闲性、娱乐性、时尚性刊物，等等，这些刊物上程度不同地会有一些新闻报道性文稿。

比如，五四时期的《新青年》等刊物上，就有不少关于低层群众特别是工人群众生活劳动状况的报道。近现代杂志有这种情况，当代杂志也有这种情况。二十世纪八十年代后期到九十年代，各地农村普遍存在农民负担重的问题。这样的问题，在一些专业性、知识性的杂志上，也经常有一些报道。比如，《民主与法制》是一份知识性很强的法学专业杂志，但是，在该杂志1993年第2期、第6期、第9期上，就有连续报道的有关新闻。第2期的《减轻农民负担要靠法律》一文，报道了四川省乐至县三里乡、仙鹤乡、永和乡207户农民状告该三个乡政府的一场法律诉讼。法庭审理表明,三里乡1991年农民人均纯收入468元,根据《四川省农民负担管理条例》,人均应交的集体提留和统筹费为23.40元,而乡政府征收的数额是75.5元一人,法院判决该三个乡政府根据政策重新作出规定,退回多收的钱。第6期的《一些地区农民负担过重问题仍未解决》,根据各地农民来信报道,湖北竹溪县泉溪镇人均收入不足300元,而人均提留统筹款55元,每人要分摊教育附加、军属优待金、特产税、扫盲、广播维修、合作医疗59.2元。"此外,农民每亩水田还要缴提留款70元,名目繁多的罚款有10多种,罚款面高达百分之七十。"湖北省通城县左前村农民反映,镇政府强行收缴"更换土地使用证数十元",七八年前盖的离城很远的房,也要补交几十到几百元的"城建费",农民建楼房要交"悬空费"等等,真是无奇不有。第9期发表《"乱摊派"仍未休》,报道了五位赴京上访的安徽农民的投诉。其中,阜阳地区临泉县庙岔镇祁庄村农民反映,该县农民人均全年收入只有200多元。1991年该地水灾,国家除了救济,还免除了农民的一切负担。但是,当地干部强行征收农民提留款人均30多元。1992年国家规定人均应交提留款11.60元,当地干部强行征收每人40.55元。这些新闻资料,十分具体地反映了当时农民的负担状况,是真实性很强的新闻。

第三,那些专业性、理论性、研究性刊物中也有新闻内容。这些内容是指其中发表的学术会议消息、学术论点介绍、新书书评、学术动态介绍、学术人物评价、专题研究综述等等,它们可以归入学术新闻的范畴,是重要的学术史资料,对于研究文化人物、学术演变、教育史、学术与教育机构史等具有十分重要的意义。

报刊资料具有文献性。我们知道,有许多文献,最初是通过报刊发表的,所以,不应该完全从新闻的角度看待报刊资料的价值。报刊上发表的文献的史学价值和以其他形式存世的文献的史学价值没有区别。在我国,中共中央的有些文件,为了直接传达到群众,往往在报刊上公开。行政当局的有关指示、法规、文件、政令等等,除内部下发者外大多通过报刊公布。报刊也是发表个人文稿的重要场所,作家的诗词、文章、小说、剧本等,常常首先登诸报刊。专家学者的自然科学与工程技术论文、人文社会科学论文,除了涉及政治内容或技术指标需要保密者外,多数必须由学术刊物发表。这类资料都是文献。

报刊所载文献能弥补原始文稿已经流失造成的文献空白。比如,1936年3月29日,鲁迅、茅盾曾经致信西北红军,祝贺红军东征胜利。当年4月20日,博古写了《红军在山西》,引用了其中内容,但是没有标明作者。5月20日,毛泽东、周恩来、张闻天、张浩等人致红二、四方面军的电报提到这封信。10月28日,《红色中华》追悼鲁迅逝世专刊引用了这封信的部分内容:"英勇的红军将领和士兵们,你们的英勇的斗争,你们的伟大胜利,是中华民族解放史上最光荣的一页!全国民众期待你们的更大胜利。全国民众正在努力奋斗,为你们的后盾,为你们的声援！你们的每一步前进将遇到热烈的拥护和欢迎！"该报注明"摘鲁迅来信"。实际上,这封信发表在1936年4月17日出版的中共中央西北局机关报《斗争》第95期,共有三段,题名《中国文化界领袖××××来信》,前引内容是第三段。现在由于找不到作者原稿,也没有原始档案,《斗争》刊登的内容就是可靠的第一手资料①。

报刊上发表的论说文章甚至学术论文,能很快纠正新闻报道的错误。比如,2008年1月,我国南方发生大范围的雨雪冰冻灾害,许多媒体称其为五十年一遇甚至百年一遇的灾害。据2008年2月24日媒体报道,国家民政部副部长李立国透露,这次灾害造成129人死亡,4人失踪,紧急转移安置166万人,农作物受灾面积1.78亿亩,倒塌房屋48.5万间,因灾直接经济损失1 516.5亿元②。2008年2月28日,上海《文汇报》发表中国工程院院士、国家气象局气候变化特别顾问丁一汇的论文《透视"大雪灾"》。文章解释了这次低温、雨雪、冻雨的形成原因,并且以1949年以来的气象记录资料对比分析了这次灾害的严重程度。文章认为,因为中国具有全国范围的可靠气象资料是从1951年或1949年开始的,所以,所谓"五十年一遇"也是可以的。从某些单项指标看,"例如湖南、湖北省雨雪冰冻天气的持续时间和影响程度超过了历史极值"。文章列举了1954年和1976年两次雨雪灾害的气象记录资料。1954年"雪区和冻雨范围和今年的雪灾差不多。根据记载,当年南方许多地区积雪深度为20厘米—30厘米,最深处厚达1米,除长江干流外,大多数江河湖泊全面封冻,冰层普遍厚16厘米—25厘米,最厚处冰层厚达1米。淮河流域温度在－18℃到－21℃,长江以南在－5℃到－8℃,普遍降温在15℃左右"。1976年"洞庭湖、鄱阳湖、太湖等中国几大湖都封冻,达7—10天。这都是历史上很罕见的"。文章指出:"今年的冷冻尽管灾情严重,却没有关于江河封冻的报道,降温幅度南方平均也只有4度左右。"作者实际上已经委婉地否定了所谓"五十年一遇""百年一遇"的说法。这是报纸以科学论文间接地纠正新闻不准确内容的一个范例,反映了办报人员的社会责任感和办报水平。

报刊资料的文献性包括两个定义,一是报刊上发表的政治文件、法律法规、论说文章等非新闻类文稿发表的时候是文献学意义上的文献,过后作为历史资料又成为史料学意义上的文献。二是报刊上发表的新闻通讯、特写、采访等新闻类文稿,在当时是新闻,但过后作为历史资料,即转变为史料学意义上的报刊资料,属于二次文献的范畴。这一点,我们可以举四种著作为例。

---

① 《陕西发现鲁迅茅盾致红军贺信》,《光明日报》1996年7月2日。
② 《文汇报》2008年2月24日。

第一种著作是黄远生的《远生遗著》。黄远生(1885—1915),原名为基,字远庸,民国初年著名记者,因被怀疑支持袁世凯复辟帝制,1915年12月在旧金山被国民党人误杀。《远生遗著》商务印书馆1920年6月初版,为黄的生前好友林宰平编辑(林宰平1919年12月所写的序,自述确切知道了黄被杀去世的消息后,即立意要编辑他的遗集。有的书说《远生遗著》是"后人搜集出版"的,不确)。林宰平(1879—1960),字志钧,早年留学日本,归国后曾执教于清华大学、北京大学,建国后曾任国务院参事。林先生曾有诗谈及与黄的友谊:"失却远庸无觅处,可谈难得第三人。"黄远生长公子黄席群亦曾有文谈及林先生的恩德:"林宰平老伯出于真挚的友情,为编辑《远生遗著》花了不少的努力,却未得到半点的物质报酬。""在我父亲的好友中,对我印象最深、影响最大的是陈叔通、刘厚生和林宰平三位老人。刘、陈二老数十年如一日眷顾遗孤,林老殚精竭虑搜集几十万言的遗集,应该称作人间罕见的最高最美的忠于友情的典型。我家子子孙孙永远也忘记不了。"①根据商务印书馆1924年1月再版之四卷本《远生遗著》,该书共收政论38篇,通讯173篇,时评18篇,杂著9篇。其中,评论文章是文献,通讯则是二次文献。

第二种著作是章士钊的《甲寅杂志存稿》。章士钊(1881—1973),字行严,清末民初著名学者政论家。该书由商务印书馆1922年1月出版,据作者1921年1月所写的序,是在李大钊、吴若男等人动员下编辑出版的。根据1928年第五版目录,共收《甲寅》杂志政论22篇,译稿2篇,通讯21篇,时评7篇;另附录《甲寅》日刊文稿21篇,《独立周报》文稿10篇。《独立周报》为章士钊1912年9月与王无生创办。《甲寅》杂志为月刊,章士钊1914年在日本东京与陈独秀等创办,1915年移入国内,随即停刊。1917年1月28日《甲寅》在北京复刊,先为日刊,同年2月17日起为周刊。所以,《甲寅杂志存稿》收录了作者1912至1917年间的大部分文稿,也是作者一生新闻言论中的精华。黄远生当年写给章士钊的信说:"今日号称以言论救世者,惟足下能副其实","每与同人议论,以为今日之作者,当推足下。非惟明理通论,足以抉发隐微,生人哀感。即其文体组织,符于论理,亦足为一大改革家"。今天看来,当包含内心之推崇,而不应视为普通客套。上述文稿中,政论、译稿、时评是文献。

第三种著作是《邵力子文集》。邵力子(1882—1967),近现代著名报人、政治家,原名闻泰,字仲辉。该书为邵夫人傅学文编、中华书局1985年8月出版。邵力子的一生社会政治活动,以1925年为界,分为两大阶段。前期从事新闻活动,

---

① 黄席群:《追忆先父黄远生》,《新闻研究资料》第28辑,中国社会科学出版社,1984年版,第98页,第102页。

先后任《民立报》《民声报》《民国日报》等报编辑、记者、主笔;后期从政,先后在国民党高层政界和新中国人大、政协担任要职。该书收录的文稿,包括1925年前发表的社论、通讯、评论、随感、通信1 199篇,1925年以后的文稿35篇。其中,社论、随感、通信是文献。

第四种著作是北京出版社1984年出版的《延安文萃》。该书由中国社会科学院新闻研究所中国报刊史研究室编,约70多万字,收集了延安《解放日报》1941年5月至1947年3月间发表的近200篇文章,涵盖了《解放日报》从创刊到终止的整个过程,分为整风篇、文苑篇、奋斗篇、随感篇、英雄篇五个部分。编者称,这些文章"从各方面反映了延安时代的革命风貌,是这个时期革命历史的真实记录"。其中,大部分文稿是社论、文章、会议上的讲话、报告、发言,所以,应该视作文献。

以上四种著作,都是或者绝大部分是采集自报刊的文稿,无论研究作者生平活动,还是研究相关时期的社会政治与思想文化等等,均为不可多得的资料。

五

在史学研究中,利用报刊资料需要注意以下问题。

第一,对报刊史、过期报刊的收藏状况和检索方法应有一定了解。了解报刊史可以使你大致清楚近代有些什么报刊以及它们的起止年代,以便在研究有关历史的时候心中有数,知道去找哪些报刊。知道过期报刊的收藏状况能够使你知道在什么地方可以查到它们,找起来方便一点。1949年以来,出版界在国家的支持下,曾经影印出版了不少近现代报刊,这是一件对中国文化学术居功厥伟的事业。这项工作开始于二十世纪五十年代。1954年前后,人民出版社曾经影印出版了19种革命报刊,其中包括《新青年》《每周评论》《共产党》《先驱》《向导》《中国青年》《前锋》《中国工人》《政治周刊》《农民运动》《实话》《布尔什维克》《无产青年》《群众》《八路军军政杂志》等。后来,又影印了一批报刊,比如《人民日报》《解放日报》《新华日报》《红色中华》《晨报》《东北日报》《救国时报》《晋察冀日报》《红旗日报》《抗敌报》《大公报》《民报》《申报》《民国日报》《大众日报》《少年中国》等。二十世纪六七十年代,台湾也影印了一些旧报刊,比如《民立报》《中华新报》《中国日报》《苏报》《警钟日报》等。因此,如果要查找这些旧报刊,首先要去找影印件,不仅容易找到,对阅读的限制也要少一些。在查阅报刊资料的时候,要注意先去查阅一些索引资料。比如,前述19种革命报刊,1959年人民日报出版社就出过《十九种影印革命报刊索引》,二十世纪五十年代三联书店出版过《东方杂志总目》《国闻周报总目》,二十世纪六十年代上海图书馆编过《中国近代期刊篇目汇录》《辛亥革命时期期刊总目》等，应该注意先查这些工具书。建国后的报刊资料，可以查阅例如1956年上海市报刊图书馆创办的《全国主要报刊资料索引》、1951年起人民日报出版的《人民日报索引》、二十世纪五六十年代出版的《解放军报索引》《光明日报索引》以及各地的一些报纸索引。一些学术刊物每年最后一期上，常常登载当年的全年文章目录，如果记得文章发表的大致年份，对检索有帮助。如果查阅原版报刊不方便，还可以查人民大学出版的复印报刊资料，等等。

第二，注意核实报刊上面发表的文献资料。报刊发表文献的时候，可能有原发性差错，也可能在编排时发生差错，因此需要核实。比如，抗美援朝战争期间，著名作家魏巍写过一篇《谁是最可爱的人》，说到有一次激烈的战斗中牺牲了许多战士，并公布了一份名单。但是《扬子晚报》1997年2月16日发表的一份报道《"最可爱的人"李玉安与世长辞》证实，其实这份烈士名单中有一个叫李玉安的战士当时受了伤，可并没有死。他于1952年7月转业回到家乡黑龙江省巴彦县兴隆镇，1997年去世。1996年10月20日，《光明日报》以《西安发现〈孙子兵法〉八十二篇》的标题，转载了《收藏》1996年第10期所发的一篇文章，介绍说在西安发现了根据汉简以隶书体抄写的《孙子兵法》八十二篇手稿，为八开本10册，是根据清末进士陕西赵城人张瑞玑在调任韩城县知县途中购得的汉简，然后经张瑞玑、张联甲、张敬轩祖孙三代抄录保存下来的。但是，同年11月19日，该报就发表《辨"兵法"真伪，明事实真相》的文章，报道中国孙子兵法研究会有关专家座谈会的意见表示质疑。报道从抄本的内容，抄本在语言、文字、风格上的漏洞，抄本在思想体系上与古本的差异，张氏藏简与汉简相比的疑点等四个方面提出了疑问，专家们指出："抄本的内容绝非孙子亲著，亦不可能出自汉简，很可能是近人的伪作。"报刊资料的核实不限于史实，也包括文字。有专家指出，毛泽东的词《沁园春·雪》于重庆谈判期间公开发表，起先在1945年11月14日《新民报晚刊》，题名《毛词·沁园春》。11月28日重庆《大公报》转载。11月29日重庆《客观》周刊第8期再次发表，标题《沁园春（吟雪）毛泽东》。上述三处发表，前两首有错别字，后一首没有错别字。对报刊资料的文字核实，既可以其他来源的文献为依据，核对报刊文献的文字差错，也可以报刊文献为根据，核对其他来源文献的文字差错。1983年上海人民出版社出版的《民初政争与二次革命》一书，收录了1913年2月19日宋教仁在上海国民党人欢迎会上的演说辞，题名《宋教仁在上海国民党欢迎会演说辞》，原稿为徐血儿记录，载宋教仁案发生不久所出之《宋渔父》第一集，但是收入《民初政争与二次革命》一书时，编者根据《民立报》1913年2月20日、21日的文字进行了校对。

第三，对报刊上的新闻资料，注意遵循新闻学的某些规律来看待它的真实性。怎么理解这一点呢？新闻是要向人们报告最近发生的事实，而事实总有一个发展的过程，因此一次新闻报道常常只反映事情发展过程的一个片段。新闻上面所谓"追踪报道""深度报道""跟踪报道"等等说法，就是指媒体所作的伴随事情发展过程的后续报道。因此要注意报刊上关于某一事件的连续性内容，把相关资料收集全。在岳麓书社1986年9月所出版的《宋教仁血案》一书中，收有《渔父先生被害后十日记》一文，是一份根据追踪报道综合起来的新闻稿。该文搜集了《民立报》《民权报》《新闻报》《时报》《中华新报》《民国新闻》《民强报》《大中华民国日报》《中华民报》等报纸1913年3月20至30日关于宋案的报道，详细披露了事件发生10天内的经过。遗憾的是，该书目录中，这篇文稿题名《渔父先生被刺后十日记》，而正文文稿题名《渔父先生被害后十日记》，反映了编者不应有的粗心。

关于新闻有延伸的性质，我们不妨以美国2001年"9·11"事件为例。关于世贸中心的伤亡人数，《新华日报》2001年9月12日的报道说："当时该中心内共有大约5万人正在工作，目前已确知有6人死亡。"《新华日报》9月15日的报道说，"总的死亡人数可能有数千"，目前中心内各公司报出的"失踪人数为2 800人"，"失踪的消防队员有300多人，警察有40人，港务局官员有30人"，此外还有许多英国、澳大利亚、韩国、墨西哥人，其中英国"起码有100多人失踪"。《现代快报》9月19日的报道说，失踪人数为5 422人，其中证实已死亡者201人。《现代快报》9月24日的报道说，失踪者为6 333人，确认死亡者为261人。《现代快报》9月30日的报道说，发现306具尸体，失踪5 960人，合计死亡6 266人，伤8 786人，伤亡共计15 052人。《新华日报》10月2日的报道说，失踪人数为5 219人，包括死亡314人。《南京晨报》10月13日的报道说，失踪4 776人，另有442具尸体，合计为5 218人。《新华日报》2002年2月9日的报道说，死亡人数为2 672人，其中确认死亡者为733人，未找到遗体而有亲属领取死亡证书者1 939人，另外失踪166人，合计2 838人。2002年"9·11"事件一周年时，美国公布的数字是2 801人死亡或者失踪，但是不久又发现有3人还活着，有1人重复统计，最后落实数字是2 797人[①]。以上列举的数字，死亡失踪人数从6 333人下降为2 797人，都是国内报纸根据纽约市政府公布的数字报道的，它们是随着纽约市当局对死亡失踪人数的不断核实和公布报道出来的，如果我们不了解媒体的前后相关报道，而随便采用前面报道的数字，就不准确。

再举一个国内的例子。2002年3月22日《南京晨报》报道，花旗银行上海分行抢入江苏市场，一举抢走了江苏工商银行和交通银行对爱立信公司的近20

[①]《从"9·11"罹难人数变化看"新闻更正"》，《现代快报》2002年10月11日。

亿元贷款项目,引起国内媒体和金融界极大关注。其实这条新闻好几处失实。首先,不是江苏工行和交行,而是建设银行和南京交行;其次,不是抢走 20 亿贷款,这些还贷大部分属于按期还贷性质;再次,不是爱立信公司转移合作伙伴,而是继续保持合作关系。为此,爱立信公司立即通过媒体进行了更正。假如我们不注意事情的前后脉络,而贸然使用了《南京晨报》的资料,同样会造成错误。

有时候,报刊上面的错误信息,要通过几十年之后的追踪报道或相关报道,才能弄清实际情况。比如,1958 年的河北徐水县,曾经以弄虚作假闻名全国。当年 8 月,毛泽东视察徐水,县委书记张国忠报告说,计划全年生产粮食 11 亿斤,平均亩产 2 000 斤。9 月 20 日中共徐水县委制定的《关于人民公社实行供给制的试行草案》,起初登在《徐水报》上,随即由于广泛宣传而流毒全国。直到 20 世纪 80 年代后期,《人民日报》才披露了徐水县当年的实际经济水平。1987 年 10 月 27 日,《人民日报》发表通讯《理论之光:党的十三大侧记》,援引中共保定地委书记乔世忠的谈话说:"当时徐水县粮食亩产 200 多斤,全县工农业总产值加起来不到 4 000 万元,总人口 32 万,年人均不到 130 元。"

第四,注意核实报刊发表的新闻资料,以免采用失实的新闻报道。这里所说的失实,不是故意制造假新闻,而是由于信息不正确或者编辑记者作风粗糙造成的不准确。一般来说,报刊作为媒体都非常重视报道的及时和准确,所以非常注意新闻的真实性。但是报刊特别是报纸,作为一种应时性很强并且在新闻的快速报道方面互相之间有激烈竞争的资讯渠道,所发表的新闻报道,有消息来源的先后真假因素,有编辑记者采访写作水平的因素,还有其他有很强社会制约作用的政治文化因素,当然不可能百分之百正确。所以,有不全面、不客观、不准确的情况是正常的,这也是新闻资料的一个特点。

比如,党的历史上先后几次有刊物报道李立三已经牺牲了,这是当时处于困难时期、信息不畅造成的误报。即使在当代,由于误传或者作风粗糙导致的失实,也还不少。2001 年 5 月 7 日成都的气温比较高,发布气象消息的只有省气象台,但是成都的《成都商报》说有 31 度,《华西都市报》说 32 度,《四川青年报》说 37 度。2000 年 5 月 5 日,成都市举行"四川省暨成都市纪念五四运动 81 周年成人宣誓仪式",关于当天 18 岁成人宣誓仪式的参加人数,《成都商报》《华西都市报》说 550 人,《商务早报》说 600 多人,《四川青年报》说 500 人,《天府早报》说 800 人①。2000 年 6 月 4 日,深圳市龙岗区横岗镇西坑村由于地下水的作用,出现了一个沙发大小的地陷,后来扩大为 20 平方米左右,8 月 19 日有一间屋倒塌。6 月 22 日,《南方都市报》报道,"深圳发生 20 万平方米地陷""500 多村民大

---

① 古隆元:《是三十一,还是三十七?》,《新闻出版报》2000 年 9 月 25 日。

搬迁""经济损失 1 000 万元以上"①。除了这些作风粗糙导致的不实信息以外，报纸杂志出于经济利益的原因，常常大量制造垃圾信息，包括捕风捉影的花边新闻、虚假广告等等。多数情况下，我们不把这些资料视为有价值的历史研究资料。

第五，在评估史料价值的时候，适当注意新闻的倾向性因素。新闻的客观性和倾向性是指什么呢？客观性是指编辑记者站在中立化的立场上如实地反映已经发生的事实，倾向性是指编辑记者主观倾向的作用导致所反映的客观事实具有主观倾向的色彩。新闻应当坚持客观性第一，但是新闻又不可能没有倾向性。无论中国还是西方，无论过去还是现在，这一点都无法回避。所以，新闻的客观性与倾向性是同时存在的。如果新闻报道是客观的，那么报道所反映的事实就是真实的。因此，新闻的客观性是新闻价值的基础。需要注意的是新闻的倾向性对史料价值的影响。所谓主观倾向很复杂。常见的倾向是没有任何利益驱使的非预设性同情、支持或者反对，也有的是临时利益支配下表达出来的偏颇态度，还有的是在既定利益影响下的一贯立场。纯粹的中立性是不存在的，但是倾向应该有一个限度。除了造谣生事以外，完全的倾向性也不多见，因为编辑记者总要有尊重事实的起码态度。倾向性的合理限度是不妨碍对事实的全面认知，编辑记者只要把事实全部客观报道出来了，由于正当的认知差异，他对其中个别环节分析不到位，对个别内容的评价不正确，都是可以理解、可以原谅，也没有太大关系的。因为读者除了接受编辑记者的判断，还能根据他们所提供的事实作出自己的判断。倾向性的另一个重要限定原则是不导致对事实错误性质的袒护。新闻报道的首要原则是客观，也就是原原本本地把事实反映出来。但是，新闻的根本使命，是报道事实真相，表达群众意见，彰显公众良知，鞭挞社会阴暗，实现舆论监督。所以，它的新闻特别是重要新闻，不允许也不应该连篇累牍、言不及义。

新闻资料的倾向性表现在三个方面。一是报纸的办刊方针，二是报道的内容，三是它的评论文字（包括社论、时评和其他倾向性文字）。第一种是抽象的，后两种是具体的。比如评论文字，民国时期《大公报》的社论与 1949 年后《人民日报》的社论就不是一回事。《大公报》是民间报纸，没有执政效能，它的社论很受读者欢迎，但不会对公众产生政治后果。张季鸾主张每天发一篇社论，有时候临时商量一下，觉得什么可写就写什么。张说："我们《大公报》的社论，只管 24 小时，第二天就可以擦屁股。"②毛泽东所写的社论、时评、通讯、按语等就不同，都有很强的针对性、指导性，甚至是党内政治决策的重要环节。人们一想到反右

---

① 纪单如：《不该发生的失实报道》，《新闻出版报》2000 年 7 月 13 日。
② 陈清泉：《陆定一与新闻宣传》，《光明日报》1996 年 7 月 28 日，第 3 版。

运动,自然会想起毛所写的社论《〈文汇报〉的资产阶级方向应当批判》。知道有关报刊的背景,比如创办者、办刊方针、风格以及相关的政治背景,对分析报刊资料的可靠性也是有益的。比如,瞿秋白的《多余的话》,最初是《社会新闻》发表的,这个刊物有国民党军统的背景。因此,曾有不少学者认为可能是国民党特务机构伪造的。这个因素不能不考虑,所以认定这份材料就要从其他许多方面进一步分析。二十世纪三十年代国民党在上海《申报》刊登污蔑周恩来的《伍豪启事》,党的地下组织发现后又刊登一份启事进行反击,明眼人一看就知道前一份启事是假冒名义的。今天,我们从《申报》的民办报刊的中立性质也能认定这一点。

在报纸杂志上,有倾向性内容的新闻随处可见。比如,以上所说刘坤一去世后《新民丛报》发表的消息就很有意思。报道说:"两江总督刘坤一,以本月五日逝世,享年七十三岁,初六日即奉上谕哀悼赐恤,照录如下:两江总督刘坤一,秉性公忠,才猷宏远。由诸生起家军旅,屡建功勋,游历封圻,克勤厥职。简两江总督,兼充南洋大臣,十余年来,镇抚地方,军民爱戴,办理交涉,悉协机宜。前年近畿之乱,该督保障东南,匡扶大局,厥功犹著。老成硕望,实为国家柱石之臣。前因患病,迭次赏假,并颁给人参,藉资调理。方冀早得就痊,用膺倚任,遽闻溘逝,震悼良深。刘坤一著加恩追封一等男爵,晋赠太傅,照总督例赏恤银一千两治丧,由江宁藩库给发。赐祭一坛,派署江宁将军额勒春前往致祭。予谥忠诚,生平事迹宣付国史馆。任内一切处分,悉予开复。应得恤典,该衙门察例具奏。灵柩回籍时,沿途地方官妥为照料。该督子孙几人,著张之洞迅速查明具奏,候旨施恩,用示笃念旧臣至意云云。"①可以说,这份报道,活脱脱地表达了该报维护清廷的政治立场。

2003年2月12日,《新华日报》根据新华社2月11日电讯报道说:"近一时期广东省部分地区相继发生了以'高热、干咳、白细胞正常或偏低、肺部X线片有片状浸润性阴影'为主要临床特征的非典型肺炎病例。截至2月9日,广东省共发生309例,死亡5人。""目前发病情况已基本稳定。""根据专家预测,全国近期内不会发生大范围呼吸道传染病的流行,但局部地区可能会出现小范围呼吸道传染病的流行。"②《新华日报》2003年6月25日报道,根据卫生部新闻办公室的情况通报,截至6月24日10时,我国内地共发生非典型肺炎临床诊断病例5 326例,其中医务人员1 002例,治愈出院4 901例,治愈率占病例总数92%;死

---

① 《壬寅新民丛报汇编》第1102—1103页,帝国印刷株式会社明治三十七年五月二十六日发行。

② 《广东省部分地区出现非典型肺炎》,《新华日报》2003年2月12日。

亡347例,病死率为6.5%①。上述同一事件的两份报道,前一份很明显就是具有倾向性的报道。

造成新闻倾向性的原因,除了编辑记者的个人因素以外,还有政治因素需要考虑。有时候,在某种政治意识形态的支配下,报刊的主办者或编辑记者的倾向性与被采访报道的那些当事人的观点或者与所发生之事实的真相不完全一致,有的甚至完全站在对立的立场。由于这些原因,报刊资料作为史料又有不真实性。这一点通常表现在对某些社会活动和历史事件的报道失实,甚至拒绝报道、歪曲宣传、造谣诽谤方面。这一类倾向性太强的资料,往往具有双重的分析价值。一方面,这些报道不实的资料,对于弄清有关历史事实没有多少意义。另一方面,我们在研究政治史的时候,这些报道又是分析有关方面的政治立场、政治态度的直接材料。

比如,西安事变发生以后,《时事新报》所发表的时评就典型地表达了国民党孔祥熙、宋美龄等人公开宣传的政治立场。《时事新报》系由创办于1907年的《时事报》与上海《舆论日报》合并而成,1911年5月定名《时事新报》,1934年为孔祥熙掌握,成为国民党政府财政部机关报。1936年12月12日西安事变发生,18日该报发表何炳松《西安事变感言》,22日发表樊仲云《联俄容共与抗敌》、周天固《读何炳松先生西安事变感言》等文章,集中批评中共抗日民族统一战线的主张。说"统一战线"这个口号,反映了三个东西:"(一)这是奉第三国际的命令办理的。(二)这是共产党的机会主义,意在'运用中国社会各阶层中一切愿意参加抗日救国的力量'。(三)这是因为共产党自觉没落的危险,不得不以'停止内战,一致对外'的口号为烟幕,来苟延他们日暮途穷的命运。"②这时候,和平解决西安事变的局面还没有明朗,有关各方的政治磋商还在紧急进行之中,孔宋方面作上述批判性表态是很自然的。

第六,使用字号、化名、笔名,是中国知识分子的一种写作习惯,过去报刊上发表文章有使用,现在网络上的网名也有化名或笔名的含义。掌握这类异名,一直是阅读典籍必须注意的一个问题。比如,有人统计,夏衍的笔名有120多个。最早的笔名叫宰白,1919年用于《浙江新潮》。二十年代的译名叫沈瑞先,《上海屋檐下》《包身工》《法西斯细菌》《秋瑾传》《复活》等作品用的是夏衍,三十年代从事电影工作期间用黄子布、丁一之、蔡叔声等。1949年7月初至12月底,他在《新民晚报》的前身《新民报晚刊》发表杂文120篇左右,共用笔名77个③。再比

---

① 《我国内地没有新增非典病例》,《新华日报》2003年6月25日。
② 《西安事变感言》,《辟所谓"容共以抗敌"之谬说》,时事问题研究社,1936年12月编印,第4页。
③ 萧斌如:《夏衍的笔名》,《世纪》2002年第3期。

如,"文革"期间四人帮的写作班子"梁效",最初笔名是"北京大学、清华大学大批判组",先后用过的笔名还有"柏青""高路""景华""安杰""秦怀文""施钧""郭平""金戈""万山红""祝小章""梁小章"等。据"梁效"重要成员范达人回忆,"梁效"为范达人提出,使用最多。不知道这些笔名、化名就不知道作者是谁。二十世纪三十年代的《文化建设》上面,常有署名"孟真"的文章,一般人都以为是傅斯年,1936年7月5日出版的第208号《独立评论》上面,傅斯年发表了《傅孟真启事》:"上海的《文化建设》上,常有署名'孟真'的文字,是与我毫不相干的!孟真是我的字,我没有所谓笔名。我用孟真发表文字,是从民国七年起的。"可见彼孟真并非此孟真。为了多掌握一些历史人物的笔名,要注意积累。比如,一般个人文集所收录的文章,编者都做过一些考订的工作,而且所收文稿都注明原来发表时所用的笔名,平时阅读应该留心。也有一些专门的工具书,比如,二十世纪三十年代所出的《现代中国作家笔名录》一书,检得作者550多人。比如,1985年红旗出版社所出版的《中共党史人物别名录》,收有192位党史人物的字号、笔名、化名。在《辞海》等工具书里以及一些传记著作论文里,往往也有人物笔名、曾用名、化名的记载。比如,1987年红旗出版社所出的《群众周刊大事记》一书,就附录了41位《群众》周刊作者的笔名,其中包括许涤新、乔冠华、华岗、胡绳、石西民、廖沫沙、翦伯赞等人。

第七,注意互联网和网络资料的利用。网络发达是当今社会一个很显著的时代特征。据统计,截至1997年10月底,我国有因特网用户62万,占人口总数的0.05%[①],1998年5月为100多万。1999年9月统计,国内网站9 906个。2002年8月底,网络用户上升到4 120万户。2007年6月底估计,全国网民1.62亿,互联网普及率超过12%,手机网民4 400多万人,国内网站超过130万个。

网络的飞快发展,扩大了公众社会生活的参与程度。2001年10月,两个上海女孩离家出走(杨雪、布娃娃),她们的父母通过网站寻人,结果有上万个网站加入。两个女孩出走34天后,终于找回来了。2007年10月12日,陕西省林业厅召开新闻发布会,宣称陕西镇坪县城关镇文彩村7组村民周正龙发现了华南虎,他于2007年10月3日拍摄到的一组野生华南虎照片是真实的,并公布了两张华南虎照片,给予周正龙2万元人民币奖励。但照片真实性很快受到大量网友、华南虎专家和中科院专家等方面的质疑,并被证明来源于浙江义乌某公司3年前印制销售的年画。这一事件被称为"周老虎事件",又被称为"老虎门",是当代新闻事业进入公众时代的一个典型标志。

网络新闻已经成为传播速度最快的资讯,超过了任何一种媒体。以1999年

[①] 《新华日报》1998年6月4日。

北约袭击我驻南斯拉夫大使馆为例,袭击时间是1999年5月8日凌晨5点45分,6点27分新浪网就出现了一句话快讯,7点之前就报出了数百字的综合消息,9点左右《人民日报》电子版报出了消息,广播电台差不多也同时播了。电视报道是在午间新闻,而报纸中最快的《北京晚报》是在下午三四点钟出版①。2003年1月10日晚10时,美国"哥伦比亚号"航天飞机失事不到10分钟,新浪就以短信息的方式把消息传给了国内几十万手机用户。事发后12小时,在新浪网发表的网民评论已经多达5 000条。

网络最大限度地改变了公众的联络方式,它取代信件、电话、电报,成为群众日常生活中互相联系的主要渠道之一。有一个统计说,2002年国内群众全年短信息700亿条,每条一毛钱,有70亿元收入②。另一个统计说,2003年春节假期期间所发的短信息有70亿条③。所以,有人把手机短信息称为报纸、电台、电视、网络之外的"第五媒体"。

网络和数字图书馆技术结合,极大地改变了图书馆的技术面貌。2000年8月媒体披露,我国已经实现了数字化快速录入图书技术,每分钟全自动扫描录入图书资料160页双面,并采用国际通用先进图像压缩技术,提供广域网上高速横向跨库链接。

网络造就了新时代的资讯奇迹,自然,也给今天的资料采集增加了许多便利。比如,检索论文,可以查学术期刊网;某些专题性学术资讯,可以直接通过网络搜索;了解某些特定作者的论文,可以直接输入姓名搜索;不需要出差,坐在家里就能够查找异地图书馆的资料并下载;某些过期报刊以及大量书籍,已经转化为电子文本,阅读和利用更加方便;等等。至于还带有相当作者虚拟化色彩的网络言论、博客言论以及更加随机性的手机短信,它们反映了人们真实的生活内容,理论上说,应该具有史料的性质。而实际的收集和利用,则必将随着作者对这类资料的珍惜、保存与研究价值的被发现,才能逐步开展。

报刊是人类社会技术进步和生活方式变化的结果,以往时期报刊资料的遗存,本质上也是人们过去生活内容的遗存。科学地研究和利用报刊资料,有助于再现过去的生活,因之也是一种书写历史的重要方法,我们应该多多注意。

(原载《江苏大学学报》2008年第3期)

---

① 古元:《知识经济时代的网络和媒体》,《国际商报》1999年10月10日。
② 张朝阳:《重拾"注意力经济"》,《文汇报》2003年1月7日。
③ 王荧、郭江陵:《70亿条拜年短信的背后》,《新华日报》2003年2月17日。

提高博士论文质量应当注意的几个要点

博士研究生的培养包括自然科学、人文科学、社会科学和工程技术等领域的许多学科,各门学科之间在知识群、研究思路和证明手段等方面,会有一些不同。因此,本文的讨论以历史学,主要是中国近现代史学科为范围。

在博士生培养工作中,指导学生完成博士论文,是非常重要的一环。博士论文是在导师指导下完成的,因此,论文质量是衡量导师的指导水平,甚至学术水平的重要指标之一。对学生来说,博士论文是他们本阶段学业的主要成果。培养单位博士论文的整体水平,是该单位培养水平的重要标志。

一般说来,全国所有培养单位授予的博士学位并没有区别,但是应该承认博士论文的质量还是有差别的。除了个别学生抄袭剽窃的情况以外,在作者的知识背景、选题的价值、资料收集的程度、讨论问题的深度,以及语言文字的功力等方面,存在相当大的差异。当然,有差别是正常的,因为各地各单位的培养条件不一样,每个学生的基础、悟性和努力程度不一样,导师的学术水平和责任心也不一样。用什么方法提高博士论文的质量呢?目前有两个途径,一是通过现行评估体系,卡住质量差的论文不让通过,表彰好的论文以形成争取优异的风气;二是发挥学生和导师的积极性,在博士论文的准备和写作阶段提高水平。

先来分析评估体系的作用。

现阶段对博士论文的评估包括四个环节。一是答辩阶段的专家评审和答辩,二是校系学位委员会审议,三是社会反响(一般指出版以后),四是社科评奖(包括近年的教育部优秀博士论文奖)。其中最重要的环节是专家评审和答辩。为什么呢?第一,专家评审和答辩是由本专业范围的专家来检查论文是否合格,并由培养单位组织具有权威性质的答辩委员会听取作者的陈述,质证论文存在的问题,并且决定是否授予学位。通过答辩以后,没有特殊情况校系学位委员会不会否决。第二,有不少博士论文通过以后有发表机会,有的由作者拆成单篇论文在刊物上发表,有的交由出版社出版成书。但是单篇论文发表以后,读者一般不会及时意识到这是博士论文,只读单篇论文也无从了解该博士论文的完整内容,从而形成准确的评价。至于出版成书总有一个出版周期,而且论文出版后社会反响的好坏,与论文的质量把关,已经关系不大,因为论文业已通过,作者的博士学位也已经拿到。当然,如果发现重大问题仍然可以追缴学位证书,不过极为罕见。第三,社科评奖的初衷是鼓励先进,但是,此类评奖除了少数几种还有章可循外,多数已经失去意义。所以大多数出版发表的博士论文难以通过评奖得到肯定。

那么,在专家评审和答辩这个环节上,能不能起到质量控制的作用呢?一般来说起不到这样的作用。因为这里面有一些人情因素。无论是应邀写书面评语,还是参加答辩,即使看出了问题,能实事求是地指出就不错了,评审人员或者答辩委员很难发表否决意见。另外,博士论文的评审报酬过低,影响专家仔细阅读论文的积极性。按照现行的评审费标准,要求评审人员投入很大精力来仔细阅读推敲通常十几万字,甚至二三十万字的博士论文是不现实的。指导教师的态度也值得研究。在日常学习和完成论文的过程中,导师也许要求很严,但是碰到能力有限的学生,论文质量平平,除了督促修改甚至直接动手帮助修改,以尽可能改善质量外,除了希望他顺利通过之外,还能做什么呢?

根据以上分析,可见目前阶段博士论文质量的上限是显性的,即好的论文,例如国家优秀博士论文,是经过一定程序评出来的,大家都知道,心中有数。而下限呢,则是隐性的。除了个别抄袭剽窃被人揭出而受处分者之外,只要完成了论文,经导师推荐参加答辩,一般都可以通过(笔者注:当时教育部还没有出台统一的博士论文质量控制办法,例如现在的博士论文答辩前盲审和答辩后复检等规定)。就是说,参加答辩的论文,什么样的合乎要求,什么样的不合要求,并没有明确的标准。而在实际上,也确实无法规定一个明确的标准。另一方面,目前的评估体系,对控制博士论文的质量,基本上没有太大的作用。现行评选优秀博士论文的办法有一定影响,各地各校已经把它列为争取目标,但是首先必须要有确实优秀的论文拿出来,才能参加角逐,否则再争取也白搭。对于大多数博士生来说,如果没有指望获得优秀博士论文奖,那么它的刺激作用就非常有限;同时,经验告诉我们,凡事搞成了运动,就会有负面的东西出来。优秀博士论文奖与学校、系科的荣誉、地位捆在一起,会促进各地、各校、各系、各学科,甚至实力人物幕后运作,私下交易大行其道。

目前博士论文质量的主要基础,是导师的责任心和学生的能力与努力程度。换句话说,论文一旦成文,其质量就已经确定了。提高质量是提交答辩之前,即准备论文和完成论文过程中的事情。

为了提高博士论文的水平,以下几个问题应该引起注意:

第一,树立端正的学术态度。学术态度似乎是个抽象的问题。我们即使拿到一篇质量不好的论文,有时候也很难责备作者的治学态度不端正。因为有的作者可能态度是端正的,但是表达不善,或者方法有点问题,或者受学术水平限制。什么叫作端正的学术态度呢？我认为严格按照国家规定的博士学位的质量要求进行研究并写作的态度,就是端正的学术态度。

国家对于博士论文的质量规定,体现在学位工作的有关条例中。《中华人民共和国学位条例》规定,博士学位的授予对象必须：（一）在本门学科上掌握坚实宽广的基础理论和系统深入的专门知识;（二）具有独立从事科学研究工作的能力;（三）在科学或专门技术上做出创造性成果。《中华人民共和国学位条例暂行实施办法》规定:博士学位论文应当表明作者具有独立从事科学研究工作的能力,并在科学或专门技术上做出创造性的成果。上述办法和条例的提法是一致的。归纳起来,博士论文的质量标准就是能够体现作者独立从事科学研究工作的能力,并且在科学或专门技术上做出了创造性成果。这里核心的要求是两条,一是必须能够体现作者独立从事科研工作的能力；二是必须是一种创造性的成果。因此,有没有在科学或者专门技术上做出创造性成果,是评价博士论文是否合乎要求的最主要的学术依据。

以上所讲的科学包括自然科学和人文社会科学。那么,在人文社会科学方面,所谓做出创造性成果是指什么呢？简单地说,就是你的研究成果在相关的知识领域给出了新的知识内容。现在的问题是,人人都会说我的论文是一种创新,是在学术上填补了空白。因此,需要有一个衡量的标准。笔者认为,它应该包含这样四点：（一）解决的问题属于过去学术界曾经研究过但是未能解决,或者众说纷纭未能得到一个相对可靠的意见;（二）在某一课题,或某一领域,或某一重大学术问题上,对现有学术成果做出了根本性的订正,纠正了传统结论;（三）通过演绎新的学术观念,或挖掘新资料,或对资料做出具有科学依据的新解释,从而得出新的认识,并且导致该方面学术面貌和价值倾向的改变;（四）开辟了新的研究课题或者新的研究领域。

创新性是博士论文质量最重要的保证,有了这一条,就有了高起点。

第二,博士生入学以后,应有一个继续夯实基础、拓宽知识面的过程,以便为写作博士论文建立更好的知识背景。一般来说,博士生是从硕士研究生考上来的,博士论文和硕士论文的要求有很大不同,博士生的专业素养应当更全面一些。除了硕士生外,目前允许以同等学力报考博士。这些考生有些相当出色,也有的基础稍差,缺乏系统训练,需要入学后加以提高。还有一种情况,有的学生是跨学科跨专业攻读。这是值得提倡的。这些学生有知识背景更全面的优势,但存在适应本专业要求的问题。上述几种情况表明,博士生入学后仍需加强基础教育。拓宽知识面有几个途径。一是重视博士课程的学习。博士课程有一定质量要求,体现本专业或者本方向的专业特色和前沿水平,因此课程学习不能放松。二是加强和导师之间的交流、切磋,教学相长。某种意义上这比课程学习还要重要。因为正是通过这种交流,导师的学术思想、风格、方法,能够潜移默化地影响学生;就某些具体的学术问题进行讨论,也能够互动地在知识面、学术素养和解决问题的途径方面得到深化的认识。三是系统地读书。所谓系统地读书,是指围绕专业要求有目的有计划地读书。这是一种研究型读书,侧重于本专业必须掌握的基本理论、有关成果和资料。四是处理好学习与研究的关系。博士生一般都有一定的研究能力,可以也提倡做一些研究,这样的锻炼有利于将来做博士论文。有的学生论文选题确定得早,早一点围绕选题取得一些阶段性的成果,不仅可以分解掉一些将来做论文的压力,还能够早一些产生学术影响。当然,要注意尽量不要以此完全取代扩大专业知识面的系统读书。在这个问题上要防止偏向。有些学校为了提高博士生的质量,规定了许多必须完成的指标,包括发表多少核心期刊论文。出发点当然是好的,但是学生的学习能力、专业领域的创造空间以及论文的发表机会是有差异有限制的,指标过高会加大学习负担,也挤占了学位论文的写作时间。需要尽快调整此类政策。博士论文是衡量博士质量最主要的标准,应把尽可能多的时间花在论文上,也可以考虑在学制方面更灵活一些。至于有的学生有能力多做一些科研,则可以用鼓励的方法,给予一定奖励。

第三,选择高价值的研究课题。完成博士论文是博士生培养的最重要的环节,它是博士生所达到的学术水平的直接体现。只有选择高价值的研究课题,才能充分显示作者的研究能力和学术品位。那么,什么样的课题才是高价值的课题呢?笔者认为,可以从三个方面考虑:(一)创新性强不强。所谓创新性,是指在传统内容的基础上推陈出新的品质。一篇论文可以在局部内容和个别结论方面有所突破,这当然属于创新。学术的发展并非易事,即使微小的进步都应该肯定,不过作为博士论文,应该着眼于有比较强的创新性,即在内容、观念、诸多的知识点和证明手段等方面有整体上的出新。如果一篇论文与过去的研究成果大同小异,只在少数内容上有所进步,那么这篇论文作为博士论文显然不够。应该提倡就这类可能获得进步的内容,去做一般的子题性的小型单篇论文。(二)前沿性强不强。所谓前沿性是指在相关学科具有带动学科知识革命的价值。前沿性强的课题,往往会引起学科学术空间的扩大和整体知识结构的变化。(三)学术含量大不大。所谓学术含量大是指在内容上应该有一定的深度和广度,也就是说,应该抓比较重大的学术问题。这样的问题有利于提高把握能力,并且取得重量级的成果;有利于获得比较广泛的注意,发挥推动学科发展的作用;也有利于后续研究,产生附加值。

选择课题的能力，是一种十分重要的综合能力。之所以强调博士生必须在本门学科上掌握坚实宽广的基础理论和系统深入的专业知识，就是因为只有具备这样的知识背景，才能拥有选择适当的研究课题的水平。所谓独立从事科学研究的能力，包括确定发展方向和解决问题取得成果的能力。这里需要注意两点。首先，博士论文的课题，常常是在学生入学不久即经师生双方商定，有的则完全由导师直接命题，所以，导师在选题方面的作用不可忽视。其次，博士是最高层次的专门人才，因此，要正确理解他的"博"。所谓博士的"博"，是指对本门学科的知识状况，包括历史沿革、基本理论、当前动态、研究方法和今后趋势的全面了解，而不是迎合社会需要充当万金油。博士论文需要针对本学科的某一重大问题做出解释，是一种专题性的系统知识成果，但是要能够敏锐地抓住合适的课题，则必须以对本学科的博学为前提。

第四，抓住开题报告这个环节。开题报告就是博士论文的准入证。论文选题初步商定后，需要邀请同行专家进行必要的论证，这是避免选题失误的最后一关。如果没有开题报告这一关，有些资料不充分、思路不清楚、创新性不强的选题就卡不住。假使学生按照原定选题和计划把论文写出来了，导师也会非常被动。他面临的选择只有三种：要么同意答辩，要么修修补补，要么推翻重做。反之，就有机会重新选题。搞好开题报告要注意几点：（一）开题报告需要提供详细的可行性计划，提交系统的前人研究成果目录和起码的资料清单，如实地说明前人获得的成就、未解决的问题、主攻的方向和解决问题的难点；也需要及时了解有没有人在做相同的课题，其作用在于了解当前动态，避免重复。（二）在开题的过程中积极主动地与有关专家学者取得联系，向他们虚心请教，以便得到更多的帮助和书本以外的信息，对导师的指导也是一种补充。（三）组织好对开题报告的论证，特别要注意邀请本专业和其他专业相关专家参加，充分发表意见，认真听取不同意见，不要流于形式走过场。对不适当的选题，坚决予以否定。

第五，建立科学的解释体系。所谓科研成果，本质上是以知识说明的知识，或者说是运用某种知识观念说明客观对象而创造的新知识。科学论文总要解决分析什么、说明什么、归纳什么的问题。分析什么是指研究的范畴是什么，说明什么是指你在所研究的范畴里通过史料所叙述的事实是什么，归纳什么是指通过分析事实给出的结论是什么。所谓范畴就是具体研究对象。我们不论研究什么，总有一个范围。例如，中国近代外交史是一个范围，或者说是一个选题；而同一时期的中日关系、中美关系、中苏关系，或者中外关系方面的某一个具体问题等等，又是不同的范围或者选题。前者范围大，后者范围小。所谓选择课题，就是把研究的范围确定在什么地方。为什么我在这里要用范畴这个概念呢？因为同一个研究对象，可以分解为可大可小的不同研究范围。比如农业问题是个大范围,其中还有土地问题、农村借贷、自然灾害、人口问题、农业技术、水利、产业结构、城乡物资交流等等不同的研究课题。因此,范畴这个词比范围更便于精确地限定研究对象,指代具体课题。博士论文的范畴不宜太小,太小可创造性小,学术含量不够;又不宜太大,太大了专题性不强,影响深度。确定了范畴之后,就要选择资料,即通过实例来叙述这方面你所发现的事实。这就是说明什么。归纳什么是指你从事实中得出的结论。说明什么和归纳什么就是你在这个范畴上面给出的答案。

所谓科学的解释体系就是运用恰当的知识观念和知识方法来说明和归纳。为什么说科学论文是以知识说明的知识呢？因为无论观念也好,方法也好,都根源于知识。观念与方法的进步,是知识进步的结果;反过来也会引起知识的新进步。这个问题上需要注意几点:(一)不断吸取其他学科的学术理念和方法。就博士生必须掌握本门学科的坚实的基础理论而言,是相对的,不是一成不变的。凡是其他学科对本学科分析问题有帮助的学术思想和方法,都应视同本学科基础理论的必要内容,就这一点而言,科学也是无边界无禁区的。(二)选择课题应尽可能地结合自己的专业特长,包括有一定学术积累和学养方面的某些特点,比如,擅长实证研究还是理论分析,对什么问题有兴趣,过去接触过什么问题,等等。这一点对导师命题尤其重要,如果导师的命题与学生的兴趣、积累、治学特点非常不合,将增加学生做论文的难度。也有的学生把自己过去的某个问题或某个方面的研究成果汇合起来,整理发展成博士论文,这种情况应尽量避免,因为严格说来这是一种重复,是创造性不足的表现。(三)运用某种知识方法来说明对象,并不是随便拿一种方法来剪裁事实,削足适履地制造新说法。一切都必须建立在对材料的解读之上。当你的学术观点和历史实际基本吻合,其他人无法证伪时,才能证实你的结论的科学性。

第六,遵守基本的学术规范。在准备论文、写作论文的全部过程中,都要始终坚持学风第一。必须遵守科学的原创性原则,也就是说只能经过孜孜不倦的艰苦探索去获得成果,不允许投机取巧,剽窃他人,须知剽窃是最大的耻辱;必须遵守科学的诚实性原则,知之为知之,不知为不知,不要不懂装懂,故弄玄虚,须知不懂装懂是无知的表现;必须遵守科学的公平原则,尊重前人或他人的劳动,实事求是地评价他们的学术成就,不允许不恰当地贬低别人,须知任意贬低别人是学品败坏的表现;必须遵守科学的规范性原则,认真做好每一个注释,仔细校对自己的文稿,不允许文理不通,注释混乱,错别字连篇,须知此类差错是学养不足的表现。

第七,为了写出高质量的论文,提倡把百分之七十的时间和精力用于论文的前期准备,即阅读论著、收集史料、构思、讨论、拟订提纲,把百分之三十的时间和精力用于论文的后期写作。为什么要强调用百分之七十的时间和精力阅读论著,收集资料,拟订提纲呢？只有通过详细研究现有成果,才能知道什么地方有开拓的可能;只有认真研究材料,最大限度地穷尽现有资料,才能知道自己的分析有没有事实依据,才能使后期写作畅通无阻,才能使论文的学术水平胜人一筹。

攻读博士学位是人生的一段珍贵经历,博士论文常常也是作者学术生涯的重要里程碑。有些十分卓越的博士论文,还能成为相关学科学术发展的显著标志。所以,博士论文的写作,是一件具有挑战性的事情。凡是有志于此的年轻学子,均应认真对待,善自为之。本文只是笔者多年来指导博士论文的一点粗浅的体会,挂一漏万,错误之处难免,其意只在抛砖引玉而已。

(作于 2000 年 9 月,原载《聊城大学学报》2002 年第 2 期)

关于博士论文的选题问题

在指导同学完成博士论文的过程中，选择一个好的课题至关重要，值得老师和同学坐下来认真讨论，共同提高认识。之所以如此，我认为有三个方面的原因。

第一，选题是关系博士论文质量的关键。我过去说过，博士论文是博士的名片。名片的作用就是自我介绍，让人家记住你。如果你的论文出色，人家读了自然就会记住，所以叫名片。

要使论文出色，必须精心挑选课题。挑选课题的过程，或者经过挑选确定下来的课题叫选题。假如说选题决定一切，可能有点夸张。但是不应该否认选题对论文有决定性的意义。这种意义，打一个也许不很确切的比喻，是布料和衣服的关系。什么样的布料决定可以做什么样式的衣服。假如买一块丝绸，就只能做内衣，这种内衣很好，穿起来很舒服；也可以做夏衣，穿在身上很凉快。你不大可能拿丝绸做西装。做西装可以用毛料，这样的西装有档次，能在正式场合穿出来。假如买毛线，只能打毛线衣，一般做休闲装，或者冬天穿在羽绒服里面，正式场合是不能穿出来的。这就是说，不同的选题，做出来的论文不同。

论文是一个大概念，有形式、体裁和写法的不同。我们平时研究某个问题的文章叫论文，博士论文也叫论文。一两千字的读书札记是论文，上万字的大事记、年表、述评、综述、书评等也是论文。这里讲的论文是把那些大事记、年表、札记、书评、综述等除开，特指研究某一个问题的小型论文。博士论文虽然也叫论文，但是我认为严格来讲与前面讲的那些论文有区别，应该列入著作的类别里面。著作的种类也很多，年谱、传记、评传，我们写的通史，国外学者写的"全球通史"，我们经常看到的许多专门史，都被称为著作。不过，博士论文一般不会写年谱之类的东西，它是一种专题性研究。这种专题性的研究，和我们前面所讲的小型研究论文的区别在哪里呢？在于问题性和专题性的不同。博士论文是一种专题性的著作，小型论文是一种问题性的著述。两者的区别有四点：一是局部与全局的区别。小型论文研究某一个问题，基本上是一种局部性的研究，而专题性的著作,一般要解决一个全局性的问题。二是单项性和综合性的区别。小型论文解决的往往是一个单项性的问题,而专题性著作的研究肯定有一个综合性的面。三是短程性和长期性的区别。小型论文一般不会写长时段的东西,而专题性著作多数反映相对长时段的内容。比如我们同学的一些论文,研究的问题都涵盖一定期限,包括相对长一点的时段。四是规模的区别。小型论文一般一万字上下,从发表的角度看,可以达到一万五千字左右。当然有的刊物,包括港台地区的刊物,有些论文可以长一点,有两三万字的规模。而专题性著作,比如我们历史学的博士论文,十万字以下的很少,当然也有七八万字的,这是规模上的不同。所以要重视选题问题,也和必须考虑选题的专题性有关。假如选题分量不够,只能做小型论文,那么做出来的论文价值就受影响。

第二,要总结过去选题方面的经验教训。过去,我们在选题执行过程中积累了一些经验,也留下了一些疑惑,同学中间也有过不一致的认识,这些都应该总结。有些同学写好论文初稿,达不到相应的学术品位,往往与没有吃透选题的要求有关。还有的同学在修改论文的过程中很痛苦,在讨论修改方案的时候就提出疑问,论文的修改这么难是不是跟选题有关系?这样的讨论也发生过的。实际上问题的关键不在选题的难和易,而在研究和写作过程中有没有解决问题。论文要能圆满地达到选题目标,有两个基本的条件。一是选题设计得好不好,是不是合理。二是作者的努力有没有到位。老师指定一个选题并且有了具体设计以后,必须由同学做出来,没有同学的努力,再好的设计也没有用。如果论文的设计和同学的做法不一致,或者同学努力的程度达不到,肯定就会产生认识上的不一致,实际结果也会不一致。反过来说,如果设计过难,同学没有办法做到,也会留下很多遗憾,甚至会在老师和同学的关系方面产生一些问题,所以要慎重对待。

第三,假如选题不恰当,完成有困难,甚至完不成,会对做论文的同学产生一系列消极后果,同时对其他同学也会产生消极作用,给大家带来失败感。所以,应该提倡老师和同学们一起讨论这个问题,共同研究什么样的选题才算好的选题,什么样的选题需要什么样的条件才能做到。这样的讨论有利于同学把论文做好,也有利于老师总结经验。

不少同学已经做过论文,具体分析这些论文,将有利于我们理解与确定选题有关的环节和因素。我们可以将过去的选题分为两部分。一部分是已经毕业的同学的,一部分是正在做论文的或者已经确定选题的同学的。

已经毕业的同学是12位,从他们的选题性质上讲,有三种类型。一种是自定选题,或者说基本上是自选的。自选课题的论文是四篇。第二种是双方商定。有的是同学先提出来,有的是老师先提出来,有一个双方商量的过程。这种类型的论文有三篇。第三种是指定,就是大家讲的老师命题。有五篇论文,基本上可以说是导师命题。老师命题也不是我简单地给同学一个选题,也有一个复杂的过程。比如贾艳敏同学的那篇论文,她开始想研究南京的知识青年问题。到档案馆查资料,收获不大。写了一篇文章,拿过来我一看,马上告诉她这个选题不能做博士论文,做不起来,它的厚度不够。后来,我说你是河南人,河南的人民公社化运动全国闻名,造成的后果也非常严重,能否研究一下河南的人民公社化运动。结果到河南去调查也不成功,准备回南京了。我说,当初遂平县有全国第一个人民公社,是样板公社。你不妨到县里去,说不定还行。结果在那里找到了材料,把论文做得很好。算起来,毕业同学自定选题大概占 30%,商定的大概占 25%,指定的大概占 45%。

除掉已经毕业的同学,目前已经确定选题的大约十四位同学。其中,自定选题的六人,商定选题两人,指定选题六人。陈肖静在自定选题中有典型性。她开始提出做扬州,被我否决了,现在又回过来做扬州,其中有客观原因,也有我的一些考虑。钟霞的选题是一个商定的题,很有开创性。记得我上史料学的课,钟霞说山东有这么一个村子,有一些账本。我听了非常感兴趣,因为我在史料学的课上专门谈到要注意利用民间档案的问题,因此叫她过去收集资料,这个选题的开创性就在于民间档案加田野调查。有的指定的选题,是在有先期研究成果的基础上确定下来的,比如莫宏伟的"苏南土改研究",就是在《江苏大学学报》"苏南土改专栏"做完以后确定的。《江苏大学学报》专栏的五篇论文出来后反响很好。文章一出来,上海就有个博士马上找过来,到江苏档案馆查档案,还给我打电话,说李老师你有个博士做苏南土改,我也想做,我能不能跟他谈谈这个题目。张学强的选题也是这样的。当初在临沂市和莒南县档案馆查档案的时候,上海的一个博士也去那里查档案。还主动找小张谈,要求把这个题让给他做。我说你们各做各的,看谁做得好。算起来,自定选题的约占 43%,商定的约占 14%,指定的约占 43%。以上 26 篇论文的选题,合计自定题约占 38%,商定题约占 19%,指定题约占 42%。

通过以上对过去选题所作的基本分析,我们能看出这些选题的确定有哪几种性质。

现在,再来研究选题与论文作者的学术背景的关系。大致有四种情况:一是没有什么基础,但早就确定好目标的。最典型的就是陈永忠,他来之前对储安平的材料没有摸过,没有任何基础,但他很明确,就要做这个。而且还有一个远大的计划,要把五大右派全部研究下来。他把这个看成上帝给他的使命,使命感很强,这一点非常了不得,我很欣赏。二是和今后的发展方向和职业需要结合起来考虑的。包括徐希元的题、白纯的题,还有陈肖静的题,都是对他们的职业和今后的发展有考虑的。做博士论文不仅要考虑同学的兴趣爱好,还要考虑他今后的需要。三是完全开拓新的研究课题或者领域。比如,贾艳敏来之前读过明清史的研究生,在学校里教古代史,与当代史根本不沾边。李刚过去对教育史也没有接触过。四是先从资料入手,摸到了资料然后确定选题;或者先定了选题再去摸资料,论文的选题完全建立在资料可行性的基础上。这样的选题也很多,就像翟洪峰的选题。一摸,一捆一捆的资料搞回来了,越搞越有兴趣。这叫有什么米做什么饭。总结下来,大致是这四种类型。其中,第三种和第四种比较多,完全开拓新课题的、找到了资料的比较多。第一种相对少一点,第二种也相对少一点。

那么,选好一个课题并做好它,对同学今后的发展有什么作用呢?我认为有这样四个作用。

第一个作用就是把自己的兴趣明确起来,肯定下来,或者说是把它凸显出来,把自己的研究领域、今后的发展领域基本确定下来,这叫把自留地圈下来,或者叫作放马圈地。这篇论文做好了,今后这个领域里你就有发言权。就像农业合作化运动,叶扬兵同学做了58万字的论文,别人肯定绕不开,因为有那么一部大部头的成果在那里。

第二个作用就是通过选题的确定和完成,开拓了眼界,刷新了观念,提高了见识。同学通过做论文把这一领域的整个研究状况做了全面了解,而且通过自己的论文提高了这个领域的研究水平。凡是做过博士论文的同学,在他研究的领域讲起来都是头头是道,都有自己的看法,不做论文是做不到这一点的。

第三个作用是通过选题的完成,锻炼了研究方法,提高了科研素养。完成论文的过程是一个方法的训练过程,做完论文以后做研究应该是没有问题的。

第四个作用是通过好的选题好的著作能把自己的知名度打出来。今天我发给大家的材料里面有我们博士论文丛书的序和丛书介绍,是礼拜五的中午发出来的,晚上就有大气科学系的老师打电话给我,说我看了你6月10号的那篇文章,很受感动。今天又看到你这篇序,对其中三句话非常感兴趣,就是"追求真实而不追求虚伪""追求幸福而不追求痛苦""追求理解而不追求怨恨",追求真实和自然科学的原则是完全一致的。同时他说还看了丛书介绍,这些书他都很感兴趣,希望能买到。所以,同学们通过论文,通过书,能提高知名度。

为了确定好论文选题,圆满完成选题,我们要注意哪些问题呢?我认为有这样六个问题需要注意。

第一,要加强选题意识。对选题要有一个紧迫感,新同学入学以后第一步就要考虑选题。要去读专著,读论文,读史料,读多了自然就会有感觉,就能找到选题,这是一个摸索的过程。入学后马上要有计划,要有一个时间表,自己做好安排。选题确定得越早越好,越早越主动。我们做博士论文是这样,将来到了工作单位,考虑中长期研究计划也要有一个选题意识。一个大一点的选题不可能一下子做完,可能还要不断深化,不断地有新的东西出来。积累到一定程度,你就是这个领域里的专家。要清醒地认识到选题决定文章的规模,决定收集资料的方向,决定方法论,也决定最终研究成果的品位。

我们在确定和完成一个研究课题的时候常常有三种情况。

第一种情况是先有选题后有资料。先把选题定下来,然后根据选题到相应的范围去找资料。进一步说,把选题定下来以后,先考虑好体现这个选题的具体思路是什么,有一个完整的思路以后,再围绕思路去收集资料。荆世杰的选题目前在所有选题里面是最困难的一个。他的选题是有来历的。有一次,我和张学强乘车子,看到乡下一个教堂,我说小张你看那是什么,他说那是教堂,我说那是博士论文。看起来是一座孤立的教堂,但是如果我们的同学住到这个教堂里面去,搞清楚这个教堂里面的教民是哪一个地区的,来自多大的行政范围,是些什么人,是些什么社会阶层,他们为什么到这个教堂来,教堂给了他们什么;这个教堂里面的神父是什么人,他为什么到这里来,他在这里又得到了什么。把这些东西调查清楚,就是一篇好的博士论文。所以荆世杰入学以后,第一次会议上我就给他定了题,而且不准改。一直到前不久,我才问荆世杰:是否知道为什么给你这样一个选题?他说不知道。我坦率地告诉他,你已经四十岁上下了,必须做一个高品位的题,没有任何退路。我还很明确地告诉他,不要指望档案,百分之八十的资料要到下面去调查,你是先有思路后有资料。我们经常讨论什么叫开拓,做这样的论文,用这样的方法,就是一种开拓。大家不要墨守成规,认为都要先搞一大堆档案才能做论文,不完全这样。我们就是要做和人家不一样的东西,品位才上得去。第二种情况是先有资料后有选题,这方面很多。第三种情况就是选题与资料互动地发展,先有选题再去摸资料,摸的过程中也许把它否决掉,重选;也许发现这个选题可以做,可以扩大,包括不断完善思路,最后做出一篇好的论文来。大致就这三种情况。

为了正确理解选题,我们要处理好五种关系。

一是"大"与"小"的关系,也就是科学地理解选题的大与小。选题的大小不是绝对矛盾的,而是统一的。小中必然有大,小的选题一定要以小见大。否则,这个选题就不会做得很完美。贾艳敏的论文,我当初设计论文框架的时候明确对她讲,中国有五万多个乡,也就是有五万多个人民公社,我们不去写乡史,不去写人民公社史,只研究遂平县的这个乡怎样成为一个全国卫星的,这就是以小见大。当然,如果仅仅见小不见大,这个选题的品位就很难上去。大中也有小,要以大证小。小是方法论的小。要做在实处,大的选题不做到实处是不行的。李刚做20世纪50年代教育史,把50年代高等教育的许多事件弄得很清楚,很实在。因此，必须把事件说清楚，要充分收集资料，要从具体事情下手。没有这些小，大就是空的。所以如果大选题没有扎实的说明，没有扎实的史料，不从小的、微观方面入手，肯定失败。无论大题小题，方法论都是关键。处理大和小的关系，我们要达到一个平衡。就是课题的大、小与方法论的平衡，否则这个题就做不好。

二是现状和前瞻的关系。现状就是现在的研究热点是什么，前瞻就是人们一时还不曾注意的事物、课题和方法。我们的研究可以合乎现状，也可以选一个前瞻性的题，甚至是十年以后人家才来研究才成为热门的题。现状和前瞻之间，要尽可能做前瞻性的题。荆世杰的题有前瞻性，到目前为止宗教学方面还很少有这样的著作，所以他感到很难，同时也感到这个题有价值，将来做出来肯定是好的。要解决好现状与前瞻的关系，也要达到一个平衡。就是观念、史实和史料的平衡。史学观念、所列举的史实、所使用的证明史实的史料这三者要一致，否则，你的立论在逻辑上就站不住脚。

三是难与易的关系。选择一个题是难的好还是容易的好呢？我认为不能笼统地讲难或者易。如果所选的题过于容易，那受到的训练肯定少，品位也上不去。如果难到做不出来，那也等于零。在可能的情况之下，我们应该从严从难。在解决难和易的关系上，也要达到一个平衡，就是目标、方法和意志的平衡。难度要恰当，太难根本无法下手，惶惶不可终日，当然不行。有了一个难的目标以后，你要有方法，最后还有意志。但是，意志也不是一个绝对的概念。如果难到不吃不喝身体崩溃还搞不出来，再讲意志也没有用。所以，目标、方法和意志要平衡起来。

四是主动和被动的关系。主动就是同学们的自我能动性，被动就是受老师和外界其他方面的影响。要处理好这个关系，也要达到一个平衡。就是选题、自觉和他觉之间的平衡。你自己对选题的把握，以及老师和其他方面对你的指导，要达到一个平衡。如果这个选题你自己把握不住，导师的指导你又不能理解，差距太大，最后还是做不出来。所以，你要去体会老师的指导意见，不理解的地方多沟通；老师不对的地方也可以提出来，请老师修改，共同探讨，把论文做好。

五是目标与可能的关系。在目标与可能的关系方面建立平衡，就是时间、资料和精力之间要平衡。读博士的时间是有规定的，在职的同志可以适当晚一点毕业，但是也有限制，不能遥遥无期地拖下去。资料要有可行性。你定了一个很庞大的课题，最后资料解决不了，空口说白话，还是失败。精力也要有可能，要有健康的体魄。

所谓选题意识就包含这些内容，加强选题意识就是要在这些方面有完整的考虑。

第二，提倡自主定题。从上面的分析，我们已经看出来，同学自定题占有一定比例。当然，导师命题很重要，自定题也很重要，商定题也可以，关键是如何做出来，如何尽可能做好。但是，原则上今后要尽可能地提倡自定题，尽可能地减少命题。自己定题有利于同学减少依赖性，有利于给自己加压力，有利于提高自己独立研究的水平。

第三，定下选题以后，要下决心为实现选题而奋斗。不下决心，吃不了苦，不能克服各种家庭拖累，很难做好论文。读博士、写博士论文是一件非常困难的事情，要发扬努力奋斗的风气。因为我们目标很明确，大家要出成就，10年以后要非常成熟，现在不吃点苦，不做好论文是不行的。

第四，要注意不断深化对选题的认识，包括不断完善、修订甚至调整、改造选题。选题定下来以后，有一个逐步深化认识的过程，从最初的设计到最后拿出成熟的论文都要不断改善。

第五，要注意不同选题实现的方式不一样。选题不同，它的形式、体裁、写法、文风以及资料收集的方向可能都不一样。

第六，在完成选题的过程中要不断挖掘资料，分析资料，把资料盘活。资料是死的，文章是活的。所以，要学会读资料，学会分析资料。为了解决有些技术性问题，还要懂一点专门知识。比如，钟霞的资料中有"工分"和"分益工"两个概念。"分益工"是什么意思，我们反复推敲，最后才搞清楚。盘资料要有过硬的史料学功夫，如果资料都读不懂，那你怎么写论文呢？所以，要把死的材料盘活，做成活的文章。任何材料总是说明某个时期的某个问题的，你把这个问题说明了，这个死材料就活了。

最后，必须解释的是，就选择好的课题、写出好的博士论文来说，老师、同学的学术背景、知识结构、研究能力，以及师生之间的及时交流，都是不可缺少的条件。在不同的学科，论文选题的确定，也有不同的学科规律。笔者的以上看法，只是在中国近现代史的学科范围里提出和讨论问题，本质上是以自己指导学生的经验为基础的，可能会反映规律性，当然也无法避免局限性。读者顺着这个起点如果获得了更全面的认识，才是笔者的真正心愿。

（本文是笔者2005年11月13日在第20次博士生读书会上的发言，根据录音整理，原收入2006年9月白纯、张惠卿编：《南京大学社会史方向"博士生学习参考资料"》第七册。原载《江苏大学学报》2006年第2期，又载《李良玉历史研究与教育文选》，知识产权出版社2006年5月版。2019年6月17日，公众号"青年史学家"转发，阅读量950。2020年1月7日，"社科学术圈"以"为什么说'论文选题'对博士至关重要"为题转发，阅读量11 000。2020年1月13日，"高校人文界"转发，题目改为"南大李良玉谈博士论文：把死的材料盘活，做成活的文章"，阅读量1 200）

博士论文开题报告刍议

——以中国近当代史为例

一

开题报告是博士生学习过程中的一个重要环节,对于同学顺利完成博士论文有重要作用。对此,同学应该有所认识,认真对待;指导教师也应该重视,把督促同学做好开题报告作为指导博士论文的一项有力措施。

博士生的学习期限是三年(笔者注:当下大多院校调整为四年),由于各种原因来不及完成论文可以延期毕业。一般来说,其学习过程分为五个阶段:

第一个阶段是课程学习阶段,大致第一年完成。在目前的体制下,多数同学这个阶段基本上是要到校的,同学要利用这一年时间修完专业课程和外语、政治类公共课程。同学的学习渠道包括这样几条,一是听学校的公共课,二是听老师的专业课,三是听校园里的一些讲座,四是同学之间的交流,五是利用图书馆、网络阅读自修,六是和导师之间的课外交流,大致上是这样六个方面。

第二个阶段是开题报告阶段。基本上是根据课程学习阶段积累的知识,以及自己的兴趣和导师的安排,来选择和论证博士论文课题,主要成果就是开题报告。

第三个阶段是论文写作阶段。开题报告完成之后进入论文的写作阶段,可以在学校写,也可以回原单位、原地在家里写。

第四个阶段是初稿修改阶段。初稿完成之后要根据导师的意见和预答辩的结果进行修改。每年的正式答辩时间是五月下旬,一般做法是正式答辩前一个礼拜左右,或者稍多一些时候,请专家组成预答辩小组举行预答辩,也有的不进行预答辩。我们是规定三月初交稿,之后马上组织预答辩。预答辩是全体同学参加,大家来提问题,提修改意见。然后,作者根据导师的意见和预答辩的结果进行修改。这样,到五月下旬正式答辩,其中留出来大约两个半月。我们的规定是对的,时间上有一个比较充裕的缓冲。预答辩距离正式答辩时间过短,如果发现问题比较多,修改量比较大,就有可能来不及。

第五个阶段是答辩阶段。主要是举行论文答辩会,以及答辩通过之后办理有关申请学位的手续。办完申请学位的手续就可以办理离校手续,然后回家等待批准学位。这个阶段是最为刚性的,无论谁读博士都必须经过这个程序,否则就拿不到学位。我们学校以每年5月25日为上半年的答辩截止时间,当然,个别答辩或延期答辩则时间不限。

以上所说是一般规律,多数学校、多数同学是这样的,但也有它的灵活性。根据不同学校不同导师的要求、不同同学的学习情况,有的同学可能不需要五个阶段,只要四个阶段甚至三个阶段。有位年轻的同志告诉我,某省一位省级机关干部,拿了硕士和博士两个学位,实际学习和做论文时间只用了一年半,这恐怕是特例。也有的同学业务基础比较好,初稿比较成熟,修改时间很短,所以修改不能算作一个阶段。也有的同学研究能力比较强,条件比较好,没有做开题报告,开题报告不成为一个阶段。我们这儿开题报告是一个阶段,目前已经毕业的十七位同学每人都做过开题报告。所以,根据各个学校、各个专业方向、各个同学的情况,学习阶段有多有少,各个阶段有长有短。

上述五个阶段中,最重要的是课程学习阶段和论文写作阶段。课程学习阶段的学习环境非常重要。所谓学习环境,包括显性的环境因素和隐性的环境因素两个方面。显性环境因素主要是指学校的图书馆、网络、其他学习设施和生活设施是否齐全、先进。现在许多新的、刚刚升格不久的大学硬件设备说不定比一些老的学校还要好,教室很漂亮,学生住宿条件也不错。隐性环境主要是指软环境资源,包括课程教学质量、同学整体素养、校园风气、专业水平、导师水平等条件所构成的校园氛围,集中体现为校园的整体文化气氛。比如,师资队伍的水平高不高,报刊书籍的收藏丰富不丰富,学术名流的报告多不多,职能部门和后勤人员的服务意识强不强,同学的学习空气浓不浓,等等。校园整体文化环境的差异很大,比如,教学质量很不一样。有的地方甚至专业课程也不开,导师不给博士生上课。也有的地方博士生入学之后和本科生、硕士生混在一起上课。即使公共政治理论课,在一些学校里是作为知识来讲的,同学很欢迎;在一些地方老师把它当政治框框来讲,同学不仅不欢迎,而且很厌恶。同样一门课,教学水平不一样,效果就不一样,它们不是一个概念。在一个名牌的学校里,考进来的学生素养不同,他们在一起讨论的问题也有意思得多。导师的水平和专业特色很重要,有的学校有很强的专业特色,甚至是国内外知名的特色,有的学校或者有的专业能招博士可是没有什么专业特色,导师的学术素养也不一定很出色。学术传统也不一样。有的地方有严格的学术规范性,有自由讨论的习惯,有和谐的人际关系,有比较厚重的学术积累,有的地方则缺少甚至没有这些。所以,课程的学术含量、导师的水平、校园的风气、专业的特色、学术的传统等等是隐性资源。这个资源越丰富,对同学的影响越好。某种意义上可以说,同学的优良素质是靠学校的软环境熏陶出来的。

论文写作阶段是博士论文的直接形成阶段,论文初稿水平是十分重要的基础。初稿比较成熟,修改任务就相对轻松一点,反之,修改难度就大一些,以至于不能按期答辩,甚至直接影响论文的最终水平。开题报告阶段介于课程学习阶段和论文写作阶段之间,课程学习阶段为开题报告奠定基础,开题报告为论文的写作奠定基础,所以,我们要把开题报告作为一个学习阶段。

谈到开题报告,目前一般有三种情况:第一种情况是不开题。有些同学在学校、研究机关待的时间比较长,学习经历长一点,教学和科研的经验丰富一点,因此就不用开题。他自己带着选题入学,或者入学之后自己选择一个课题,和导师打个招呼,老师,我想做一个什么题,导师同意就行了。第二种情况是简单开题。导师说,你做一个什么题吧,于是同学写个简单的课题设想或者说明,导师看过就行了。也有的是同学主动写两页纸,简单说明一下,交给导师,导师大致看看,认可了,就通过了。第三种情况是复杂的开题,经过认真准备,有详细的开题报告,还专门召开会议,请大家一起讨论。我们从头一批同学起,就认真开题。记得赵入坤和叶扬兵第一次搞开题报告,请了历史、法律、中文等系的几个教授来论证,当场就对叶扬兵的开题报告提了许多问题。后来,我们做了改革,不再专门邀请专家来审查开题报告,而是组织本方向的全体同学来讨论,曾经还有其他方向甚至其他学校的同学自愿参与进来加入讨论。所以,我们从一开始就比较重视开题报告。

既然可以简单开题,甚至不用开题,为什么我们要重视开题报告,并且要认真做开题报告呢?总结起来,不外三个原因。一是博士生教育是一种高学历教育,博士论文是一种高规格的学术产品,规范化的训练是必要的,开题报告就是一种制度性的训练。二是通过做开题报告,同学们一起论证选题,可以达到集思广益、互相启发的效果,能提高大家的整体水平。尤其是通过这样的活动,有利于形成一种学术氛围,或者说一种学术传统。三是同学中个别人有教学和研究经历,比较成熟,但是多数同学年龄相对小一些,研究经历相对短一些,博士论文的要求与过去相比不一样,跨度比较大,不经过一定训练做起来有难度。对做开题报告的同学来讲,开题报告是博士论文的前期训练。通过做开题报告收集资讯,打开思路,练习写作,培养讨论的风气,是一个实际锻炼的过程。

做博士论文为什么要先做开题报告,基本上就是这些理由。

二

今天会议的中心内容是如何才能做好博士论文的开题报告,那么,首先就要研究什么叫开题报告。昨天晚上,我专门查了手头的一本《现代汉语词典》,其中没有"开题报告"这个词,也没有"开题"这个词,因此只好自己来下一个定义。"开题"的"开"字就是着手准备、开始进行的意思,"题"就是课题的意思,连起来,"开题"就是着手准备某项课题研究的意思。所以,"开题报告"就是关于着手准备某项课题研究的报告。根据这个解释,所谓博士论文的开题报告,不一定准确地说,就是说明博士论文课题计划的研究性论文,或者,是关于博士论文选题可行性计划的研究报告。

博士论文的开题报告和博士论文之间的关系,可以从三个方面理解:第一,开题报告明确了博士论文的目标,它把博士论文要解决的问题提出来了。第二,开题报告的有关内容将来就是博士论文的有关内容。大家不要认为开题报告写了许多,与论文关系不大,好像白做了,这种想法是不对的。一般说来,开题报告包括选题说明、学术史回顾、研究思路与提纲、参考文献等几个部分,其中选题说明、学术史回顾、参考文献列举将来就是博士论文的组成部分。第三,开题报告的观念、方法和提纲是决定博士论文质量的关键环节,它们将直接决定未来博士论文能达到什么样的水平。开题报告和论文的关系就体现在这三点。

什么样的开题报告才算是一份好的开题报告呢?我认为应该以四条标准来衡量。第一,有卓越的学术眼光。作者的学术眼光一定要非常优越,你所看到的问题是别人没有看到的,你给出的答案是别人考虑不到的。第二,选题正确。选题不能错误,否则将来博士论文就做不好。所谓选题不正确,是指课题陈旧、缺乏新意;或者选题很好,但是缺少资料;或者与别人的选题重复,条件又明显不如别人;或者难度太大,肯定无法完成;等等。第三,熟悉课题的学术史。对课题的学术史,要非常了解,这样才能很好地驾驭它,达到新的学术水平。第四,有完善的思路和提纲。博士论文的全部研究计划,都要落实在思路和提纲上,所以,讨论开题报告,最重要的内容是研究思路和提纲。具备这四条的开题报告就是一个好的开题报告,有了好的开题报告,就能打好博士论文的基础。

怎样才能写出一份好的开题报告呢?我认为必须拥有这样几个条件:

第一,具备研究型思维的能力。如果没有研究型思维的能力,开题报告就做不出来。什么叫研究型思维的能力呢?它有三个要素:一是多思考。思考是研究的前提,假如读材料感觉不出它们可以解释的对象,了解某个研究领域不知道可以开发的问题,读某个课题的学术史找不出其中的薄弱环节,运用别人的理论不明白此种理论的精髓是什么,收集了许多资料不晓得必须朝哪个方向发展,好的开题报告就写不出来。所以要善于怀疑,勤于思考。二是善于积累。积累是研究的基础,不能今天考虑一个问题,想了许久,查了很多书,有不少想法,但没过几天就忘了。学术是积累的,学问是积累出来的,知识储备多了,就容易驾轻就熟，得心应手。不善于积累，经常前面读后面忘，等于白读，浪费时间，就不适合做研究工作。三是有一定的分析能力。分析是研究的手段之一，与思考有联系，但是又有区别。有的人也经常在思考问题，但是他的分析能力不够，分析不正确，因此思考的结论就不正确，就是一种低水平的思考。我们经常夸奖人说，谁很有水平。所谓有水平就是有分析能力，通过他的分析可以得出不同的观点，看法比别人高明。分析能力在思想方法上可以概括为一些具体的技术性要点，即善于归纳，善于对比，善于辨别，善于判断，善于定义，善于推理，等等。这些都是现成的方法，熟练地掌握和运用这些方法才会分析。

比如定义。什么叫"定义"？定义是对事物的特征和本质所做的简要而确切的说明。定义是非常简短的，不可能是一篇论文。今天开会用了许多纸杯给大家喝水，假如要给纸杯下一个定义，就不能把它写成一篇3 000字甚至更长的文章。定义不仅要简短，而且要内容正确。因此，必须达到以下几条要求：第一条就是非常简明，不啰唆；第二条就是概念性强；第三条是对被定义事物的内容和本质概括准确；第四条是具有不可证伪性。一般来说，定义必须符合以上标准。

比如，关于电影的定义。我们大家经常看电影，那么，电影是什么？《辞海》里有关于电影的解释，开头一句就带有定义的性质："由活动照相术结合幻灯放映发展起来的一种现代艺术"，这一句话就概括性地把什么是电影说清楚了。再比如，我们每个人都有一双眼睛，怎么对眼睛下定义？从不同的立场出发，会有不同的定义。可以从医学的角度，也可以从文学的角度做解释。刚才有同学讲"眼睛是心灵的窗户"，这是文学化的定义。不过，按照这个定义，如果某人的眼睛生了病，医生怎么治呢？窗户脏了要擦，是不是应该拿块布去擦眼睛？当然不行。所以，我们要采取另外的办法，按照医学的要求来下定义。比如，眼睛是由眼睑、眼球、视网膜以及其他视觉神经组成的人体视觉器官。这是指人的眼睛。如果要包括动物的眼睛，那么，上述定义中人体两个字还要去掉。我不懂医，可能说得不准确，举这个例子是要说明，对事物下定义的基本方法是什么。

在学习中间怎么去归纳，怎么去对比，怎么去辨别，怎么去判断，怎么去推理，这是一系列的思想方法。熟练地掌握和运用这些方法，有利于提高我们的分析水平，当然，也有利于提高我们的研究能力。

第二，有相当资料基础。做开题报告的时候，必须掌握一定资料。没有相当的资料基础开题报告是做不出来的，做了也是纸上谈兵，空口说白话，没有什么用。老师给你定一个选题，你还没有看什么资料，一点感觉也没有，开题报告是无法做的。比如吴渊，今年八月我们就开始讨论课题。一次闲聊中，他谈到家乡那个村小学的事，我听了，让他立即赶回去搞材料。如果吴渊不回去弄来那么多材料，开题报告能写得出来吗？当然，也不是要把所有的材料都搞到手，只要把基本资料收集到了，就可以考虑开题。做了开题报告还缺材料，再去搞，但是开题的时候必须有相当的资料基础。

第三，反复推敲和修改。开题报告必须认真对待，尤其要根据课题的总体目标，反复推敲，不断改善，直到形成比较成熟的博士论文计划。

在以上所说的三个方面努力，多下一点功夫，就可以做好开题报告。

开题报告有两个难点。第一个难点是论文思路。我和同学谈论文的时候，经常肯定同学，你的思路不错，将来论文会很好；或者告诉同学，你的思路不明确，所以论文有缺陷。那么，什么是论文的思路呢？我认为，所谓思路就是作者在构思论文过程中所设定的讨论问题的程序，或者说，就是作者为了实现写作意图而建立起来的分析问题的顺序和要点。所谓讨论问题的先后顺序，是指为了贯彻论文的主题思想，先讨论什么，后讨论什么，这个次序要预先确定下来。所谓要点就是按照论文的主题思想，沿着这些次序所安排的大小不同的问题，或者叫作论题、叫作议题都可以。沿着一定的先后次序来逐步讨论某些问题所串联起来的线索就是思路。所以，论文思路也可以解释为按照一定次序把大小不等的议题串联起来，逐步深入展开讨论以解释主题的计划。一般说来，思路是在思想上所做的思考，具有文章腹案的性质。当然，思考的时候，也会随时把一些临时产生的新鲜想法记录下来，甚至形成阶段性的完整的书面文字。一份完整的思路的形成，常常有一个过程。对于博士论文来说，往往会随着资料收集的不断丰富，对课题理解的不断加深而不断明朗、不断全面、不断深入起来。

对一份课题计划来说，完整的思路有四个要点：第一，有基本内容的预设。要有论文的总体框架，解决什么问题，文章规模有多大，要心中有数。第二，有中心观点的确立。作者把问题提出来之后，要有答案，让读者了解你的看法。只提问题，不给结论，不能算一篇完整意义上的论文。第三，有讨论问题的顺序。作者先讨论什么，后讨论什么，不可以随意决定，而要按照一定逻辑顺序，由浅入深地展开。这不仅是作者清晰表述的需要，也是便于读者理解的需要。第四，有关键环节的安排。在讨论问题的时候，要有重点，在关键的地方把疙瘩解开，使读者豁然开朗。如果符合这四个标准，就是一份周密的思路，否则就不完善。

第二个难点是论文提纲。提纲是开题报告的核心内容之一。什么是提纲？提纲就是作者为了安排论文内容而遵循自己的思路所拟定的章节体的写作方案。一份完备的提纲必须达到五个要求：一是扣题性强。提纲必须紧扣主题，不能偏离主题。偏离了主题，按照提纲写出来的初稿就要报废，叫作无效写作。二是层次性强。要一层一层地把问题说清楚，最好有节奏感，结构紧密，区分又很明显。三是与资料完全匹配。拟出来的提纲不能与材料脱节，两者不吻合，拿这样的提纲说那样的事，完全不靠谱，这样的提纲就没有可行性。四是文字明了而且优美。纲目清秀,文字简洁是提纲的基本要求之一。五是根据选题、体裁的不同,文字风格多样化。选题、体裁不同提纲就不同,不能千篇一律。比如,通史著作的提纲要注意历史分期、知识板块和整体布局;专题著作的提纲要注意专题内容、深度和相关技术指标;人物研究著作的提纲要注意人物的社会背景、线索、生平业绩和对他的评价;研究历史事件著作的提纲要注意事件的起因、过程及其影响,它们的风格不完全一样。

三

为了帮助大家理解修改提纲的重要性,我们的会议材料里收录了钟霞、陈肖静和陈国庆三位同学的博士论文提纲,钟霞先后有七份提纲,陈肖静也是七份,陈国庆有四份。现在,通过对它们的简单分析,能看出他们的提纲是如何完善起来的。我们已经毕业的十七位同学,每人都做过开题报告。修改开题报告的重点,也是在修改思路和提纲方面下功夫。有些同学反复修改提纲的那些材料我手边已经没有了,为了开这个会,只把他们三个人的材料印了出来。

钟霞他们三位同学的提纲大家都看了,我希望通过对这些提纲的分析,帮助我们认识拟订提纲的有关规律。归纳起来,他们的提纲有三个共同特点:

第一,花的时间比较长、投入的精力比较大。根据钟霞整理的谈话记录,2005年5月7日我们开始谈论文,但只是抽象地谈,没有具体谈到课题。她记载,5月26日开始考虑提纲,大致把提纲定下来是7月19日,经过修改最后确定下来是8月17日。这些都记在她写的《博士论文札记》里。从5月7日到8月17日,共三个多月的时间。2005年10月20日,陈肖静把第一份提纲交给我,到2006年12月20日最后修改定稿,共一年零两个月。这之前,她走了一个弯路。原来的选题被否决掉,这个弯路有点大,我有责任,是我让她换选题的。陈国庆从2005年11月24日写出第一份提纲,到2006年12月11日基本定稿,前后十二个半月,一年出头,时间也比较长。

第二,修改的难点是思路和提纲。前面讲了,提纲是作者为了安排论文内容而遵循自己的思路所拟定的章节体的写作方案。所以,提纲实际上就是思路的书面文字化。调整思路是不断修改原来的想法,调整思路的结果最终要落实到提纲的内容上来,体现为对提纲的章、节、目的调整和文字的修改。因此,调整思路和修改提纲文字是互动的,也是完成开题报告的重点。钟霞的提纲8月7日正式交给我,我和她谈了修改方法,提了一些意见。8月14日正式给她书面的提纲修改意见。第二天,钟霞又到我家里谈,她在《博士论文札记》里说,这次谈了之后恍然大悟,这是一个关键性的转变。陈肖静的七份提纲里,第一稿到第三稿不太成功,这些稿子我没有仔细看,因为我不太同意她把论文内容局限在扬州旅游业发展的范围里。第三份提纲是 2006 年 2 月 8 日提交的,2 月 10 日我给她写了修改意见,其中谈了四个问题,包括要调整论文的思路。3 月 2 日,她的第四份提纲发生了变化,第四份和第五份面貌已经变了。从 4 月初到 5 月 15 日一个半月时间,我们谈了四五次话,每次谈过之后她自己回去修改,形成了第六稿。这份提纲预答辩的时候大家看到了,应该说比较成功了。第七份是这次公布的稿子,是根据预答辩大家讨论的意见进行微调的,是最后的定稿。前后大约经过了四个阶段,第一稿到第三稿一个阶段,第四稿到第五稿一个阶段,第六稿一个阶段,第七稿一个阶段。所以,对思路和提纲文字进行调整是困难的。

第三,同学和老师互相交流,共同启发。这个特点非常明显。2005 年 5 月 17 日我和钟霞明确地谈到论文设计,8 月 17 日提纲定稿,恰好三个月,每次谈话实际上都是一个交流的过程。陈肖静的提纲从第四稿发生变化,到第七稿定稿,吸收了大家的意见,是集体智慧的体现。2005 年 11 月 24 日到 2006 年 11 月初,陈国庆先后交给我四份提纲,还有一份没有给我,所以资料里把第四份注明是第五稿。这次我给陈国庆写的信,你们都看到了。我明确告诉他,有四个"很难":找一个好的选题很难,有好的选题找到足够的资料很难,有好的选题、丰富的资料找到能做的人很难,找到能做的人把它圆满完成很难。这四个"很难"你都符合,所以我对你的论文寄予很大希望。陈国庆是很不错的,他的论文一定能做得很好。

以上三位同学论文提纲的三个共同特点,证明了完成博士论文是一个艰难的过程,而这个过程是从撰写开题报告开始的,我们应该在这样的意义上理解开题报告的重要性。

(本文是作者 2006 年 12 月 29 日在第 27 次博士生读书会上的发言,根据录音整理,原载《江苏大学学报》2007 年第 5 期。2021 年 4 月 21 日,《江苏大学学报》社会科学版公众号发布,阅读量 3 998。2021 年 9 月 27 日,中国人文社会科学综合评价研究院发布的该年第二季度"C 刊公号热文——高校学报"推介为"最热 25 篇论文"之一,阅读量排位 10)

怎样修改博士论文初稿

——以中国近现代史为例

博士研究生的培养,包括人文科学、社会科学、自然科学、工程科学等许多专业领域。这些不同专业的博士学位论文,其选题内容完全不同而且具有不可比性;对于研究方法的运用,有一致的科学原则,也有极大的本质性差异。学位论文初稿写成后,存在的问题并不相同也没有统一的处理方法。关于如何修改博士学位论文初稿,本文的讨论是根据笔者所指导过或者阅读过的一些论文提出来的。这些看法,仅仅符合笔者所涉及的这些论文现象,或许没有普遍适用的意义,甚至与历史学博士学位论文写作修改的一般规律也不一定非常吻合。这一点,需要特别说明并且提请读者注意。

一

笔者认为,博士研究生的学习包含五个阶段,即课程学习、开题报告、初稿写作、初稿修改、论文答辩。如果把前后两个阶段即课程学习和论文答辩去掉,中间这三个阶段的内容主要就是论文写作。也可以说,开题、写作、修改是论文写作的三个环节。开题是否成功,要看有没有把资料大致收集起来,有没有根据资料厘清思路。初稿是否成熟,要看叙述是否恰当,谋篇布局是否合理。初稿完成之后,就进入修改阶段。

博士学位论文初稿之所以需要认真修改,是由于作者在开题、写作、修改三个环节上,会碰到不同的问题,它们都会影响初稿的面貌,并且决定它的质量,具有一定的改良空间。

开题的时候要注意以下三点:第一,资料不充分,其中可以阐释的内容不够丰富,选题确定不下来;第二,资料大致够了,但是对资料内容的理解不够,确定的选题不能反映资料的价值;第三,资料充分,选题也正确,但是思路不明确,提纲归纳不出来。

论文写作中间要防止三类情况：第一，资料吃得不透，提纲把握不准，写出来的初稿不深不透，或者部分偏题，甚至基本没有用；第二，心神不定，精力不集中，松松垮垮，无法进入写作状态；第三，日常工作压力大，杂事多，没有时间保障，无法按计划完成。后两种情况在职学习人员比较多见。

论文进入修改阶段要注意克服三种现象：第一，由于写作过程中想法已经固定，加上整体知识背景的局限，对初稿内容存在的缺陷缺少认识，不知道问题出在哪里，修改不得法；第二，对完善初稿的重要性认识不足，对修改难度理解不够，采取得过且过、草率了事的态度；第三，写完初稿后，思想上精力上都比较疲倦，打不起精神，有写不动的感觉。

博士学位论文是一种学术含量较大的专题论文，初稿完成后总会存在一些问题。根据过去多年来的经验，包括参加本系博士论文预答辩和为其他高校博士论文匿名评审的经验，总的情况是：个别论文初稿质量比较好，只有一些技术性问题需要解决；多数则存在一些内容或者结构性的缺点，需要认真修改；个别整体水平不够，基本不成熟或者距离定稿尚有相当差距，需要全面补充、改写甚至是程度不同的重写。

初稿之所以有缺陷，原因比较复杂。上面说了，开题、写作、修改是三个环节，每个环节上都可能出现问题。有的时候是某一个环节上发生了困难，有的时候则可能是多个环节上出了症状。也就是说，既有单因的可能，也有多因的可能。

初稿问题的大小，取决于三个因素。第一，作者的诸项条件。知识背景越是全面，研究能力越强，课题把握越准，初稿越成熟，修改的难度就越小，反之越大。初稿不成熟和作者的整体知识背景有关系，和作者的研究能力也有关系。第二，论文开题情况。开题越成功，资料吃得越透，写作越细致，初稿越成熟，修改的难度就越小，反之就越大。初稿不成熟和开题不充分有关系，与没有吃透资料也有关系。第三，写作状态。在写作阶段，作者时间越集中，精力越充分，努力程度越高，初稿越成熟，修改的难度就越小，反之就越大。初稿不成熟和作者的重视程度有关系，和作者投入的时间精力也有关系。

要客观看待论文初稿存在的问题，包括有难度的问题。博士学位论文的学术含量较大，多数情况下又必须在规定的期限内完成。研究生学术修养不够，研究经历不长，经验不足，初稿中有这样那样的问题需要解决，是可以理解的。

二

一般来说，从预答辩开始，到打印成申请答辩的文本，是一个完整的论文修改阶段，也是全面加工完善论文的最后一环。这个阶段，视修改难度的大小或长或短。为了顺利完成修改任务，应该根据过去的情况，总结经验，以便对初稿中可能存在的问题做到心中有数。大致上，这些问题主要有以下十五种。

第一，中心问题阐述不够，核心观点没有建立起来，主题不明确。这类问题往往有两种情况。一种情况是作者有论述意图，但是表述不够，现有内容不能说明主题，初稿结构上有缺陷，需要增加内容；另一种情况是内容已经铺陈出来，但是在文章的主体篇章、重要部位点题不够，论述不鲜明。假如具体事实已经叙述清楚，仅仅是中心观点不明确，其解决办法就是在重点部位或者有关场合，通过必要的文字修饰、点缀、铺垫，把主题思想或基本观点明朗起来。但是，如果初稿内容不完整，文章整体结构有缺陷，那就属于下面要讲的第二个问题了。

第二，结构上有缺陷，需要增加、压缩或者调整内容。所谓结构上有缺陷，有四种情况。一、内容短少，线索不全，互不衔接，整体面貌不佳。解决的方法是增加篇章，补写内容，填平补齐，缺什么补什么。二、议论分散，同一个问题的叙述分布在几个地方。既零碎又零散，体系凌乱。碰到这种情况就要相对集中，适当归并。三、个别章节内容庞大，全文不均衡。对于这种情况，有两种处理方法：一是内容庞大的地方适当压缩，内容相对薄弱的地方适当加强，达成体系上的平衡；二是用拆分的方法解决，把过分庞大的内容拆开来，把一章分成两章或者几章，把一节分成两节或者几节，把一个子目分成两个子目或者几个子目。四、枝杈太多，许多内容和文章主线没有关系。处理的方法是大力剪除枝杈，删除无关紧要的内容，做到简明凝练。

第三，各章之间，或者有关章节的内容与文章主题的关系不明显不紧密。文章的主题思想要通过整篇文章的统一叙述，有机地表达出来。所以，作者不仅需要在文章的某些重点部位，包括主体篇章、绪论、结论或者某些重点场合交代主题，还要在文章的各个部分，在不同的层面、不同的角度、不同的深度，形成有机的各有侧重的说明。如果各个章、节、目观点不明确，论证不充分，与主题缺少联系，全文的体系就不严密。各章、节、目的观点通常在什么地方表达呢？一是通过每一章、每一节的开头语来交代中心思想；二是在行文中，在论证过程中结合事实点明主题；三是通过某一章、某一节、某一子目的总结性结论来概括该章、节、子目的中心思想。因此，在修改初稿的过程中，要对各章、节、目的有关部分统一处理，加强论述，凸显主题。前面所说，在重点部位通过必要的文字修饰、点缀、铺垫，把主题思想明朗起来，这个方法在这里也适用。

第四，史实的表述不准确。叙事正确是史学研究最基本的要求，否则，学术研究就缺少可信度。论文初稿中的叙事不准，主要有以下原因：一是论文所涉及的一些重大事实，由于学术界还没有定论，缺少完整的叙述，作者在不完全了解的情况下，利用所知的某些片段作出的描述。这种情况常常在交代相关问题的背景性事实的时候发生。二是资料消化不够，对资料内容进行了错读，根据这类错误理解作出了不恰当的叙述。三是对资料的鉴别不够，根据错误的史料进行表述。四是资料记载正确，作者基本明白，但是归纳出了问题，叙述出现了偏差。五是写作匆忙，笔误造成若干细节性、技术性的差错。

第五，提纲不完善。我们知道，写作开题报告，重点是拟订提纲，因为选题的价值、思路和叙述，最终要通过提纲落实下来，或者说，要顺着提纲完成写作。开题的时候，提纲自然越成熟越好。不过，开题阶段形成的提纲，成熟的程度往往是有限的。因为作者对课题和资料的理解不可能一步到位，需要随着写作的进展而深入或拓展，并且对提纲作若干变动。所以，开始的提纲只要提出了基本的框架和路线，把写作要点初步布置下来，大方向不错就可以了。写作过程中根据思路、材料和认识的变化，提纲的前后内容、章节、篇幅都允许有变动。这里说的，是在初稿写完以后，要结合修改情况，重新推敲提纲。这包括两种情况：一是原来的提纲比较成熟，写作过程中变化不大，甚至没有变化，只要对全部子目进行最后的文字修饰。二是经过修改，初稿内容有若干增删、挪位、合并，发生了结构性变化。要根据这些变化，修改相关章节子目的提纲文字。应该重视推敲提纲，通过精心修改形成清晰简明的目录。

第六，对某些特定的材料缺乏必要的说明、提炼或论证。对材料的来源和可信度作研究，是一种重要的学术方法。在写作论文的时候，对搜集来的各种材料，多数情况下直接引用就可以了。但在有些情况下，对某些特定的资料，除了引用，还要在行文中花费一定文字，甚至利用一定篇幅，交代其来源，说明其可信度，包括就同一问题上相关材料的内容与价值作比较分析。在关键问题上对材料的必要考订，服务于对相关历史事实的研究，有去伪存真、使分析论证更加扎实的意义。有些情况下，对材料的鉴别也可以放在注释里。

第七，对材料的解读不充分甚至不正确。写文章需要使用材料，但不是把材料摊出来就行了。对材料的解读是史学研究的重要环节，也是决定论文体系是否严密的一个要素。科学地解读材料不是一件简单的事情，这些图表、数据或者文字，其中包含了当初怎样的事实，能说明什么，有哪些意义，必须加以正确解读，恰当采纳，其研究结论才能正确。有时候，还要对这些材料进行技术处理，有的要把文字叙述转化为表格，有的要把表格转化为文字叙述，有的要集合数据制定表格，有的要合并不同表格重新制表，有的要从不同的表格中分别提取有关数据重新制表。这是一个技术含量非常高的工作，仅仅把图表、数据、文字史料摊铺出来是不够的。而且有些数据、图表、记载或者根本不可靠，或者其中个别事实和数据有错误，简单引用有隐患，所以还要进行必要的考订。解读材料不充分的另一个表现是，有的作者对资料的吸收消化不够，不懂引用史料的技巧，不善于把资料中的有关内容直接转化为自己的文字叙述,而是大段大段地引用,造成单纯堆积史料的现象。这种现象需要坚决纠正,否则难以形成有机流畅的叙事风格。

第八,引文有错误,需要重新核对。史学论文没有引文是不可能的,论文初稿里有引文不准确的现象也是难以避免的。为了保证引文的正确性,我们规定预答辩要随机抽查连续 10 处引文,这个规定是有道理的。因为初稿写作很匆忙,很难保证引文不出错;而抽查连续 10 处,有错误基本就能暴露出来。这样抽查的作用,在于教育学生养成细致的习惯,不要粗枝大叶。引文错误类型不一,数量多少不同。有的少几个字,有的多几个字,有的有错别字,有的标点不对,有的甚至中间缺几行字。这些情况初稿有可以谅解,但是定稿还有就是硬伤,出了书还有更加无法弥补。所以,核对引文不能怕麻烦,要采取最原始的办法,地毯式地、逐条地、一个字一个字地、一个标点一个标点地核对。

第九,有关人名、地名、方言、币制、度量衡、物件名、技术指标等不准确,需要纠正。此类问题不可轻视,有时候,它们是决定学术研究科学性不可缺少的要素。试想,研究历史事件、经济产量、市场交换、科学成就、名人生涯等等,有关人名、地名、币值、计算单位、技术参数有出入,文不对题,无法验算,经不起推敲,结论自然就有问题,甚至可能导致整个论题不成立。

第十,语言文字和标点符号问题。文字和标点是论文的基本元素,既是作者传达思想的符号,又是读者理解作者思想的中介。要提倡用简洁流畅的语言,形象生动地把内容说清楚,深入浅出地把道理讲明白,纠正一切故弄玄虚、艰深晦涩、花里胡哨、词不达意、唠叨重复的现象。

第十一,注释不规范。必须严格按照规范注释。养成这一良好的习惯则要有一个过程。注释的常见问题包括出处错、篇名错、姓名错、页码错、时间错、版本错、数字形式不统一、标注方式不统一,凡此种种,不一而足。

第十二,参考文献的列举有瑕疵。开题报告一般也列举参考文献,但是成文之后还要重新斟酌,要把那些质量不高的著作论文剔除掉。这类文献由于价值低,列为参考资料反而会降低论文档次。

第十三,绪论不成熟。一般情况下,假如不做开题报告,需要专门写绪论。如果做开题报告,其中有些部分就是绪论的内容。但是要看到,开题报告的重心是整理思路和提纲,而且比较粗线条。初稿写成后,则要回过头来整理绪论,把初稿写作过程中获得深化的认识补充进去。

第十四,在行文、个别事实、采用资料等方面,有容易引起纠纷的内容。这一类问题,主要有以下几种:第一,有涉及当事人不愿意公开或认为不妥的叙述;第二,有涉及国家保密制度禁止公开的内容;第三,不经意之间引用了他人著作的内容甚至观点，而没有按照规范加以必要的说明或者注释；第四，在学术史或者有关学术评价中，有不恰当的表述；第五，在后记或其他场合表示的道谢有所遗漏；第六，由于某种学术倾向，可能牵涉学术界某些人事纠纷；等等。这些问题在写作过程中很容易被忽略，定稿之前一定要慎重对待。这一点，从事中国当代史研究者尤须谨慎。

第十五，结论不成功。一般说来，文章的结论起画龙点睛的作用。当然，不是所有论文都要有结论，有的论文各章节已经把问题说清楚了，因此不需要写结论；有些论文可以稍加总结，适当收拢，点到为止；有些论文则要着重写结论，通过它对前面的具体叙述进行总结提升。

综合各种情况，博士学位论文初稿中经常出现的问题，大致就是上述十五种。有的论文初稿问题多一些，有的问题少一些；有的问题大一些，有的问题小一些。不论其多少、大小，都要在论文修改的过程中细心处理，悉数加以解决。

三

对于作者来说，有许多困难因素影响修改质量。写完论文初稿，十分疲劳，思维枯滞；有急于求成心理，希望赶紧答辩；满足于初稿的现有水平，看不出问题。这些因素可能导致作者盲目行事，零敲碎打，不得要领。甚至该改的不改，不该改的改了，越来越离谱，无法达到理想的效果。

看不出问题，不能正确地拿出修改计划的情况最为普遍，也最值得重视。因为一般情况下，要提出合理的修改方案必须着眼全局，透彻地掌握选题的内容和意义，深刻地了解初稿现有水平与选题目标的差距，恰当地指出初稿的瑕疵和解决的方法与途径。一般情况下，作者本人不太容易做到。因为连续写作时间长了，现在大功初步告成，除了辛苦，还有成功的感觉，心理情绪方面需要经过一定的冷却和转换。对自己的劳动成果，更有一份特殊感情。就像母亲看待自己的婴儿，优点其多，缺点其少，骨肉相连，无法割舍。特别要知道，长时间的固定选题环境，包括历史资料构成的理解空间、定向性思维和体系性的写作，会形成一种程式化的思维和既定化的认识，使作者很难站到批评者的立场上去，以挑剔的眼光来寻找初稿的缺陷。以上作者自身研究过程所造成的"自我屏蔽"现象，是一种经验性局限，也可以导致"不识庐山真面目，只缘身在此山中"的效应。博士研究生的培养，在写作博士论文这个环节上，之所以有预答辩的规定，就是为了组织力量，帮助作者把初稿的问题找出来，奠定论文的基础。周密地组织预答辩和导师严格把关，是改好论文初稿的两个极其重要的条件。

谈到预答辩，一般有三种处理方法。

第一，个别处理。导师和作者单独商量一下，甚至基本上由作者自行处理，不组织预答辩。一般情况下，采取这种处理方法是因为作者研究能力比较强，初稿质量比较高，有能力自行修改。

第二，组织本专业有关专家举行预答辩。这种处理方法的优点是，本专业的专家经验丰富，学术水平高，所谈的意见相对准确。学生出于对老师的尊重，对他们的意见也容易接受。而缺点是专家们会因工作繁忙、论文文字分量大等因素不太可能仔细研读，往往浮光掠影地谈一点看法，达不到应有的全面和深入的程度，从而造成解决问题不彻底的结果。这说明，在博士生培养问题上，制度的设计效能和实际效能之间，有可能存在很大落差。

第三，导师及其指导的全体学生（包括其他方向、其他专业、其他学校学生自发参加者，我们的读书会多有这种现象）共同讨论，把问题找出来，提出明确的修改意见。这样做的好处，一是能够集思广益，二是有利于形成讨论与批评的风气，三是提出的意见比较全面细致，四是有利于引导学生养成虚心的态度，五是有利于导师和学生之间的密切交流和互动。

以上三种处理方法，各有特点，各有成效，可以因人而异。但是，从博士生的整体素质培养，特别是从同学们互相启发、共同提高自主研究能力的角度出发，上述第三种处理方法更值得提倡。需要强调的是，这样的预答辩要取得上述五个方面的积极效果，必须具备一定的前提条件。这些条件包括：

第一，会前要有充分的准备，要提前把论文初稿发给老师及同学仔细阅读，至少要有一周以上的阅读时间。会上要畅所欲言，如果三言两语，议论不够，就难以收到效果。

第二，同学中间应养成讨论和互相批评的优良风气，不能因为讨论批评导致作者不满，引起矛盾纠纷。要看到，由于身份不同，同学发表批评意见和专家发表批评意见是不同的。同学间可能碍于情面，害怕影响相互关系，而不愿指出别人论文的缺点，尤其不愿发表尖锐的批评意见。因此，这样的风气需要长期培养，才能真正达到知无不言的境界。

第三，导师要全面把握，正确引导。

首先是自己要充分尽责，不仅在学生动笔前有详细的前期指导，而且在学生交出初稿之后，仍要集中精力仔细阅读，心中有数，方可拿得出中肯的意见。预答辩以后，导师需要继续发挥作用。有的时候，修改一轮还不能解决问题，还需要第二轮甚至第三轮修改。在这个过程中，导师始终要认真把关，不断针对仍然存在的问题，指导学生修改。只有这样，才能保证修改的逐步深入并使学生少走许多弯路。

其次，导师要带着和学生一样的心态和姿态参加预答辩，真正做到师生平等,努力营造让同学先讲话、多讲话、敢讲话的氛围,包括真心欢迎学生对自己的批评。如果作者开题过程中导师有过指导意见,那么初稿写出来后,其中包含的缺陷,有的源于学生的写作,有的可能和导师的指导意见也有关系。这时候大家对初稿缺陷的批评,自然就包含对导师的批评。因此,导师是否欢迎批评,能不能批评,对于能否进行健康的学术讨论,就十分重要了。

最后是坚持不懈地在学生中间提倡共同切磋、互相帮助的精神,使大家乐于挤出宝贵时间和精力读论文,勇于直截了当地提出自己的看法,为别人锦上添花。要反复强调,学会评估别人的文章是提高自身分析水平的重要途径,讨论别人的过程也是提高自己的过程。要在养成讨论、争论和批评之优良风气的制度化保证方面下功夫。

第四,对于有严重缺陷的论文初稿,导师必须及早指出问题,没有得到初步改善之前,不允许进入预答辩程序;或者认真组织预答辩,充分听取大家的意见。只有这样,由导师及其指导的学生自行组织的预答辩(包括组织专家举行的预答辩)才能保证质量,发挥积极的作用,否则就会走过场,流于形式。实际上,严肃认真的讨论,尽善尽美的追求,是导师应该着力培养的学术传统的一部分,对学生的影响更具有深刻而又长远的意义。

博士生培养的优越环境,是包含在校园整体条件和学生入学以后专业训练的全过程之中的,预答辩只是其中一个环节。在这个环节上,同样能够反映导师及其学生的科学精神与集体风貌。

通过修改,论文要达到怎样的效果呢?可以用这样五个标准来衡量,就是主题鲜明、结构合理、观点正确、语言流畅、注释准确。是否达到这五条,决定了论文将要达到的水平。其中,最重要的三条是主题鲜明、结构合理、语言流畅。因为主题明确,问题抓得准;结构合理,该说的说到了;语言顺畅,读者读得懂,愿意读,论文基本上就是成功的。

认真修改论文初稿,有三个方面的作用。第一,消灭初稿中的诸多缺陷,全面提高论文质量;第二,进一步吃透课题,增长知识,提高专业素养;第三,通过修改初稿的锻炼,提高驾驭问题的能力,掌握修改文章的技巧。如同前面所说,看不出问题实际上就是问题,就是缺乏学术把握能力的表现。无论对自己的作品,还是对别人的作品,难就难在看问题。就像医生,水平高不高,首先要看他能不能准确地诊断,而不是看他会不会开药方。医生看病有两种方法:一种叫定位法,根据症状,借助必要的检查手段,分析病症,精确定位;另一种叫排除法,一步一步地检查,一步一步地排除,最后把问题找出来。高明的医生常常能够精确定位。分析评价学位论文,必须从总体上着眼,一次性确诊,把问题全部揭示出来,及时提出客观可行的修改方案。否则,问题找得不准确,按照错误的意见修改,则越改越糟。

笔者以为,科学评价有关学术作品的水平,是衡量一个学者学术水平的重要指标之一。通过论文初稿的修改,能在这个方面有所收获,应该也是博士学位论文写作训练的一份重要成果。

（本文节选自作者2010年5月15日在南京大学历史系社会史方向博士生第38次读书会上的发言,龙观华、施亚利根据录音整理,此次发表有个别修改。原载《徐州师范大学学报》2010年第5期。2020年6月26日,公众号"历史学研究通讯"转发,阅读量4 264。2022年5月4日,公众号"人文学术社"转发,阅读量3 908。2022年6月18日,公众号"十九号见"转发,阅读量655)

博士论文基本技术规范

2003年12月11日制定,19日讨论,22日修订,26日定稿
2004年4月9日修改第二条之(三),增设例一至四

(一) 结构

博士学位论文一般由以下几个部分组成:封面、作者声明、论文摘要、英文摘要、目录、正文、参考文献、后记(可写可不写)。

论文打印成册后,作者应在所有送审、存档、赠阅的论文文本的作者声明上签名。

现将2003年11月18日制定、12月11日修订的作者声明附录如下,供参考:

作者声明

本文《……》,是在导师指导下完成的申请博士学位论文。在本文的写作过程中,作者遵守国家和南京大学关于博士论文的相关规定,遵循参考现有研究成果之学术规范。所以,本文著作权范围内的所有法律责任概由作者负责。同时声明:非经授权,任何单位或个人不得利用为自己的学术成果,否则将依法予以追究。

申请博士学位论文作者:(签名)
年 月 日

（二）注释

1. 一律使用脚注，文末附参考文献。
2. 标识次序：著者姓名（多名著者中间用顿号隔开；如果作品为编著，则应在著者姓名后附"编著"两字）、篇名、出版物名、卷册序号、出版单位、出版年、页码。比如：

例一，著作的注释。张长江、冯春龙、彭黎编著：《蒋介石宋美龄在南京的日子》，华文出版社2003年版，第223页。集体署名的著作，自第四人起姓名可省略，用等代替。

例二，报纸的注释。荣孟源：《五十年间宪法概述》，《光明日报》1954年8月5日。

例三，刊物的注释。贾艳敏：《"大跃进"时期的河南农村公共食堂》，《南京大学学报》2003年第6期。

例四，古籍的注释。常用古籍可不注编撰者和版本，如：《史记》卷25《李斯列传》或者《史记·李斯列传》，其他应详著。

例五，译著的注释。［美］孔飞力：《叫魂》，陈兼、刘昶译，上海三联书店1999年版，第100—102页。

例六，档案的注释。以文献责任者、文献名、藏档单位、档案性质、全宗号、案卷号为序。比如，中共江苏省委：《关于保证公社社员有一定现金收入的通知》，江苏省档案馆藏档，全宗号3062，永久，案卷号152。

例七，电子文献的注释。以作者、电子文献名、网络栏目与转发日期、网址为序。比如，学术批评网"学术规范"栏2003年12月17日转发了王攸欣《呼吁建立学术批评规范——兼答肖鹰之再批评》，应标识为：

王攸欣：《呼吁建立学术批评规范——兼答肖鹰之再批评》，学术批评网学术规范栏，2003年12月17日转发，www.acriticism.com。

或者：

王攸欣：《呼吁建立学术批评规范——兼答肖鹰之再批评》（2003年12月17日），www.acriticism.com/article.asp？Newsid＝4356&type＝1000。

例八，论文集的注释。以析出文献作者、文献名、编著者、论文集名、出版物名、出版年、页码为序。比如，河清：《民族主义与世界主义》，李世涛主编：《知识分子立场：民族主义与转型期中国的命运》，时代文艺出版社2000年版，第71页。

3. 首次引用同一本著作、论文集、资料集应详注，自第二次引用起，著作

注释书名和页码即可,资料集注释文献名、书名、页码即可。具体有以下几种情况:

例一,在论文的不同页码引用同一著作的注释方法。

论文第 5 页:

注释(3)荒林、王光明:《两性对话:20 世纪中国女性与文学》,中国文联出版社 2001 年版,第 21 页。

论文第 21 页:

注释(4)《两性对话:20 世纪中国女性与文学》,第 51 页。

例二,在论文的不同页码引用同一论文集的注释方法。

论文第 8 页:

注释(1)石元康:《民族与民族自觉》,刘青峰编:《民族主义与中国现代化》,香港中文大学出版社 1994 年版,第 19 页。

论文第 12 页:

注释(2)姜义华:《论二十世纪中国的民族主义》,《民族主义与中国现代化》,第 143 页。

在论文的不同页码引用同一本资料集的注释方法参照例一、例二。

例三,在论文的同一页码引用同一著作的注释方法。

论文第 50 页:

注释(2)(3)郭预衡:《中国古代文学史》(二),上海古籍出版社 1998 年版,第 24、70 页。

例四,在论文的同一页码引用同一本论文集的注释方法。

论文第 60 页:

注释(2)郭少棠:《民族主义理论与发展的再反省》,刘青峰编:《民族主义与中国现代化》,香港中文大学出版社 1994 年版,第 80 页。

注释(3)汪荣祖:《中国近代民族主义的回顾与展望》,《民族主义与中国现代化》,第 188 页。

论文第 65 页:

注释(1)(2)(3)朱维铮:《晚清思想史中的民族主义》,《民族主义与中国现代化》,第 276、280、283 页。

在论文的同一页码引用同一本资料集的注释方法参照例三、例四。

4. 外文资料论著的注释按国际惯例。标识次序一般为作者(多名作者之间用逗号隔开)、文献名(斜体)、出版物名、出版年、页码。比如:Eggins, Suzanne, and Diane Slade. *Analysing Casual Conversation*. London: Cassell, 1997. 3 - 5. [英文注释现指定以从丛、李咏燕编著:《学术交流英语教程》(南京大学出版社 2003 年版)一书的介绍和示例为准]。

(三) 标点符号

1. 注意正确使用标点符号。
2. 引文的标点符号应注意两种情况：一种是全文征引，一种是部分文字节引。比如：

例一，全文征引：赵毓坤指出："劳动工资制度的统一，标志着统一的劳动制度的建立。1956 年劳动制度的统一是适应社会主义经济占主导地位的形势的。"(《新中国劳动制度的形成》,《福建论坛》2003 年第 2 期)

例二，部分节引：叶扬兵指出："可以断言，到 1957 年反右运动后，社员的退社自由基本上已名存实亡","随着农民退社自由被剥夺，以及行政控制和思想政治斗争等强烈手段的运用"，农业集体化运动转入完全强制阶段，"对中国的农业发展产生了极其长远而严重的消极影响"。(《1956—1957 年合作化高潮后的农民退社风潮》,《南京大学学报》2003 年第 6 期)

(四) 数字与年代的表示方法

1. 数字的表示方法：超过两位数均应以阿拉伯数字表示。三位以上的整数从末位数起每三位之间应使用分隔号，比如 19 000 吨。
2. 年代的表示方法：应使用阿拉伯数字，比如 1999 年 12 月 5 日。现已进入 21 世纪，因此，年代的表示应注意。比如，上世纪 80 年代应写作 20 世纪 80 年代或 1980 年代，不可笼统地说 80 年代。
3. 一些特例的数字表示应服从惯例，比如：二三十年代，不管三七二十一，光绪二十五年(1899 年)等。

(五) 参考他人研究成果

1. 征引他人论著原文按注释规范办。
2. 禁止不加说明或注释地使用他人观点或者结论性意见代替自己的论述。征引他人观点或结论性意见有两种情况。一种是引用原文；一种是以自己的语言叙述，不用引号。这两种方法均可以，但必须在行文中加以文字说明。比如，某某人有如下观点，某某人的看法是，据某某人的观点，某某人认为等，两种方法均须注明出处。

3. 转引他人史料的表示方法。有的史料一时难以找到原出处，而转引自别人的论著，这是允许的。但是必须注明转引自某人论著，并应核对无误。常用资料禁止转引。

4. 综述他人成就应客观、公正、全面，禁止为了突出自己的发明而有意不提他人成就，甚至贬低他人。

（六）校对质量

错别字不得超过文稿总字数的万分之一。

（七）不合乎以上规范者，不得申请答辩

附注：

本规范制定过程中，黄家信同学协助收集了有关参考资料，李宁同学协助做了文字记录整理工作，并经我的全体博士生讨论修改。

（本文原载2004年3月李宁、钟霞编：《南京大学历史系社会史方向"博士生学习参考资料"》第四册，修订稿载2004年10月钟霞所编第五册，又载《李良玉历史研究与教育文选》，知识产权出版社2006年版；《柳叶集——李良玉博士生教育文录》，合肥工业大学出版社2009年版）

师生合作，共同进步

——在鲁东大学的报告

今天讲四个问题：一、目前大学存在的问题是什么？二、我们应该做一个什么样的老师？三、我们应该做一个什么样的学生？四、怎样才能师生合作、教学相长、共同进步？

一

最近一些年来国家对大学有巨额的投入，办学条件有了根本的改善，招生规模有了巨大的增长，一批著名大学涌现出来。这是有目共睹的。当然，这并不是说大学没有问题了。

国内大学的硬件，一般不比西方大学差，有的可能还要好一些。自古以来，学校都是"清水衙门"，而现在清者自清，浊者自浊，甚至贪腐案件频出。大学缺土地吗？不缺，校园面积2 000亩、3 000亩、5 000亩的比比皆是。有的大学没有车就没法走，因为校园太大了。大学缺房子吗？不缺！摩天教学楼、办公楼随处可见。大学缺钱吗？不缺，缺花钱的地方，缺用于报销的发票。整体上大学老师收入不高，不少老师特别是年轻老师还很困难。但是，学科之间的差距很大。某些学科有额外经费养着，大把的钱花不完。多数人和少数人的差距也很大。多数人靠工薪吃饭，少数人有额外收入。某些科技实用型学科的老师以技术服务企业，有丰厚的酬劳。有些学术官僚有各种兼职，即使文科的年收入几十万、上百万的也不足为奇。

具体说来，大学的评价体系出了严重的偏差，导致的问题体现在五个方面：

第一，大学的员工，已经分化为某种既得利益阶层和普通的打工阶层。普通老师都是打工仔。除了基本工资，要靠"业绩分"挣钱。分越多，收入越高。每学期上课多少分，发表一篇核心期刊论文多少分，拿到一项科研项目多少分。国家项目多少分，省项目多少分。学校的项目、横向的项目没有分，弄到钱自己用就可以了。最后按分奖惩,分多多拿钱,分少少拿钱,不达标扣钱。根据各种条件和关系,把老师分成不同的等级。除了国家统一的等级之外,还有各种名堂的资格。这计划那计划,这学者那学者,这带头那带头。凭资格可以享受各种额外的利益和特权。

大学里评职称,申报材料交上去,人事部门的普通员工都能做决定。只要对照一下所谓职称标准,有没有国家项目?有多少篇论文是核心期刊,多少不是?如果没有项目,或者核心期刊文章数量不够,对不起,没有申报权,可以把你从申报名单里直接剔除,不需要送校学术委员会讨论。即使够条件了,各种人情、关系、权力的作用,大到难以想象。每年搞一次评职称,几乎就是一次血拼。大学到了这个份上,真是一大悲剧。这里,我要说一句不太恭敬的话。听说某些学校职称上卡得很紧,年轻人上不去。我看了很痛心。按理说,一个博士工作两三年,应该给他副教授。一般情况下,副教授五年应该给他教授。卡得这么紧,不仅是老师个人的损失,也是这些学校的损失。想一想,老师出去开会,全是副教授、讲师,学校光荣吗?应该调整政策,多鼓励年轻人。

前不久,某大学让我评审副教授,申报者是一位三十多岁的女老师,不认识。我记得好像见过她的材料,一查记录,果然两年前她已经参评过,我给她写过评语,认为够副教授的条件了,应该解决,结果没有解决,现在又送材料来评。评审表的打分栏中,第一等是国际领先,第二等是国内领先,第三等是优秀,第四等是一般,第五等是不合格。我在评语中问,凭什么说"国内领先"比"国际领先"低一等?贵大学提一个副教授,要求学术水平国际领先,你们自己相信不相信?说你们大学的教授学术水平都国际领先,你们自己信不信?这是一件有点荒唐的事情。

第二,过去说大学是象牙塔,大学老师是象牙塔里的人,这种说法当然不一定对,但总反映了大学教师是一个与世俗的社会大众有一定距离的群体。现在,相当一部分老师已经沦落为一个为了发表论文、申报课题、得到评奖而不择手段拉帮结派、请客送礼、行贿受贿的市侩群体。

去年听说有的省级核心期刊发论文,一篇文章的版面费要 38 000 元。级别越高的刊物要钱越多。某些 C 刊,除了版面费,还要打点主编。大约七八年前,某著名高校一位青年老师告诉我,他们学院邀请了某知名杂志的一位编辑来开座谈会,名义上是交流、指导,实际上是拉关系。这位老师告诉编辑已经投了一篇稿子,编辑说,初审已经通过了,又说,初审过了也不等于能发表。不是文章本身的问题,是文章以外的问题。文章以外什么问题呢,就是要送钱。问要送多少钱呢?说要送 5 万块钱。这是早几年的事,现在到了什么程度不知道。有一次,北京某机构要评中文核心期刊。我告诉他们,不想点任何一家刊物的名，但确实有一些杂志拼命往核心期刊挤，进去了就丧心病狂地收钱。这是一个体制问题。

第三，科学精神是大学的生命线，是知识生产的原动力，是知识分子构建科学共同体的重要精神纽带。现在的风气已经坏了，人们谈的都是关系、基地、C刊、得奖、项目和钱。看到有人谈这些眉飞色舞的样子，我很悲哀！我公开说过，一个教授如果连做3个项目，就会变成"傻瓜"（万金油）。前几年一位副省长找我去谈谈，我跟他讲了这些情况，他也说已经斯文扫地了。谈话记录在我的书里将会公布。大家都明白这些，但是没人讲，也没人着手纠正，反而到处热火朝天。

第四，知识的体制化是中国传统文化的一个重要特征，比如，传统知识的儒学化、科举八股化等等。近代新式教育兴起后，大学知识出现了科学化、分科化和个性化的新气象。但是，现在大学知识已经重新走回完全体制化的道路，个性化的知识越来越难以产生。学校里有不同级别的官方认可的研究基地，一切职称、编制、经费向基地倾斜，高人一等。我曾经说过，这类基地对学术生态的破坏，犹如本·拉登。学术著作要到官方指定范围的出版社出版，不在指定范围出版社的书不算科研成果，不能用来申请提升职称，不计算科研分，或者得分很低。论文要在指定范围的期刊发表，不在指定范围刊物的不算研究成果。同样一篇论文，在这里发表得分高，在那里发表得分低。有的刊物围绕某些所谓研究基地的课题设立栏目，固定地发表这些课题的文章，不接受其他内容的论文。有的刊物设定条件，录用稿件有项目的优先，发表的时候要标出来，以应付有关部门对刊物的考核。老师没有申报到项目，不能提升职称，不能招收研究生。原来已经可以招收研究生、博士生的，停止招生资格。这些考核方法，荒谬透顶，把老师的个性搞没了。

第五，剽窃已经成风。大学里老师、主任、院长、书记、校长抄袭剽窃到了何种程度，局外人难以想象。有一次，一位大学学报编辑说，他们收到该校人文学院院长的一篇投稿，用反抄袭软件检测，有百分之六十多的重复。很客气地打电话，请他重换一篇。重投过来一篇，查下来有百分之八十多的重复。大学校长、教授署名发表学生的文章，查出来剽窃都是学生倒霉，都是学生"背着"导师投稿。

剽窃成风是一件很可怕的事。可怕在哪里呢？大家通过关系、版面费、好处费，把那些垃圾文章弄到核心期刊去发表，于是成了学生的读品，大学生、研究生、博士生就在读这些垃圾文章的过程中成长。居幽兰之室，久而不闻其香；入鲍鱼之肆，久而不闻其臭。读好文章提高欣赏能力，读坏文章培养坏品质。成天读这些文章，还知道什么叫文章吗？

二

　　老师是一种职业，职责就是培养学生。不知道做什么样的老师，就一定培养不好学生。老师的责任就是八个字：学习，示范，批评，服务。我们应该做有四种价值的老师：做有知识的老师，做有尊严的老师，做对学生有用的老师，做对社会有用的老师。

　　做一个有知识的老师。教师这个职业，决定了应该终身读书。不想读书就不要当老师。不读书的老师很可怕，因为会误人子弟。哪个老师不读书，他身上的师道就亡了。哪所大学如果不鼓励老师读书，而鼓励他们投机取巧，到处钻营，这所大学也就名存实亡了。

　　老师不能盯着社会上谁多有钱、谁开的什么豪车。你只能跟你自己比，甚至也不能跟周围的老师比。历史学院的老师，就不能跟商学院、法学院的老师比。他们的收入应该高出许多。心要静下来，想一想要什么，要不到的东西别去争。诱人的东西很多，豪宅、豪车、黄金、美钞，等等。如果要不到，最好想也别想，因为得不到会痛苦。我认为，简单一些，不多想，这一点可以做到。换句话说，老师要淡定一点。

　　做一个有尊严的老师。任何人都有尊严，老师尤其要有尊严。尊严是自己争来的。我在2000年开始招博，1999年上榜公布，当年12月开始报名。南京陆军指挥学院有个学员（军衔是上校）打电话给我，说要报考博士生。他要来我家里面谈。我说可以，但不准带哪怕一分钱的东西。后来谈了一次，发现他读的史学书实在不多，做史学博士论文有困难。我很坦率地告诉他：你离读博士的条件还很远，回去认真地读点书再来报考吧。告别时，我还没有来得及站起来送客，他一个立正，敬了一个标准的军礼。2000年春节，他给我打电话祝贺春节。他说，李老师，你是一位真正的老师。从他的身上，我看到了军人的优良气质。

　　有的地方招了一串一串的官员、一串一串老板的太太当博士生。从这些地方看到的是权力和金钱的无穷力量。我公开讲过，南京大学没有给我下指标，要我招多少官。所有官员都可以来报名，一律公平竞争。有一年，一个官要报名，托人问，能否出来吃个饭，被托的人说这个事做不到。又问，能否到办公室见一下？我说可以。坐下后自我介绍，我是某名牌大学思想政治教育专业毕业的研究生。我轻轻笑起来说，很好，这是中国特色。最后我说，我不拒绝任何官员来报考，但要公平竞争。有些博导招了很多官员，我相信这些官员都是有才华的，但是，不相信他们都是硬碰硬考取的。当然，我没有办法证明他们的考试有什么问题。谈到后来，我拿了几本参考资料对他说，你把这些资料带回去看一看，了解一下这里的同学是怎样读书的。吃得了这个苦,准备公平竞争,你就来报名。我的学生中没有官。从第一年开始招生,我定的目标就是培养大学老师。我带了46个博士、26个硕士、5个博士后、1个访问学者,他们大多数在高校当老师。培养官员有中央党校,我不在乎学生中有没有官。

做一个对学生有用的老师。老师对学生有没有用很重要,如果学生感觉老师可有可无,我认为这是老师的损失。有时候,老师对学生的影响强大而又深刻,有的情况下甚至超过父母。这种情况很好理解,因为在专业知识上、在某些特定的机运上,老师的作用可能比父母大。我和你们鲁东大学很有缘,你们俞祖华教授的一个硕士读了我的博士,是个很优秀的年轻人,现在去浙江海洋学院工作了。她找工作的时候,每考虑一个单位,总要来问我怎么办。我总是问,你父母怎么看?要按你父母的意见办。她总说,爸爸妈妈说按老师的意见办。我很感动,这是学生家长给你的信任。老师对学生有用,这是老师的光荣。

老师有用在哪里?有用在知识和方法。要告诉他怎么做。如果不能从知识和方法上告诉他怎么做,老师就没有用。我带的那些博士论文,大多不是我自己的知识领域。老师带学生,一般自己研究什么,就指导学生在这个领域找课题。我不鼓励学生这么做。一个老师在自己的知识领域指导论文,优点很多,因为熟悉。缺点也很大,因为局限性大。一个老师带几十个学生,都在自己的自留地里倒腾,很多课题交叉。你抄了我,我抄了你,扯不完的官司。我常碰到学生诉苦,论文被师弟、师妹抄了,有的还赶回学校打官司。导师没有办法,关起门来自己抹抹平。这就是选题交叉造成的,和导师审查不严也有关。一定要放开选题范围,这样对老师的要求就高了。选题如果不是你的领域,指导就有难度。不知道提纲是否合理,材料运用是否恰当,有没有抄袭,论文质量就没有保证。所以,同学做论文,跟他谈话,要先到图书馆找书读,读完了再谈,否则不能谈。我和学生的谈话都有记录。每次谈话都要录音,同学回去转化为文字,然后给我审定,再把正式文本发给他。为什么要这样做?不是李老师怎样了不起,谈话都要整理出来。不是的,因为有教训。有同学来谈论文初稿的修改,谈了五点,但改出来的面貌不符合谈的内容。我问她,当时你做了记录,怎么一点没按谈的改呢?把笔记翻出来一看,记得不正确,是按错的记录改了。这不是折腾吗?另外,这样做对老师也是严格要求。老师不能今天要求向东,明天要求向西,那样学生无所适从。两次一谈,问题没解决,自信心倒崩溃了。有个博士生哭哭啼啼告诉我,提纲拟了几稿,每次交给老师,只说不行,不说哪里不对。暗无天日,惶惶不可终日。有一次出差到北京,某名牌大学的一位博士告诉我,已经三年级了,开题报告还没有通过。我问为什么?他说,已经折腾三遍了。第一遍导师说选题太小了,搞大一点。第二遍导师说选题太大了,搞小一点。第三遍导师说,再考虑一下,还是中观一点吧。他说,不仅我如此,同门博士都如此。个个不知所措,害怕见导师。这些都是教训。得出来的经验就是每次谈透一些,一共几点,回去一点一点对照着改,改全了再来谈。还有问题下次再谈,再一点一点改。一步一步往前走,文章才改得出来。所以,不是李老师想出风头,而是实践的需要。老师能教学生知识和方法,他的本领从哪里来?从读书来,从长期的学术历练来。没有哪个老师无所不通,样样都懂,没有这样的老师。

做一个对社会有用的老师。老师对社会有用体现在哪里呢?我曾经总结了两句话:以教育影响学生,以思想影响社会。老师要用正确的教育方法培养学生,用正确的思想推动社会进步。一些大学老师以智库名义写的文章,读了令人恐惧。最近我看到某知名专家号召,别让李嘉诚跑了。怎么才能让他跑不掉?抓起来,没收他的财产吗?这怎么得了?我们这个社会经济建设搞了三十多年了,现在要重新把有钱人搞光吗?搞光了还能发展吗?要通过调整政策,让人家感到大陆是投资环境稳定的地方,是有回报的地方,是实行法治的地方,是有理可以说并且说得清的地方,他才会安心投资,才不会跑。不可以用这样的方法来搞的。所以,要做一个对社会有用的老师。要知道现在是什么时代了,发展到什么程度了,发展的规律是什么,应该向哪个方向发展。要用经验、知识、科学方法引导社会发展,不要帮倒忙!传统政治提倡"亲贤臣,远小人"。可是,有时恰恰亲的不是贤人,是清流派,空谈派,道学家。他们只会说三道四,不懂国家,不懂社会,出的主意祸国殃民。这就叫"君子误国,远甚于小人"。我们不能做这样的君子。

三

今天有这么多研究生来听讲座,所以要讲一讲怎样做一个好的研究生。就研究生培养而言,导师只是问题的一个方面,当然是一个有主导意义的方面。但是,这并不是说,只有导师一个方面,或者说,导师可以决定一切。导师和学生是相辅相成、缺一不可的两个方面。这就提出了学生怎么做的问题。为了读好书,要在以下三点上要求自己。

做一个关心国家和社会的学生。目前,这是一个励志的话题,好像有点不合时宜。也许,年轻人已经不感兴趣了。但我觉得是个问题。大家才二十多岁,有没有想过二三十年以后会干什么?二十年前,方院长还在大学里读书吧?(学院院长方秀英教授答:毕业了,今年已经毕业三十年了)你在大学里读研究生的时候,有没有想过要当学院的院长?可能没想过。在座的同学要经常想一想,二十、三十年后,你们这代人怎么管理这个社会。要多想想这个问题。不要总想今天打了什么游戏、动了多少回大拇指。现在是"大拇指文化",一切短信、微信都在手机上用大拇指发。社会发展是不以人的意志为转移的,一代接一代,后浪推前浪。如果现在不学好知识,跟不上时代,二三十年后就是对社会没有用的人。所以,要立志做一个对国家和社会有用的人。

做一个把读书、做事、做人统一起来的学生。一般情况下,我不太提倡教学生怎么做人,很少讲这样的话。大学生、研究生二十多岁,说他不会做人,太伤自尊了。教人怎么做人,假定的前提就是自己会做人。老师也不一定会做人,所以我不这么说。

我对同学不说做人做得不好,只说哪件事做得不对。做事就是做人,没有哪个人事做得很缺德,但人品很高尚。一定要懂只有你尊重了别人,别人才会尊重你,所以,轻易不要批评别人不会做人。要把做人、做事和做论文统一起来。有个学生和我一起走,看到熟人没打招呼。我说,要记住,不要低着头走路,要看着正前方,有熟人,十米开外就要微笑起来。很多同学来自基层,家庭教育注重成绩,不一定注意这些。我来自底层,父母也是老百姓,他们也没有教过这些,后来吃了亏才知道错了。

做一个善于学习的学生。善于学习是一种本领,和天分有关,但应当是可以培养的。说学生不会学习,好像是个伪命题,学生怎么可能不会学习呢?但是,应该怎样学确实有人不太懂,因为教育出了问题。从幼儿园开始,教育就出状况了。从上幼儿园开始到上大学之前,是小朋友们最痛苦的时代。每天都要起早带晚,大约小学四年级开始就进入拼搏阶段。初中生、高中生夜里十一点钟以前就睡觉的,恐怕找不到。在座的各位,你们高考之前有过夜里十一点钟以前睡觉的吗?这样做的后果,是把学习的兴趣、动力搞光了。许多同学进了大学反而厌学情绪高涨。这是一个非常普遍的现象。

现在是一个知识碎片化的时代,要求同学耐心地读完一本书,好像成问题了。大量东西是通过"大拇指"学来的。因为信息化太方便了,方便到难以想象。有一个说法,叫低头一族。人们在手机上消耗的时间,大大地超过了应有的限度,严重影响到正常生活、学习和情感交流。在这种情况下,会读书就很重要。

研究生要"脱胎换骨",把过去高中里、大学本科里的学习方法改革掉。我多年不带本科论文了。很早之前就发现,大学本科生的毕业论文,有的文章不少内容是拼凑的。现在情况应该更糟。本科生拼凑一点不算大问题,硕士阶段一定要改变这个状况,学会找问题,学会用科学的方法研究问题。

怎样才能做到善于读书呢?要注意四个充分。

充分利用时间。要把三年时间最大限度地利用好。哪一段时间拿学分,哪一段时间集中精力确定选题、收集资料,哪一段时间写出论文初稿,哪一段时间找工作,都要心中有数,按部就班地进行。不是说不能谈恋爱,该恋爱就谈恋爱。我对学生谈恋爱持支持态度。只要学习任务完成了,支持谈恋爱。在座老师有子女读大学,也要支持他们谈恋爱,不要反对。当然,前提是搞好学习。

充分利用图书馆。大学阶段的学习,图书馆是知识的主要来源之一。要花时间去泡图书馆,包括充分利用网络。现在网上有很多学术资源,图书、报纸、论文都可以上网查。不要在网上读那些碎片化的知识,要从网上找正规的学术资源。有些图书馆的书,可以在网上通过馆际交流借阅,甚至帮你复印,非常方便。

充分利用导师。说"利用导师"好像不太礼貌,有功利主义的嫌疑。其实这是一个很客观的事,说客气一点、好听一点就是多问老师。老师是学生获取知识过程中的最有效的"导航"。要充分利用这个"导航",不用是你的损失。有的学生与老师关系紧张,我不是很理解。有的可能是老师的问题,有的可能是学生的问题,有的可能双方都有一些问题。

根据我的经验,同学越是学习压力大的时候,越是达不到老师的学术要求的时候,越可能怕见老师,怕老师检查学业。有一个同学,硕士读的古代史。受环境影响太深,爱用文言文写文章。我这里不提倡用文言文写作。改变的过程很痛苦。9月份入学,放寒假了也不回家,写了一篇文言文的读书报告,本来期待得到表扬。我在寒假中读到报告,写批语告诉她不提倡用文言文写论文。开学回来就有压力了。上课坐在后面,下课铃一响就跑,不想让我看到。后来这个同学很努力,彻底改变了文言文的习惯,论文十分出色。学生躲着老师,说明老师和学生沟通不够,老师要负责任,但同学这种不恰当的心理压力也不好。要主动去找老师。我到现在都记得,小学里教导主任有一次到班上讲话,他说:"有任何问题都可以问老师,天底下没有一个老师不回答学生的问题。"

充分利用社会。知识来自实践,来自社会。如果不懂社会,形成的知识背景与社会不沾边,学到的东西就没有什么用。古人说,世事洞明皆学问,人情练达即文章。这是有道理的。所以,要在生活中学习,要向社会学习。

四

在目前教育环境不很理想的情况下,有没有方法努力完善自我,保持独立人格,教好书,读好书,做好论文,踏实前进,不断成长起来?我认为有。重要方法之一,就是处理好大环境与小环境的关系。

大环境不怎么好,不等于小环境里就不能做出成就来;大环境很好,不等于人人都能做出成就来。要专心营造自己的小环境。在学院,把学院的氛围搞好;在学科,把学科的风气搞好;带学生,把学生的习惯搞好。使小环境、小团队成为有效的知识共同体。

我从 1992 年开始招收硕士研究生，到现在是 24 年。从 2000 年开始招博士研究生，到现在 16 年。截至今天，毕业的学生已经有 17 个教授、5 个博士生导师、16 个副教授。他们都很有成就，许多人超过我，在各自的研究领域里是一流专家。这是他们毕业后继续努力的结果，也和博士论文做得好、影响好、基础扎实有关系。这就是小环境好的作用。

营造小环境要抓四件事：

第一，树立共同事业的境界。2000 年开始招博士的时候，就告诉大家，我是有目标的，目标就是要出博士论文丛书，要在你们中间培养出一批学者来。当时有同学不相信，这是可以理解的。2000 年的时候，说一个导师能出一批博士论文丛书，有博士导师这样想吗？估计很少。但是后来做到了。这是老师的事业，也是学生的事业，是老师和学生共同努力造成的事业。有这个就有使命感。我反复地讲，世界上什么事最难？读书最难。经常有专家说读书很愉快、很幸福，这可能不是做学问的专家讲的。吃饱了，在躺椅上读小说、诗歌、科幻、心灵鸡汤当然很幸福。但这不是大学老师的研究型读书。创造知识的读书是非常痛苦的。有这个思想准备就好办了，就会严格把关，挑人才，不搞关系，不开后门，不拿招博士做交换。就会认真抓同学的学业，不使荒废。经常看到有年轻人，读完博士还不会写文章。博士与博士之间差异很大。差异在哪里？在于训练。有了共同事业的境界，同学也会努力，积极动脑筋，想办法，提高对论文的期待，多考虑在哪个方面努力，怎样争取把它做成该领域最好的作品之一。

第二，实行制度化读书。所谓制度化读书，就是按规矩读书。不能随心所欲地读书，那样是读不出来的。规矩是老师和学生共同制定、共同遵循的。论文写作必须遵循材料第一的原则，不允许离开材料胡说八道。我们的"博士论文基本技术规范"，是大家一起讨论确定的。论文初稿完成后，先去对照，是否符合要求马上就知道了。同学的文章，凡是李老师看过、提过修改意见的，老师不署名，也不允许花版面费，一分钱也不准出。开会讨论论文初稿，不准讲优点，只准提意见，别人指出任何问题都不允许反驳。所有同学来读书，只能按李老师的意见办，不能强调原来的大学、原来的硕士导师多么有名，有些什么规定。这些都是"土政策"。虽然"土"，但是有用。改文章有规矩，读书会有规矩，预答辩有规矩，答辩有规矩，一切都照规矩办。这些"规矩"实际上是学术共同体必须拥有的规则。

第三，提倡和养成学术传统。学术传统是传承的纽带。一个学校，一个单位，一个家庭，有没有传统很重要。同样的道理，一个老师带一批学生，也要有传统。

所谓传统就是共同的风气和习惯。它们包括许多内容，就读书而言，最重要的有以下几点。

学术观念。观念属于意识的范畴。所谓学术观念，就是符合学问标准的思想意识，分得清学术和非学术的界限，时政讨论和知识建构的界限，政治情绪和科学精神的界限。

学术思维。思维属于精神活动的范畴。所谓学术思维，就是按照学问方法考虑问题。研究问题首先考虑出发点是什么，用什么方法说明，在什么样的思想观念指导下解释人、事件和现象。

责任意识。学生来读博士，是来求学的。当然不排除同学的目的包括拿到文凭。不拿文凭为什么要读博士呢？读博士要通过读书并且完成合格的论文才能获得博士学位。所以，读书就是同学的责任。同学选择导师，是对导师的专业方向有兴趣并且信任这个导师。因此，教会同学就是老师的责任。

奋斗精神。有了奋斗目标就要去努力。从本科生、硕士生到博士生，是不同的台阶。走完第一个台阶，才能走上第二个台阶。每一个台阶都是人生的一个环节，都要付出努力的代价。同学要为博士论文、硕士论文奋斗，为自己的前途奋斗；老师要为履行自己的职责奋斗。

第四，养成读书的习惯和方法。读书是一种生活，或者说，是一种生活方式。今天读什么书，结合什么课题读，还有什么疑点没有弄明白，还有什么知识点没有理清楚，下面还要研究什么问题，要学会围绕这些议题安排计划。

人生是一个过程，人生的价值在于创造。硕士论文、博士论文是一种创造性的成果，是人生价值的体现。有坚定的目标，有读书的热情，有老师的付出，有同学的付出，有老师和同学的密切合作，就一定能完成学业，把论文做好，实现老师和同学的共同进步。

今天就讲这么多吧。耽误了大家这么长的时间，真的很抱歉！最后强调一下，由于是命题作文，所以才谈这些，但不是介绍经验，而是根据有关现象做的概括。其中，有别人的经验，也有自己的体会和教训，也许还有不正确的东西。说得对大家不要宣传，说得不对请大家批评。谢谢！

（本文是笔者2015年9月18日上午在鲁东大学马克思主义学院的讲座，陶海洋根据录音整理，笔者审定，2023年11月8日有个别文字改动）

用读书提高人生的境界

——对南京大学历史学院2019级硕、博研究生的入学讲座

今天和大家交换的主题,海报里也说了——是读书。围绕读书,我想谈三个问题:第一,生而为人,为什么要读书?第二,我们应当怎样读书?第三,读书的最好成绩是什么?

一

人为什么要读书,看起来是老生常谈,但真正想清楚并不容易。我碰到这个问题,大约是在二十多年之前,是因为一个很偶然的机会。1990年去四川大学开会,当时一心想到九寨沟玩,我们七八个人就溜会了。在九寨沟的一个风景点,有一批藏民拉着自己的马,让游客骑马在附近遛一圈,骑一次一块钱。来兜我生意的是一个小孩,大约八九岁。我很好奇,问他,你为什么不去读书呢?他笑笑反问,我为什么要读书?你看我的生活多自由!说完马鞭子一抽,一溜烟跑开去又跑回来。他说得轻松无意,然而却引起我的思考。在内地人们的观念里,小孩读书是天经地义的。我想大家也一样,从小就读书,已经习惯了,很少会去想为什么要读书。这似乎已经不是一个问题了。但是这个小孩整天遛着马不读书,他不照样生活得很快乐吗?那么,人生究竟应该怎么过?是应该成天读书去受罪,还是像那个孩子那样过自由自在的生活?这两种生活哪一种比较好?我想啊,想了许多年也没有想通。

由九寨沟那个孩子的自由自在的生活,我就想到古代大诗人陶渊明的生活。陶渊明是了不起的文化人,在中国文学史上是有一笔的。陶渊明贵族家庭出身,他的父亲和祖父都做过官。但是不晓得大家知不知道陶渊明是讨过饭的,而且讨饭的时候,还比较年轻,大约在二十八九岁。很多年前我就读到过文章,说陶渊明晚年是饿死的,我也有一点相信,或者将信将疑。(颜延之《陶征士诔》说陶渊明"年在中身,疢维痁疾",似乎死于疟疾。)29岁这一年,他写过一首诗《乞

食》。"乞食"不就是讨饭吗？诗里说：饥来驱我去，不知竟何之？行行至斯里，叩门拙言辞。主人解余意，遗赠岂虚来。谈谐终日夕，觞至辄倾杯。情欣新知欢，言咏遂赋诗。感子漂母惠，愧我非韩才。衔戢知何谢，冥报以相贻。什么意思呢？他说，因为饥肠辘辘，迫使我到处去找吃的。不知不觉地，就来到这户人家敲门。主人打开门，我不知道说什么好。这么年纪轻轻的就讨饭，怎么开得了口呢？但是主人马上明白了，给了我很多东西。还把我让到家里，拿出酒肉来吃。我们谈得很快活，高兴起来还吟了诗。我很感激主人，他待我就像当年漂母对待韩信。对于这种恩德，我现在无法回报，只有将来死了去阴间报答吧。

从这首讨饭诗，再看陶渊明写的《桃花源记》。《桃花源记》没有谈到那里有老师、有学校；没有谈到里头有孩子们在读书，有琅琅书声。《桃花源记》展示的是一个不读书的乌托邦，它在中国文化精神里头是一个非常美妙的存在。由此可以想到在古典社会里头、在传统社会里头，不读书是一种快乐的生活，是绝大多数人的生存方式。即使今天，也不能说古人不读书是痛苦的。我推断他们是快乐的。

由古人讲到当代人，现在也不是大家都读书的。刚才送我来的驾驶员，我看就不需要读书。他开着出租车，一个月挣个七八千块钱，生活应该很快活。我是1968年下乡的，刚下乡住在农民家里。房东的小孩当时是初中生，读完初中就不读书了，回家跟着父母种田，据说20世纪80年代办了一个厂。我相信他挣了不少钱，现在日子过得也很舒服。现在装修公司的一个水电工，每天的工资最低限度是300到400元。他们不需要有多高的文化，更不需要天天读书，我看生活得也很快乐。今天教育这么发达，仍然有很多人不需要读书。这就提出了一个很大的问题：人生究竟需不需要读书？

中国传统文化里头还有一个非常有想象力的画面——悠闲的牧牛图。牧童在唐诗宋词里面都有反映。唐人杜牧的《清明》说，借问酒家何处有，牧童遥指杏花村。这是清明节踏青碰到的牧童。唐代诗人李涉具体描写了牧童的形象：朝牧牛，牧牛下江曲。夜牧牛，牧牛渡村谷。荷蓑出林春雨细，芦管卧吹莎草绿。乱插蓬蒿箭满腰，不怕猛虎欺黄犊。他说，牧童早上把牛放到江湾里面去，晚上把牛收回村子里头。披着蓑衣，冒着蒙蒙春雨，身上缠满了蓬蒿，就好像插满了箭，根本不用害怕有猛虎来侵害黄牛。你看，小牧童是不是很开心？宋代有一位诗人叫雷震，写过一首《村晚》：草满池塘水满陂，山衔落日浸寒漪。牧童归去横牛背，短笛无腔信口吹。这个孩子吹的笛子不着调，应该没有读过书。牧童不仅在诗里，在画家的笔下也有诗意的反映。牧牛图几乎成为画家笔下传统社会平静而快乐的乡村田园生活的一种标配。当代艺术品中，仍然可以看到不少类似的场面。今天，东部地区可能已经没有牛了，或者很少看到了，边远地区仍然有牛,大山里头偶然还能看到有人放牛。有一点是可以确定的,从唐代到近代到现在的牧童,他们的生存方式都一样,没有新的生存意义。

反过来问一声,古代读书人是什么情况?古人读了书,就会改变思维,改变命运,改变生活,改变生存的意义。他就会成为中国文化的一分子,从而摆脱通过文人笔下的诗和画才出现的静态农业社会符号的那种牧童的命运。前面讲到陶渊明,他讨过饭,种过田,似乎已经忘记了自己的追求,但是他有没有做到彻底放弃呢?没有。有一年,陶渊明住的地方失火,房子烧掉了。过了两年他又重新砌了房子,换了地方和朋友们住到一起去了。他很开心。为什么?诗里头讲了:邻曲时时来,抗言谈在昔。奇文共欣赏,疑义相与析。这表示陶渊明心目中文化的情结并没有化解掉。否则,他怎么会写下那么多作品呢?陶渊明了不起的地方就在于他把自己的精神世界留下来了。奇文共欣赏,疑义相与析,曾经鼓舞多少学人研究学问,发展知识!唐代刘禹锡《陋室铭》说:谈笑有鸿儒,往来无白丁。周围都是鸿儒,没有不识字的人,这说明什么?说明文化人有固定的生活圈子,这个圈子就是他们的社会共同体,也是他们的精神家园。

宋代的陆游是一位爱国主义诗人,59岁的时候——比现在的我还小10岁,写过一首《狂歌》,很张扬地表达自己的思想感情。其中说,拂衣即与世俗辞,掉头不受朋友谏。挂帆直欲截烟海,策马犹堪度云栈。枵然痴腹肯贮愁,天遣作盎盛藜苋。发垂不栉性所便,衣垢忘濯心已惯。什么意思呢?他说我拂袖而去,与世俗社会从此别过。和朋友掉头分开,不再听他们的劝告。扬帆入海直挂云天,快马加鞭再不回头。饥肠辘辘装的是惆怅,家中无粮盎中只有野菜。头发乱了随性听之,衣服脏了早已习惯。这样的日子不是照样过吗?陆游肯定是读儒家的书出道的,他应该懂得五十而知天命,六十而耳顺,七十而随心所欲不逾矩的道理。但是,一个年近花甲的老人,怎么会写了一首如此放浪形骸的诗?仅仅是由于内心无比张狂吗?不是的,它流露了陆游内心的痛苦,一种壮志难酬的痛苦。它告诉我们,在漫长的历史上,自古以来知识分子只有通过读书才有了痛苦,才有了精神的追求,有了政治的理想。只有知识分子才会超越个人的命运去考虑国家和社会的命运,这就是传统知识分子的士大夫精神。这种士大夫精神是从读书来的。

在鲁迅的笔下,他小时候和闰土玩得那么好,可是若干年后回乡,看到闰土已经完全没有感觉了。闰土只是规规矩矩地问了一声老爷好,然后就没有话说了。闰土和鲁迅即使有少年时代的那种情感,但是他们成不了朋友。前几年到绍兴去,鲁迅故居的讲解员介绍说,闰土原型的后代发了财,办了一家公司,而且上市了。这个社会给了闰土的后代很好的机会。我相信他肯定读书了,不读书大约搞不了上市公司。但是回到闰土的时代,鲁迅和他成不了朋友。就像今天,你的微信朋友圈就是你的精神文化圈。你的思想情操、兴趣和追求,和朋友圈里的人会有息息相通的性质。

说到这里,我就想到一个问题:人生的意义是什么？我常常看到有人谈人生的意义。有人说人生的意义是创造,有人说人生的意义是美食,等等。站在各自的立场也许都对,但是,我从来不谈人生的意义。人生有什么意义？人生的意义就是人生。如果说人生有什么意义的话,首先就是改变自己,就是通过改变自己去改变生存的意义。一个牧童如果不读书,无论放多少年牛还是一个放牧人,他的生活没有新的意义。但是读书可以使人生从普通人的生存意义,转化为具有巨大的社会文化的意义。在这里,我想举一个唐宋八大家的例子。

八大家里头,唐代是两家——韩愈和柳宗元,宋代是六家——欧阳修、王安石、苏洵、曾巩、苏轼、苏辙。八大家就是宋代的六个人,把唐代柳宗元和韩愈的文风继承下来,发扬光大。这是一件非常了不起的事情。在这里,起关键作用的是谁呢？是欧阳修,也许还有范仲淹、王安石。欧阳修是北宋文坛领袖,和苏轼、苏辙的父亲苏洵是同时代的人。苏洵没有考过科举,所以没有做过官,但是很有名。他的名气是欧阳修推荐出来的。苏洵的儿子苏轼、苏辙考中进士的这一年,欧阳修是主考官。在唐宋之间,也就是在韩愈、柳宗元和欧阳修、王安石之间,有两个很重要的人物,一个叫柳开,一个叫穆修。这两个人是在欧阳修之前大力弘扬韩、柳文风的关键人物。这两个人都没有做大官,但鼓吹韩、柳不遗余力。特别是穆修,曾经花钱把韩、柳的书再印出来。此事距离柳宗元、韩愈去世已近200年了。这么长时间之后,他们的书被翻出来,重新得到了人们的承认。欧阳修就是在朋友家的废书簏子里头翻到了韩愈的书,读了受到启发。《宋史·欧阳修传》说:

"宋兴且百年,而文章体裁,犹仍五季末习。锼刻骈偶,淟涊弗振,士因陋守旧,论卑气弱。苏舜元舜钦、柳开、穆修辈,咸有意作而张之,而力不足。修游随,得唐韩愈遗稿于废书簏中,读而心慕焉。苦志探赜,至忘寝食,必欲并辔绝驰为追与之并。"

这是我们理解唐宋八大家和唐宋古文运动的一个关键。它告诉我们,历史上的许多文化现象,是人们用生命价值发出的光芒。离开了读书,离开了知识,离开了文化的使命,离开了对理想的忠诚,任凭多么好的物质条件都无法造就出来。今天读唐宋八大家的文章,会知道这些知识分子是一种什么样的生存状态,什么样的精神状态。这就是文化的传播和传承。人类社会最大的特性,就是它的文化性。如果人类社会不是一个文化的社会,就与大自然中的其他种群没有差异。其他种群可能也有自己的生存法则,但是没有人类这么高度的文明。文明是由知识累积而生生不息的。人类社会中,个体的存在是生活,全体的存在是文化。个体受文化的影响，反过来又可能影响文化。所谓人生的意义就是人生所附载的文化的意义。文化决定你在社会的什么位置上，你人生的意义就是这个位置的意义。小说家生存的意义就是小说，诗人生存的意义就是诗歌，哲学家生存的意义就是哲学，教育家生存的意义就是教育，工人生存的意义就是制造，农民生存的意义就是耕种。在社会文化的网格中，读书可以使你的生活从一种意义转换到另一种意义。这种新的意义更能激发你的生命能量，提升你的社会价值。换言之，要改变自己，就需要读书。

二

应该怎么读书，是一个有点抽象的问题。由于我不太会读书，或者说读得不太好，这个问题自然说不好。另一方面，各种人有各种人的读书方法。大学里的老师，也是各有各的读书方法。读书和思维方式是有关联的，只要适合自己的思维方式，用什么方法读都可以。所以，要提出一种普遍有用的读书方法其实很难。

一般说来，研究生、博士生的读书，根本的性质或者说根本的特点，是有系统的学术训练。它和社会上一般人的读书是不一样的。有没有系统的学术训练，是决定硕士生、博士生读书效果的一个关键指标。在这个阶段，同学的读书是两种类型，一种叫模仿型读书，一种叫创造型读书。同学们应当尽快实现类型转换，从模仿型转向创造型。这是一种读书方式的转换。

近代大学学科体制化以来，学生的读书基本上就是模仿型和创造型两种类型。对少数学生来讲，可能不需要老师多讲什么，就能创造性地读书。对于多数同学来讲，可能要经过模仿型练习再转向创造型学习。举几个例子吧。天津有一位专家叫李世瑜，当年是燕京大学的学生。他在大学本科的时候就写了《现代华北秘密宗教》。这本书一出来就非常有名。我们中文系已经去世的叶子铭教授，本科论文就是《论茅盾四十年的文学道路》。1959年出版，是他的成名作。当初出版以后，就有著名作家写书评。剧作家曹禺先生，他的《雷雨》被称为中国话剧现实主义的基础、第一部真正意义上的中文现代剧、中国百年第一戏等等。1933年创作此剧时，曹禺也是大学生。这类学生是有天才的。对多数学生来说，可能需要从模仿型向创造型转换。转换的关键在哪里？就在于系统的学术训练。

大家进入南京大学读书了，我向大家表示祝贺。我对大家有七点建议。

第一，万分珍惜南京大学的学习机会。南大是一所很好的学校，一百多年了，已经形成了自己的文化传统。一所大学，办得成功还是不成功，有没有深厚的创造力,其中一个非常重要的指标就是有没有形成自己的文化传统。我认为南大是有自己的文化传统的。大家到历史学院来读书,历史学院也是一个非常好的地方。南京大学的前身一创办就有历史学科。现在,所有在职的老师都非常出色,做得比我们好,他们的教学经验、知识水平比我们高。在这个地方读书是有条件成才的。南大的文凭在国内外的信誉度还是高的。所以,希望大家珍惜这个学习的机会。刚才任玲玲书记问我带了多少学生?今天上午在家里统计了一下,我先后招了46个博士、26个硕士、5个博士后、1个访问学者。到今天为止,他们中间已经有了19个教授、7个博士生导师、19个副教授(不包括入学时的2位教授、6位副教授),其他在党政机关和企事业单位的同学发展也都非常好。所有学生都非常棒。他们基本上都是沾了南大的光。通过到南大读书改善了自己的境遇。不少学生来南大之前是在一个相对低档次的学校里,读完书以后就被人才引进,进入相对高层次的大学。这跟南大有关系,跟南大的文凭有关系,跟南大的校园有关系,跟南大的老师们有关系,跟他们在南大的努力有关系。到南大来读书,这是你们人生中一个改变自己的机会,一个走向更多创造性舞台的机会。所以,一定要抓住。

第二,对自己再进行一次恰当的评估。站在现在的新起点上,我们应该回过头来,看一看走过了什么样的路,现在处在一个什么水平上,还存在什么问题,需要怎么努力。这对年轻的同志学会正确对待自己是有益的。一般来说,高中生考上大学肯定是优秀的,大学生考上硕士研究生肯定是优秀的,硕士研究生考上博士生更加优秀。能考上南京大学的硕士生、博士生,毫无疑问是出类拔萃的。但是,也要给自己一个恰当的评估。有一年入学面试,我问一位考生,硕士论文做的什么。他说了题目,并说假如考上了还要继续做这个题。我说知道了,不过假如录取了,这个题是不允许继续做的。他问:老师,为什么?我没有回答。等会再问:老师,为什么?我还没有回答。第三次问:老师,为什么?我只好回答因为我是导师,有这个权。这说明什么?说明同学不注意修养。还在面试,还没有录取你,老师当然不方便对你的硕士论文说三道四。老师不回答就不应该追问了。也说明同学对过去的硕士论文选题没有正确认识,不知道是一个不够好的题,更不知道李老师的规矩是不允许重复硕士论文选题。读博士的一个很重要的任务,就是选择一个好的题目。好的题目做出来了,说得庸俗一点就会出名。选不到一个好的题目,吃了很多苦,当然也是一种成功。但是不会出名,不会被人记住,不会引起同行的惊讶,不会对这个知识领域有开拓性的作用。严格讲这样的论文就是失败的。同学为什么有这样的疑问呢?因为过去读书的时候,在选择题目的问题上和老师沟通不够,对学术动态,对可能的拓展方向不太清楚。如果继续沿着这个方向走下去,读完博士,研究能力仍然不会有大的提高。所以,同学选择博士论文选题的时候,硕士论文题目一律不允许考虑。无论硕士论文做得怎么好,都不能考虑。必须重新找一个题,而且必须得到认可。这是一条很重要的经验,目的是迫使同学去创新。

对自己的研究能力和写作能力要有恰当的评估。经常碰到这样的情况,有同学读了研究生了,或者说读了博士了,甚至读博士一年、二年、三年了,仍然不会写文章,甚至仍然句子不通。这是非常严重的问题。要有足够的思想准备,必须经过艰难的磨炼才能学会写文章。我经常说,书是一本一本读下来的,文章是一遍一遍改出来的,水平是一点一点提高的。这个过程有的时候相当难过。我自己也有这样的情况,往往想到一个选题,要把它写出来,但找不到解决问题的突破口,问题意识不能形成,会思考很长时间。同学难道没有这样的痛苦吗?肯定会有的。所以,对自己有一个恰当的评估以后,就会放下姿态,老老实实地从头来过。

一般来说,读硕士、博士,都有一个重新训练的过程。为什么?因为现在的教育有问题。不是一般的问题,而是有很大的问题。教育的规模太大,导致大学生、研究生的教育质量不理想。有些属于基础水平的问题,或者属于基本能力的问题,本科、硕士阶段没有解决,都带到博士阶段来了。过去我有土政策,不允许提过去的学习经历。我跟同学说过,你选我做导师,我选你做学生,我们互相认可。但是有一条,今后不要跟我说是哪个学校毕业的,曾经的导师多么有名。不要讲这些,因为讲了就迫使我对你的过去、对你过去的学校和导师有一个评价。我不能随便评价。我们只能对事不对人,按照我这里的规矩,一步一步走。有同学跟我讲,老师,我过去读研究生,表现很突出,导师很喜欢,经常被表扬。怎么到了南大以后,啥也不是了,经常吃批评?我看着他们说,这个问题不能讨论。只能讨论你们现在的文章有什么问题,怎么解决这些问题。有这样的疑问是正常的,因为对以前的成绩估计偏高。等到一步一步训练下来了,有了体会,同学的疑问自然就消除了。

第三,尽快制订一份切实可行的计划。按照现在的学制,硕士研究生是三年。到目前为止,没有听说过硕士生有延期的。完成三万字左右的硕士论文为什么要延期?如果读三年书,完成三万字左右的论文还要延期,那么这个书也不用读了。博士生有延期的,现在问题是延期的博士生太多。这两年有些高校开始批量清退超过规定期限的博士生。大家一定要注意,如果拖到最后被清理掉,损失非常之大。过去我们有一项土政策,凡是应届的博士一律不允许延期,三年必须走人。我跟他们讲,读书满三年了,论文完不成,答辩不了,第四年没有津贴了,住房还要交钱。现在交钱还提供住宿,过去住宿都不提供。如果三年读完拿到学位,到一家高校去当老师,不就可以拿工资吗?延一年就少拿一年,所以不能延期。至于带工资读书的,可以适当延一点。但是,应届生不延期是要付出代价的。我明确跟他们说,你们没有假期,不要叫苦。不要跟我讲学校里放暑假了,放寒假了,我要放松一下。你们假期要谈论文,我也一样不休息。你们延期,甚至超过规定期限被清除,并不扣我的工资,损失是你们自己的。有同学寒假一放马上回家,过了正月半才返校,回来以后受到反复批评,后来知道利害关系了。三年要把博士论文写出来,按规定8万字以上,通常都在三四十万字。做这么大规模的论文,同时还要发两篇C刊,谈何容易? 不下功夫,不抓紧时间,是不可能完成的。我的一个博士后,来的时候还是个非常一般化学校的副教授,两年博士后读完,发了七八篇论文,从副教授变成教授、硕士生导师,从原来的学校调到现在的双一流大学。博士后课题十年磨一剑,书出版了立即广受好评。最近他们学校把老师们的人文社会科学著作进行筛选,全校评选了38本,由学校统一组织翻译成英语向西方国家发行,其中有她一本。这就是入学以后有明确的目标和方向,加上长期努力的结果。

读书是要设计的,人生也是可以设计的。今后要走什么样的路,怎么走,走到什么境界,心中要有一本账。为了读好书,就要早点计划。这三年怎么过,学位课程怎么学,读书报告怎么写,怎么跟导师沟通,什么时候确定论文选题,什么时候完成初稿,都要有一个时间表。

第四,围绕论文选题进行系统训练。一般来说,做博士论文需要有比较深厚的知识背景,而且越深厚越好。因为知识背景越丰富越厚实,选择课题以及解决课题的能力越强。但是,现实情况不允许在加强知识背景上花很多时间。比较可行的方法是尽快把选题定下来,紧紧围绕选题去读书,不要漫天去读。要围绕选题进行系统的训练,包括学术观念的训练、学术规范的训练、史料能力的训练、写作能力的训练、分析能力的训练、学术思维的训练等等。

这种训练是非常严格的。比如,写历史论文要有引文,要有注释,怎么训练呢? 博士论文初稿写成以后,打印出来,每人一本,读一个礼拜。讨论的时候有一项是专门训练引文和注释的。开会之前,我会临时打电话通知作者,从第几页的第几个注释开始,连续十个注,请你把所用的原始材料带上。开会的时候大家翻到这页,你念原始材料上所引用的部分,包括标点符号都要读出来,其他同学照着论文里的引文和注释比对。哪个字错了,哪个标点符号错了,缺几个字,多了什么字,材料的标注有没有错,清清楚楚。连续十个注对下来,全文的差错率一目了然。这个办法百试不爽,没有人保证没有错。有的同学对不到五个注释就冒汗了。其实不光同学,我自己写文章也要十分小心,稍微疏忽就会有错。有些专家的文章,引文注释不过关,有时候都能直接看出来。确保引文正确、注释准确,这是基本功。不是一般人能有的,特别不是一般年轻同志能有的。从三万字上下的硕士论文,到二十几万、三十几万、四十几万甚至五六十万字的博士论文,同学的知识经验有局限很正常,所以要经过训练。所谓严格的系统的学术训练,就是这种方式的具体的训练。

训练同学的综合能力,有时候不光要严格,还有一些技巧性的方法。就像长跑运动员怎么训练,木马运动员怎么训练,游泳运动员怎么训练,足球运动员怎么训练,是有一些不同的技巧的。读书过程中的训练同样要讲究方法。比如,有同学写文章三四十个字一个逗号。这明显就是问题了。我看到这种情况,总笑笑说,这一段只有一个逗号,这就表示念这一段的时候中间不可以停,必须一口气念完。你先坐好,伸伸腰,猛吸一口气,然后开始念,中间不能停。他憋足了气也念不下来,以后就记住了。这就是训练。我年轻的时候有些事也不懂,也是通过学习才明白的。有一次,在办公室里找一个年纪大的老师办事,他给我写一张便条。我看着他掏出钢笔来——那个时候用钢笔,不是现在这种书写笔,一张便条写得工工整整,标点符号一个不差。老师的这种文化素养给我很深的教育。大家要记住,你的文章是给人读的,如果有错别字,有标点符号错误,是一件非常丢面子的事。

系统的训练要由同学发挥主观能动性,也就是说,要自己给自己加压力。有个同学一入学,马上埋头读我们发的学习材料。过去,我们每年把同学们读书过程中互相交流的材料编成一本资料集,里头有同学的开题报告,有同学开会讨论问题的会议记录,有同学和我讨论问题的材料,包括我们的通信和谈话记录,还有同学写的文章的第一稿,之后我和他讨论的记录、通信以及最后的定稿,等等。这些材料借鉴性很强。当年已经编到第七本,每一本大约50到60万字(我们已经把这些材料汇编成十卷本的《博士论文札记》,合计500多万字,准备正式出版出来)。他把这七本材料看完了,自己就到档案馆去了。在档案馆找到资料,提炼出来一个选题,然后来跟我谈。我听完就说,蛮好,你去干吧。这个学生很省心,论文做得非常好。这就是高度的主观能动性。

第五,把方法论的学习放在首位。加强方法论的学习之所以重要,是因为它对培养我们的综合能力具有决定性的影响。如果读三年书在方法论上没有进步,或者说得不到训练,损失非常之大,并且会严重影响博士论文的质量。不过有一条,学思想方法并不是学像现在有些专家那样满嘴的概念。最近读到一篇讨论政治学的文章,通篇都是概念,都是西方学者怎么讲。把西方学者的论点编织起来,形成一个富丽堂皇的观念网。看起来很华美,其实啥也没说,不知道是研究中国还是研究西方,是研究整个西方还是研究西方某一个国家。这是一种非常不好的风气。自己不提出问题,不解决问题,全拿别人的概念来说事。所谓方法就是运用一种学术理论,找到一个恰当的视角,从一个切口往下深入,把这种理论融合到说明特定问题的全部论证过程中去，形成完整的丰富的有说服力的解释体系。我们反复强调，所谓理论的运用，其实都要体现到方法上去，而一定不是通篇概念。

过去，我也读过一些宗教研究的著作，包括一些国外的宗教研究著作，总感觉其中一些做法，让我不是很满意。有同学做宗教研究，我要他去找一个有教堂的村子，研究一下教区里的教民是些什么人，教堂有多长的历史，它传播了些什么，它在社会生活中有什么作用，要不带成见地去调查和研究。这位同学很了不起，找到山东的一个天主教村子，有400多年天主教传教史，村子里有两座教堂。开头村子里不欢迎他，神父也不欢迎他。但是这个同学和村民打成一片，最后负责人把他带到村委会，几个柜子打开来，满满的都是材料。他用文化人类学的方法，写了博士论文也出了书。据我看，这本书目前在国际国内都是一流的水平。很可惜，李老师不当官，没有门路更没有手段。假如李老师有点社会地位，能在学界呼风唤雨，这本书肯定能有一个更好的评价。这里的方法是两个。一是田野调查的方法。他在这个村子里待了一年半，取得了村民的信任，获得了大量的第一手资料，并且做了广泛深入的访谈。二是运用人类学的方法解读各种资料，形成了新的历史书写，提高了宗教学研究的水平。

第六，恰当处理好和导师的关系。按道理，同学来读硕士、博士，和导师的关系应该不会有问题。现在不知道出了什么毛病，经常曝出来一些闹得沸沸扬扬的消息。去年好像还有博士自杀。导师负责指导学生，怎么会弄出这么大的问题呢？我过去听说，不仅一般老师，有些院士导师和学生的关系也是一塌糊涂。特别让人不可理解的是，还有导师和学生在网上互骂。如果出现这样的情况，我认为导师的责任要大于学生。因为导师是大学教授，这个身份是不能随便骂人的。在网上骂学生，更加不成体统。不过，我不赞成导师和学生对骂，主张导师不要在网上骂人，并不是鼓励大家去骂导师。作为硕士、博士，公然在网上骂导师，同样也是缺少品位的。同学和导师之间的矛盾，我认为可能有导师的问题，也可能有同学的问题。要知道，老师和学生是一种缘分。我招了十多年的博士，招了二十多年的硕士，深深感到这种缘分的珍贵。有些学生很好，就是招不进来，后来总结就是没有师生缘。老师和同学的关系，应该随着时代的进步而进步。过去有一个口号，叫作"一日为师，终生为父"。这是传统社会的师生伦理，我不太赞成。韩愈讲的六个字，即传道、授业、解惑，我也认为好像有点过时。传什么道呢？这个社会有什么道，今天应该传什么道，大家能说得清吗？老师传道就很高尚吗？我看也不一定。我对老师的责任有八个字的归纳，叫作学习、示范、批评、服务。老师首先要学习，要终身学习，否则，知识面很窄，指导不了学生的论文。学生的优点老师也要学。我的学生做的那些论文，叫我去做不一定能做得出来。他们有本事，我就要向他们学习。老师要给同学做示范。这个问题你不理解，没关系，我来解释直到你明白为止。老师对同学不对的地方要批评，让同学知道错在哪里。有同学跟我讲，老师，能不能以后不要表扬我？我问为什么？他说，读老师的文章，老师不是主张民主自由的吗？我不愿意被表扬，就不要表扬我。我说，你这一套是从哪里来的，还往民主自由上面套？我在为民主自由奋斗的时候，你在哪里？当年"四人帮"猖狂的时候，李老师跟着一帮人上街刷标语反对"四人帮"，这是李老师很光荣的一笔，李老师反对过自由民主吗？老师不能表扬同学，这是哪一个国家的民主，美国有这种民主吗？老师有权批评同学。如果同学对老师的批评不满意，可以沟通，但是不能有怨恨心理。同学也有权批评老师，决不能说老师不能批评。最近电科大的学生告密老师的学术言论，老师受到处分了。我很愤怒地写文章批评这件事。不到三个小时有5 000多读者阅读，还有460元打赏。我认为鼓励学生告密老师是非常恶劣的行为。我不希望在座的同学有人去揭发任何一位老师。

第七，克服困难，不折不挠地完成学业。现在同学普遍年轻，跟过去不一样了。过去有些同学年纪比较大，有家有口，所以要恰当地处理和家庭的关系。大家没有家庭问题，但是有健康问题。要注意健康。李老师鼓励大家努力读书，克服一切困难，但是不主张拼命，记住，不主张拼命。要有劳有逸，经常锻炼身体，吃得好一点，不要弄出病来。经常有年轻的教师、年轻的学生把身体搞坏，令人非常痛心。最近看到四川内江有一位年轻的女老师说没就没了，还留下一个孩子。这怎么行呢？大家一定要注意好这个问题。这三年或者更长一段时间中，大家会面临很大压力，会面临很多痛苦。但是，要坚信太阳每天都会出来，光明就在眼前。

综合以上七条，我要说的是，天下任何事，成功都不是可以轻易获得的。在各种事业上做的出色的那些人物，无论作家、学者、艺术家、优秀运动员、著名工程师、顶尖棋手、工艺大师等等，无不经过严格的训练和长期的努力，才能脱颖而出。这就是为什么说博士生的学习，本质上就是一种严格的系统的学术训练的缘故。

三

读书是人生的一种塑造，一种机遇，一种技艺，也是一场漫长的修为。同学们来南大读书，只是全部读书经历中的一段旅程。但是，它必然会留下一份勤奋的、诗意的、刻骨铭心的记忆，也必将是自己真正把读书作为一种人生信仰的起点。

衡量硕士、博士研究生的读书成绩,有三项指标:一是优秀的学位论文,二是优良的学术素养,三是优美的人文情怀。这三个优是我们的目标,也是我们衡量读书成绩的三项基本标准。

读书的最好成绩是优秀的学位论文。我过去说过,博士论文就是博士的名片。当然,硕士论文也是硕士的名片。博士论文做得好,碰到出去开会的场合,或者结交新朋友,自我介绍的时候可以直接说我是谁,博士论文是什么。当然,说我是在南京大学读的博士也可以,南大的博士还是很光荣的。但是最重要的名片是你的博士论文。没有好的论文,读过的大学再好也没有用。

读书的最好成绩是优良的学术素养。有了这样的素养,就有了从事科学研究的基础,就有了成长的条件,走到哪里都能够自由地发展。我看到许多年轻同志做了很好的论文,后来发展得十分顺利,非常高兴。有一个博士,博士论文做广西的土司制度与改土归流。回到广西以后,有很好的评价。从百色学院调入广西民族大学,现在是博士生导师。2013年10月7日,他给我写过一封信,我来念一段:

敬爱的李老师,你好,师母好!弟子近况汇报如下:去年12月辞去副院长的职务,转向科研与教学。今明两年可能完成国家课题《滇黔桂交界民族关系》,出版两三部书《广西彝族发展史》《泗城土司资料集》《壮族通史》(土司卷)等,压力比较大。今年开始担任中国近现代史二级学科带头人,在近代史、民族学、壮学等二级学科点带硕士生,上中国民族史本科生、研究生的课。

读到这样的信我非常感动。年轻的学者经过南京大学的学习和训练之后回到地方,回到他所在的大学里,能够不想做官,全心全意地读书、写文章、带学生,这是多么美好的一件事!这封信六年了,今天读来仍然止不住地开心。

读书的最好成绩是养成了民主、自由、科学、道德、人权、法治的知识观,成为一个公道、正直、善良、智慧的知识人。人的这些优良品质从哪里来?从人文主义情怀来。一切腐败、教条、禁锢和恶俗,都不可能有益于滋养人的高尚灵魂。我们不仅要做一篇博士论文,不仅要找到工作,而且要成为这个社会的文化网络中的创造分子。之所以要提出这三个优,优秀的学位论文,优良的学习素养,优美的人文情怀,是因为读书是一个全面的学习、进步的过程。衡量一位年轻的学者,用什么标准?我认为是人格第一,见识第二,学问第三。只有养成了独立的人格,才会有卓越的见识。只有养成了独立人格、拥有卓越见识的专家,才不会趋炎附势,颠倒黑白,胡说八道。不能把学问排在第一位,因为一个没有人格的专家的所谓学问,是丑恶的学问。有些教授去论证英语起源于汉语,这些教授有人格吗?有些教授抹黑民主科学,攻击改革开放,鼓吹极"左"思潮,这些教授有人格吗?读书不一定都能读出真善美来,有可能读出假丑恶。真善美是人类社会最高的哲学范畴,但是,它是从社会精神文化中高度提纯出来的,是非常纯粹的东西。社会的精神文化远远不是这么纯粹,其中包含很多肮脏的黑暗的东西。读书有可能读成一个下流的人,读成一个无耻的人,读成一个不讲原则的人,读成一个不择手段的人。这是非常可怕的。如果培养了这样的学生,就是教育的一种悲哀。最近几个月香港事件以来,我在微信圈里发了二十几份微信,事件发展的全部结果证明我的判断是对的。但是微信圈里就有年轻人胡说八道,我立马把他踢出去了,没有丝毫的含糊,没有必要让他浪费时间。社会变动有时出乎想象。1927年之后,鲁迅看到很多年轻人叛变、出卖,感到非常痛心。这是鲁迅由进化论、人道主义转向阶级论的关键。现在似乎可以说,这个社会如果有什么风吹草动,照样有年轻人手段毒辣。几年之前,我发了一篇研究大饥荒的文章,就遭到一位读过博士的年轻人用很恶毒的语言攻击。我看了很痛心。他被网民痛骂了一顿,很快没声音了。这个事情引起我非常大的震动,有年轻人对学术研究抱这样的态度,这个社会是多么可怕。因此,读书的真义是使自己趋向善、光明和人道主义,为科学文化和社会文明进步,付出我们坚贞的信仰、辛勤的劳动和持久的热爱。

大家到南京大学来读书,这是你们生命过程中非常重要的一页。南京大学是一个有知识传统的地方,是一个有知识精神的地方。举几个例子吧。中央大学时期中文系有一位胡小石教授,蒋介石60大寿的时候,有关方面托人请他写一篇祝寿文章。胡小石回答说,我只会给死人写祭文,不会给活人写寿文。这样的事情,今天不知道还会不会发生。外语学院德文系有一位张威廉教授,去世大约有十多年了,大家可能不熟悉。他生于1902年,24岁就写过一本《德国文学史大纲》,是我国德国文学、德语教育和中德比较文学最著名的专家之一。过去有一个说法叫作北冯南张,北冯就是冯至,南张就是张威廉。他活了一百多岁,记得好像是2004年前后去世的。当时我们学校的主校区还在鼓楼,逸夫馆对面有一面广告墙,每到答辩期,大家都把答辩海报贴在那里。正常情况下答辩海报贴上去,不出两天就被覆盖掉。但是张威廉先生的讣告,前后一个来月没有被覆盖。我隔三岔五从那里经过,留下了深刻的印象。这说明什么?说明在南大这块土地上,人们是尊重专家、尊重知识的。这种尊重是深入骨髓的。中文系有一位赵瑞蕻教授,这位先生也去世许多年了。我们过去曾经住得很靠近,有机会常在一起聊天。他是中国现代著名的诗人、作家、评论家。有一本法国著名小说《红与黑》就是他翻译的。而且在几个版本里头,他的翻译比较好。赵先生在文学评论方面有非常杰出的贡献。他曾经提出,对历史上的文学家,要从时代、社会、思潮、艺术和影响五个方面进行综合评价。他认为古今中外一共出现过22位伟大的文学家,其中,中国占两位。一位是杜甫,一位是鲁迅。他说,鲁迅之后

还有没有作家可以进入这个名单,现在不好说。赵先生是非常了不起的专家,他对大学教授有一个特别深刻的定义。他说:

  教授是一个崇高光荣的称号,教授的工作是庄严的神圣的;教授是一个国家民族的智慧、各种学科知识的集中者,是文化教育最高的体现者,民族文化学术传统勇敢的捍卫者。世界各国都尊重大学教授,他们是社会的良心,体现了一个民族的气质和品质,代表了文化学术的水平。

  赵先生这段话写在一篇回忆大学老师吴宓教授的文章里。吴宓教授是南大历史上"学衡派"的重要代表人物。可是吴宓教授死得很惨,临死还在喊:"我是吴宓教授,给我水喝!我是吴宓教授,给我饭吃!我是吴宓教授,给我开灯!"赵先生谈到老师悲惨的"文革"遭遇之后,说了上面这段话。这是他发出的要求社会尊重知识、尊重教授的最强烈的呼吁!他对大学教授的定义,代表了南大人和整个知识界对教授的价值认同,代表了社会的良知。赵先生对知识的忠诚,遵循了他的老师吴宓教授的教诲。吴宓教授曾经告诉他:

  文化所能望见的比机械深远得多,文化憎恶仇恨,文化具有一种伟大的热情,这就是甜蜜和光明的热情。它甚至还有更伟大的热情——使甜蜜和光明在世上盛行。

  这是吴宓教授对赵瑞蕻教授的教导,这也是我们南京大学的精神,是南大几代学人用毕生心血构造起来的知识阶级的气节和品质,是在这片校园的天空照耀我们的无穷无尽的人文主义的灿烂阳光。我们应当永远不要辜负前辈赋予的教养和期望!

  最后赠送给大家两句话:

  除了做梦,每一天都是未来。

  知识的神明永在,它将召唤我们砥砺前行。

  衷心祝福大家,谢谢!

(本文是作者2019年9月9日应邀在南京大学历史学院硕士、博士新生入学报告会上的报告,张成洁根据录音整理,本人审定,原载《淮阴师范学院学报》2020年第1期。2020年4月23日,《淮阴师范学院学报》公众号发布,阅读量3 888)

选题是学位论文的关键

——对南京大学历史学院 2021 级硕、博研究生的入学讲座[①]

  今天讲座的主题是"选题",这是学院的命题。我准备讲四个问题。一、选题是一个学科化、批量化知识生产的概念;二、我对选题重要性的理解;三、衡量选题价值的四个指标;四、如何才能找到一个好选题。

一

  目前,在人文社会科学的所有学科,选题都是一个很重要的概念。特别是在研究生教育领域,在完成学位论文的问题上,几乎人人无法回避。老师碰到学生会问,你的选题定了没有?你做什么选题?同学之间也会互相问。"选题"是什么意思呢?选题的基本含义就是论文的主题。

  目前和选题意思相近或者用法相近的词有这样几个,即"题目""课题"和"项目"。题目是指文章的篇目,或者说书和文章的标题。查一本书要查书名,查论文要查篇目。现在网上查资料,可以先输入关键词,再挑书籍、论文。在图书馆借阅,要先把书目调出来。文章的题目,是文章内容的概括。同样的文章,同样的内容,可以概括为不一样的题目。常常有这样的情况。原来这篇文章写什么、

[①] 此次讲座应历史学院邀请,作于 2021 年 11 月 7 日下午。11 月 5 日,历史学院研究生会公众号发布预告,题为"李良玉:为什么说选题决定论文:和历史学硕、博士研究生谈学位论文",阅读量 3 516。同日,公众号"历史学研究通讯"转发,阅读量 2 454。11 月 9 日,历史学院研究生会公众号发布同题讲座内容报道,阅读量 2 101。11 月 10 日,历史学院官网发布同题内容报道,阅读量 1 877。学院官网称:"本次讲座由南京大学历史学院党委副书记任玲玲老师主持,并于腾讯会议同步直播。会议现场有近 200 人学习,其中包括历史学院 2021 级硕、博新生和南大中文、哲学、信息管理等专业的硕、博同学。同时,有 1 200 多人在线参加,他们是来自全国各地高校和研究机构的老师和硕、博研究生。现场和线上秩序井然,气氛热烈。"

怎么写有一个想法，写成了也符合原先的想法，但是题目不太好定。题目和文章的内容是一致的，但不是机械一致。一个好的题目，会把文章的内容表达得非常形象。当然，现在为了吸引读者，流行一种标题党的做法，把题目弄得耸人听闻，这不在本文讨论的范围。

在提炼题目方面，不少人存在短板。常常看到有些文章立意好，内容也好，但题目不够好。原因是推敲不够。前两年，我曾在某大学做过一次关于旅游学的报告，后来把录音整理成文。推敲题目的时候，拟了几个都不满意。作报告的题目是《旅游与文化》，形成文章自然要换。反复考虑，最后定的是《文化认知视角下的旅游》。这是一个我自己的例子。它告诉我们，同样一篇文章，题目就像人们穿衣服一样，衣服漂亮，人也精神。所以，不仅要把文章写好，题目还要起好，才能准确地、生动地反映内容，吸引读者注意。

"课题"的本义，是要研究的问题，或者是要解决的事项。比如说，做一篇好的论文，尽快答辩获得学位，是摆在每个研究生面前的重要课题。这就是要完成的任务。研究人员所讲的课题，通常是指要研究什么问题。

项目本来的含义，是把某一个任务，分解成几个子项来处理。比如一个大的工程，常常分别由几个项目部门负责不同的子工程。而在社科规划界是指你报了一个课题，被批准立项了，成了被认可的能够获得资助的研究任务。实际上，它就是课题申报者经过若干程序，所报的课题被管理部门批准以后，成了科研体制内的研究计划。或者，也可以理解为研究人员通过申报程序，使自己的研究成果成了科研规划作品。

选题这个词过去用得多的是出版社，或者杂志社。每个月、每个季度或者年终，他们都要讨论选题。准备出什么书、发表什么文章，提前讨论选题计划。出版社也会给读者选题说明书，把要出的书，书名是什么，内容是什么，作者有几位，写在说明书上提交讨论和报批。选题也可以理解为写文章的题材，现在和大学的研究生教育结合在一起，几乎变成了一个流行的词。

选题这个词在大学里流行起来，不超过40年，其中最重要的是最近20年。过去大学里没有这方面的明显概念，因为申报社科项目经常要用这个词，慢慢地，它就流行起来了。现在，这个词基本上起三个作用，一是各个学科的硕士、博士研究生确定学位论文主题的时候要用。二是各个领域的专家申报社科项目的时候要用。同时流行的还有"课题"，课题申报书实际上就是选题申报书。三是出版部门、杂志社讨论出版计划的时候要用。

为什么说选题是一个学科化、批量化知识生产的概念呢？这实际上是一个社会语言学的问题，很值得研究。历史学作为知识生产的一个高等教育部门，一般说来，是在近代产生的。古人没有历史学的专门教育。科举时代读四书五经。

上古时代,孔子讲"六艺",不专门讲史学。孔子是历史学的鼻祖,但孔子培养的学生似乎没有历史学家。司马迁是史圣,但是司马迁好像也没有办学校,培养学生成为历史学家。当然,不排除那些时代人们对历史感兴趣,少数知识分子有很好的史学素养。

同时,古代的历史学家基本都是个体户。比如孔子、司马迁,都是单干;班固可以说是家庭作坊。他们都是自己写书,没有通过学校培养一批人研究历史。大约从唐宋起,开始组班子写作史书了。魏征主编《隋书》有不少人参与。后唐时期开始编的《旧唐书》,也是有班子的。北宋编《新唐书》《资治通鉴》,都不是个人单干。司马光写《资治通鉴》是三个人分工写,由司马光统稿。专家说,现在国家图书馆里还保存了一张司马光修改稿件的原稿。据称司马光统稿的稿纸堆满了两个房间,但后来慢慢散失了,只剩下了这张纸。总之,那个时代没有历史学的科班教育。

从学术研究成果的角度分析,传统时代的史学著作有多种形式。比如,以二十四史为代表的系统的史书、史学理论、专门研究、政论文等等。

所谓系统的史书,不仅有二十四史,其他各种公私历史著述当然也包括在内,例如地方志等等。二十四史的很多方面,体现了作者的编撰思想。其中,那些点评文字,比如《史记》里面的"太史公曰"、《三国志》里面的"评曰",等等,直接体现了作者的看法,值得仔细研究。

举一个《史记·吕太后本纪》的例子。这篇本纪的"太史公曰"说:

孝惠皇帝、高后之时,黎民得离战国之苦,君臣俱欲休息乎无为。故惠帝垂拱,高后女主称制,政不出房户,天下晏然。刑罚罕用,罪人是希。民务稼穑,衣食滋殖。

司马迁肯定了吕后执政时期不折腾百姓,社会宽松,农业发展,人民生活安定。这个评价是对的,为后来《汉书》照录。但是,通观这篇本纪,司马迁的笔下,吕后把持权力,刻薄阴险,手段残忍,几乎毁了汉初的政统,造成了一场严重的政治危机。由于周勃、陈平等人在吕后死后马上采取措施,发动宫廷政变,这才稳定了政权。把司马迁的"太史公曰"和《吕太后本纪》对照起来读,就可以发现司马迁笔法的深刻。汉惠帝是刘邦死后马上登位的,但司马迁没有为他写本纪,而是违反常规写了吕后的本纪,只在其中附带记录了惠帝的事迹(《汉书》做了弥补,增加了惠帝的"本纪",但内容干瘪,几不成篇)。对吕后这样的太后兼元老级人物的恶行的记载,事实上是有损于汉初王朝的政治形象的。另一方面,以周勃、陈平为主的元老集团铲除诸吕甚至连带几个刘氏宗室成员,其宫廷政变的方式,恐怕也不会为汉代统治者所喜闻乐见。周勃后来一再遭遇政治危机,差点被以谋反罪清除,就是一个证明。但是反过来说,如果没有周勃、陈平等人的果断措施,刘氏集团、元老集团和吕氏集团之间势必火并，天下必然大乱。不如实交代这段事实，文景时代的政治合法性都不存在。司马迁的记载当然更符合历史的大势。这样的史学价值及其所体现的社会规律，不是狭隘的汉代统治者能够认识的。

　　史学理论方面最主要的代表作是刘知几的《史通》、章学诚的《文史通义》等，它们是传统时代史学理论的精华。历史学家的读史心得，比如王夫之的那些书，是很有名的著作。古人还常常穷其一生精力研究某个问题。比如清代学者顾祖禹，只活了 62 岁，却花 30 多年撰写《读史方舆纪要》130 卷，死后才出版。古代政论文通常归类在文学作品中，但它们不仅有文学性，也有史学性，而且风格上和现代史学论文比较接近。当然古人写政论文和现在写史学论文不一样。比如，苏东坡的父亲苏洵写过一篇《管仲论》，全文只有 850 个字上下。今天要是拿来申报职称也许都不具备资格，因为太短了。他说，管仲临死的时候，齐桓公去探视，问以后事。管仲提醒说，有三个小人你要注意。苏洵说，管仲作为一个政治家，临死应该为国家物色优秀的人接班。可是他没有做到这一点就死了，是对国家的不负责任：

　　　　夫国以一人兴，以一人亡；贤者不恐其身之死，而忧国之衰。故必复有贤者，而后可以死。彼管仲者，何以死哉？

　　苏洵的讨论有"论从史出"的影子，所以说，这种政论文和今天的史学论文有某种相近的地方。当然，古人有许多专题性的史学研究，多半是书籍，应该把它们看作专著。

　　选题这个词在历史学界流行起来有哪些因素呢？

　　第一，近代教育的转型。这是一个比较长远的体制化的背景。近代新式大学出来以后，历史学正式成为一个学科，负有专门培养史学人才的使命。历史学科班化教育的一个特点，就是对学生读历史、写论文进行专门训练，使解读历史的方法可复制地造就学生。

　　在近代中国大学的开创时期，好像有三所大学比较值得注意。一是京师大学堂，也就是北京大学的前身；一是北洋大学，也就是天津大学的前身；一是山西大学。其中北洋大学是一所工科学校，好像跟历史学没有关系。有关系的是另外两所。山西大学据说 1902 年就开了西洋史和中国古代史的课程，北京大学据说是 1903 年设立了中国史学门和外国史学门。我们南京大学的前身——三江师范学堂筹办于 1902 年，开学于 1903 年，有材料说开学伊始就有历史学科。当然，有的校史著作的记录必须仔细推敲。

　　第二，研究生教育制度的恢复。"文革"后这个制度的恢复，使得史学论文的生产不仅逐步提高质量，而且逐步体制化。研究生教育起源于民国时期。1918年北京大学开始，清华 1925 年开始，中央大学 1934 年开始。新中国 1952 年开始招研究生,全国只招了214人。1955年决定培养副博士,1956年全国第一批招了1 015人。改革开放以来,1981年恢复招生,但规模很小。1987年全国招收博士4 000人,当年共有3 800个导师。1998年以后逐步增加,现在规模上已经超过了美国。南京大学1994年招了170个博士,到2003年,每年招800人,之后逐步增加。为了列举我们历史学院的数据,昨晚对《桃李芬芳——南京大学历史系110周年庆典》(南京大学历史系2012年5月编印)公布的名录进行了统计。中央大学历史系1941年、1947年、1948年三年招了硕士研究生10人;南京大学历史系1962—1966年只招了3个研究生;1978—2008年的30年间,招收了1 455个硕士;1981到2008年的28年间,招收了795个博士。硕士研究生和博士研究生的招生,使得论文的生产具有批量化的性质,而选题自然也成了一个经常性的问题。我的第一批博士2001年入学,到2012年,一共招了46人;1992到2011年,一共招了26个硕士。硕士论文的选题稍微好办一点,压力不是很大;压力大的是博士论文选题。

第三,强势流行的规划科研。现在,所有大学、研究机构,项目申报已经成了中心工作之一。对所有教师、研究人员来说,有没有项目关系许多切身利益。以上三个因素中,硕、博研究生教育和课题申报的需要,是造成"选题"这个词广泛流行的最主要的因素。

我认为,可以把选题这个词固定下来,作为指代学位论文主题的一个概念。我最早在正规场合使用选题这个词,是1999年5月。当时准备申请博士导师资格。申请表有一项是被批准后的工作打算。我写了五项,它们体现了我后来的工作思路。其中第三项是:"在学位论文的选题方面,加强选题论证,选择国内外最前沿的课题。"[1]2000年9月,我写过一篇文章,即《提高博士论文质量应当注意的几个要点》[2]。这时我准备招生了,开始考虑博士生的培养有哪些环节,应该如何提高论文质量。文章就是为此而写,其中用的是"课题"这个词。经过2001到2005年的实践和总结,觉得还是"选题"这个词好。当年内部开会专门讨论选题,我在会上的发言被整理成文,在《江苏大学学报(社会科学版)》发表了,题目就是《关于博士论文的选题问题》[3]。选题这个词和课题比,课题指既定的主题,选题不仅表示是个选项,而且隐含有一个选择的过程。

---

[1] 这段文字后来题名《关于培养博士生的设想》,收入拙著《变动时代的记录》一书。

[2] 此文原载《聊城大学学报》2002年第2期;又载《李良玉历史研究与教育文选》,知识产权出版社,2006年版。

[3] 此文载《江苏大学学报》2006年第2期。

二

过去大学里很少讨论选题。大家各有自己的研究领域,互相之间多半问:"你最近在搞什么?"议论到某个专家的时候,如果对他不太了解会问:"这个人是搞什么的?"选题、课题或者项目的概念都很淡。

我接触选题问题,是在我自己招收研究生之前。这里要谈到我的导师蔡少卿教授。他1984年开始招收硕士,1992年开始招收博士。他早期的硕士和博士的一些事情,蔡老师命我帮他处理。这是蔡老师对我的提携和教育[①]。我记得,有一位同学自己定的博士论文题目,蔡老师不满意。后来他对同学讲,你去跟李老师谈谈吧。同学来我家说:"李老师,蔡老师交给您一个任务。我定了三个题目,蔡老师都不满意。现在请您帮忙。"我说:"你不要假传圣旨啊。"他说:"我哪里敢瞎讲。"我当场打电话请示蔡老师,蔡老师说:"是的,是我让他找你的,你帮他弄一弄吧。"于是我就和他聊了半个小时,给他出了一个题。他很开心,回去报告蔡老师。蔡老师说,很好,就做这个题。结果这个题做出来很成功。为什么选题很重要,道理就在这里。

以下几点,可以代表我对选题重要性的认识:

第一,在实践中有意识地培养选题意识。2005年,我们曾经内部讨论选题,硕士、博士一起讨论选题怎么找,什么样的选题是好选题,怎么才能把定好的选题做好。这里有一系列技术性的问题。我们的同学都非常自觉,他们互相之间就有讨论选题、找好选题的风气。有些选题是在同学互相讨论中形成的。有几次同学跑过来说:"李老师,我跟同学商量了一下,想做某个题。"我说肯定可以啊。所以,同学之间相互讨论非常重要。我招收了46个博士,每个人都必须做开题报告。所有人的选题都必须要经过我点头,否则不能做。一定要优中选优,好中选好。任玲玲书记的博士论文研究浩然。"文革"时期有八个样板戏一个作家,这个作家就是浩然。她通过政治化写作的视角分析浩然,选题就非常好,好像还没有注意到有同类的著作。书出版了,也没有什么异议。

第二,在所有社科评奖,或者项目评审过程中,都把选题放在第一位。衡量一份作品,哪怕写得再好,如果选题不行,我肯定不会给差评,但也不会给高分。

[①] 参阅李良玉:《18年来的师生情:兼谈蔡少卿教授对社会史研究的贡献》,载《我看中国秘密社会——蔡少卿教授执教五十周年暨七十华诞纪念文集》,广西人民出版社,2002年版。此文又收录于《柳叶集——李良玉博士生教育文录》,合肥工业大学出版社,2009年版,题为《18年来的师生情》。

假如衡量作品的总分是10分的话,我主张选题这一项应该占5分。也就是说,在评价指数中占50%。2014年4月9日,我受邀参加国家社科项目通讯评审。评审指标是三个:选题3分;论证5分;基础研究2分。我在评审表上写了以下建议:"建议规划办改变评审表中三个评价指标的权重,可考虑提高选题的权重,将其提高到5,将论证的权重降低为3,因为选题是关键。"同年9月25日,上海市社科规划办来宁征求对哲学社会科学评奖办法的意见(会议在华东饭店召开,我记得参加者还有东南大学人文学院的王珏教授等人)。我同样建议他们修改评价指标。他们原先有7个指标:理论方法和叙事的创新性占3.5分,论证的严谨性占1.5分,阐述的系统性占1分,引证的规范性占0.5分,研究的难度占1分,资料的来源占1分,学术评价占1.5分。我建议把七项改为五项,分值也调整,选题这一项改为5分(这些建议他们是否采纳不清楚)。按照我的标准,有作品拿来评奖,选题不好,扣掉2分,就只剩了3分。其他四个指标里面,稍微再扣掉一点,评奖就很难了。这就是选题的决定性(这里只根据指标做抽象讨论,不涉及具体评奖,因为评奖的实际操作非常复杂。一般情况下,评奖首先评关系,这里就不说了)。现在,有大量的重复作品,大量的炒冷饭作品。重复是重复别人,炒冷饭是炒自己。平常在审稿中,也经常发现这样的文章。一看就明白,都是许多年之前有人写过的选题,甚至写得很多的。我公开质疑过,许多名人,例如康有为、梁启超、严复、孙中山、陈独秀、鲁迅、李大钊、胡适等,有多少硕士、博士做过论文? 大家可以查一下,光研究孙中山一个人就写过多少篇博士论文? 我非常推崇孙中山先生的伟大功绩,赞扬他对中国历史的崇高贡献。我专门写过讴歌辛亥革命、赞美孙中山的论文,这都是有据可查的[①]。但做博士论文是不能这样的。因为历史太丰富了,可以研究的题目太多了,不需要大家一窝蜂地奔着少数名人而去。有许多文章,甲讲了七分,乙讲了八分,丙讲了九分。就九分的文章来说,前面的八分可能都是重复其他人的意见,作者自己的发明只有一分。这种文章写了干什么呢? 我跟年轻人说过,如果写一篇文章,这个问题上的知识空间是10分,至少要把十分之八占掉。别人想天大的办法,绞尽脑汁,最多只能占2分。相比之下,你有十分之八,他有十分之二,还是没有超过你。你在先,他在后,你不可能抄袭他,他有抄袭你的危险。我坚决反对同一个选题写几

[①] 需要说明一下。研究成果有几种不同的情况,各有其意义。比如人物研究,收集到原始资料并且把它公布出来,这是研究成果;依据某种资料,考证其人之家世、生平甚至某个细节,这是研究成果;编辑其人文选集,这是研究成果;全面叙述他的生平,例如撰写评传、年谱等,这是研究成果;讨论他的思想,包括一生思想发展或某一思想观点,这是研究成果;等等。以上各种成果都是有益的,这里批评的主要是那些雷同的作品。

篇文章。现在不少人因为急功近利,要凑论文数,于是不惜零打碎敲,把一个选题拆成几篇文章写。这是只看到眼前有利益的事情,但是从个人学术成长的长远眼光看,得不偿失,不应提倡。

第三,在一应杂志审稿,博士论文答辩,博士论文评审、盲审、复检,项目立项评审、结项评审,博士论文后期资助评审等活动中,都把选题放在第一位,炒冷饭的题一律不给高分。

第四,在和年轻学者——包括我的学生、其他老师的学生、外校学生,甚至外地、外省学生讨论文章、交流经验的时候,都建议他们把抓选题放在首要位置。有时候,有年轻朋友拿来一篇文章,想修改一下去投稿,要求讨论一下。我的办法是首先看选题怎么样,或者说,看从材料中提炼出来的主题好不好。一般说来,评价文章有四个指标,即选题,结构,观点,文字。掌握了这四个指标,写文章不难,评论文章也不难。别人拿文章来和你讨论,按照这四条去分析大体上不会错。其中,选题排在首位。选题不对,后面三条就不用讨论了。

三

既然谈选题,自然有选题价值不同的问题。衡量选题价值有四个指标,也就是四个性:问题性、时代性、标志性、可操作性。现在,就来解释一下。

第一,问题性。这是说选题所要解决的问题,是一个真问题,一个有意义的问题,不是一个伪命题。经常有人把文章写得很长,但讨论的却可能是一个伪命题。这是学术研究特别要注意避免的。有些讨论没有什么意义,这类没有价值的文章写了干吗?文章写出来是给人读的,如果别人读的兴趣都没有,你工作的价值在哪里?

经常听到或者看到有人提"问题意识",那么,问题意识究竟指什么?我认为,它是一种研究人员的思维习惯,也是一种提出问题的方法论。所谓提出问题是多方面的。比如,读一篇论文,能不能看出其中论证逻辑上的矛盾?讨论一个选题,能不能指出必须从哪几个方面解释它?读一堆资料,能不能把其中所包含的需要揭示的问题提炼出来?一般说来,这是"问题意识"最本质的意义。所谓"把死的材料做成活的文章",就是把材料所反映的社会实际情况和问题归纳出来,加以说明,从而获得某种历史真相和演变规律。根据这个意思,也可以说,选题就是课题,课题就是问题。

对于博士论文应该讨论的问题,我曾经说过:

所谓博士论文,就是提出问题并给了充分说明的专题性研究论文,或者说专题性学术著作。这里说到"提出问题",那么,什么样的问题才是博士论文应该讨论的呢？我以为有四条标准：一是一个学术问题；二是一个值得讨论的问题；三是一个过去甚少讨论甚至未曾被注意的问题；四是一个能够找到丰富材料进行论证的问题。凡不合乎这四项标准的问题，都不应该作为博士论文的选项。或者说，所有讨论不合乎这四项标准的问题的论文，都不合乎博士论文的学术水平。①

这个看法，应该是对的，供大家参考。

第二，时代性。我们这里讲的时代，不是大的政治时代。做学术研究跟大的时代有关联，但这里讲的时代性不是这个含义，而是从学术思潮的角度讲的。那么，学术思潮意义上的时代是什么含义呢？我认为，一个时代的学术思潮，常常是这个时代的学人最敏感的心理渴望，是他们思维逻辑和学术良知在知识价值上的体现。他们的知识追求常常会在某些学术问题上心灵感应一样地触发出来，而且会很快引起共鸣。这就是我们要抓的学术思潮的时代。一个时代的学术思潮，有它构成的原理，其中最重要的原理就是知识逻辑和不同价值的碰撞。

理解这个问题需要时间。下面，举三个古人的例子。

一个是汉代的贾谊，他写过一篇《过秦论》。"过"，就是批判，这是他对秦王朝的批评。他说秦始皇统一国家以后："废先王之道，焚百家之言，以愚黔首；隳名城，杀豪杰；收天下之兵，聚之咸阳；销锋镝，铸以为金人十二，以弱天下之民。"秦始皇这么厉害，秦王朝却二世而亡。这是为什么？原因在哪里？他说："一夫作难而七庙隳，身死人手，为天下笑者，何也？仁义不施而攻守之势异也。"

一个是柳宗元，他写过一篇《封建论》。柳宗元批评秦王朝："亟役万人，暴其威刑，竭其货贿。负锄梃谪戍之徒，圜视而合从，大呼而成群。时则有叛人而无叛吏，人怨于下而吏畏于上。天下相合，杀守劫令而并起。咎在人怨，非郡邑之制失也。"什么意思呢？秦王朝花了那么大的精力统一了国家，但是动不动就驱使上万民夫，实行残暴的酷刑统治，耗干了人民的血汗。因此，像陈胜、吴广那样的造反之人，一呼而百应。他认为，秦王朝的灭亡，咎在"人怨"而已，不在于秦王朝实行的郡县制。

一个是杜牧，他写过一篇《阿房宫赋》。肯定有不少同学读过，杜牧写这篇文章的时候23岁。文章开门见山："六王毕，四海一，蜀山兀，阿房出。覆压三百余里，隔离天日。"非常简洁地把三百里阿房宫的气势交代出来。他总结了秦王朝灭亡的根源："呜呼！灭六国者，六国也，非秦也，非天下也。族秦者，秦也，非天下也。嗟乎！使六国各爱其人，则足以拒秦。使秦复爱六国之人，则递三世可至万世而为君，谁得而族灭也？秦人不暇自哀而后人哀之；后人哀之而不鉴之，亦

---

① 《在李东明博士论文答辩会上的发言》（2021年3月31日），未刊稿。

使后人而复哀后人也。"

贾谊是公元前200年出生的,杜牧大约是公元852年去世的,三个人的生存年代加起来是1052年。把他们发蒙成长的时间扣掉,三篇文章大约相隔1000年。这些文章的价值体现在哪里呢？体现在高度的民本主义思想。在皇权时代,相对于皇权主义和官本位思想,民本主义是相对优良的政治哲学。至少,可以在政治价值上构成某种制约。过去讲汉武帝独尊儒术,这可能有争议。到底汉武帝有没有马上实现独尊儒术,可以不去讨论,而只把它当作一个标志。贾谊是汉文帝时代的人,《过秦论》的思想,应该是汉代的统治思想从黄老之术向独尊儒术转变的一个重要环节。他们批评秦王朝"仁义不施""暴其刑威",主张"爱人"和"仁政",张扬了进步的历史观。从国家政治制度的观念上来看,它们同样是非常卓越的。唐代从唐玄宗开始,就基本上形成了藩镇割据的局面。安史之乱是第一个大爆发,从此以后中央政权的能力急剧下降,整个唐王朝处在衰败的过程之中。藩镇割据的问题一直没有解决,最后唐王朝也灭亡于藩镇割据。在这样的情况之下,柳宗元肯定秦王朝的灭亡跟郡县制没有关系,跟中央集权没有关系。他对封建制的批评与藩镇割据的现实针锋相对。他对一些错误的政治偏见的驳斥,闪耀着灿烂的思想光芒。这就是从学术思潮上把握文章的时代价值。

第三,标志性。可能大家感到很为难,一个年轻的博士或者硕士,他的论文有没有可能达到标志性的程度？这似乎值得怀疑。同学甚至会质疑我,老师的研究有标志性吗？同学有权这样质疑。因此,我们不应该把这个标志性弄成一个绝对的条件。可以把它分解一下,分成四个层次。(一)导师指导的同学中的代表作。导师前后招了20个同学,你的论文是上等的。(二)同时毕业的本专业的代表作。比如,中国近现代史专业今年毕业了20位同学,你的论文是其中比较好的。(三)同时代这个领域的代表作。"这个领域"是限制范围。比如,在研究某个时期的土地问题的著作中,你的论文是好的;在研究某个时期的赋税问题方面,你的论文是好的;在研究某个历史人物的著作里,你的论文是好的;等等。说白了,你研究什么问题,在这个问题上你的论文是上等的。(四)一个时代的精品之作。这个要求比较高。这种论文还是有的,但是难度比较大。所谓标志性,就是这样几个目标,其中最难的是作为一个时代的精品之作。对绝大多数同学来讲,可以争取,但很难做到。其他几条,都具有争取达到的现实性。

第四,可操作性。我们讲选题好,论文好,对于年轻的博士来讲,也是相对的。其中最重要的影响因素有两个,一是要有前瞻性。不要去找那些曾经被反复讨论的问题。对下一个学术思潮、下一个人们感兴趣的领域,要有一定的超前认识。但是,又要注意学术上的过度超前有副作用。

1993年，我发表过一篇《关于问题与主义之争的历史考辨》①，从十个方面考证了胡适在这场争论中的立场和观点。我想这个选题"文革"时期就不用谈了，20世纪80年代人们的认识也还达不到。1993年初发出来的时候，仍然具有前瞻性，所以有一定影响。这就是前瞻性的重要性。同时，又不能过度。年轻的同学做论文，要注意不出政治问题。这么说的本意是爱护大家。我的学生一律不允许随便乱讲，必须严格地限定在学术的范畴内，以学术的眼光讨论任何问题，始终坚持平实的学理性标准。我提倡安心读书，学有所成；关心政治，远离地雷。

二是有资料基础，可操作性主要就是有资料。举个不一定恰当的例子。最近有一本书，叫《军机处200年》。这个专家看到了很多档案，把清代200年中军机处怎么运作的，从国家制度体系上研究。这样的著作有意思。但是，假如给同学出一个题，"中共中央政治局四十年来的会议记录研究"，可不可以？当然可以。这样的题非常好，目的是赞美和理清中国改革开放的决策源流。但是不具备操作性，国家的档案制度就不允许。许多档案按法律规定都还没有解密，怎么研究？常常有许多选题想法很好，但现实却很骨感。有些历史事件需要回避，或者需要等待。哪怕研究一个历史人物，都有一些禁忌不能碰。前几年，学校和历史学院委托几个同学来做口述史资料，我跟他们谈了三次。我很认真，但是只谈到1977年。我跟他们说，1977年以后不能再讲了。谈话记录和录音都交给了档案馆。像我这样一个再平凡不过的人，都有许多不能马上谈的东西，研究历史哪里会那么简单？

四

如何找选题，怎样才能找到一个好的选题，这是每个研究生都想知道的事。我送给大家四句话，第一，会哭的孩子多吃奶；第二，晴川历历汉阳树；第三，书山有路勤为径；第四，识时务者为俊杰。

会哭的孩子多吃奶。这是过去时代留下来的谚语。那时候一个家庭好几个孩子，肯定是谁哭得凶谁多吃几口。用在这里是什么意思呢？就是在选题问题上，乃至于在整个读博士的过程中，都要跟导师沟通好。有些同学读到一半读不下去了，甚至在第八年给清退掉。原因很复杂，但和导师沟通不够，肯定是其中之一。我过去说过，学生要善于利用老师。这么讲疑似有点庸俗，怎么能利用老师呢？实际的意思是，要主动借助于老师。你解决不了的问题，老师也许能解决。

---

① 此文载《南京大学学报》1993年第1期，又载《李良玉史学文选》，合肥工业大学出版社，2007年版。

现在,大学里的师生关系好像是个敏感问题,时不时会有一些负面的消息传出来。前几天,网上报道某大学处理某硕士的论文涉嫌抄袭问题。结果是查实无误,该同学硕士学位被撤销,导师的指导教师资格也被撤销。这类事肯定会影响社会对大学老师的心理预期。但是,我要借这个场合声明,在今天的大学里,绝大多数老师是负责的,并且有足够的经验和能力指导同学。我尤其要声明,历史学院所有在职老师都是非常出色的,他们比我强十倍。希望大家充分信任老师,同时,也要理解导师。导师带一批同学,要帮大家找到合适的选题,也要殚精竭虑。因此,要提倡师生合作,共同把事情做好。

晴川历历汉阳树。这是从崔颢的《黄鹤楼》里来的,说的是作者登上了黄鹤楼,西边汉阳那块地上的绿树看得很清楚。什么意思呢?就是找一个好的选题,犹如登高望远,如此才能看清目标。有四个问题要注意:一是要查一下导师过去指导的选题,看看前面的同学做过什么。二是查查本专业同学过去的选题,看看他们做过什么。三是查查在你的选题上,过去有没有人做过。四是综合评估一下,在你定的目标上,别人做得怎样,能不能超过他们。这一点很重要,不等于人家做过的题就不能做。一般情况下要注意回避,别人做过的,尽量不要去碰。因为容易撞车,而且超不过别人就是失败。前面讲过,总体知识空间 10 分,人家做了 8 分,你再做等于白搭。所以,要把学术动态搞清楚,不要做无用功。

书山有路勤为径。是指你要去读书,特别是挖材料,读材料,盘材料。读了很多史料,加上了解了动态,就可能激发灵感。做论文,一定要大量地读书、读材料。虽然没有捷径,但是可以有灵感。同样的材料,别人从那个角度解释,我可以从这个角度解释。并不是说材料只能用一次。同样的材料,不同的视角,不同的方法,可以做不同的文章。

识时务者为俊杰。这一点特别体现在材料的收集上。环境在不断变化,因此收集材料,确定选题,也要随之不断变化。近现代史的论文,要多到网上去找档案。比如,可以通过有关渠道去查国外的档案,国内档案馆很多材料网上也有,当代史的论文尤其要注意收集档案。有些问题如果缺档案,讨论起来将很困难。但是,有些不需要利用档案的问题,找起材料来就容易得多。因此,不依赖档案,转头去搜集民间资料,去泡图书馆,去找最新出版的文献,是一个好的方向。据有关专家估计,1949 年之前,国内出版的期刊大约 5 万多种,报纸大约 1 万多种。晚清到民国,国内出版的图书大约 60 万种①。许多年前,我曾在图书馆系统地读过好几份报纸,收获特别大。而且现在许多旧报纸有电子版,网上阅读很方便;最近香港出了一套张国焘的文集,省社科院也将出一套 50 来卷的大

---

① 《张伟谈近代文献的搜集、整理与研究》,《上海书评》2021 年 11 月 21 日。

运河史料；晚清有一套书叫《皇朝经世文编》，几十卷。以上种种材料，从中找选题的空间，应该很大。说得离题一点。不知道在座的有没有古代史的研究生？在保持原典的前提下，按照现代字典学的方法，组织现代版《说文解字》，我认为功德无量。同样，在保持《康熙字典》原典内容的前提下，用现代字典学的方法，编辑出版现代版的《康熙字典》，意义十分重大。这些书我也经常使用，深感有必要把它修订为现代版。当然，这是很大的文化工程，不是博士论文可以做的。传统典籍要用现代文化、现代技术的方法转化，使之成为富有现代风格的文化经典。最近上海有关单位在筹办"郑超麟在上海中共中央机关学术研讨会"，我认为很有意思。有人研究罗章龙与中国经济史研究的关系，他有哪些观点。李敖的儿子利用台湾地区的档案，写了一本关于向忠发的书（李戡：《向忠发与中国共产革命》，香港城市大学出版社），超过了既往的研究。所以，找材料不难，难的是转变思路。

总体上讲，硕士论文也好，博士论文也好，对年轻人来讲，是一个特别重要的新起点。做好论文，将是人生精彩的一笔。好的选题将使你的论文为之一亮，好的论文将使你的人生为之一亮。而好的论文，取决于好的选题。也就是说，无论硕士、博士，抓住好的选题都有重大意义。要记住，对于读书人来说，文章从来都是头等大事。清代有人给顾祖禹的《读史方舆纪要》写序，其中说：

"读古今上下数千百年之书以自成一书，兼括数千百年之上，使数千百年下之人不能不读，此其志岂文人经生所能及者哉！"[1]

这是一个多么高的尺度啊！书写出来了，千百年以后还有人读。这是根本无法想象的。做到这一点几乎不可能，但眼前可以努力做得好一点。苏东坡的弟弟苏辙19岁写的文章，谈到当年到了京师，也就是今天的开封的感观。他说："见翰林欧阳公，听其议论之宏辩，观其容貌之秀伟，与其门人贤士大夫游，而后知天下之文章聚乎此也。"（《上枢密韩太尉书》）大家想一想，把文章写好多么重要！最后，我真诚地希望，若干年后读到诸位的文章，也能由衷地感叹一句："而后知天下之文章皆聚乎于南京大学历史学院也！"

（潘亚莉2021年11月14—17日根据录音整理，本人11月17—21日审定，原载《淮阴师范学院学报》2022年第2期。2020年1月20日，《淮阴师范学院学报》公众号发布，阅读量5 570。同日，"近现代史研究资讯"转发，阅读量1 240。1月21日，"历史学研究通讯"转发，阅读量1 976。12月19日，"人文学术社"转发，阅读量1 620。2月27日，"学术必看"以"如何找到好的论文选题"为题转发，阅读量309。3月1日，"学术微课堂"再次从"学术必看"转发，阅读量159）

---

[1] 彭士望：《读史方舆纪要叙》，《读史方舆纪要》第1卷，中华书局，2005年版，第3页。

硕士研究生的学习方法

——在中国科学技术大学的报告

今天的主题是硕士研究生的学习方法。讲三个问题：明白学习的意义，树立健康的人生信仰，读书期间的规划与方法。

我从1992年开始带硕士，带到2015年，共计带了26个学生。据教育部公布的数据，全国在校硕士研究生大约是300万①。这是一个庞大的学生群。硕士研究生的专业培养，或者说他们如何学习，是一个值得研究的问题。对于怎样充分利用三年时间圆满完成学业，所有学科的同学都应该有所思考。今天的讲座，是在中国近现代史专业的范围里做一点讨论。

先谈第一个问题，明白学习的意义。要对"学习"有正确的认识，然后才能讨论它的意义。针对主题，可以从以下三个方面去理解。

第一，学习具有不同的类型。作为对知识的汲取，学习不止一种。读书是学习，实际工作是学习，生活本身也是学习。广义地说，人类的一切实践活动都带有学习的意义。农民种田需要学习，工人做工需要学习，老师教书需要学习，官员从事社会管理需要学习。学习有时候跟读书有关系，有的时候不一定有直接关系。有一种学习就是在失败的过程中得到提高。一件事情虽然没有办成功，但得到了经验，因此古人说吃一堑、长一智。

第二，硕士生学习应该是全面的进步。不能把硕士生的三年，或者说四年（偶尔会有个别同学延期），简单地看成上上课，考考试，做一篇论文。它是一个完整的提升过程。2019年9月和2021年11月，我曾受南京大学历史学院的指派，做过两次关于学生读书的报告。听讲座的有硕士、博士和一些高校教师。今天，专门针对硕士生谈学习。

第三，学习有方法的问题。现在提倡终身学习，但幼儿园、小学、初中、高中、

---

① 今日头条："2023年考研落榜生超350万，70%无法过国家线，太内卷了。"教育部：将逐步扩大专业学位研究生占比，培养应用型高端人才。（2023年3月24日）

大学、硕士、博士以及大学老师,乃至像我这个年龄的老师,各阶段的学习方法并不完全一样。我已经退休快8年了,要注意不能停止学习。否则,就会脱离社会,造成思想上的停滞甚至倒退。小则危害家庭,大则祸害社会。同时,又要适当调整学习方法。其中很重要的,一是要向年轻人学习,从年轻人的思想里吸收新鲜事物。二是要结合现在的身体状况,更多地带总结性地学习。在职的年轻老师和在读的硕士生、博士生的学习方法又不一样。

硕士培养是高等教育的重要环节之一。本科、硕士、博士是大学里学位教育的三个层次,它们的作用不同。本科是对考入大学的学生实现分流,本质是分科培养。每年大约有一千万多的新生,经过分流,为进入社会各行各业做准备。硕士研究生是更高的专业教育,使学生能够适应专业性更强的工作。博士生是专门教育,是培养高精尖的预备人才。它们有各自的学习任务和目标。

回过头来讲硕士生。按照2004年修订的《中华人民共和国学位条例》,对硕士生有两个要求:一是"在本门学科掌握坚实的理论基础和系统的专门知识";二是"具有从事科学研究工作或独立地担负专门技术工作的能力"。这是原则规定,没有涉及如何在三年时间里读书。按照目前硕士生教育的实际情况,他们应该完成的任务是这样几项:一是修完学校指定的专业课程,二是完成学位论文的写作任务,三是完成发表文章的指标。过去规定读书期间必须发表文章,完不成指标不给学位。(南大起初是三篇,其中必须有一篇核心。现在只要一篇,不要求核心。)现在有些学校不做这样的规定了,我不知道中科大怎么规定的。如果有这样的规定,那么还要想办法发表一篇文章。这个任务应该说不是太难(这是指发表在普通报刊,不包括发表在核心期刊)。除了这些任务之外,我把毕业以后找到工作也作为一项任务。加起来是四项。学习的结果是什么?就是要去服务社会,找到更好的出路。如果读三年书,不能找到一个理想的适合自己的工作,这是不圆满的。所以,对同学找工作要给予相当的重视。

如果先把找工作和发表文章这两条忽略掉,完成硕士论文和修完学校指定的课程,这两项基本任务应该怎么对待?硕士论文是一项硬任务,每个学生都必须按照质量要求完成,否则拿不到学位。过去教育部对硕士论文没有明确的质量规定,基本上导师同意就可以答辩。当然也有一个评审过程,但一般都是由导师指定评委进行评审。学生把论文送过去,请评委写个评语,然后就能答辩。现在教育部对硕士论文也有质量规定,主要体现在两个环节上。一是答辩之前有一定比例的盲审,如果盲审不通过,学生不能答辩。二是答辩之后还要复检。在上一年答辩通过的论文里,抽出若干送给专家重新评审。如果复检不通过也很麻烦。有些学校规定,硕士论文或者博士论文盲审或复检不通过,导师和所在专业都要受处分。

大约20年前，南京大学硕士论文的盲审就开始了。我记得第一次抽查是2002年。其中包括抽到我的学生的一篇，结果是优良。这位同学叫任玲玲，现在是南京大学历史学院的党委副书记。她很努力，2004年硕士论文就出版了（硕士论文是《从新时期女作家作品中的女性主义意识的嬗变反思当代女性主义思潮》，经修改补充成书——《20世纪中国女作家的创作道路》，成都时代出版社）。后来她继续读我的博士，博士论文也出版了（《浩然研究》，合肥工业大学出版社，2016年版）。在我的学生中间，她是硕士论文和博士论文都出版了的学生。对这一点我非常满意。要相当重视学位论文。所有攻读硕士学位的同学，主要精力都必须花在学位论文上。

国家学位条例规定，要系统地学习本学科的专门知识。这个规定是通过硕士生在校期间的课程学习和课余时间的读书来实现的。但是，这项任务是弹性的，实际要求远远高于各培养单位的教学配置。这一点，从硕士生毕业以后的去向上也可以看得出来。中国近现代史专业硕士生毕业后的去向大致上是四个：一是继续读博深造（包括出国留学），这就要挤出大量时间和精力备考。二是从事社会上与专业相关的工作。比如，去图书馆、档案馆、博物馆等单位工作，或者去中学教历史，等等。三是跨专业深造，有些学生会考到其他专业继续读博士。比如，考到新闻、法学、中文等专业，甚至理工科专业去。如果这样，只把本专业的课程学完是不行的，还要大量阅读其他专业的书籍，包括旁听课程。四是从事与原专业完全无关的工作。比如，考公务员进入政府部门，进入国企、外企、私企或自主创业，等等。走上社会之前要有一定知识准备，包括参加公务员考试和各种招聘考试。这些都表明，局限于中国近现代史专业的课堂和书籍是不够的，而必须更广泛地阅读和历练，尽量丰富自己，以便能够适应未来的需要。

概括起来，硕士研究生的学习任务就是接受比本科阶段更加系统的教育，实现思想水平、专业知识、专业技能和社会经验的全面提升，以更新的姿态去迎接社会的挑战，参与社会的竞争，为更好地书写自己创造性的人生打下扎实的基础。硕士研究生学习的任务是这些，目标是这些，意义也是这些。

第二个问题，树立健康的人生信仰。过去有一个词叫"三观"，指世界观、人生观、价值观。世界观更多的具有哲学意味，人生观更多的是对生活的理解，而价值观更多的是政治取向。用它们来讨论人生似乎有点复杂化。我觉得讲"人生信仰"反而比较简明而又恰切。早在2007年的一次报告会上，我就提倡树立健康的人生信仰。报告当年就公开发表了，题目就是《实行有信仰的人生》，网上应该能查到。年轻的同学从大学生到研究生，从学校门到学校门，生活历练不够，经验不足，怎样建立健康的人生信仰呢？这个问题比较大，以我的水平其实说不清楚，但以下三点值得注意。

第一，和社会消极思潮保持距离。最近一些年有两个词非常流行，它们和年轻人都有关系。一是"佛系"。经常在媒体上看到这个词，为了今天的讲座，我专门上网查了一下。有一个解释说：

佛系是一个网络流行语，也是一种文化现象，主要的意思是指无欲无求，不悲不喜，风轻云淡而追求内心平和的生活态度。（百度百科）

前不久有一个报道说，现在民众的旅游中间，有50%的游客去寺院烧香，而其中大部分是90后和00后的年轻人，说明年轻人受"佛系"的影响很大。二是"躺平"。为了解释这个词，我也上网查了一下。因为对这些词的理解，不能根据以往的经验和知识，而要依据时下特定的网络语境。有一个解释说：

躺平，网络流行词。指无论对方做出什么反应，你内心都毫无波澜，对此不会有任何反应或者反抗，表示顺从心理。另外在部分语境中表示为瘫倒在地，不再鸡血沸腾、渴求成功了。躺平看似是妥协、放弃，但其实是"向下突破天花板"，选择最无所作为的方式反叛裹挟。年轻人选择躺平，就是选择走向边缘，超脱于加班、升职、挣钱、买房的主流路径之外，用自己的方式消解外在环境对个体的规训。（百度百科）

在2021年十大网络用语、十大流行语中，有"躺平"这个词。今年中央电视台春节联欢晚会还有一个节目讽刺躺平。

这两个词流行起来，有复杂的社会背景。有些东西是从国外来的，说明是一种国际性的动向。现实状态也是这类思潮的诱发因素，任何群体性的潮流都不会无缘无故地兴起。撇开这些背景不谈，就年轻人受影响而言，要给予一定理解。年轻人去庙里烧香成为某种时髦的视频，我转发了，同时留言说："让年轻人有机会，有奔头，有期望，有发展，才是根本的解决方法。"[1]前不久，网上报道，长沙有个女孩子制订了退休4 500天倒计时计划，表示挣到200万就退休，从此躺平享受生活。不少人批评这个女生。我觉得有点不对。这个女孩子才24岁，她给自己订的计划是4 500天挣200万。算一下，4 500天大概不到12年半，按此计划每年要挣16万。我认为这是一个积极的年轻人，不是躺平族，不应该批评，倒是要给予鼓励和支持。《中国青年报》有篇文章也说：

当一些网民指责这样的年轻人"躺平"时，其实已经陷入了"爹味说教"式的思想观念。不考虑他人的具体情况，用自己认为正确的、所谓成熟层面的观念去凝视年轻人的个体选择，只能显示出自身的偏见与刻板。[2]

---

[1] 2023年3月23日微信。

[2] 《24岁女生攒够200万就退休，真的躺平了？》，《中国青年报》官方账号，2023年3月23日。

中国青年报的这个态度是正确的。但是,今天是和研究生讲学习,讲生活,讲未来。因此,不能用社会的低标准,而要用高标准来要求同学。中国科技大学是中国的一流大学,这样的大学里的研究生,将来要向社会各行各业的第一线冲刺,放低要求怎么行呢?总体上说,应该承认无论"佛系",还是"躺平",都属于社会非主流思潮,或者说,带有一定负面意义。有无数年轻人在努力奋斗,只有努力才会成功。可以理解、可以接受被这种思潮影响的年轻人,但是,作为正在接受优良教育的青年学生,应该有更积极的生活态度。

第二,摆正与社会的关系。社会是一个既定的共同体,任何时候都有两个方面。有积极的方面,也有消极的方面;有光明的品质,也有阴暗的事物。当然,应该承认积极的光明的美好的东西永远是主流。任何一个时代,如果这些不是主流了,这个社会就很成问题了。但是要看到,社会的确有它的阴暗面。所以,年轻人既要对社会保持学习的态度,也要保持相当的批判性。一方面,要在有益的传统精神、现代教养、法律和各种正当交往规则中间,在公众健康舆论、主流价值和公序良俗中,锻炼和提高自己。同时,又要注意克服社会阴暗面对自己的影响。

举一个例子,来说明社会的两面性。现在高考竞争的压力很大,每年三四月份,距离高考还剩一百天左右的时候,很多中学都会举行誓师大会,给学生鼓劲。有学生代表上去发言,宣誓怎么奋斗。我看到有一个中学生在大会上说:"学习的最终目的不是成为人上人,而是为了让这个世界上再也没有人上人。"我对这个学生充满了敬意,不止在一个场合提到她。年轻人永远都是有希望的。我想,当她在大会上这么说的时候,心目中一定有人人生而平等的概念,一定有为了社会的公平、和谐、平等、博爱而奋斗的想法。这对于中学生来说,实在是太宝贵了。同样话题,最近看到另外一份报道说,有一个在新西兰留学的中国学生,被老师判论文零分,因为其中表达的论点是:"吃得苦中苦,方为人上人。"新西兰老师非常不理解:为什么要做人上人?大家都做人上人,那些人下人怎么办?这个学生的奋斗目标不符合人人生而平等的思想。一个公平正义的社会,不应该支持这样的观念。当然,这个留学生的论点可能表达了相当一部分人的潜意识,甚至,现在还有许多家长在用这样的观念教育自己的孩子。这种观念是错误的。无论有没有出身阶级和贫富贵贱的差异,人格一律平等,没有人上人和人下人的区别。这样的社会才是一个现代的社会。不能一面讲平等、自由、公正、友善,一面把人分成三六九等,这不符合社会主义核心价值。

要摆正和社会的关系,就要学会按照社会的健康规则、正当行为规范和公序良俗来考虑问题,处理问题,而不要自以为是。经常听到年轻同学讲:这件事我认为应该怎么办。每当听到这么讲,我都要纠正一下:碰到任何事情、任何问题要处理,不要先想我认为应该怎么办。先要想,这件事本来应该怎么办,这个问题本来应该怎么处理。把这个想对了,才可能正确地解决问题。否则,出发点就错了。因为你想的,可能不符合处理这件事的客观规律。假如不符合,处理方法就是错的,就可能办错事。

有一个1999年入学、2002年毕业的硕士到深圳找工作。回来以后第一时间对我说:"过去在学校里,不理解李老师对有些事为什么那样要求。去深圳一趟才知道,这些要求和社会的要求一样。"这个同学叫邓卫平,是一个遵守纪律、努力学习的好学生,毕业后一直在深圳工作。我们开读书会,一分钟也不能迟到。大家也许一开始不太适应,久而久之就理解了。这就是严格守时的观念。再举一个例子。有一个2005年入学、2008年毕业的硕士生。他的硕士论文写了15万字,为了完成论文,写了20万字的读书报告。这篇硕士论文非常不错,已经公开出版了,题目是《延安时期的大众化音乐运动》。他找到广东一家旅游学院的工作,报到后去一家高级宾馆实习。他在电话里告诉我,宾馆里要求非常严格,吃了很多苦。但是,他遵守规矩,认真工作,及时向部门经理请示汇报。结果,实习结束,宾馆向学校反映某同学非常优秀。这个学生到学校岗位上以后,继续兢兢业业,现在是广东文艺职业学院学生处副处长。如果同学走上社会,先躺平,先佛系,会有后面的发展吗?答案是显而易见的。这个学生叫罗长春,来自湖南南部一个农民家庭。

第三,按照现代知识人的标准要求自己。这里有三个概念:一是学生;二是知识分子;三是知识人。学生很好理解,在校读书都是学生。对知识分子,有不同的解释,据说有一二百种定义。有一回,一家报纸采访,我也谈到知识分子:

> 知识分子就是那些关心大众生存和社会正义,创造了社会进步事业,或者发展了人文主义的思想、价值与知识的贡献者。①

有些知识分子定义非常玄,有的还特别强调知识分子对社会的批判作用。这当然是可以的,但我觉得过于狭义了。如果用这样的定义来衡量,似乎很少知识分子。所以,我不太用这样的概念,更很少用这类概念来要求年轻人。有一个现成的概念很好,叫作"知识人",我解释为"生产知识的人"。硕士研究生、博士研究生、大学里的老师,是生产知识的人,是现代知识生产者。所谓现代知识人,就是具有现代价值、现代思想意识、践行现代社会规则的知识生产者。社会很复杂,每天都能看到各式各样的人。他们首先都是自然人,是生物学意义上的人。但是实际上,各种人的文化品质是不同的。他们各自具备什么样的思想,奉行什么样的准则,是非常复杂的。同样的血肉,不一样的灵魂。很多人的思想并不具

---

① 《现代快报》2020年4月12日。

备现代人的品质,包括大学里的某些老师。不少专家、学者所生产的知识不一定有现代价值(不好说别人,仅仅指我)。否则,为什么"专家"这个词差不多已经变成了一个负面性质的词?(砖家)要用现代知识生产者的标准要求自己,不要认为自己现在只是个在读的研究生,用学生的标准要求自己就可以了,遵守学校的规章、读好书、上好课、考好试就可以了。不是这样的。多年之前我就问过同学,有没有想过20年之后干什么?那时候你们是社会的中坚力量,你们怎么管理这个社会?今天,我们是中国科技大学的硕士研究生,要做一个有价值的现代知识生产者。我说过,在读书、做研究、生产知识的过程中,要坚持人格第一、见识第二、学问第三。任何一个时代,一个专家学者的人格、见识都是非常重要的。人格决定精神和气节,见识决定眼界和气度,它们决定人们观察社会、理解事物深刻正确的程度。并且先验于专家的知识,决定专家生产的新知识是不是有价值。日本作家上野千鹤子把探索知识的知识称为"元知识",说知识生产者就是掌握元知识的人。但是我以为这个元知识中,包含精神、思想、气节、情操的丰富元素。没有这些元素,缺少基本的配伍,现代人文知识很难生产出来。有了这样的标准,努力的动机和前进的方向,可能就不太一样。

第三个问题,硕士三年期间的规划与方法。为了读好书,圆满地完成自己的学习任务,向大家提以下五点建议。

第一点建议,做好以论文为中心的计划。入学以后马上要做这个计划。读硕士只有三年,其任务可以分为硬任务和软任务两种。所谓硬任务,就是学校规定的任务,比如,修满多少学分、上多少门课、完成硕士论文,等等。当然还有软任务,比如,广泛社交、扩展业余爱好、空余时间去旅游、深入观察社会、开展社会实践、创造条件谈恋爱,等等。我不仅不反对学生谈恋爱,而且支持,前提是搞好读书、完成任务。有时间为什么不能谈恋爱?这是应该鼓励的。就几项硬任务来说,要及时做好预案。时间安排上,第一学年的主要任务是修完指定的课程。第一学年的下半年,最迟到第二学年上半年(第三个学期)的期中,必须确定论文选题,并且完成资料收集工作。第二学年的一年时间主要是完成初稿写作。第三学年的下半年(最后一个学期)不能安排任何学习任务,基本上要把时间留给求职。在这之前,全部学习任务都要基本完成。当然可以有一点弹性。还要看到,一般用人单位都是在每年年底,即12月前后就要发布招聘信息。也就是第三学年上半年(第五个学期)的后半期就要开始找工作,用心搜集信息、投简历、参加招聘考试或者面试。这个时间表一定要控制住。

第二点建议,接受严格的专业训练。专业的素养是专业训练的结果。古代史、世界史、中国近现代史、考古学的训练方法有相通之处,也有很大差异。就中国近现代史而言,研究生的训练要比本科阶段的通史训练更加专门和深入。其中包括构建中国近现代史的宏观认识框架,阅读中国近现代史的基本理论和重要著作,培养中国近现代史的历史观念,熟悉中国近现代史的基本史料,锻炼历史思维,掌握史学写作方法,掌握理解材料的方法,掌握寻找课题的方法,等等。在这里,我特别提醒要认真学习和遵守历史学的一些基本规则。读过历史学、读过中国近现代史的研究生,应该在这方面有明显进步。

历史学的基本规则包含以下六个方面。

第一,重视原始史料以及各种资料的综合利用。研究中国近现代史,第一步就是材料。从学术方法上来看,中国传统历史学,或者说新史学之前的历史学,基本上用的是文献分析的方法。因为学者们面对的所谓"传统史料",主要就是文献。王国维提出了二重证据法。就是用地下的考古材料和地上的文献材料互相印证。除了考古材料之外,20世纪的最大发现就是档案材料。所以,档案学的方法又被引进历史学。现在,不仅要重视原始资料,重视档案和各种原始文献,还要重视各类资料,包括原始资料、非原始资料(包括域外资料)的综合利用。这是方法论。

第二,证据决定发言权。这是讲从事历史研究的学人,要有明确的职业操守和基本的政治道德。归结到学术问题上,其中最重要的一条,就是证据决定发言权。也就是对任何问题,没有证据就没有发言权。举一个很简单的例子。前不久,网络上有不少关于岳飞《满江红》的议论。《满江红》究竟是不是岳飞写的,我就没有发言权,因为不掌握材料。任何问题都是这样,你不了解材料,就请你闭嘴。当然,最好是主动闭嘴。

第三,先谈事实再讲道理。研究任何一个问题,都要分清事实和观点之间的区别。事实只是事情的真相,观点是从事实中间抽象出来、总结出来的。但是,事实不等于观点。同一个事实也可能有几种观点,其中哪一种最正确,只能经过讨论甚至是争论。只讲价值不讲事实,只讲立场不讲事实,只讲结论不讲事实,都是本末倒置,都是错误的。

第四,通过考证澄清真相。历史研究中,不可能样样事情原本就很清楚,不清楚的问题会经常碰到。不清楚的问题怎么办?如果没有办法解决,可以暂时放一放。如果材料丰富,可以通过考证的方法弄清楚。所以,考证的方法是历史学的基本手段之一。经常看到有人写文章,事实不清楚,可是结论一大篇。这是非常不对的。

第五,用史料的真实性检验结论。研究历史不做结论是不可能的,完全没有个人偏向也是不可能的。但是,要把它控制在起码的范围以内,不能超过一定的限度。那么,同样一件事情,结论有几种,哪一种正确呢?根据是材料的正确性。谁的结论符合最正确的材料的记载,谁的意见就是对的。不能因为你年纪大,你的看法就一定正确;不能因为你年纪轻,你的看法就一定错误;不能因为你的地位高,你的看法就一定对;不能因为你的地位低,你的看法就一定错。自然,也不能反过来认为。判断正确与否的唯一的根据,是你的说法和材料包含的正确性有没有一致性。在这里,材料的正确性就是史料的真实性,就是历史的真实性。这是历史学,也是中国近现代史最根本的判断方法。

第六,不做违背事实的议论。这里讲的是学风问题。很多人把事实摆在一边,长篇大论地谈方法,谈概念,谈观点,谈意义,其实都是空话。历史研究、近现代史研究,禁止做这样的文章。我经常为一些刊物审稿,看到不少稿子都是长篇大论却没有事实根据。这是不可以的。

第三点建议,恶补阅读与写作。阅读和写作,对于学生来说是有根本意义的基本功。不仅学生,老师也是这样;不仅年轻老师这样,年纪大的老师同样如此。阅读是一种积累,写作是一种创造。没有积累就没有创造。阅读对于人生有非常大的作用。2021年世界读书日,我在微信里写了这样四句话:阅读是精神的养分,阅读是思想的源泉,阅读是创作的前提,阅读是文明的台阶。这四条阅读的意义,我认为是正确的。创造力的大小和阅读量成正比。我过去提到,每年都有成千上万的文章发表出来。但是,读了这些文章感觉它们可以分为三种类型:一种叫牙膏型论文,一种叫甘蔗型论文,一种叫泉水型论文。所谓牙膏型论文,大多是在阅读量不够的情况下写的。对所研究的问题了解不深不透,掌握的材料不全,于是绞尽脑汁,像挤牙膏一样把文章挤出来了。这种文章类似牙膏,只能刷刷牙吐掉,没有什么大的用途(评职称除外)。所谓甘蔗型,就是榨出来的文章。年轻人尤其是那些博士生写出来的论文,大多是这样榨出来的。在导师的督促之下,自己全力以赴,三年甚至更长时间把一篇论文弄了出来。这种论文往往很有价值。还有一种就是泉水型。有些专家信手拈来一个话题,很快就是一篇文章,意味深远,很好读,很有意思。这样的文章是专家长年累月地读书,在知识背景非常丰富的情况下写出来的,也是一般人写不出来的。年轻的硕士生写作,需要经过磨炼。写作水平高是实践的结果,是写的结果,是改的结果,没有哪个人天生会写文章。现在的问题是,由于教育的缺陷,硕士生普遍阅读不足,写作能力不足。很多导师都有这样的感觉。现在,念两段导师为学生改论文之后,在微信朋友圈发的议论。一位朋友说:

现在导师给研究生改论文,痛苦多于欣慰。一次听某教授言,说他的学生不大会用标点符号,屡教难改,常用大于小于号代表单书名号,每每读到,就如同左右两把尖刀,直插他的胸膛,令他痛苦万分。教书不易,育人更难,由此可见一斑。(南京大学某教授的微信)

还有一位年轻朋友说:

对于康熙帝晚年对人抱怨:"诸臣视朕如驾车之马,纵至背疮足瘸,不能拽载,仍加鞭策。惟从旁笑视,竟无一人怜恤,俾其更换休息者。"在经历修改研究生论文之后,有了更直接、更深入的理解。(安徽师范大学王彦章教授的微信)

他是拿康熙的话讽喻他的研究生:你们要认真一点,不能把我当一匹拉车的马,背烂了,脚瘸了,还在抽鞭子。以为我死了不要紧,马上会有人来代替的,你们有这样的想法就错了。

这两位朋友,都是很有学问、对学生很负责任的学者。从这两段话可以看出,目前硕士研究生的写作水平大多存在局限,有需要努力的地方。

要对读书和写作这两个问题有明确的认识。把写作这一关突破以后,对于人生有很大意义。针对年轻学生,我把写作的作用归纳为五点:

第一,有利于出色地完成硕士论文。论文写得好一定和写作能力好有关系。原因当然是多方面的,可能本科阶段就有比较好的写作基础,可能自身比较努力,可能受到的学术训练比较严格,可能是各种情况综合起来的作用。

第二,是找到好工作的重要条件。我有一个硕士生叫蔡晓燕,是1999年入学、2002年毕业的。这个学生十分努力,很优秀,读书期间发了5篇文章。去广东找工作之前,即第三学年的第一个学期硕士论文初稿已经写好了。在广州参加过两次招聘考试,还是没有头绪。她用街上的公用电话给我打电话说:"找不到工作了,先回去答辩吧!"我给她出主意,让她再试一试,不行再回来。办法是把5篇文章和硕士论文都带着,哪个招聘单位有吸引力,就直接去单位办公室,告诉他们:"我是来找工作的。先不谈工作的事,我把读研期间写的文章都放在这里,你们看过了通知我,录不录取都可以。"她找的是建设银行广东省分行。后来,银行办公室主任(记得蔡晓燕告诉我是一位能力很强的女同志)打电话给她说:"我们本来要招一个金融系毕业的学生,但是看了你的材料,感到你受了严格的学术训练,我们需要这样的人才。"所以,写作能力是将来找工作的重要条件之一。

第三,有利于继续深造完成博士论文。我招了多年博士,深切体会到如果硕士阶段的训练比较系统,写作水平比较好,同学的博士论文必然顺利一些。硕士期间写作不过关,博士论文就要艰难许多。近年来盲审博士论文的时候,常常发现送审论文标点符号不正确、句子不通、错别字多、论点表达不清楚的情况多得超出想象。这都是学术训练不够的表现,和硕士阶段基础不牢也有一定关系。所以硕士阶段的写作水平,对读博士是有影响的。

第四,有利于工作以后继续发展。很多硕士生毕业以后直接参加工作,写作水平对他们的发展至关重要。举一个例子。

有一个硕士,毕业以后到某省某厅秘书处工作。不到几个月,马上要开某厅的全省会议,厅长要有讲话。由秘书科负责起草的讲话稿厅长不满意,有人建议,秘书科刚来了一个研究生,可否让他连夜修改?结果突击了一个晚上,他把稿子改好了。第二天厅长看了很满意。就这样,他站住脚了。不到几个月,提为秘书科副科长,不久提为科长。后来,当了厅办公室副主任。现在,他正在一个很好的岗位上。大家看,写作能力对一个人的发展作用该有多大?

第五,写作能力强终身有益。很多人研究生期间的写作能力,奠定了他毕生成就的基础。这样的例子有许多,就不展开讲了。

在阅读和写作的问题上,要正确理解四组关系:第一,模仿与创造的关系。有的年轻同志不太会写文章,在这种情况之下,要注意先去模仿。模仿本身就是一种学习方法。史学文章就那么几种体裁,议论文、记叙文、考证文、读书笔记,等等。根据文章的类型有针对地看看人家怎么写,揣摩别人的方法。等到熟能生巧了,才有可能去创造。第二,继承与发展的关系。继承前人是发展的重要基础之一。本质上,继承是潜移默化的。接受了专业教育的熏染是继承,通过阅读作品对相关领域有了深入了解是继承,模仿别人掌握了一种研究路径是继承,在导师的指导之下做好一份个案更是继承。继承越多,发展潜力越大。第三,原创和创新的关系。写文章必须原创,"文抄公"从来都是可耻的。现在一个很大的问题是,不但创新不足,连原创也不足。许多文章一眼看去就知道没有什么价值,因为是若干年前的话题,或者是泡沫化的选题。我曾经审过不少文章,放在20年前还是蛮好的,现在再来炒冷饭完全不合适。不过,这类文章还有人津津乐道。不仅有人写,而且有人追捧。要学会鉴别,知道什么是精品,什么是泡沫。更要明白原创不等于创新,创新一定要原创的道理。第四,宽广与专精的关系。经常有人问是通一点好,还是专一点好?选题是大一点好,还是小一点好?这个问题需要说明一下。

宽广和专精是一组具有双重含义的概念。宽广既是知识层面的宽广,又是研究层面的宽广。专精也是如此。对一个专家来说,阅读范围比较宽,涉足领域比较多,就是宽广型专家。阅读范围比较固定,解决的问题比较专门,就是专精型专家。这是一种理解。同时,也可以理解为宽广代表专家的知识层面,专精代表他的研究层面。他的知识面很广,但研究的问题很集中。而在实际生活中,人们不是一边读书积累一边研究专题,就是一边研究专题一边读书积累。换言之,是一边宽广一边专精,或者,是专精推动宽广。本质上,这是读书和研究的关系,是知识积累和知识消费的关系,也是一个如何选择研究课题或领域的问题。

无论方法上还是实践中,宽广和专精都不是互不相干的两股轨道,不是纯粹理论的问题,而是和专家的历练或者成长过程紧紧结合在一起的。有的专家兴趣广泛一些,阅读范围相对宽,选择主攻方向相对慢,在积累过程中抓到了有兴趣的课题才形成了特色。是"宽广"在先"专精"在后。有的专家很早就抓住了合适的课题,有了成名作,之后基本上在该领域里发力,不断深耕,其成就辨识度很高。他们虽然"专精",可是无论方法上还是知识背景上都离不开"宽广"。一般说来,出道甚至成名之后能不能继续提升,取决于学力的大小。这必然和"宽广"有关系。宽广是阅读的结果。阅读没有止境,讨论问题有止境。就历史学而言,彻底解决问题叫"抄底",即经过充分收集资料,做出了兜底性的文章。这个"底"代表"专精"的程度。凡是达到这种水平的专家,没有一个不"宽广"的。换言之,在他研究的课题上,无论学识、视野、论述的周全性、思想的深刻性,必定高人一筹。这类专家更容易被人们记住。不过,也有的专家比较"宽广",可是没有自己的拿手好戏,谈不上"专精"。这样的专家也应该尊重。因为他的"宽广"本身就很闪亮,属于"活字典"式的学者(时下的大学不太容忍这样的学者,我表示悲哀)。凡此种种,无不说明宽广和专精既有各自的侧重,又有对立统一的辩证关系。

第四点建议:材料意识和理解分析材料的方法。历史学最基本的工作就是搜集史料,理解材料,说明事实。所以要有强烈的材料意识。确定一个选题能不能做,首先要问有多少材料,哪些是新材料,哪些是核心材料,还缺什么材料。我的看法是八个字:课题为大,材料为王。

第五点建议,向导师学习。硕士生的学习时间只有三年,同学自然有一个摸索和奋斗的过程,会最大限度地发挥自己的主观能动性,但是,导师是一个非常重要的外在条件。导师的指导对学生来说是必不可少的,甚至是至关重要的。要充分利用这个条件,虚心向导师学习。大学里的老师,绝大多数都是优秀的,负责任的。当然现在大学生和老师的关系,硕士生和导师的关系,博士生和导师的关系,不仅有个别的问题,有些问题还比较严重。某些导师做得非常不好,不否认这样的情况。但是刚才讲了,绝大多数老师是负责任的,是有水平的,同学要知道这一点。我经常讲,导师要像导师,学生要像学生。现在的问题是,时常有个别学生不尊重导师。我经常碰到年轻的导师诉苦,甚至导师找不到学生。学生找不到导师是不对的,说明导师不负责任。现在反过来,是导师找不到学生。你本身是来读书的,结果导师找不到你,无法跟你交流,这怎么行呢?个别学生甚至对导师的教育不以为然,这会严重妨碍自己的进步。老师和学生的关系,应该是鱼水关系,不应该是猫鼠关系。同学要向老师学习,老师也要向学生学习,也要关心爱护学生。我也时常碰到年轻的学生倒苦水,为处理不好跟导师的关系而苦恼。这里很复杂,有的是导师的责任,有的是学生的责任,有的双方都有责任。但是,从学生的角度看,假如这个导师是负责的,是有水平的,那么,就要多检讨自己,主动和导师改进关系。早在八年前,我就收到外省一个硕士的

来信,反映和老师不合。我给他回了电子邮件,讲了这么一段话。现在念给大家听一下:

  来信谈到你和导师的关系,我不会去告诉你的老师。我相信和老师的任何误会都是可以化解的。因为学生和老师的关系,是这个社会上最纯粹的一种关系。老师对学生的要求和批评,都是为了学生好。当然也可能因为老师的不得法而有消极的作用,但这是可以理解的。作为学生来说,要学会和老师相处,并且把这种相处当成今后到社会上与各种人相处的一种锻炼。你想一想,假如你和老师都处不好关系,去社会上之后怎么能处理好各种复杂的人事关系?希望你接到信之后马上去试一试,看看自己协调人事关系的能力如何,处理好了就说明你进步了。①

  当时给这位同学的建议,我认为是正确的。我相信中国科技大学的硕士研究生在这方面一定没有问题。以上所讲的,只是一种参考。关于硕士研究生在思想政治方面如何加强修养,国家和你们中科大都有一系列要求,我就不多讲了。即便讲,也没有你们学校的专门安排好。我只是谈了硕士生学习,或者说硕士生教育中最日常的几个问题。不对的地方,请大家包涵。

  谢谢大家!

  (本文是作者2023年4月7日在中国科学技术大学马克思主义学院的内部线上报告,4月14日潘亚莉根据录音整理,4月19—23日作者审定,有个别修改。原载《淮阴师范学院学报》,2023年第5期。2023年10月9日,淮阴师范学院学报公众号发布,阅读量4 170。10月11日,"历史学研究通讯"转发,阅读量1 063。10月14日公众号"十九号见"转发,阅读量485。2024年1月26日,公众号"人文学术社"转发,阅读量1 031)

---

  ① 《复某同学》(2015年6月9日),《李良玉史学文汇》,合肥工业大学出版社,2016年版,第611页。

关于中国近代史的分期问题

中国近代史是一个断代的概念。历史本来没有断代,它是人类活动及其与时间和空间的统一。人类、时间和空间都是恒在的,因此,所有古代、近代、现代的区别都是历史学家依据某种主观的标准,为了强调某种时代因素或社会特征的重要,也为了研究的便利,而划分的不同历史阶段。

中国近代史从什么时候开始呢?有两种划分方法。一种是不少西方学者采用的方法,主张明代中叶西方传教士来华传教标志中国近代化的开始,也是中国近代史的开始。据查,西方传教士利玛窦第一次来华是1598年;第二次是1602年,这次住了十年。其后又有不少人来华。这类事情某种意义上具有中西文化交流的性质,然而是否可以作为中国近代史的开端仍需讨论。第二种方法是以鸦片战争为起点,多数中国学者采纳这个看法。例如,吕思勉1926年所写的《中国近代史讲义》,把中国史分为三个时期。第一,从史前到秦统一。第二,从秦至欧人东来,亦即上文所说的明代中期。政治上指1516年葡萄牙人到广东,1535年占澳门;文化上则指1598年利玛窦来华传教。第三,欧人东来之后,即明代中期以来,是为近代。他认为,中国近代可分作两个阶段。一是明代中期至戊戌,二是戊戌以后。第一个阶段是外力压迫之时代,第二个阶段是受外力压迫而起反应之时代。同时,他承认鸦片战争是一个重大的历史分界,"五口通商为中国见弱于外人之始,此乃积数千年之因,以成此一时代之果"[1],在后来的其他著作中,他还说过:"鸦片战争是近世史上中西冲突的第一件事"[2]。从1943年上溯100年,"为清宣宗道光二十二年(1843)年五口通商之明岁。此百年中,为中国历史变动极剧烈之时代"[3]。吕思勉强调了中西文化会通的意义,点明了其中存在的冲击反应关系,肯定了鸦片战争的历史标志作用。

---

[1] 吕思勉:《中国近代史讲义》,《中国近代史》,华中师范大学出版社,1997年版,第33页。
[2] 《中国近世史前编》,同上书,第175页。
[3] 《中国近百年史概说》,同上书,第239页。

1938 年 5 至 6 月，蒋廷黻写了《中国近代史大纲》，时间跨度是从鸦片战争到 1926 年。该书构思于抗战以前，原拟花十年工夫写到抗战。他认为，近代中国所以失败，一是科学不如人，二是没有工业化，三是大一统下面缺乏竞争性、民族心和爱国心。所以，近百年的中国只有一个问题，即能否近代化。这个视域体现了他的外交家的政治眼光，也是一种深刻的史学见地。60 多年后有人不无抬高地评价说："他大半生试图创造历史，却没有留下多少值得一提的政治功绩，而无意间写下的《中国近代史大纲》，却成就了他做司马迁的梦想。"①

1940 年商务印书馆出版的郭廷以的《近代中国史》也以鸦片战争为起点。该书初稿写于 1930 年秋天，1932 年完成，1933—1936 年曾三次修改。

此外，1958 年出版的戴逸的《中国近代史稿》第一卷，1962 年出版的郭沫若主编的《中国史稿》第四册，翦伯赞主编的《中国史纲要》第四册，都以鸦片战争为近代史起点。

以鸦片战争为近代史开端的另一个学术理论根据，是毛泽东的新民主主义革命理论。在《中国革命和中国共产党》《新民主主义论》等论著中，毛泽东提出以社会主要矛盾为判断近代社会的依据。他认为，有史以来中国社会经历了原始公社、奴隶社会、封建社会和近代社会的变化。近代就是鸦片战争以来的一百多年。封建社会的主要矛盾是农民阶级和地主阶级的矛盾，近代社会的主要矛盾包括帝国主义和中华民族的矛盾，封建主义和人民大众的矛盾。关于近代史的内容，毛泽东提出了著名的两个过程的论断：帝国主义和中国封建主义相结合，把中国变为半殖民地和殖民地的过程，也就是中国人民反抗帝国主义及其走狗的过程。五十年代史学界基本接受了毛泽东的上述看法。

关于中国近代史的下限也有不同说法，毛泽东关于区分新旧民主革命阶段的论点是造成分歧的依据。

毛泽东认为，近代社会的各种矛盾之中，帝国主义和中华民族的矛盾乃是"最主要的矛盾"。近代社会矛盾的斗争极其尖锐化，造成了"伟大的近代和现代的中国革命"②。他指出，近百年来的中国革命是资产阶级民主主义的，但是自从五四运动以后，它就不再是旧式资产阶级民主革命，而是新式的特殊的资产阶级民主主义革命，即新民主主义革命。那么，是什么原因促使中国革命发生转变的呢？毛泽东认为，是第一次世界大战和十月革命的胜利，"改变了整个世界历史的方向，划分了整个世界历史的时代"③。在这个时代，帝国主义已经走向崩

---

① 许纪霖：《瓷器店里的猛牛》，《读书》2000 年第 8 期。
② 毛泽东：《中国革命和中国共产党》，《毛泽东选集》合订本，第 594 页。
③ 毛泽东：《新民主主义论》，同上书，第 628 页。

溃;苏俄已经建立了社会主义国家,并且为援助殖民地、半殖民地国家的民族解放运动而斗争;各资本主义国家的无产阶级日益觉醒,并且援助殖民地、半殖民地人民。所以,任何殖民地、半殖民地国家发生的反对帝国主义的革命,都属于新式的世界资产阶级民主主义革命,都是新的世界无产阶级社会主义革命的一部分,都是世界社会主义革命战线的同盟军。就中国的内部条件而言,五四运动以来也有新的时代因素,即资产阶级民主革命的政治指导者不再是资产阶级,而属于无产阶级;无产阶级、农民、知识分子、其他小资产阶级在中国共产党领导下形成了伟大的独立的政治力量;革命的政治势力拥有马克思主义的宇宙观和社会革命论;等等。

在以上论述中,出现了近代、现代、旧民主主义革命、新民主主义革命的概念。后来由此演绎,形成了以五四运动区分近代史、现代史和旧民主主义革命史、新民主主义革命史的学术框架。

四十年代延安出版的《中国现代史》,1950年3月出版的胡华的《中国新民主主义革命史》,1962年出版的李新等人主编的《中国新民主主义革命时期通史》等,都是从五四运动开始的。早在1945年,范文澜在延安就着手写中国近代史,原打算把1840—1949年分为新旧民主革命上下两编。后来只从鸦片战争写到义和团运动,1947年9月由华北新华书店翻印出版。这些著作的共同特点,是以五四运动为分界。

1951年出版的胡乔木的《中国共产党的三十年》一书,具有突出的影响。

《中国共产党的三十年》写了1919—1949年的三十年党史。它圆满贯彻了毛泽东《〈共产党人〉发刊词》《中国革命和中国共产党》《新民主主义论》等著作的理论观点,按照联共(布)党史颂扬列宁斯大林的写法全面肯定了毛泽东的党的正确路线代表者的地位,提出了四个阶段的党史分期意见(1921—1927,1927—1937,1937—1945,1945—1949)。这本书成为相当长时期内所有中共党史、新民主主义革命史、中国现代史著作的范本。1952年8月,胡华在为《中国新民主主义革命史》第十一版所写的后记中说:"尤其是去年6月以来,胡乔木同志的《中国共产党的三十年》一书和《毛泽东选集》第一卷、第二卷的先后出版,使本书的修订更加有了依据。"[①]

对于以五四运动划分近、现代史的主流做法,学术界还是有不同看法的。

1955年,范文澜的《中国近代史》再版。他在《九版说明》中指出,"因为近代史与现代史已有明确的分期",所以本书改称"《中国近代史》上册"。范同时强调:"自从鸦片战争以后,迄全国解放以前,中国社会陷于半殖民地半

---

① 胡华:《中国新民主主义革命史》,人民出版社,1953年版,第269页。

封建的境地。"①这里是在含蓄地坚持近现代社会性质的一致性。1959年8月,李新等人在为《中国新民主主义革命时期通史》一书所写的前言中,明确主张划分通史的依据是社会形态,即原始社会、奴隶社会、封建社会、半殖民地半封建社会和社会主义社会,所以,"鸦片战争至中华人民共和国成立可称为近代史,中华人民共和国成立以后可称为现代史"。新民主主义革命时期的历史"是近代史的一部分",称为现代史是个"比较合乎习惯但却不合乎科学的名称"②。

上述中国近现代史的分期方法中,包含着几个值得讨论的问题。

第一,能否把明代中期西方传教士来华作为近代史的开端?应该说总体上依据不足。那时传教士主要是传教,传教活动具有文化交流的性质,可是基督教并不代表资本主义。基督教产生于古代,在当代社会主义国家也是合法宗教,所以并非社会形态的主要标志。如果说异文化交流,那么汉唐之际佛教的传入影响远甚于此。英国人发动鸦片战争不是为了文化交流,而是为了取得倾销鸦片的权力。就历史影响而言,近代社会性质的变化不取决于是否有基督教流入,而取决于打破了闭关锁国,建立了比较确定的国内市场与国际市场的交换关系,通过除了鸦片之外的日渐扩大的贸易,造成了与资本主义的直接交流。同时,由于外力的打击和不平等条约规定的屈辱地位,也刺激了内部的反应,史无前例地积累和调集了本身的能量,从而推动了中国社会的整体变革。这些方面的重要变化,都是从鸦片战争开始的,以此作为中国近代史的一个标志性开端,应该可以成立。

第二,近代中国的"两个过程"是否就等于近代史的内容?建国初期史学界曾经讨论过中国近代史的分期问题,主流的观点认为,毛泽东提出的"两个过程"的论断,原则上表述了中国近代史的基本内容。所以,毛泽东强调的近现代中国革命的重大历史事件,即鸦片战争、太平天国运动、中法战争、甲午战争、戊戌变法、义和团运动、辛亥革命、五四运动、五卅运动、北伐战争、土地革命战争、抗日战争等,自然成为近现代史的主要线索。几十年来近代史研究取得了很大成绩,有关上述历史事件的成果非常丰富,深化了人们对近代中国革命的认识。"文革"结束以后史学界对近代史的线索问题进行了反思,有关研究成果也对近代史的内容有所拓展。可是应当承认当初以两个过程论规范近代史,至少在指导思想上具有很大局限性。毛泽东的两个过程论,是在讨论近代革命运动的时候提出来的,其主旨是阐明帝国主义的侵略必然引起中国人民的反抗。它概括了近代革命运动的本质,并未直接规定近代史的内容。在《改造我们的学习》一文中,

---

① 范文澜:《中国近代史》(上册),人民出版社,1962年版,第1页。
② 李新等主编:《中国新民主主义革命时期通史》,人民出版社,1962年版,第1页。

毛泽东曾号召对近百年来的历史先做经济史、政治史、军事史、文化史的专门研究,再做综合的研究。可惜人们为了强调阶级斗争观点而把毛泽东的这个意见疏忽了。现在看来,资本主义、帝国主义的侵略导致中国的不平等条约化,或者说把中国强制纳入了不平等条约体系,因此,反对侵略争取民族解放是近代史研究的题中应有之义,但不是全部。

第三,毛泽东所说的"伟大的近代和现代的",可否理解为近代史和现代史?毛泽东所讲的近代是指近时代,即与古代相比稍近一些时候的;现代是指现时代,或者叫当前时候的,究其语意并不能解释为近代史和现代史。例如,鲁迅《在现代中国的孔夫子》所说的"现代中国的",实际上是指鲁迅当时所处的时代,并不能理解为现代史上的孔夫子。因此,不能把毛泽东所说的"伟大的近代的和现代的"作为严格的历史学断代概念。

第四,毛泽东区分新旧民主革命的理论可否作为区分近代史和现代史的依据?笔者认为,毛泽东的新民主主义革命理论本质上是一种领导权理论。在中国社会性质、中国革命的任务这两个最基本的问题上,新旧民主革命并没有重大区别。新民主主义革命最显著的特征就是与世界无产阶级社会主义革命运动的联系,无产阶级取代资产阶级充当革命领导者,和革命成功以后必须向社会主义转变。这是一种政治理论而非史学理论。依据这一理论,革命的指导者可以把中国革命区分为旧民主主义和新民主主义两种性质的革命,但是我们研究中国近代史却不应照此类推,把近代110年分为两段。

在讨论中国近代史分期问题的时候,我们必须注意把专史的分期方法和通史的分期方法区别开来。在研究新民主主义革命史、旧民主主义革命史、中共党史等专史的时候,过去的近现代史分期仍有参考价值。作为断代史,也可以把近现代史分别纳入清史和民国史。但是,作为通史,应该考虑有一个新的分期方法。

笔者主张,把近代110年分为五个阶段,即1840—1861、1861—1894、1894—1912、1912—1927、1927—1949。

1840年至1861年是第一个阶段,这是中国和西方资本主义国家发生激烈冲突的阶段。这个阶段的中西冲突有双重的意义。一方面,西方国家通过肮脏的鸦片贸易攫取中国的财富,甚至通过战争使鸦片贸易合法化,体现了资本主义扩张和极端民族主义的血腥性质。另一方面,由于长期妄自尊大的政治传统和自给自足的国民经济体系,清政府对外部世界的无知和闭关自守又根本背离时代潮流。鸦片泛滥的最根本原因是清政权的腐败。在遭受了两次鸦片战争的严重打击之后,清政府至少已经开始认识到必须面对世界,必须学习西方的科技。因此,1861年有明显的标志性意义。这一年,清政府设立了总理衙门,曾国藩创办了安庆内军械所,奕䜣奏请设立同文馆以培养翻译人才,冯桂芬提出了中学为"体"、西学为"术"的主张。这一切标志着以洋务运动为标志的中国近代化运动的起步。

1861年至1894年是第二阶段,这是洋务运动最见成效,也是清政府自强自救的阶段。通过洋务派的艰难实践,中国的物质技术水平和军事实力有了长足的发展,达到了和日本不相上下的程度。令人遗憾的是,甲午一役,竟至空前溃败,丧权辱国,史无前例。更为严重的后果,是清政府的政治基础空前削弱。三十多年的努力顷刻瓦解,付诸东流,不能不使人们怀疑这个国家、这个制度是否有能力应付时局。

1894年至1912年是第三阶段,这是清政权由于内部改革派政治维新失败而被辛亥革命推翻的阶段。甲午溃败使传统政治秩序发生危机,大批科举知识分子奋起救亡图存,庶人不准议政的教条被打破。知识分子和光绪帝、改革派官员相结合,企图通过变法维新力挽狂澜。但是,维新派改革科举的主张可能堵死知识分子读书做官的道路,变官制、裁衙门的计划将使大批无所事事的官员失去权位,而维新派全力拥戴光绪帝变法图强的结果必然会让权欲极盛的西太后真正远离权力中心。戊戌变法时期表现出来的是新旧之争、帝后之争、满汉之争,而骨子里的矛盾只是个人利益与国家民族利益的矛盾。戊戌政变表明,传统政治制度的根本弊端,在于无法灵敏地表达国家整体利益的需要,无法避免由于对国家最高权力的争夺而引起的冲突乃至选择不当;无法在国家面临危机的时刻实施正确决策,集中意志,凝聚民心。戊戌政变打掉的不仅是变法运动,还有民众的政治热情,清政权的政治信用和知识分子走向革命的心理障碍。利用义和团来打击各国在废除光绪帝问题上的不合作,是西太后实行的最为祸国殃民的政策。固然应当谴责八国联军之役的帝国主义侵略,但是清政权的昏庸愚蠢肯定是引起这场灾难的主因。走到《辛丑条约》这一步,无论是从社会心理上,还是从社会革命的政治逻辑上,清政权的覆灭都已无法避免了。辛亥革命是近代具有重大历史价值的民族民主革命。

1912年至1927年是第四阶段,这是革命党人创建民国但由北洋军阀接管统治的时期。民国的建立是近代社会的重大转折。它打破了数千年来的传统君主世袭制度,成为走出王朝循环的周期性历史怪圈的起点。出现两次短命的复辟、短暂的军阀专权和混乱是必然的,因为传统过于强大的规范力失去以后,新的社会规范有一个建立和调适的过程。同时,民主革命与民主共和的实现,在当时更多地体现为近代知识阶级思想革命的成就,而缺少资本主义经济生活、经济法则和现代民主社会的政治经验作基础。十月革命使近代欧洲的马克思主义的共产主义革命成为俄国的现实,它的传入,使中国民族民主革命增加了新的目标,也发现了新的政治力量。革命民主力量与北洋军阀的矛盾是这个时期的主要社会矛盾。国共两党合作的国民革命推翻了北洋军阀的统治,而工农革命的高涨又是造成统一战线破裂的重要因素。

1927年至1949年是第五阶段,这是国民党人取代北洋军阀统治的时期。国共两党的矛盾和中日民族矛盾是这个阶段的主要矛盾。国民党人按照自己的政治蓝图建立了五权宪法的国家制度,确立了反对工农阶级斗争的统治秩序和三民主义的国家意识形态,和共产党人进行了十年内战。经济上,它继清末新政之后再次兴起了国家主导型的现代化运动。这个运动内受政治分裂、外受日本侵略的制约,因此建立起来的现代物质基础十分有限。抗日战争是近代中国规模最大、历时最长、影响最为深远的民族解放战争。国民党人极权主义的政治制度无法实现必要的社会公正和有效的社会动员,它的结局只能是被共产党人的新民主主义革命推翻。

中国近代110年的历史线索基本如此。按照这个分期方法来叙述,近代史应该有新的面貌。首先,它将打破长期以来把近代史110年分割为近现代两块的习惯,而形成一个上下贯通的历史流程。这样形成一个稍长时段的范畴之后,就会更有利于认识某些形式上不同而实际性质相近的事物。比如,洋务运动、清末新政和国民党政权的经济建设,其国家投入的程度、资本的构成、企业与市场的关系、民营企业的比重、政府的调控手段与政策,可能有差异,但是本质上都是国家主导型的现代化运动,研究它们的实际内容与效果,有非常深刻的借鉴意义。还要强调,即使再过几十年几百年,近代110年史仍然有独立成篇的价值,因为这是一个与世界资本主义体系接轨的磨合期,也是秦汉以来两千多年的空前转折。其次,它将使我们摆脱过去基本上以近代历史事件为纽带的叙事体系,而转到以国家政权为轴心,以政治、经济、军事、文化、外交、法律和社会生活的全面框架为对象的叙事体系。于是,才能构成一个相对完整的能够体现近代社会与世界大势整体对接的解释体系。

近代史分期的调整,不仅是叙事体系的更换,还包含历史观念更新的内容。长期以来,我们的近代史研究是在一种非常特殊的历史环境中进行的,包括建国前的民族民主革命时期、建国后的马克思主义思想文化体系形成时期、十年"文革"时期、八十年代的拨乱反正时期以及九十年代以来的进一步改革开放时期。因此,会有一些特定环境下的积极的思想因素影响我们的历史观念,也有许多非历史主义的思想意识需要我们清理。也许可以说,近代史是历史学各学科中受政治和意识形态影响最大的领域。对近代史上的很多事物,研究人员常常有意无意地带着某种固定化程式化的学术理念。有人批评某些问题上早已形成了一套规范化的话语,其实不仅是话语,其背后还有根深蒂固的教条主义的思想观念。需要继续坚持解放思想、实事求是的原则,在培育健康开放的近代史史学观念方面下功夫。一个值得注意的问题是,要科学地理解过去的许多经典论述。

比如,近代中国是半殖民地半封建的社会,就是一个起源于经典理论长期以来被普遍接受的结论,但是在近代史史学领域,这个定论可不可以讨论呢? 半殖民地半封建社会的结论,来自列宁的民族和殖民地问题思想。在1919年11月《在全俄东部各民族共产党组织第二次代表大会上的报告》、1920年6月《民族和殖民地问题提纲初稿》、1920年7月《关于国际形势和共产国际基本任务的报告》、同月的《民族和殖民地问题委员会的报告》中,列宁提出了殖民地、附属国、落后国家、弱小民族、被压迫民族、半殖民地等等概念,并且明确指出,波斯、土耳其、中国等国家在第一次世界大战之前是"处于半殖民地地位的国家"①。列宁关于中国是一个半殖民地国家的看法,很快被中共中央接受。1922年6月15日《中国共产党对于时局的主张》指出,中国人民由于民主派运动的失败,仍然陷于帝国主义和北洋军阀统治下的痛苦生活,"名为共和国家,实际上仍旧由军阀掌握政权",是一个"半独立的封建国家"②。7月的中共二大指出,目前世界资产阶级,"又企图劫夺殖民地和半殖民地的原料、劳力,来弥补他们在大战中的损失"③,由此,帝国主义必将发生新的冲突,最后导致下次战争。大会指出,中国处于封建军阀统治之下,"对外则为国际资本帝国主义势力所支配的半独立国家"④,所以无产阶级的职志,就是组织民主联合战线,建设真正民主政治的独立国家。1923年4月,陈独秀在《资产阶级的革命与革命的资产阶级》一文中指出,辛亥革命时期"革旧制""兴实业""抗强邻"的口号,"明明白白是半殖民地之资产阶级民主运动的口号"⑤。同年7月中共三大提出:"半殖民地的中国,应该以国民革命为中心工作,以解除内外压迫"⑥。关于半封建的论断则相对晚一些。1927年11月,瞿秋白在《中国革命是什么样的革命》一文中,肯定中国农村的土地关系是一种"半封建式的土地关系"。他说,在国民党的统治下,中国没有发展工业的可能,其中一个原因就是:"资本家地主对于工农的剥削日益加重,生

---

① 《民族和殖民地问题委员会的报告》,《列宁选集》第四卷,人民出版社,1972年版,第333页。
② 《中共党史参考资料》(一),人民出版社,1979年版,第332页。
③ 《关于"国际帝国主义与中国和C.P.C"的决议案》,解放军政治学院中共党史教研室编:《中共党史参考资料》第2册,第494页。
④ 《关于"民主的联合战线"的议决案》,同上书,第496页。
⑤ 《中共党史参考资料》(一),第19页。
⑥ 《关于国民革命及国民党问题的决议案》,解放军政治学院中共党史教研室编:《中共党史参考资料》第2册,第530页。

产状况显然退化,尤其因为豪绅资本家的榨取利钱不能在发展工业方面去图谋,于是他们都只在竭力加重对于土地的剥削,买田买地,加租加税,——半封建式的土地关系不但不能废除,反而更加厉害。"①这里的问题是,为什么瞿秋白认定当时中国农村地主与农民之间的土地租赁关系不是封建性的,而是半封建性的呢?因为他把当时农村地主阶级看成是中国资产阶级与地主阶级的结合。他对资产阶级下了这样一个判断:"中国资产阶级,因为工业的不发达,自己大半和土地的剥削相关联,自己大半就剥削农民的重利资本,自己大半要依靠帝国主义的经济势力。"②1928年7月的中共六大《政治决议案》肯定了农村半封建土地关系的提法,指出,农村中"地主阶级私有土地制度并没有推翻,一切半封建余孽并没有肃清","中国底农民(小私有者)要将土地制度之中的一切半封建束缚完全摧毁"。

毛泽东对近代社会的半殖民地半封建性问题作了全面的概括。1935年12月,毛泽东在《论反对日本帝国主义的策略》一文中指出:"差不多一百年以来,中国是好几个帝国主义国家共同支配的半殖民地国家",而当前"日本帝国主义又要把整个中国从几个帝国主义国家都有份的半殖民地状态改变为日本独占的殖民地状态"③。次年12月,他在《中国革命战争的战略问题》一文中,又提到了半封建经济的问题。他说,中国经济的不平衡就是"微弱的资本主义经济和严重的半封建经济同时存在"。他对半封建经济有新的解释,即"近代式的若干工商业都市和停滞着的广大农村同时存在,几百万产业工人和几万万旧制度统治下的农民和手工业工人同时存在","若干的铁路航路和普遍的独轮车路、只能用脚走的路和用脚还不好走的路同时存在"④。1938年5月,毛泽东在《论持久战》一文中肯定,现时中国"半殖民地半封建社会是它的特点"⑤。这是明确地把"半殖民地半封建"作为统一的定义描述中国社会的特点。1939年12月,毛泽东在《中国革命和中国共产党》一文中,系统论述了中国近代半殖民地半封建社会问题。他从十个方面指出了近代帝国主义侵略下中国社会的半殖民地性质,并且概括了中国半殖民地半封建社会的六个特点。

以上关于中国近代半殖民地半封建社会的经典论述,提出了以下几个问题,

---

① 《关于国民革命及国民党问题的决议案》,解放军政治学院中共党史教研室编:《中共党史参考资料》第5册,第283页。
② 《关于国民革命及国民党问题的决议案》,解放军政治学院中共党史教研室编:《中共党史参考资料》第5册,第283页。
③ 《毛泽东选集》合订本,第128—129页。
④ 《毛泽东选集》合订本,第172页。
⑤ 《毛泽东选集》合订本,第419页。

值得注意：

第一，关于中国近代半殖民地半封建社会的论述，具有伟大的历史意义和理论价值。列宁的民族和殖民地问题思想，及时帮助中国共产党人制定中国革命的纲领。党的二大关于反帝反封建革命目标的提出，是近代民族解放运动新阶段的伟大界碑。对半殖民地半封建的近代社会的界定，是中国共产党人把马克思主义原理与中国革命实际需要有机结合的体现，也是推动近代民族民主革命不断走向胜利的强大思想武器和精神动力。

第二，"半殖民地半封建社会"作为一个完整统一的定义并且形成系统解释，有一个过程，它也标志着中国共产党人政治上理论上逐步走向成熟的过程。列宁提出中国属于半殖民地国家，还只是针对中国被帝国主义侵略剥削、在国际上没有独立平等的地位这个最基本的国家关系来说的。1922年中共中央文件所说的"半独立的封建国家""半独立国家"表达了列宁的意思。同时，党的二大宣言详细列举了帝国主义侵略中国的大量事实，包括夺取中国的领土、口岸，建立势力范围，投资铁路、航运、邮电等事业，掠夺海关，输入商品，勒索战争赔款，资本输入，控制中国的政治、舆论，领事裁判权，宗教侵略，等等。这是运用列宁的思想观察社会实际的开始。毛泽东关于中国近代社会的半殖民地性质的十点看法和六个特点，是这个问题上的系统成果。当然，中国共产党人的摸索过程也难免曲折。比如，把地主阶级看成是与资产阶级的结合，是"半封建"势力；把地主与农民的土地租赁关系说成是半封建的土地关系，尽管当时并未对农村土地革命发生消极影响（三十年代苏区土地斗争的错误倾向是"左"，例如王明、博古时期的"地主不分田，富农分坏田"），尽管中国资产阶级的产生具有通过地主投资新式经济产生，或者城市资产阶级有购买土地、投资农业的许多实例，但是这个论点理论上具有很大的含混性，政策的运作上也缺乏明确的界定性。土地改革中反复出现侵犯工商业者的利益，与这个问题上长期存在模糊认识不能说毫无关系。经过正反两个方面的经验的教育之后，才在四十年代后期和五十年代初期的土地改革中，形成了有区别的保护工商业者兼地主和地主兼工商业的资本主义企业、财产，而没收其封建性土地财产的方针政策。

第三，毛泽东关于近代半殖民地半封建社会的论断，是毛泽东新民主主义革命理论的重要内容，具有中国革命的纲领性的意义。这个论断的价值取向，是动员一切可以动员的社会力量，向着反帝反封建的共同目标前进。因此，这个论断所定义的对象，是最能概括近代社会所以引发民族民主革命的本质性内容。所以，它的着眼点不是各种时代因素作用下近代社会较之传统社会向前发展的内容，而是近代社会必须消除的社会矛盾、社会问题和社会弊端。应当承认，我们今天根据历史学的要求认识近代社会的价值取向，与此是有差异的。除了揭示近代社会的基本矛盾和一切陈腐内容外,我们还应该仔细地分析近代社会的一切向前进步的内容及其各种时代因素,恰如其分地肯定它们。

第四,由于毛泽东着眼于民主革命的政治动员,他关于近代半殖民地半封建社会的论断就具有两重性。一方面,切合受帝国主义侵略和封建生产关系阻碍现代化这两个基本的社会矛盾;另一方面,某些分析也留下了一些讨论余地。例如,毛泽东说:"帝国主义列强从中国的通商都市直至穷乡僻壤,造成了一个买办的和商业高利贷的剥削网,造成了为帝国主义服务的买办阶级和商业高利贷阶级,以便剥削其广大的中国农民和其他人民大众。"①在近代,尤其在国民党时期,中国确实有一个具有相当覆盖面的金融网,包括国家银行系统、私人银行钱庄系统、民间市面的和地下的借贷系统等等,但是这些并不是帝国主义造成并直接服务于帝国主义的,国民党政府的银行机构更不是帝国主义的买办金融机构。在那些穷乡僻壤通过金融方式剥削农民的既不会是帝国主义银行,也不会是国民党政府的国家银行,甚至不会是金融资本家的私人银行钱庄。他们不会把贷款像发救济粮一样地给穷苦农民。剥削这些穷苦农民的只能是农村地主富农的高利贷,而高利贷剥削是中国自古就有的剥削方式。例如,毛泽东说:"为了造成中国军阀混战和镇压中国人民,帝国主义列强供给中国反动政府以大量的军火和大批的军事顾问。"②应当看到,抗战时期,西方主要是美国提供的援助是有利于中国反对日本帝国主义侵略的。例如,毛泽东认为帝国主义对中国实行了文化侵略,他们"传教、办医院、办学校、办报纸和吸引留学生等,就是这个侵略政策的实施"。③ 近代帝国主义确实对中国实行了文化侵略,但是近代西方在中国所办的医院、学校等等是否直接等于帝国主义文化侵略?是否也是帝国主义在中国的一幅"血迹斑斑的图画"? 在日本帝国主义企图灭亡中国的历史关头,在近代民族民主革命屡仆屡起的危难时刻,毛泽东有上述种种认识是正常的正当的也是正确的,非如此不足以万众一心,目标一致,但是今天,我们可以从学术上而不是从政治动员的需要上来分析这些问题。

第五,笔者主张开展对近代社会性质问题的学术讨论。半殖民地半封建社会的概念,应该有一个严格的学术限定。所谓半殖民地,其本质意义,应该是帝国主义对中国的侵略战争、强迫中国签订的不平等条约和依据这些不平等条约所享有的各种特权与利益。有些社会现象和事物就不能与半殖民地半封建社会性质直接挂钩。比如,近代国门打开以后,各国民间外商来华投资、民间团体私

---

① 《中国革命和中国共产党》,第592页。
② 《中国革命和中国共产党》,第592页。
③ 《中国革命和中国共产党》,第593页。

人来华举办各种事业,不能作为半殖民地社会的特征。比如,一定历史条件下中国当局与西方国家发生关系,不能简单地看成帝国主义与代理人的关系,而需要具体分析。比如,中国社会传统性的贫穷落后,不能不加分析地一概看成由于帝国主义侵略,而作为半殖民地社会的基本特征。

第六,近代历史发展的实际,有许多半殖民地半封建社会这个概念所不能表达的内容。就近代110年而言,八国联军侵华与《辛丑条约》的签订是半殖民地化的顶点,而辛亥革命则是近代社会的伟大转折。就不平等条约特权而言,二十世纪三十年代初国民党政府通过修约运动获得关税主权,四十年代领事裁判权的最后废除,是近代中国的重大历史进步,是近代国家主权重归完整的标志。另外,近代中国还有持续不断的文化革新运动、经济现代化运动、科教救国运动等等。所谓半封建,按照毛泽东的定义,是指社会经济形态中自然经济的基础以及占统治地位的状况已被破坏,资本主义经济已经有了一定发展。这些东西,正是传统社会中的新质,是需要不断发扬、不断扶植,以推动社会继续转变的因素。研究近代史,除了揭示帝国主义的侵略、不平等条约的祸害、封建专制主义的遗毒、自然经济的落后以外,我们还要分析近代社会的变动,它不断走向进步的内容及其历史因素。

综合以上看法,如何衡量近代社会呢?笔者认为,这是一个受帝国主义侵略和不平等条约束缚而半殖民地化,自然经济加快解体,交通便捷地区尤其是沿海沿江局部地区现代经济发展,并且缓慢地带动其他地区向资本主义过渡,缓慢地发生政治、经济、文化和社会生活诸方面向现代化转型的社会。

这就是我对近代社会的看法。在中国近代史上,值得认真思考和讨论的问题还有许多。我们的任务,是写出一部更加全面、公正、翔实的近代史。这是一个艰巨的任务。为此,需要继承近代民族民主革命的一切优良精神遗产,也需要在新的历史条件下创新思维,丰富自己的政治智慧。我相信,本文读者于此都有同感。

(2001年11月30日定稿,原载《福建论坛》2002年第1期)

中国当代史研究的几个问题

很早以来,国外学术界就对1949年以来的中国历史发生了浓厚的兴趣,而且积累了许多研究成果。二十世纪八十年代以来,国内学术界对中国当代史的研究也逐渐繁荣起来,论著越来越多,规范性越来越强。当然,也有一些基本的问题需要提出来讨论,以便形成更加明晰的认识。

一

首先,我们需要思考的问题是,应该把1949年以来的历史叫作什么?或者说,这段历史的学科定义是什么?关于这一点,有五种提法。

第一,中华人民共和国史。使用这个提法的著作有大家都比较熟悉的两卷本《剑桥中华人民共和国史》。该书是《剑桥中国史》的第14和15卷,麦克法夸尔、费正清主编,叙述的时间范围是1949—1982年。《剑桥中国史》对国内读者有较大影响,根据1990和1992年中国社会科学出版社翻译出版的译本,译者的上卷前言说它"一定程度上代表了西方中国史研究的水平和动向";下卷前言又说该书"各章作者的态度是比较实事求是的,引用了大量的原始资料,对许多问题的叙述和分析较接近客观"。在承认这一长处的同时,译者又指出,由于文化的差异和意识形态的对立,"作者们的某些观点和结论是我们所不能接受的"。国内出版的著作有不少,笔者只举出三种以"中华人民共和国史"为书名的做例子,它们是福建人民出版社1988年出版、朱宗玉等主编的《中华人民共和国史纲》,叙述时间是1949—1983年;福建人民出版社1991年出版、朱玉湘主编的《中华人民共和国简史》,叙述时间是1949—1989年;高等教育出版社1997年出版、何沁主编的教育部颁发高等学校文科通用教材《中华人民共和国史》,叙述时间是1949—1993年。

第二,当代中国史。有的学者指出:"所谓'当代中国史'是指1949年以后的中国历史",它研究的对象是"中国共产党主导下的中国社会的各个方面",包括

"由中央体现的党与国家"和"地方、基层、社会、人民生活"。该学者认为,当代中国史与中华人民共和国史是有区别的,即"'国史'以政治为主线,在研究对象方面,侧重于上层政治和政策的演变;当代中国史的研究范围较为宽广,对社会的主导方面和被主导方面都持一视同仁的态度,不仅关注全局性决策及其运作,也注意地方对决策的反映,更注重考察上层和下层的互动关系。在研究方法上,当代史强调对基层社会进行实证性的研究,故尔重视吸收社会科学多种学科的资源。"这个说法指出了当代史与中华人民共和国史有区别,但是区别在哪里说得不够准确。事实上,当代中国史研究要注意社会的各个方面,包括上层和下层、政治与其他方面、主导与被主导之间的互动,而中华人民共和国史研究也要注意这些问题;当代史研究要注意实证性,中华人民共和国史研究也要注意实证性;当代史研究要注意多学科资源的吸收,中华人民共和国史研究也要注意多学科资源的吸收。也就是说,该学者所说当代中国史研究与中华人民共和国史研究之间的上述区别是不够合理的。

第三,当代中国研究。有的学者回避了历史学的学科限定,提出了"当代中国研究"的概念,并且认为,当代中国研究是"包括当代中国政治、社会、经济、法律和文化诸现象,以为研究对象的综合性的社会科学"。作者的这段文字包含两层含义,一是当代中国研究是以当代中国政治、社会、经济、法律和文化诸现象为对象的,二是当代中国研究是一个综合性社会科学,即"横跨社会科学各学科之间的综合研究领域"。这里有两个问题值得讨论,一是学科与学术研究领域之间是什么关系,二是什么叫综合性社会科学。应该承认,通常意义上学科和学科研究领域之间有统一性,中国古代史学科自然以中国古代历史为研究对象,美国史学科自然以美国历史为研究对象,但是,学科和学科的研究领域还是有所区别的。什么叫学科呢?学科就是按照学问的性质而划分的门类,比如物理学、化学、文学、哲学等。一般说来,除了某种性质的学问所必然要涵盖的知识面以外,它还包括研究这门学问所必备的基本理论、知识方法和已经取得的学术成果。而研究领域则表示某个学科所覆盖的学术空间,或者说是该学科的研究人员辛勤工作的场所。它应该是一个随着学术探讨的不断前进、不断深入而被不断开拓、不断扩展的变量的空间。有没有一个综合性的社会科学呢?人文社会科学的各个学科是历史的产物。随着人类生产活动、社会活动与科学研究活动的不断扩大和深入,人文社会科学逐步形成了由于知识规律、学术功能、学术方法的差异而相对独立的不同学科。人文社会科学各学科的知识都具有综合性,它们之间的互相联系正在不断加强,它们在知识内容和方法上将不断融合,各个学科都要吸收其他学科的理论与方法,有的甚至在研究课题的选择上,也开始出现交叉的现象。但是,不论怎么说,一个综合性的学科是不存在的,说已经或者将要出现一个或一些横跨多种学科的综合性新学科也很难成立。当代中国是一个巨大的研究领域,当代时段里的中国,是一个既有历史性又有现实性的社会实体,是由这个时段的社会演变过程与社会成员的全面生活构成背景的广泛场合,是面向所有学科、所有研究者开放的客观认知对象。现有人文社会科学各个学科,包括政治、经济、文学、哲学、艺术、宗教、法律、新闻、社会学等等,都可以在这个领域里找到课题、素材和灵感。可是,也不能说这个领域本身就是一个综合性学科。

第四,中国现代史,或者现代中国。2003年,教育部颁布了普通高中《历史课程标准》(人民教育出版社2003年4月出版),其中用了古代中国、近代中国、现代中国的概念,现代中国是指1949年新中国建立以来的中国。我个人认为,就一部中国历史来说,它的历史分期,尤其是近代、现代的划分,目前还可以讨论。我主张抓住中国从被迫地消极地到相对主动地积极地逐步介入和融合于世界体系的线索,来理解和说明鸦片战争以来的历史。1840到1949年的历史划分,不一定要分为近代、现代两段。可以统一叫近代,也可以统一叫现代。我们现在已经入世,充分地加入世界体系了,这是一个很重要的事情。特别是现在信息很快,国际上的重要新闻几分钟之内网上就有。但是,我们的精神体制、文化体制、思想体制、政治体制距离世界先进水平还有很大差距,还要继续强调吸收人类优秀文明成果的必要。目前,我们可以把1840—1949年作为一个阶段,叫近代或者现代都可以。如果叫近代,那么1949年以来可以叫现代,称为中国现代史或现代中国史是说得通的。

第五,中国当代史。2002年8月,我在一篇文章中说:"1949年以来中华人民共和国的历史,在历史学学科的意义上,属于断代史。但是,中华人民共和国还是一个非常年轻的国家,它拥有无限的生机与活力。因此,1949年以来的中华人民共和国史又不是完整意义上的断代史,我倾向于把它作为当代史来处理。"[①]

这里涉及中华人民共和国史与中国当代史两个概念。中华人民共和国史是个断代史的概念,但是严格说来中华人民共和国史又不是断代史,因为这样说不准确。所谓断代必须是上有断,下也有断。1949年以来的中华人民共和国只有上限,还在无限蓬勃发展,所以我说中华人民共和国有无限的生机与活力。现在我们只是在历史学学科的含义上,才把它纳入断代史的范畴。不过,我们也可以不管它什么断代不断代,暂时不考虑下断,只看上断,把1949年以来的中国历史都往中华人民共和国史里面装。如果这样解释,中华人民共和国史的提法是成立的。我说把它作为当代史来处理,隐含的意义是中国当代史与中华人民共和国史有区别。那么,区别在哪里呢?

[①] 李良玉:《进一步重视和推动对当代史的研究》,《社会科学研究》2002年第5期。

第一,中国当代史和中华人民共和国史时间上都是从1949年开始,但是,按照传统断代史的定义,中华人民共和国史有一个下限的问题,在学科含义上有缺陷,而中国当代史这个概念不涉及下限的问题。所谓当代史,就是从某个起点开始直到当下为止的历史。所以,在学科含义上它没有缺陷。

第二,中华人民共和国史和中国当代史同样都应该以1949年以来中国社会的演变过程、社会面貌的全面变化、社会成员全面参与的生活进步为完整的认知对象,在这一点上两者不应该有任何区别。

第三,我们应该通过改变对通史内容的看法,来加深对中国当代史的认识。有的学者之所以提出中华人民共和国史研究要注意上层、政治、政策、意识形态等,而当代史研究要更多注意下层,注意经济、文化、社会生活诸多方面,注意下层对上层决策的反应和上下层之间的互动关系,等等,主要就是因为在他们的印象中,中华人民共和国史是个传统断代通史的概念。断代通史由于需要建构国家知识体系,加上篇幅的限制,自然要多注意一点政治、政策、上层权力、意识形态等等内容,不过中国当代史同样也有构建国家知识体系的必要,也应该注意这些内容。我们自然也可以写一本与断代通史内容相同的中国当代通史而不称为中华人民共和国史。中国当代史与中华人民共和国史都存在一个体例上通史的整体框架性研究与具体事件史、人物史、思想史、经济史、社会史,乃至政治史、艺术史、地区史等等专题性、细节性、细部性研究的区别。对任何时代历史的研究,这两种类型都是不可偏废的。

二

为了对中国当代历史进行科学研究,有必要考虑这段历史的分期问题。

国内学者对中国当代史的研究,起步于中共党史研究。对建国以来中共党史分期的讨论,为解决中国当代史的分期问题留下了不少重要参考意见。1981年中共中央《关于建国以来若干历史问题的决议》,把1949至1982年的中共党史,划分为三个阶段,即基本完成社会主义改造的七年(1949—1956),开始全面建设社会主义的十年(1956—1966),"文化大革命"的十年(1966—1976)。这个分期方法,后来为胡绳主编的《中国共产党的七十年》所吸取。《中国共产党的七十年》是一部有相当学术影响的党史著作,胡乔木曾经评论说:"在这之前,如果不是完全没有同样的书,的确没有写得同样好的书"[①]。该书1991年出版,覆盖

[①] 《中国共产党的七十年(题记)》,《胡乔木文集》第2卷,人民出版社,1993年版,第323页。

时间是 1921—1991 年。全书九章,其中以四章的篇幅叙述了新中国建立以后的党史(第六至第九章)。作者把 1949 年以来的 42 年,划分为四个阶段,即 1949—1956,1956—1966,1966—1976,1976—1991 年。国外学者的分期方法,可以《剑桥中华人民共和国史》一书为代表。该书以 1965 年为界,把 1949 至 1982 年的中国当代史分为前后两段,前段是 1949 至 1965 年,后段是 1966 至 1982 年。全书以四篇叙说了这一时期的政治线索,另以三篇叙说了"文革"的影响、当代城乡生活与文学。就该书划分的政治发展线索看,它的分期是 1949—1957,1958—1965,1966—1969,1969—1982 年。它的特点是在后段中把"文革"最初目标的实现,即打倒刘少奇作为一个独立的阶段,而把 1969 年以后作为一个阶段。应该看到,这样的分期有不科学的地方,因为忽视了 1976 年 10 月粉碎"四人帮"对于结束"文革"的标志性意义,忽视了"文革"是一个极"左"教条主义甚嚣尘上的完整历史阶段,忽视了 1976 至 1982 年作为改革开放最初阶段的转折性意义。

分析有关中国当代史的著作(目前多数冠以"中华人民共和国史"),它们的叙述时间不断后延,越是后出版的著作截止时间越近。比如,1958 年人民出版社出版、北京师范学院历史系集体编写的《中华人民共和国史稿》,截止于 1958 年"大跃进"运动。而 1997 年出版的何沁主编的《中华人民共和国史》,则截止于 1993 年。当代历史是不断向前延伸的,当代史研究不断向前顺延有它的合理性,但是,肯定也存在稳定性不够、时政性过强的缺陷。为了保证史学的严肃性,应当尽量避免把最近的生活、事件作为历史来研究。为了避免这个问题,我主张为中国当代史拟定一个临时的下限。在此之前的历史,与当下最接近,生活形态的凝固程度又相对贴近史学要求。就目前的认识而言,我主张以 2001 年为界,以中国入世以前为相对稳定的学术范围。中国加入世贸组织,是一个影响当代社会的重大事件。由于之前多年的改革,计划经济体制基本瓦解,市场经济体制初步形成,经济、文化、社会等各方面与国际规则与惯例的融合已经取得了长足的进步。入世进一步加强了改革发展的压力与动力,是中国现代化进程中的一个极其重要的阶段性标志。1949 到 2001 年,中国基本上是沿着第一代和第二代领导人的路线发展的,这两代领导人,同属夺取政权的中共职业革命家集团。现在,这批人绝大部分已经离世。也就是说,评判这段历史的是是非非,受到现实牵扯的机会要少得多了。在社会普遍认识的层面上,人们对这段生活变迁的理解已经基本一致,不会有太大的分歧。当代社会共识的客观理性程度,是史学研究的重要参考系数。最大限度地采纳当代生活所提供的经验教训,最大限度地求得当代普遍认知与历史学家独立价值判断之间的平衡,是保证当代史研究水平的重要条件之一。

假如以上说法是可行的,我认为可以把当代史分为五个阶段,即 1949—1956 年,1956—1966 年,1966—1976 年,1976—1989 年,1989—2001 年。

1949—1956 年是第一阶段,这个阶段的中心内容是接管政权、稳定经济、建立计划经济模式与完成所有制改造。这个阶段接管政权是比较成功的,稳定经济主要运用了行政的手段。在当时的情况下,体现了政权的强力作用,也是后来以行政手段实行计划经济的预演。奉行计划经济模式是中共革命理想的一部分,而它的实际内容则基本上是对苏联计划经济体制的模仿。根源于计划经济模式的"三大改造",虽然在操作层面上体现了计划性、稳健性和破坏性不大的特点,但是,由于它的根本宗旨与市场经济体制背离,无论是支撑三大改造的思想理论,还是通过改造所建立的集体化的农业、工商业传统,都是值得深刻检讨的。

1956—1966 年是第二阶段,这个阶段的中心内容是反右运动、人民公社化运动、"大跃进"运动和调整"大跃进"的极"左"错误。反右运动是一场针对上层爱国民主人士和知识分子的错误政治斗争,它使用所谓"引蛇出洞"的手法,直接制造了有 50 多万受害者的冤案。它和在这之前发生的对刘少奇、周恩来"反冒进"主张的批判,构成了"大跃进"和人民公社化运动的政治前提。1962 年初的中央七千人大会是纠正"大跃进"极"左"错误、拯救国家经济危机的成功开端,但是,会议的成果和会后的经济调整成就,反而酝酿着党内政治生活更深刻的危机。

1966—1976 年是第三阶段,这个阶段的中心内容是十年"文化大革命"。"文革"是一场史所罕见的政治内乱,它所奉行的极"左"理论的荒谬,它对传统文明成果、教育与科学文化事业的打击,它对国家法律秩序、社会伦理、公众道德健康内容的颠覆,它对中国现代化事业的破坏,都是无以复加的。研究和批判"文革",是当代史研究所面临的一项严肃课题。

1976—1989 年是第四阶段。结束"文革"是党历史性的重大胜利,也是人民觉醒的必然结果。以党的十一届三中全会为起点,实事求是思想路线的贯彻,改革开放方针的推行,实现了马克思主义的思想启蒙。农村生产关系的改革,城市经济体制的改革,企业经营制度、市场价格制度、国家财税制度、职工劳动与分配制度等方面的改革,逐步搞活了经济,瓦解了僵死的计划经济体系。冤假错案的平反昭雪,社会关系的调整,干部职务终身制的废除,党内民主的发扬,教育、文化与知识分子政策的执行,等等,重新开始了政治的民主进程。当然,社会经济生活深层矛盾的暴露,改革当中价格双轨制等弊端的出现,领导干部腐败问题的滋生等,也引发了许多新的社会问题。

1989—2001 年是第五阶段。由维护稳定转向改革和发展的新高度,是这个阶段的主要特点。社会主义市场经济体制目标的确定,新一轮发展态势的启动,企业大规模股份制改造,国家财税制度、金融制度的革新,国家拉动内需的一系列措施,司法制度的全面进步,教育与科学文化事业的振兴,不仅大大消化了许多过去长期积累的深层次的经济社会矛盾,而且建立了市场经济体制的初步框架,积累了国家经济能力,为各项政策的调整铺平了道路。党和国家持续的反腐败举措,成为维护社会稳定的最重要因素。虽然这个阶段社会贫富差距开始拉大,分配不公问题日益显见,社会弱势群体有扩大趋势,党政官员的腐败问题出现了一些新的形式和特点,群众教育、医疗、购买住房的经济压力过于沉重,环境和资源消耗的状况有恶化的倾向等问题,已经引起社会各界的关注。但是,这个阶段是国家现代经济体制的实质性确立阶段,是现代化步入健康轨道的必要前提。

中国的现代化,是一个不断改革、不断发展的过程,是执政党、人民群众和政府之间不断互动促进和觉悟的过程,这是中华民族复兴之希望所在。

三

研究中国当代史有什么价值,是一个必须认真思考的问题。

和中国近现代史研究一样,中国当代史研究往往天然地和当前思想政治理论的宣传教育密切联系在一起,有时候,人们甚至会把它直接作为政治理论教育的手段。朱宗玉等编写的《中华人民共和国史纲》后记说:"近年来,我们在教学实践中深深体会到,必须把中华人民共和国成立以来,在中国共产党领导之下全国各族人民进行社会主义革命和社会主义建设的历史,作为高等院校政治理论教学的重要内容之一。"把历史课与政治理论课结合起来,是高校政治课程教学的经常做法,特别在中国近现代史和中国当代史领域更加习以为常。这种做法有它的合理性。因为中国近现代和当代的许多理论政策本来就起源于一定时期的社会变革运动。在政治理论教学中适当介绍和解释当代历史事件和历史经验,不仅可以丰富政治理论教学的内容,而且会加强它的现实意义。然而这种做法又有它不稳妥的一面,因为把历史学作为政治理论教育手段,有可能损害历史学的科学性。因此,如何在政治理论教学中科学地结合当代史的内容,是一个非常迫切的问题。还有的学者不切实际地夸大当代史研究的社会功能。有一位作者说,中国当代研究不仅已经成了检验当代西方社会科学理论的解释力的试金石,而且已经开始成为解决世界其他国家和地区的社会发展问题、提升新的社会科学理论的源泉。西方社会科学理论所研究、解决的问题,有西方的社会发展问题,也有东方的社会发展问题。西方社会科学理论解释力大小,并不仅仅看它解释中国当代问题是否有力。对中国当代问题解释是否正确,也不能纯粹以中国学者的研究成果为衡量标准。中国学者有可能取得了正确的研究成果,从而衡量出西方学者在相同领域、相同问题上的研究是不正确的;也有可能无法获得正确的研究成果,或者自陷于主观偏见而坚持错误的意见,从而根本无法检验西方学者的结论是否正确。更不能说,研究中国当代问题能够解决其他国家、其他地区的问题。研究中国问题得出的经验,对于其他国家、其他地区是否有益,要看这些经验对他们是否合适,是否得到那里人民的认同,是否有效。一般来说,当代史研究很难与这些方面有什么关联。

由此可见,上述两种看法都有一定缺陷。笔者以为,讨论当代史研究的价值,不应该脱离历史学的基本价值。历史学的基本社会功能是三条:一是记载,即忠实地把有关时代发生的生活变迁记录下来;二是借鉴,即通过对社会进步规律的揭示,总结经验教训;三是审美,即通过对历史是非的检讨,对正义、理想、道德和人类情操的歌颂,实践弘扬正气,揭露丑恶,提升全民族文明水平的使命。根据这个原则,笔者认为,当代史研究有以下五种价值:弄清当代历史进程以及许多重大事件的真相;对有关当代历史人物作出客观评价;科学总结当代社会发展与历史演变的经验教训;推动中外学术交流,使中国当代史研究走向国际学术前沿;为当代文学、艺术与其他社会文化产业所需的历史题材创作提供素材。

四

历史学的任务是把人们过去的生活再现出来,使之成为一种有价值有意义的东西。我们应该用现代化的观点看待当代中国的历史进程,只有这样,才能树立正确的历史标准。鸦片战争以来160多年,时代主题就是现代化,一切民族独立、社会解放的最终目标都是为了实现现代化。所以,同样要按照是否有利于现代化这个标准来衡量当代历史的成败得失。笔者认为,所谓现代化标准的具体内容有以下六点,即是否有利于提高全民族科学文化水平,推动技术进步,发展生产力;是否有利于建立健全市场经济体制,实现经济增长和可持续发展,增进民众幸福;是否有利于完善民主制度,建设法治国家,促进社会平等;是否有利于继承全人类优秀文明成果,开展中外文化交流;是否有利于发挥中国在国际事务中的作用,提高中国的国际地位。

当代史研究必须正确处理学术研究与贯彻党的方针、政策、决议的关系。由于中国共产党是执政党,它的党务活动必然是当代国家政治生活的重要内容之一,它的施政举措也必然与中国现代化事业的兴衰得失密切相关。在当代党史、当代史研究中,人们常常会说,要按照党的决议的观点来分析问题、解释问题。

这样的说法,不仅有它的必然性,也有一定合理性。在当代史研究中吸收党的决议的精神,是一种通常的做法。前述1958年出版的《中华人民共和国史稿》一书的前言就承认,作者编写过程中"共参考了1 500多篇文件,以党的决议、毛主席著作、中央领导同志的报告和《人民日报》社论为依据"。当然,这个说法反映了那个时候的认识水平,今天我们已经有可能更科学地理解这个问题。应该承认,党的决议是一定时期党的领导机关针对某一特定问题所做的决定,它是一种历史资料,是分析有关历史事实的重要依据之一。不过,我们在评价某些历史事实的时候,必须仔细检讨当初的决议是否全面、有没有认真贯彻、有没有缺陷、是否符合历史实际等等,而不能简单地按照该决议的精神、价值标准甚至书面文字,不加分析地描述和评价某些相关的历史实际。举例来说,反对高岗、饶漱石集团的斗争至今得到肯定,中共七届四中全会《关于增强党的团结的决议》也是基本正确的。但是,这并不是说这个决议的一切精神都是正确的,都可以拿来评价高饶集团。比如,决议把高、饶论断为国内外阶级敌人在党内的代理人,认定当前阶级斗争出现了新动向,即"帝国主义者和反革命分子破坏我们的最重要的方法之一就是首先破坏我们党的团结,并在我们党内寻找他们的代理人"。七届四中全会公报还进一步把敌对势力寻找党内代理人说成是党面临的最大危险。决议的这个论断,把高饶所进行的宗派主义的错误活动,不正确地和国内外敌对势力挂起钩来,不仅缺乏根据,而且接过了斯大林进行党内斗争的政治理论,在理论上和政治上都开了一个不好的头。回顾过去,"文革""整党内走资派""揪出睡在我们身边的赫鲁晓夫"等极"左"理论与口号,不正是以上述决议的提法为滥觞的吗?在这方面还有两种倾向要注意。一种是主观设定历史的因果关系。比如讲"文化大革命"的发动,首先就肯定是从防修、反修目的出发的,其实这就是一种意识形态潜意识。什么叫社会主义?什么叫资本主义?什么叫修正主义,很长时间里根本说不清楚,那么,凭什么说发动"文革"是从防修、反修目的出发的?难道从防修、反修目的出发制造了"文革"这样的民族灾难就可以原谅?另一种是运用(其实是搬用、套用)西方社会科学理论曲解有关历史事件与现象。比如,有的作者从政治学的社会动员视角出发,说"文革"是一场现代化的政治动员。"文革"是一次成功的社会动员,但是,本质上是一场有计划、有目的的反传统、反文化、反现代化的政治运动,和现代化风马牛不相及。因此,这样提出问题显然是错误的。

  当代史研究必须处理好领袖人物的评价问题。领袖人物的历史作用问题历来是历史学关注的基本问题之一。在历史科学的层面上,有一个人民群众与英雄人物的关系问题,过去做过很多讨论。究竟是人民群众创造历史,还是英雄创造历史,是非常复杂的。历史的主人当然是人民群众,离开人民群众,既不会有英雄,也不会有英雄的历史。但是这并不是说英雄人物可有可无,或者无足轻重。英雄人物和领袖人物不是一个概念,某一个历史时期可能没有出现英雄人物,但必定有领袖人物,任何时候社会不可能没有领袖。在某些特定的历史关头,人民群众不一定能起到扭转社会发展方向的作用,这时候,领袖的作用就是决定性的。试问以华国锋为首的中央政治局不抓"四人帮",老百姓能把"四人帮"抓起来吗?如果以 1976 年为界,把中国当代历史分为前后两段,前段是 1949—1976 年,后段是 1976—2001 年,那么,解释前 28 年离不开毛泽东,后 25 年离不开邓小平。所以,如果当代史研究不能妥善处理当代领袖人物的评价问题,就很难显示出它的科学性,就不能以理服人。

当代史研究必须正确对待毛泽东思想。毛泽东思想是一种理论,但是,又不仅仅是一种理论,它还是一种被国家所奉行的思想。中国从来没有孤立的理论问题。传统时代对儒家学说的推崇近乎宗教化,"为天地立心,为生民立命,为往圣续绝学,为万世开太平",把这种学说抬到了万能的程度。毛泽东思想同样曾经被极端政治化。"文革"期间就曾宣传说毛泽东思想如"日月经天,江河行地",林彪甚至说"谁反对毛主席,谁反对毛泽东思想,全党共诛之,全国共讨之",可见"反毛泽东思想"是一个多么可怕的罪名。中共十一届三中全会以后,毛泽东思想才进入了被科学解释的时代。为了正确对待毛泽东思想,应该注意做到五个区别。

第一,把毛泽东的全部思想素材与经过总结概括的毛泽东思想理论成果区别开来,即把作为毛泽东个人全部思想活动内容的"毛泽东的思想"和作为党的科学指导思想的"毛泽东思想"区别开来。建国以来,毛泽东同志留下了大量的讲话、报告、文章、书信、批语、诗词、谈话等等,这些东西体现了他的思想观念、看法、意见和决定,都是他个人的思想。但是,它们和已经经过鉴定并且将继续受到历史检验的社会主义阶段毛泽东思想的科学原理并不完全等同。

第二,把作为马克思主义正确理论的毛泽东思想与作为建国以来极"左"教条思想的毛泽东同志个人的某些思想区别开来。比如,过去长期宣传的所谓"毛主席关于无产阶级专政条件下继续革命的伟大理论",就是毛泽东同志个人的错误思想,它不属于被党中央所肯定的作为党的指导思想的毛泽东思想。

第三,把毛泽东同志个人所提出的某些错误的方针、政策、路线、结论与处理某些具体事务过程中发出的正确的指示、意见、决定区别开来。毛泽东同志在建国以来的长期活动中,在大政方针上提出过不少错误的东西,但是,在贯彻这些大政方针的过程中,仍然正确地处理过不少具体问题。

第四,把毛泽东同志的主观环境与造成某些错误理论的客观环境区别开来。造成毛泽东同志某些错误思想的原因非常复杂,有主观认识方面的原因,有对国内形势判断的原因,有国际形势的原因,有周围人事关系的原因,也有那个时代党内缺乏现代政治意识、现代政治规范的原因。对这些原因,必须仔细分析,才能求得正确的结论。

第五,把毛泽东同志提出的某些错误意见与具体执行过程中被修正的情况区别开来。比如,在发动"三反""五反"运动的过程中,毛泽东同志显然夸大了敌情,对工商业家违法乱纪的情况也看得过于严重,许多指示明显带有过火性质。但在"三反""五反"运动的结束阶段,在刘少奇、周恩来、陈云、邓小平、薄一波等人的努力下,放宽了处理尺度,这就大大降低了这场运动的消极性。

当代史研究必须正确对待外来学术成果。外来学术成果之所以值得借鉴,在于它所使用的学术方法和它所达到的水平。比如,《剑桥中华人民共和国史》就不回避中共对于当代史的作用。该书序言说:"与帝国和民国时期不同,在中国共产主义者的领导之下,没有一个生活的方面,也没有一个国内的地区不受中央当局坚决使中国革命化这一努力的影响。研究中国社会的任何方面,如果不从中国共产党努力改造中国社会这一背景出发,那简直是毫无意义的。我们不可避免地要从在北京的党的政治局和政府的国务院的观点着手考察中国。"①这一点,反映了西方学者学术观念上的求实性。及时发现和利用信息,也是西方学者的优点。1983年至1984年,中国官方公布了第三次全国人口普查和1964年人口普查的数字。1984年美国教授科尔写出了《从1952年到1982年中国人口的急剧变化》一书,估计我国1958—1963年非正常死亡人口为2 680万。1997年美国学者彭尼·凯恩利用中国的统计资料和调查资料进行分析,写出了《中国的大饥荒(1959—1961)——对人口和社会的影响》一书。20世纪90年代以来,我国学者也有一些好的研究成果。比如,李成瑞的《大跃进引起的人口变动》、李若建《大跃进后人口损失若干问题》等②。这说明,西方学者对于利用新信息研究重大问题,还是非常敏感的。

当代史研究的根本方法是以真实为原则,以事实为基础,以材料为根据。在历史学的概念中,真实是历史学的最高原则,也是史学价值最本质的表达。历史学的真实原则必须落实于对具体事实的讨论,离开了把事实弄清楚,真实就没有意义。事实是以材料为根据的,没有材料依据任何事实都不能写进史学著作。所以,原则上说,讨论真实就是讨论事实,就是讨论材料。过去有一个提法,叫作"论从史出",这里的"史"是指真实的历史实际,它是历史学家努力接近的历史的

---

① 《剑桥中华人民共和国史(第十四卷序)》,中国社会科学出版社,1990年版。
② 李成瑞文载《中共党史研究》1997年第2期,李若建文载《中国人口科学》1998年第4期。

本真面貌，而不是指研究者对某些历史现象的具体描述和结论。所以，所谓论从史出就是论从史料出。如何才能做到以材料为根据呢？第一，树立材料意识。当代史的政治敏感性要强一些，因此，特别要强调掌握资料的重要性。无论何人，不掌握资料都没有发言权。第二，掌握分析材料的方法。当代的许多资料都必须经过鉴别才能使用，否则就会闹笑话。比如，"大跃进"期间出现过所谓"统计工作大跃进"，因此那个时期留下来的大量统计数据都是假的。河北省平山县上报的一份统计表有1 440个统计栏目，全部填齐有111 000多个数据。四川有一个县有15.3万份统计表，河南有一个县1958年一年检查评比33万次。河北吴桥县上报的农民向地里送肥的报表，分为土肥、化肥、圈肥、落房肥、小灰、坑肥、道土、草肥、高温积肥等不同名目，还要分已送多少、未送多少、牲口拉多少、人拉多少、小车拉多少、人挑多少、牲口驮多少。邯郸国棉一厂2 000多工人，上报的报表有1 255种。1958年初，天津市基层企业上报的报表有116 290多种。在除"四害"运动中，有些县的灭鼠报表，还分别有被毒死在老鼠洞外面的和被毒死在老鼠洞里死老鼠的数据。河北一个乡报告，三天打死了28斤蚊子。这些数字除了能证明当时的虚假风气外，没有任何价值。第三，坚持论题、论点、论据一致，也就是范畴、观点、材料一致。讳言而无视史实，苛求而以偏概全，口讷而闪烁其词，都是不正确的。

中国当代史研究是一项新兴的学术事业，科学精神对此具有特别重要的意义，甚至具有决定性作用。因为如果没有或者缺乏科学精神，学术研究就无法摆脱束缚，无法进入科学的层次。而有了科学精神，就会无所畏惧，就能拥有真实。世界上真实最有力量，有勇气追求真实，站在真实的立场上说话，就不怕批评，不怕争议，不怕反驳；就能够言常人所不敢言，思常人所不敢思，发常人所不敢发，成常人所不能成。我们需要追求这样的水平和境界。

（本文为笔者2004年4月26日在扬州大学社会发展学院所做的讲座，2006年3月23日整理，原载《江苏大学学报》2007年第2期）

关于民国史研究中的历史观念问题

什么叫历史观念？历史观念当然和历史观有关系，《现代汉语词典》说："人们对社会历史的总的看法，属于世界观的一部分。唯物史观和唯心史观是两种对立的历史观。"①这个说法比较抽象，需要展开来解释一下。我想，历史观念就是人们在既有认识和学习能力支配下建立起来的某种评判历史事物的价值尺度，或者说，所形成的赖以解释历史的思想观念。它既是持有者对历史事物的想象方法，又常常体现为持有者的某种心理定式。

为了说清楚这个问题，举三个例子。

一是马克思主义唯物史观。恩格斯说：

马克思发现了人类历史的发展规律，即历史为繁茂芜杂的意识形态所掩盖着的一个简单事实：人们首先必须吃、喝、住、穿，然后才能从事政治、科学、艺术、宗教等等；所以，直接的物质资料的生产，一个民族或者一个时代的一定的经济发展阶段，便构成为基础，人们的国家制度、法的观念、艺术以至宗教观念，就是从这个基础上发展起来的，因而，也必须由这个基础来解释，而不是像过去那样做得相反。②

马克思的意思是，解释历史首先要从经济出发，从人们的物质存在出发，进而分析社会的组织、政治、宗教、艺术等等。马克思的唯物史观是一个重大发明。因为在马克思之前，宗教史观影响最大。宗教史观说世界是上帝创造的，人类是上帝创造的，它们会按照神的意志发展下去。马克思主张通过分析社会经济基础来理解上层建筑。回过头来看，在马克思主义的语境里，唯物史观自然会推导到阶级斗争史观。因为社会经济的本质问题就是各种人占有物质资料的不同，就是阶级分化。为什么我的财产只有这一点，你有那么多；为什么我的收入那么

---

① 《现代汉语词典》（修订本），商务印书馆，1997年版，第776页。
② 恩格斯：《在马克思墓前的讲话》（1883年3月），《马克思恩格斯选集》第3卷，人民出版社，1972年版，第574页。

少,你的收入那么多;为什么我没有股份,你是大股东?根源是阶级地位不同,以及是否占有生产资料,于是,地位低下的人要改变地位,就要搞阶级斗争和无产阶级专政。它是一个完整的理论链条。因此,似乎也可以说唯物史观本质上就是阶级斗争史观。恩格斯说:

> 人类的全部历史(从土地共有的原始氏族社会解体以来)都是阶级斗争的历史,即剥削阶级和被剥削阶级之间、统治阶级和被统治阶级之间斗争的历史;这个阶级斗争的历史包括有一系列发展的阶段,现在已经达到这样一个阶段,即被剥削被压迫的阶级(无产阶级),如果不同时地使整个社会一劳永逸地摆脱任何剥削、压迫以及阶级划分和阶级斗争,就不能使自己从进行剥削和统治的那个阶级(资产阶级)的控制下解放出来。①

二是唐代史学家刘知几。他说:

> 盖明镜之照物也,妍媸毕露,不以毛嫱之面或有瑕疵,而寝其鉴也;虚空之传响也,清浊必闻,不以绵驹之歌时有误曲,而辍其应也。夫史官执简,宜类于是。苟爱而知其丑,憎而知其善,善恶必书,斯为实录。②

镜子是用来照物体的,美的东西丑的东西在镜子里都能看到。因此,不能因为皇宫里有一些宫女脸上有瑕疵,比较丑,就不用镜子。天空可以传送声音,清音和浊音都可以传达,不会因为歌者绵驹把有些歌曲唱走调了而天空就没有回声。史官记录历史就应该类似于镜子和天空,有闻必录。爱他而知道他丑,恨他而知道他善,善恶都照录不误,这才叫实录。

这是一种善恶必录的,或者说秉笔直书的观念。

刘知几还说:

> 苟史官不绝,竹帛长存,则其人已亡,杳成空寂,而其事如在,皎同星汉。用使后之学者坐披囊箧,而神交万古;不出户庭,而穷览千载。见贤而思齐,见不贤而自省。若乃《春秋》成而贼子惧,《南史》至而贼臣书。其记事载言则如彼,其劝善惩恶也又如此。由斯而言,则史之为用,乃人生之急务,为国之要道。③

刘知几在他生活的那个时代,已经把历史学的价值说得非常透彻了。刘知几以来的历史同时证明,历史学似乎没有太大的道德警戒作用。几乎找不到什么昏君贼臣慑于历史记录而不做坏事的。这是另一个问题,我们不必苛责刘知几,至少他所说"使后之学者坐披囊箧,而神交万古;不出户庭,而穷览千载"的作

---

① 恩格斯:《〈共产党宣言〉1888 年英文版序》,《马克思恩格斯选集》第 1 卷,人民出版社,1972 年版,第 237 页。

② 《史通》(外篇,卷十四,《惑经》第四),上海世纪出版集团,2008 年版,第 289 页。

③ 《史通》(外篇,卷十一,《史官建制》第一),第 215 页。

用,是不用怀疑的。

三是清代史学家章学诚。他说:"若夫六经,皆先王德位行道,经纬世宙之迹,而非托于空言。""道备于六经,义孕于前者,章句训诂足以发明之。事变之出于后者,六经不能言,固贵约六经之旨而随时撰述,以究大道也。"[①]

六经是指《礼》《乐》《诗》《书》《春秋》和《易经》。他的意思是,六经是先王获得权位、奉行大道、经纬天下的轨迹,而不是空言。道完备地体现在六经之中,它的意义早就蕴含其中,并且需要经过考证解释才能明白它们的意义。而历史事变都是后来发生的,六经并没有预先昭示这些事变的发生。因此,历史学家必须根据六经的旨要随时记录事实以昭明大道。

章学诚主张以六经为指导,把对历史发展的叙述纳入儒家经典著作的思想体系之中。这是一种道统论的历史观。现在看来,刘知几主张秉笔直书,善恶必录,虽然不排除也受价值标准的支配,但主要还是按事实说话。而章学诚的这段论述则表明,他主张按照古代的儒家思想教条解释历史事变,从知识方法方面说不仅有缺陷,而且是一种退步。

上面所讲的实际上就是三种不同的历史观念。一般情况下,人们总在自觉不自觉地按照这些历史观念解释历史。

人们的历史观念从哪里来呢?它根源于三种能力。

第一,记忆的能力。人的记忆是一种精神活动,这种精神活动属于思维的范畴。思维有四种功能,一是接收信息,一是记忆,一是分析,一是情绪调动。人的思维都有记忆功能,所以谁都有可能记住某些历史内容。只是由于接触不同,历史的知识面有差异。没有读过书的人不懂历史,可能只记得自己经历的事。读过书的人了解得多一点,能记住的历史就要多一些。历史学家知道的历史相对宏观、丰富、深入,其记忆能力也比一般人更有专业特点。

第二,特定阶段的教育所造就的认知能力。比如,绝大多数人的历史观念是从初、高中课本学来的。如果大学不读历史专业,也没有兴趣读历史书,他的历史观念就是高中生的水平。即使读了大学,历史观念也不一定就有改善。可能有进步,也可能没有进步。能否有进步取决于继续教育的水平。

第三,继续教育所形成的思想能力。在现代教育的条件下,人们的创造性工作能力,多半是从大学毕业之后逐步发挥出来的。但是在目前,大学所受到的学术训练,并不足以支持实际工作的需要。这就要求人们必须接受继续教育。历史专业同样如此。历史研究人员如果长期故步自封,不改良旧观念,历史观也有可能落后于社会普遍水平。假如他现在的历史观念和本科阶段的历史观念相比

---

① 叶瑛校注:《文史通义》,中华书局,2014年版,第3页,第129页。

有很大进步,那就是学习和研究的结果。

历史观念有以下三个特点。第一,它是社会人群普遍拥有的观念,但是由于学习和专业素养的关系,层次不一样,科学性不一样,全面性不一样。第二,历史观念有时代性,它不是一成不变的。第三,在中国的语境下,历史观念和社会意识形态有联系,常常反映人们的政治立场。为什么有的历史事件、历史人物的讨论能搞出政治问题来,就是政治立场在起作用。

谈到民国史观,这本身是一个有点复杂的问题。没有统一的民国史观。西方学者的民国史观,台湾学者的民国史观,大陆学者的民国史观,都不完全一样。大陆学界对民国史的看法也不尽相同。我这里讲的主要还是大陆学界流行的民国史观。

大陆学界的民国史观起初是从中国革命史观演绎而来的,具体讲是从毛泽东的五篇文章所代表的中国革命的政治文献来的。这五篇文章分别是:1939年的《〈共产党人〉发刊词》《中国革命和中国共产党》,1940年的《新民主主义论》,1949年的《论人民民主专政》《唯心历史观的破产》。这些政治文献规定了一定时期内大陆学界民国史观的基本理论框架。

它有以下五个知识点:

第一,近代中国社会是一个半殖民地半封建社会,进入民国以后社会性质没有变,甚至更加恶化了,因为抗战时期的沦陷区变成了殖民地。

第二,近代中国社会的变化就是两个过程的发展:帝国主义和中国封建主义相结合,把中国变为半殖民地半封建社会的过程,就是中国人民反抗帝国主义及其走狗的过程。

第三,中国革命是资产阶级民主革命,它分为旧民主主义革命和新民主主义两个阶段。旧民主主义革命是资产阶级领导的,新民主主义革命是无产阶级领导的。

第四,中华民国的建立是革命党人长期奋斗的结果,但是由于资产阶级的软弱,北洋军阀窃取了辛亥革命的胜利成果。1927年蒋介石集团叛变了中国革命,建立了一个大地主大资产阶级的专政。1945年之后逐步形成了国民党四大家族的统治。

第五,由于帝国主义、资产阶级、地主阶级联合起来,不断剥削中国人民,民国时期接续了近代社会的状况,社会经济不断走向衰败。

它有以下三个特点。

第一,它是中共第一代领导人提出来的。与辛亥革命的那一代革命者相比,中共第一代领导者有鲜明的时代特点。他们是从五四运动起登上政治舞台的,一开始就接受了诸如民主主义、无政府主义、布尔什维克主义等多种思想的影响。第一次国共合作失败后,和国民党进行了长期的血腥斗争。所以,他们对民国的看法充分反映了自身的革命立场。今天来看,这些看法更多地表达了某种政治思想,是中国近代史研究中革命史观的重要理论基础。

第二,它经过了长期演变,不仅仅是一种观念,而且是一个确定的知识体系。包括完整的政治理论——中国社会的半殖民地半封建性质、中国革命的新旧民主主义两阶段性质;完整的历史叙事——帝国主义侵略,不平等条约的束缚;鲜明的大众价值符号——四大家族等标志性概念下形成的集体意识;生动的文艺标记——比如茅盾的《子夜》等等;丰富的学术支持——比如《帝国主义侵华史》《从鸦片战争到五四运动》《中国四大家族》等等。二十世纪三十年代的中国社会性质问题讨论、中国农村经济问题讨论等学术讨论的思想背景,都是在宣传中国社会的半殖民地半封建性质。

第三,通过1949年以后的一系列政治运动,这些观点已经深入人心,甚至成为某种习惯性思维。举个例子,很长时间里,不少专家一出口就是经典语录。各个学科都如此。不少人写文章,甚至开会发言总离不开引用语录。在这里,我不是说引用经典论述证明自己的观点不好,借助于经典作家的看法论述问题今天仍有必要。而是说,在"文革"结束之前的相当一段时期内,自己不去证明,直接以经典语录为结论;或者自己论证了,还必须用经典作家的语录证明其正确;甚至所有长篇议论,都旨在证明经典语录正确,其实并没有什么必要。"文革"结束后,学术界曾经花过不少精力批评这种"贴标签"的现象。

大陆学界研究民国,什么时候开始的呢?我认为有几个时间点可以考虑。

第一,1959年的7月,根据周恩来的指示,全国政协成立了文史资料委员会。这件事很重要,虽然只是有组织地收集资料的开端,但是一个很重要的起点。因为从此之后国家组织这些清末以来的老人讲自己亲身经历的事情,其中绝大多数是关于民国的事,就开始形成了风气,并且引起了社会的重视。《文史资料选辑》第一、二辑于1960年3月出版,其后继续出版,加上各地后来持续出版的大量的省、市、县文史资料,现在已经成为民国史资料中的庞大的"文史资料"系列。

第二,1972年8月,经过中共中央批准,近代史研究所的中华民国史研究正式立项,并且成立了中华民国史研究组,后来(1978年)改称中华民国史研究室。虽然当时立项的目的,是要开展对"中国剥削阶级社会的最后一个朝代"进行研究,但是,它是正式确定的国家学术研究计划,这个研究室也是正式的国家学术机构。

第三,1978年8月社科院出了《民国人物传》第一卷,此书收录了69个民国人物的生平。1959年全国政协制定的《文史资料研究委员会征集文史资料参考题目》拟定的征集范围,包括历史事件、政治派系和反动组织、各民主党派、军事学校和军阀派系、历史人物、外交、其他,一共七个大类。其中,历史人物类拟定了62个人。《民国人物传》第一卷可以说是初步执行1959年计划的结果。

第四,1981年李新主编的《中华民国史》第一编正式出版。李新在上卷的"序言"中指出:

> 要了解中国的今天,就必须了解中国的昨天和前天。了解前天是必要的,了解昨天则尤其必要。中华民国(1911—1949)是中国剥削制度旧社会的最后一个朝代,它就是消灭了剥削制度的社会主义新中国——中华人民共和国的昨天。因此,研究和编写中华民国的历史,具有非常重要的意义。①

以上四个时间点都可以作为大陆学术界研究民国史的起点,至于哪个时间点合适可以讨论。我倾向于1959年。理由如下:

第一,全国政协文史资料委员会的成立及其开展的工作,具有为前朝修史的史事征集的性质,《文史资料选辑》第一辑所载《发刊词》说:

> 从清朝末年到1949年全国解放,中国社会经历了无比深刻的巨大变化。这六七十年来,历史的主流虽然是清楚的,但其中历史事件的错综复杂的演变过程,许多历史人物的丰富生动的事迹,现有的真实可靠的文献资料还远远不够完备,因此,迫切需要从各个方面广泛地进行资料的撰写和征集的工作。②

第二,全国政协的文史资料征集工作,是根据周恩来的要求开展起来的。在周恩来的意见中,包含着为政协老人安排适宜的工作、抢救历史资料和准备修史三个意思。他表示:"希望过了六十岁的委员都能把自己的知识和经验留下来,作为对社会的贡献。"他说,政协委员中,有些人是有具体工作岗位的,有些人则没有。这些没有安排具体岗位的人中,"许多人在历史、科技、文化、艺术和其它方面是有研究的,如果自己不能动笔,可以带徒弟写点东西"。他指出:"在座的都经历过四个朝代:清朝、北洋军阀政府、国民党政府和新中国。新中国成立以前的史料很值得收集。时间过得很快,开国至今已经十年了,如果不抓紧,有些史料就收集不到了。"周恩来非常明确地提出了开展文史资料工作的价值:

> 现在当然首先要研究现实问题,反映新的情况,但对过去的东西也需要研究,新的东西总是从旧的基础上发展起来的。过去编的府志、县志保存了许多有用的史料……暴露旧的东西,使后人知道老根子,这样就不会割断历史。人们都赞扬我国的古代文化,其中就包含很丰富的历史记载,不仅有正史,还有野史、笔

---

① 李新主编:《中华民国史》第一编《中华民国的创立》(上),中华书局,1981年版,第1页。

② 《发刊词》,《文史资料选辑》第一辑,中华书局,1960年版,第1页。

记等。汉文在这方面起了很大的作用。我们要把自己所掌握的历史遗产贡献出来。①

周恩来的这个思想,在《文史资料选辑》第一辑的《发刊词》和李新主编的《中华民国史》第一编第一卷上卷的序言中,都有所反映。

第三,大陆学界关于民国史研究的具体项目的启动,可以追溯到 1956 年。当年制定的国家科学发展 12 年纲要中,就列入了民国研究的计划。1959 年之后,由于有了周恩来的意见和全国政协文史资料工作的启动,很快进入了实际操作阶段。李新主编《中华民国史》全书的《出版前言》指出:

1971 年,在全国出版工作会议期间,根据周恩来总理的指示精神,将撰写中华民国史列入了全国重点出版规划,并将民国史的撰写任务交由中国科学院近代史研究所(现中国社会科学院近代史研究所)负责组织进行。为此,近代史研究所在 1972 年组建中华民国史研究组(1978 年改称中华民国史研究室),由李新先生负责,拟订了编写多卷本《中华民国史》和《中华民国大事记》《中华民国的政治、经济和文化(专题资料)》的编撰计划。②

以上三点说明了,大陆学界的民国史研究,1959 年是关键。

大陆学界的民国史研究,是从中国近现代史研究拓展下来的。因此,研究中国近现代史的思想方法,自然成为民国史研究的重要理论渊源之一。

过去在解释中国近代史的时候,有四个分析模式。一是侵略—反抗模式,就是"两个过程"论。二是冲击—反应模式,是说近代西方与中国的关系,是一种刺激与反射的关系。三是文化冲突模式,是说近代中西方的冲突是两种文化的冲突。四是现代化模式,是说中国近代历史的发展,是中国逐步发展现代化的过程。

这四个模式都有其适用的部分,也都有欠缺的成分;都取得了不俗的成绩,也都有修正丰富的余地。侵略—反抗模式关注帝国主义和中国革命的关系,即西方国家的侵略行为和中国革命运动的关系,其着重点在于记录近代中国的革命和战争。因此,其他相当部分历史内容难以充分包容进去。冲击—反应模式把近代中国的进步看成一种条件反射的结果,把近代中国人的奋起看成某种刺激行为的直接后果,忽略了中国民众和知识阶级的精神主动性。文化冲突模式把一切归于文化,而忽视那些政治、军事、经济事件的影响,具有比较片面的性质。现代化模式从经济技术的进步入手,以经济社会的现代发展为叙事模式,而

---

① 《把知识和经验留给后代》(1959 年 4 月 26 日),《周恩来统一战线文选》,人民出版社,1984 年版,第 393—394 页。

② 李新主编:《中华民国史》第一卷(1894—1912)上,中华书局,2011 年版,第 1 页。

忽视了帝国主义侵略和近代不平等条约体系的政治作用。

1949年以来民国史的研究,实际上就是学界通过史料和观念之间的不断互动而不断导致史学进步的过程,也是不断更新对民国历史的认识的结果。比如,关于中国近代社会的性质,过去只有半殖民地半封建社会一种说法。不过,换一个角度看也许有所不同。20年前,我曾经说过:

中国近代社会是一个受帝国主义侵略和不平等条约的束缚而半殖民地化,自然经济加快解体,交通便利地区尤其是沿江沿海局部地区现代经济发展,并且缓慢地带动其他地区向资本主义过渡,缓慢地发生政治经济文化和社会生活诸方面现代转型的社会。①

当然,时代在发展,人们的认识也会不断变化,应该允许有更好的看法。其实,在对民国史上所有重大问题的研究中,都可以看到人们克服传统观念,不断拓展对民国的认识的现象。为了继续改善民国史观念,有必要以全球化作为我们的价值坐标。

所谓全球化时代,一般是从1500年以来,以哥伦布发现新大陆为标志。西方人寻找新大陆的目的,是追求财富,它带来了资本主义的全球性扩张,使得资本主义经济、文化和社会规则向全球普及。对于后资本主义国家来说,全球化时代意味着军事入侵和接受资本主义经济秩序。因此,这个时代中国面临的历史任务,就是反抗西方和学习西方的统一。

全球化时代应该分为五个阶段。

第一,1500(1492年哥伦布探险活动开始)年到1775年(美国独立战争开始),这是殖民时代。

第二,1775年(美国独立战争)到1914年(第一次世界大战开始),这是列强时代。西方强国纷纷抢占殖民地,瓜分资源和市场。孙中山说中国是一个次殖民地,后来国共合作提出打倒列强、打倒军阀,就是受列强时代的影响。

第三,1914年到1945年,这是凡尔赛体系时代。凡尔赛体系是第一次世界大战后建立起来的国际秩序。由于复杂的国际政治关系,这个体系后来被第二次世界大战打破。

第四,1945年到1996年,这是第二次世界大战之后国际新秩序的建立时代。其主要的构架就是联合国(1945年)和关税及贸易总协定(1947年)。

第五,1996年以来,这是以联合国和WTO为基本框架的现代国际秩序的时代,也是我们现在所处的当代世界体系。

把中国放到这个坐标里来衡量,就可以看到,1840年到1911年属于列强时

---

① 李良玉:《关于中国近代史的分期问题》,《福建论坛》2002年第1期。

代。这个时代对于中国来说，一方面是西方军事、政治、经济对中国的扩张，另一方面是西方近代资本主义的海关制度、关税制度、资本制度、市场经济制度、自由贸易、金融制度、教育制度等等，向中国的渗透。这种侵略是肮脏的，而这种渗透是另外一种社会模式、生产方式和生活方式的渗透，对中国的影响是有益者居多。后来民国时期的发展都是遵循这一套方法，基本上没有超出的东西。近代中国和西方的关系，就是这种扩张和渗透所造成的平衡。扩张是侵略，渗透是促进，这是两种冲突。我们过去强调第一种冲突，对第二种冲突研究不够，这是不完整的。所以，我主张用近代中西社会碰撞的概念。这个阶段清政府对西方采取了政治上对抗的态度，直到1900年的义和团运动，是政治上的全面对抗。虽然学了一点西方的经济技术，但是被迫的、不情愿的，学西方始终学西方的那些个"用"，而坚持自己那个"体"不能动。它的最后灭亡是不可避免的，我们不要为清王朝的灭亡感到丝毫惋惜。有人说辛亥革命搞糟了，应该让它（清廷）自己改革，慢慢改良。这是不可能的，清王朝的本质决定它不可能走上政治改良的道路。这是革命史观被学术界长期遵循的历史依据，也是辛亥革命最重要的合法性依据。

1912年到1949年，基本上是处在凡尔赛体系的阶段。这个阶段里有一个很重要的问题，就是1927年国民党政权的转轨。孙中山晚年思想是联俄、联共、扶助农工，蒋介石废弃了孙中山的革命政策。过去说蒋介石背叛了孙中山先生的遗教，背叛了革命，这符合史实，也是一种历史定论。但是如何看待这个转轨，有两个角度，即中国革命的角度和国民党政权的角度。从中国革命的角度看，这个转轨是符合国民党蒋介石反苏反共的政治需要的，我们必须给予批判。从国民党政权的角度上看，这个转轨是它构建新的国际关系的需要，是符合它的政治利益的。分共和清党的最大含义是从第三国际、苏联阵营转向西方阵营。这个转轨是通过1928年到1931年间争取关税自主的活动完成的。当时的世界是三大极，苏联一极，德日意一极，英美一极。蒋介石转到了英美阵营，也就是转到了世界主流体系。这符合国民党的政治要求，也给国民党政权带来了许多利益。我们可以看到，近代遗留下来的一些问题，都是通过和西方有关国家谈判解决的。近代中国海关只能征收7.5％的关税，1931年之前实现了关税自主，是谈判解决的。治外法权是1943年西方宣布放弃的。在这之前的北京政府时代，巴黎和会把青岛主权转让给日本人，引起学生的反抗，全国抗议运动那么大，1922年也是谈判解决的。另外，中国的抗战还得到了美国的援助。在抗战之后建立的新的国际体系中，中国也有了"五常"的地位。这些基本上改变了近代中国的国际地位。

站在全球化时代的角度看民国，这段历史有以下七个知识点：

第一,由于辛亥革命的胜利,用了中国有史以来的最特殊的形式,就是和平交权的方法,并且是在清朝贵族集团掌握国家最高权力(宫廷权力),但是不掌握军队的情况下交权的。因此,国家权力的统一,甚至国家实际统一的问题,是留到辛亥革命以后解决的。解决的对象是掌握清王朝军队的北洋军阀集团。国民党通过孙中山和蒋介石两代人才勉强完成了这个任务。

第二,无论北京政府还是南京政府,基本上都采取了与西方世界体系相协调的态度和政策,因此,中国与西方的重大历史遗留问题都是通过外交解决的。民国时期,特别是蒋介石时代的22年,是中国和西方体系之间相对缓和的一段时间。中国反抗日本侵略的长期斗争,是反抗亚洲殖民主义、军国主义和德日法西斯侵略联盟的光辉篇章。

第三,尽管国民党人努力贯彻他们三民主义的政治信条,特别是汲取和发挥了孙中山的训政理论,致力于构造他们的三民主义意识形态,企图建立某种一元化的社会秩序,但是他们没有采用全封闭的社会政策。在工业、农业、教育、社会、文化、科技等各个领域中,实行的是相对开放的、非意识形态化的、专家治理的方法。这就造成了在工业、科技、教育、社会、文化方面的比较快的发展。这个时期中国的很多东西是走到世界前列的,比如大学,比如出版,比如新闻通讯,比如交通(铁路、轮船、公路建设),等等,现代化的水平在国际上不算差。

第四,由于新式教育的发展,新的社会行业的发展,与科举时代相比,民国时期的社会流动加大,开放程度也加大。因此,能够不断地从社会各界吸收人才。民国时期管理部门主管人员的技术官僚化程度相对高,它的公务员队伍的技术化、专业化水平也相对高。

第五,民国是国家制度、体制以及各行业的管理规则比较全面地实行西方标准的时期。比如教授制度、法官制度、公务员制度、医师制度、大学制度、研究院制度、出版制度、统计制度、预算制度、银行制度等等,基本上都是新建立起来并且努力和国际接轨的。

第六,在可比的条件下,从行政成本和国家管理成本的角度看,南京政府时期是政府开支相对低、基础设施建设成本相对低、各项投资回报率相对大的时期。不要看别的,去看看钱塘江大桥,就会一目了然。官员贪赃枉法的程度不算太高,跟现在某些落后国家的腐败程度没有可比性。由于实行统制经济的同时包容市场经济,民国时期也是民营经济相对活跃、相对发展的时期。

第七,由于受阶级利益与政治主张的制约,国民党人始终拿不出明确有效的土地问题纲领和政策,因此,中国共产党通过土地改革,获得了空前的乡村组织和动员能力。这几乎成为它的重要制胜法宝之一。相反,由于乡村的失控,加上腐败、派系内耗和军事上的低效率,抗战胜利之后短短几年,国民党就不可避免地走向了失败。

综上所述,笔者对民国历史的总的看法是:这是一个新旧势力并存、新旧观念并存,但在不断克服阻碍、混乱和新的民族危机中逐渐走向转型的时代;是一个与英美为代表的世界资本主义体系关系相对融洽,并且获益相对多一些的时代;是一个保护私有财产权并试图致力于建立现代资本主义法制的时代;是一个推行现代规则使各项社会事业有所发展的时代;是一个鸦片战争以来新的社会历史因素得到了应有发挥的时代;是一个多灾多难,但仍然给人以丰富想象空间的时代;是一个最终不得不让位于以新民主主义革命的思想内容为更大能量的政治体系的时代。

(本文为笔者2019年8月29日在江苏省社科院历史研究所的报告,8月20日整理完毕,此次发表做了个别修改,原载《白鹿原》2023年第2期)

应当重视《新青年》在中共创建史上的地位

一

中共创建史历来受到重视,中国共产主义运动的早期革命家很早就对这个问题有过研究和说明。1926年,蔡和森在党内做过题为"中国共产党史的发展"的报告。1930年,李立三也做过一次"党史报告"。1928—1929年,董必武两次回忆过中共一大的情况。1936年,陈潭秋曾在《共产国际》杂志上撰文回忆党的一大。毛泽东不仅1936年下半年和到访的美国记者斯诺有过长谈,其中有关于中共一大前后的回忆,而且还在1940年的《新民主主义论》等著作中论述过建党问题。1949年以后,由于各种原因,部分党的一大的出席者,例如董必武、李达、包惠僧、张国焘以及一些与党的早期活动有过关系的人,都留下了不少回忆材料。以上情况,加上一批共产国际原始文件被挖掘出来,中共创建史的研究已经拥有了比较丰富的材料基础,也取得了非常可观的成绩。

在党史专著中,张闻天的《中国现代革命运动史》比较早地接触到党史体系问题。该书叙述的时间范围是1850—1927年,讨论了七个问题,其中有三个问题属于中共党史。它们是五四运动,中共的建立和二七大罢工,国共合作、国共合作的大革命。其中,张闻天讨论了中共创建的问题。

1951年6月,胡乔木发表了《中国共产党的三十年》一文。此文提出党的历史分为四个阶段,其中,第一个阶段就是党的成立和第一次国内革命战争(1921—1927)。1991年出版的《中国共产党的七十年》一书,第一章是"中国共产党的创立"(本章截止于1923年)。2021年出版的《中国共产党简史》,第一章是"中国共产党的创建和投身大革命的洪流"(本章截止于1927年)。因此,至少1951年以来,关于中共的创建问题,党史著作都是摆在开篇地位加以说明的。

总结有关党史著作,包括各种文献资料,关于中共创建阶段的下限,或者说,在中共创建阶段的终点时间上,是基本明确的,即中共一大的完成,标志着中共

创建活动的结束。现在举例如下:

1936年,陈潭秋在他的文章中指出:

第一次代表大会就此告终,而领导中国革命,为中国民族解放与社会解放而奋斗的伟大政党——中国共产党——乃正式生产而呱呱坠地了。①

1951年,胡乔木的《中国共产党的三十年》一书说:

第一次代表大会通过了中国共产党的第一个党章,组成了中国共产党。从此,在中国出现了完全新式的、以共产主义为目的、以马克思列宁主义为行动指南的、统一的工人阶级政党。②

1981年《中共党史大事年表》1921年条下,在介绍了中共一大的内容之后说:

从此,在中国出现了完全新式的、以共产主义为目的、以马克思列宁主义为行动指南的、统一的工人阶级政党。③

1991年《中国共产党的七十年》在叙述了中共一大的情况之后说,"党的第一次全国代表大会宣告了中国共产党的正式成立""中国共产党的产生,是中国革命运动发展的必然结果""自从有了中国共产党,中国革命的面貌就为之一新"④。

2021年《中国共产党简史》说:

党的一大宣告中国共产党正式成立。中国共产党的成立,是中国人民在救亡图存斗争中顽强求索的必然产物,是实现中华民族伟大复兴的必然产物。⑤

这些结论都表明,大家都承认,中共一大的完成是党的创建活动的结束,也是中共党史上党的组织创建阶段结束的标志。但是,中共创建活动的起点究竟在哪里,或者说,中共创建阶段的历史究竟从什么时候开始,并没有得到令人信服的解决。

笔者认为,如同一个婴儿的出生,从其母亲受孕、怀胎到成功分娩,其经历应该是完整的。历史上的任何事物、制度、事件,都有各自酝酿、发生、发展的过程。中共的创建史,也应该选择一个具有鲜明意义的事件作为起点,与它的终点——它的胜利诞生连接起来,成为一个有始有终的历史事件。这是党史叙事的客观性、学理性和逻辑性的要求。

---

① 陈潭秋:《第一次代表大会的回忆》,《"一大"前后——中国共产党第一次代表大会前后资料选编》(二),人民出版社,1980年版,第289页。以下引用该书简称《"一大前后"》(二)。
② 胡乔木:《中国共产党的三十年》,《胡乔木文集》第二卷,人民出版社,1992年版,第11页。
③ 《中共党史大事年表》,人民出版社,1981年版,第3页。
④ 《中国共产党的七十年》,中共党史出版社,1991年版,第28页。
⑤ 《中国共产党简史》,人民出版社、中共党史出版社,2021年版,第14—15页。

本文的基本观点是,1915年9月陈独秀创办《新青年》杂志,是中共创建史的起点。过去对这一点重视不够,现在应该进行认真的讨论了。

二

综合各种历史记载,在中共创建史的起点问题上,有两个标志性的事件值得注意。一是"共产党"(上海)的建立,二是五四运动。

"共产党"(上海)的建立,在中共创建过程中具有重大意义(过去称为"共产主义小组",为了叙述方便和简明起见,本文按照习惯称之为"上海共产主义小组")。蔡和森认为,中共的诞生始于上海共产主义小组的成立。他说:

究竟吾党何时成立呢?何时发起组织呢?仲甫到沪,1920年五一节后,即邀李汉俊、沈玄庐、沈仲九、施存统及一女人来发起组成,不久戴季陶、沈仲九退出了,于是于1920年就正式成立了。①

李立三承认中共一大是党建成的标志,但是,他也承认上海共产主义小组的建立是中共创建过程的起点。他说:

中国党的发生是由六个人发起:陈独秀、戴季陶、沈玄庐……但是如果没有这几个人,党一样会要产生,因为客观上有了新的阶级斗争,他必然要产生一个共产党。②

这6个人,就是他在回忆中提到的上海共产主义小组的6个发起人。

施复亮也支持上海共产主义小组是中共创建史的起点,他说:

六月间(笔者注:指1920年),陈独秀、李汉俊等筹备成立中国共产党,无政府主义者沈仲九、刘大白等也参加了。当时,第三国际代表维经斯基在上海,主张成立共产党。由陈独秀、李汉俊、俞秀松、施存统、陈公培(无名)五人,起草纲领十余条。③

以上几份材料在时间和人员上说法不尽一致,但在承认上海共产主义小组是中共创建活动的起点问题上,是基本一致的。

陈公培具体谈到了上海共产主义小组酝酿成立的情况。他说:

我在这年的"五一"以前(笔者注:指1920年),在《星期评论》社碰到他(笔者注:指维经斯基),他和我们一起座谈过,参加座谈的有他的翻译(杨明斋,山东

---

① 蔡和森:《中国共产党史的发展(提纲)》,《"一大前后"——中国共产党第一次代表大会前后资料选编》(三),人民出版社,1984年版,第62页。以下引用该书简称《"一大"前后》(三)。
② 李立三:《党史报告》,《"一大"前后》(三),第90页。
③ 施复亮:《中国共产党成立时期的几个问题》,《"一大"前后》(二),第35页。

人)、戴季陶、沈玄庐、陈独秀、徐谦(徐是临时碰上的)和我。谈苏联的情况(那时我们很想知道苏联的情况),并极想和苏联取得联系。以后,在陈独秀家里又座谈过一次,共有十几个人参加,除陈独秀外,有沈玄庐、刘大白(后来反动)、戴季陶、沈仲九、李汉俊、施存统、俞秀松,还有一个女的和我……这次会议是1920年夏举行的,作为组织共产党的准备,搞了五六条章程,很简单。第一条好像主张无产阶级专政,会前经过一些解释,后来大家也都同意了。①

上海共产主义小组制定的最初的党纲的内容,在它创办的共产主义刊物《共产党》中有反映。《共产党》"第一号短言"说:

我们要逃出奴隶的境遇,我们不可听议会派的欺骗,我们只有用阶级战争的手段,打倒一切资本阶级从他们手里抢夺来政权;并且用劳动专政的制度,拥护劳动者底政权,建设劳动者底国家以至于无国家,使资本阶级永远不至发生。②

它的"第四号短言"说:

共产党底根本主义,是主张用革命的手段改造经济制度,换句话说,就是用共产主义的生产制度来代替资本主义的生产制度。③

共产国际的有关文件,证实了上海共产主义小组的历史。

1920年6月,魏金斯基(笔者注:维经斯基)发自上海的信(第一号文件)说:

现在我们实际上已经同中国革命运动的所有领导人建立了联系……目前,我们主要从事的工作是把各革命小组合为一个集中的组织……当地有一位教授陈独秀,声望甚高,影响很大,他正在给各城市的革命者发信,以确定代表会议的议题、地点和时间。因在7月初就能开会,所以我们参加的就不仅仅是筹备工作(拟定日程和决议),而且还能出席代表会议。④

1920年8月17日,魏金斯基发自上海的信(第二号文件)说:

这段时间以来,我在此地的工作总结如下:在上海建立一个五人组成的革命委员会(其中四位是中国革命者,加上我),委员会由三个处:1.出版处,2.情报鼓动处,3.组织处……现在我们的任务是,在中国所有的工业城市里建立像上海革命委员会这样的组织,然后举行各委员会的代表会议,借助这样的办法把各委员会的工作集中起来……希望在这个月内把倾向革命的大学生组织起来,建立一个集中的社会主义青年团。该青年团的代表届时就可加入我们在上海、北

---

① 陈公培:《回忆党的发起组织和赴法勤工俭学等情况》,《"一大"前后》(二),第564页。
② 《〈共产党〉第一号短言》,《"一大"前后——中国共产党第一次代表大会前后资料选编》(一),人民出版社,1980年版,第47页。以下引用该书简称《"一大"前后》(一)。
③ 《〈共产党〉第四号短言》,《"一大前后"》(一),第53页。
④ 李玉贞译:《魏金斯基致佚名者的信》,《党的文献》1996年第4期。

京、天津等地的革命委员会了。这样一来，我们就能积极影响学生运动并且引导运动朝着对工人和士兵进行实际工作的方向发展。①

1920年9月1日，威廉斯基·西比利亚科夫在莫斯科报告共产国际（第三号文件）说，已经在上海组织了一个共产国际东亚书记处，下设中国、朝鲜、日本三个支部。同日，他在莫斯科又报告（第四号文件）说：

中国支部的工作进展比较顺利。各支部依靠工人和学生组织，得以为北京、上海、天津、广州、汉口、南京和其他地区共产主义组织的建立奠定了基础。近期内就应该举行一次代表大会，以完成中国共产党的建党工作……上海是中国共产主义书刊出版的最大中心。东亚书记处在这里拥有几种报纸和杂志。我们拥有的报纸是《俄文上海生活报》，中国报纸有《周报》《会日报》。杂志有《新青年》月刊，由北京大学陈独秀教授主编；《新中国》（该刊现在已经迁至北京）。②

1921年1月21日，舒米亚茨基的一封信（第7号文件）说：

事实上我们上海的那个三人小组——革命委员会才是领导机关。这个革命委员会目前领导着中国六个省的中国共产主义组织和规模相当的五个中国青年团组织。这些组织掌握着四种周刊，其中的《共产党》是起领导作用的，还有两家报纸。③

现在可以推断的是，这几份原始文献所记录的，就是魏金斯基等共产国际人员在沪活动并和陈独秀等人组织上海共产主义小组的情况。由于上述文件出自共产国际几个经手中国事务的人员之手、各人表述的差异，以及汇报材料难以避免的局限性等原因，其中中国支部、革命委员会的说法令人不太好理解。共产国际东亚书记处当时的确组织过"中国支部"或"革命委员会"吗？笔者认为没有设立过东亚书记处这样的组织，它们指的就是上海共产主义小组。所谓"三人革命委员会""五人革命委员会"，就是魏金斯基和陈独秀发起组织上海共产主义小组过程中经常接触的那几个核心的人员，包括蔡和森、李立三、施复亮等人回忆录中分别提到的不确定的那几位，其中最稳定、最关键的人当然只有陈独秀。

应该强调的是，魏金斯基和陈独秀所组织起来的这个上海共产主义小组，它的原始名称就是"共产党"，无论从组织形态还是从思想形态上看，它都是中国共产党的雏形。它初步具备了政党的完备性，而其他地方的"共产主义小组"都不具有这

---

① 李玉贞译：《魏金斯基致俄共（布）中央委员会西伯利亚局东方民族部的信》，《党的文献》1996年第4期。
② 李玉贞译：《威廉斯基·西比利亚科夫就国外东亚民族中的工作向共产国际执行委员会的报告》，《党的文献》1996年第5期。
③ 李玉贞译：《Б.З.舒米亚茨基致М.В.科别茨基的信》，《百年潮》2001年第12期。

种完备性。并且,它们也是在上海共产主义小组的积极推动下先后建立起来的。

在中共创建史上,五四运动是又一个影响巨大的事件。

三十多年前,我就在一本书中指出,五四时期由于新式教育的发展,中国社会的阶级结构发生了明显变化,与传统科举教育所不同的是,一个新兴的中等知识阶层在社会政治舞台上崛起了。当时,"以陈独秀、李大钊、鲁迅、刘半农、钱玄同、吴虞、胡适为代表的一代知识分子,身为大学教授或中等学校的校长、教员,已经拥有相当的社会地位。五四时期的中等知识阶层,是他们的学生"。[1]

中等知识阶层是发起五四运动的主力军,他们又在五四运动之后极短的时间里迅速接受了马克思列宁主义,并且从此投身于中国共产主义的职业革命。这个时代特点,使他们一致肯定五四运动对于中国社会和中共诞生的巨大意义。

蔡和森指出:"五四运动在中国的革命史上、在政治的意义上是很大的反对帝国主义的运动。自有此运动以后,中国的革命的政治的争斗遂开新纪元。"(笔者注:原文此处断句疑似有误,此处试作修正。原文是:五四运动在中国的革命史上,在政治的意义上是很大的。反对帝国主义的运动,自有此运动以后,中国的革命的政治的争斗遂开新纪元。)五四运动"可以证明中国工人阶级已经走到反帝国主义的政治争斗的路上来了"。他认为,五四运动还受到了十月革命的影响。"当十月革命的影响来到中国时,小资产阶级是很害怕的,是受帝国主义者宣传毒害的。但是不久对美国帝国主义以及其他帝国主义的幻想都打破了,于是才由嘲骂、害怕而相信了。初则不接受,现因他各方面之失望而渐接受了。故五四运动中即有大批倾向俄国、倾向社会主义的先进分子。"他认为,五四运动使工人阶级表现了政治力量,知识分子看到了这种力量,于是,"知识分子由散漫的抽象的而渐渐办报纸,组织小团体,实行和工人阶级接触而作工人运动了"。[2]

李立三指出了十月革命的划时代意义,他说:"十月革命的胜利,使世界革命转变了一个阶段。在十月革命以前,世界革命主要是资产阶级的革命,而十月革命后已经开始了无产阶级革命时代,即是殖民地半殖民地的资产阶级性革命,它也成为帮助无产阶级革命的部分。"[3]

李立三同时说明在十月革命和五四运动的影响之下,五四进步知识分子转向了与工人阶级相结合的道路:"五四运动虽然主要城市罢课罢市,但是五四运动的结果只是打倒了陆宗舆,日本帝国主义一点没有损失,所以青年界就觉得要有一个新的力量,恰好在五四运动中工人阶级已表现了他的力量……使青年界

---

[1] 李良玉:《动荡时代的知识分子》,浙江人民出版社,1990年版,第165页。
[2] 蔡和森:《中国共产党史的发展》,《"一大"前后》(三),第56—59页。
[3] 李立三:《党史报告》,《"一大"前后》(三),第90页。

在十月革命影响之下走到工人中去。"①

毛泽东的《新民主主义论》写于1940年,他把1840—1940年的100年,以1919年五四运动为界,分为前后两个阶段。之前是中国的旧民主主义革命,之后是新民主主义革命。他说:"五四运动是反帝国主义的运动,又是反封建的运动""五四运动是当时无产阶级世界革命的一部分"。②

既然"共产党"(上海)的建立和五四运动拥有这么重要的历史地位,那么,是否可以确定其中一个并且以它的起点作为中共创建历史的起点呢?如果选择上海共产主义小组,那么,上海共产主义小组的建立是在1920年8月,而它的起点则是1920年4月共产国际代表魏金斯基来华。根据这个事实,中共创建阶段的起止时间就是1920年4月—1921年7月。如果选择五四运动,那么中共创建阶段的起点就在1919年5月,而1919年5月—1921年7月则是这个阶段的完整起止过程。

这是一个值得研究的问题,下面将继续讨论。

三

中共党史学界对于上海共产主义小组的历史作用早有正确认识。1991年胡绳主编的《中国共产党的七十年》指出:"上海小组作为党的发起组和联络中心,在建立全国统一的工人阶级革命政党的过程中起了重要作用。"③2021年出版的《中国共产党简史》认为:"在上海成立的共产党早期组织,实际上是中国共产党的发起组织,是各地共产主义者进行建党活动的联络中心。"④以上两种说法大同小异,都正面承认了上海共产主义小组在建党过程中的贡献,但是,具体提法还可以推敲。第一,上海共产主义小组不应该仅仅被视为一个发起组,更应看作中国共产党的雏形。它有党纲,有明确的指导思想。第二,在这之前,陈独秀和李大钊已经有确定的建党计划。第三,在魏金斯基的帮助下,陈独秀不仅发起成立了上海共产主义小组,而且在广州期间又建立了广州的党的早期组织(通称广州共产主义小组)。第四,上海共产主义小组建立之后,已经开展了发动工人、组织赴俄留学、创办《共产党》、宣传社会主义和俄国革命等一系列活动。只

---

① 李立三:《党史报告》,《"一大"前后》(三),第95页。

② 毛泽东:《新民主主义论》,《毛泽东选集》(合订本),人民出版社,1967年版,第659—660页。

③ 《中国共产党的七十年》,第20页。

④ 《中国共产党简史》,第20页。

是由于他们当时还没有足够的组织经验，还不熟悉通过召开党的代表大会、建立完善的组织机构等党建工作的程序，才没有把召集各地共产主义者举行代表会议的计划马上摆上日程。可以假设一下，如果不是后来马林主张召开代表会议，"一大"也许还会延迟一段时间。但是，这丝毫不影响上海共产主义小组作为中共雏形的历史地位。

上海共产主义小组的建立，毫无疑问和魏金斯基有关。因为他不仅是共产国际派到中国来寻找革命者、帮助成立共产主义组织的第一个代表，而且他确实找对了人，并且进行了一系列卓有成效的工作。因此，如果肯定上海共产主义小组的建立是中共创建阶段的起点，那么，这个起点在时间上就必须向前推进，和共产国际代表来华帮助建立共产党联系起来。现在已经确认，魏金斯基是1920年4月来的。据此，1920年4月是否可以作为中共创建史的起点呢？

本文认为不合适，理由非常简单：第一，共产国际是因为知道中国发生了规模巨大的五四运动，才委派魏金斯基来华的。换句话说，共产国际因为意识到中国的五四爱国运动，是它推进中国共产主义革命的重要契机，才采取措施的。如果没有五四运动这个条件，魏金斯基不一定奉派来华，至少来华不会有如此显著成果。所以，导致魏金斯基来华活动成功的历史因素是五四运动。如果以魏金斯基来华作为中共创建历史的起点，自然就忽略了五四运动这个前提。第二，在魏金斯基来华之前，以李大钊、陈独秀为代表的中国知识分子，已经对第一次世界大战、马克思主义、十月革命、布尔什维克党、社会主义等有相当的了解，这是中国知识分子组织马克思列宁主义政党最重要的思想前提。这个前提不是魏金斯基带来的。因此，上海共产主义小组在中共创建过程中具有重要意义，但不能把它的发起成立作为中共创建史的起点。

那么，五四运动是否可以作为中共创建史的起点呢？

本文认为同样不合适。理由是：第一，上述蔡和森、李立三、毛泽东等人关于五四运动的论述，是中共新民主主义革命理论体系的组成部分，是关于五四的经典结论。这是不用讨论的。但是，研究五四运动的政治价值和研究中共创建历史的起点时间，不是同一个范畴的问题。研究中共创建史的起点，必须找到一个具有充分时代意义的、能够体现中共早期生命信息的事物、事件或时间点。第二，经过学术界的长期研究，今天，五四已经成为一个完整的学术概念，它包含比较复杂的内容，需要对上述党的政治领导人，尤其是毛泽东所说的"五四运动"的含义进行仔细的考察。换言之，毛泽东关于"五四运动"的概念，包含五四新文化运动的广义的内容。第三，假如承认五四中等知识阶层是发起五四运动的主力，而中共早期组织的成员又是以中等知识阶层的分子为主体，那么，就必然要研究，五四时期中等知识阶层的崛起是偶然的吗？五四中等知识阶层走上五四的社会政治舞台是五四突然发生的吗?

本文认为,找到了五四知识分子普遍觉醒的起点,找到了五四知识分子经过特定的思想启蒙,而成了北洋时代军阀政治社会的自觉批判者的时代节点,找到了五四知识分子在巴黎和会中国外交失败的关头挺身而出、振臂高呼的思想来源,也就找到了中共创建历史的起点。

本文认为,1915年9月《新青年》(初名《青年杂志》)的创刊,是中共创建阶段的起点。换言之,1915年9月—1921年7月(关于中共一大结束的时间,现在有不同说法,这里根据1921年7月31日结束的意见立论)是中共的创建阶段。

一般说来,毛泽东在谈到五四运动的政治意义的时候,包含着对五四新文化运动的完整的界定。在他的论述之中,五四是一个区分新旧民主革命的重要分界线。但是,在谈到五四文化的时候,他实际上是把五四之前的民主科学启蒙,包含在自五四开始的新民主主义文化之中的。在《新民主主义论》一文中,毛泽东说:

> 五四运动所进行的文化革命则是彻底地反对封建文化的运动。自有中国历史以来,还没有过这样伟大而彻底的文化革命。当时以反对旧道德提倡新道德,反对旧文学提倡新文学,为文化革命的两大旗帜,立下了伟大的功劳。[1]

在这里,"反对旧道德提倡新道德,反对旧文学提倡新文学",正是五四新文化运动开始阶段就高高举起的两大革命旗帜。所以,我们可以认为毛泽东所提倡的新民主主义文化之内涵,并非单纯产生于狭义的"五四"——以1919年5月4日北京学生的游行抗议运动为标志的"五四"之后,而可上溯至陈独秀1915年9月创办《新青年》,即以此为起点的广义的"五四"。

同样作为以知识分子为中坚的政治运动(这里所谓中坚,是指宣传、发动和组织运动的初期阶段),五四运动和辛亥革命有明显的不同。第一,辛亥革命的初期宣传阶段主要是在境外实现的,而五四新文化运动完全是本土化的。第二,辛亥革命宣传了民主共和的思想观念,但是,其号召力最为强大的,是排满革命的思想。而五四的思想启蒙武器,则是民主科学思想,是科学、人权、思想独立、国家主人翁等等现代价值观念。第三,从世界范围看,辛亥革命还处在自美国独立战争以后的民主主义、反殖民主义的时代,而五四运动则已经处在第一次世界大战直到十月革命之后的民主主义、反殖民主义、反资本主义、反帝国主义和社会主义革命兴起的时代,这就使五四思潮更加具有思想重叠的性质。这些时代特点,决定了五四知识分子,特别是其中的中国共产主义革命的第一代职业革命者,具有以下两个思想特征:第一,他们的思想起点是接受民主科学思潮;第二,

---

[1] 毛泽东:《新民主主义论》,《毛泽东选集》(合订本),第660页。

在很短的时间里发生了价值转移,完成了社会主义对民主主义的迭代。

上述第一个特征,决定了五四知识分子的迅速崛起,并且在巴黎和会中国外交失败的特定关头发动了全国规模的抗议活动;第二个特征,决定了五四知识分子在对美国提出的民族平等主张失去信任而对苏俄释放的友好态度发生好感之后,对西方和苏俄的态度迅速发生改变,而选择了马列主义和俄国革命的方向。

反映五四知识分子这种思想特征和转变过程的材料太多了,谨举几例:

朱务善说:"在北大念书的初年(笔者注:指1919年),有三件大事常常涌现在我的脑海里,即,第一,'内除国贼,外抗强权'的狭义民族运动;第二,反对旧礼教,提倡新文化的《新青年》派的革新运动;第三,苏联十月革命的影响及马克思主义的宣传。"①

邓颖超说:"'五四'时,我们对各种思潮的内容知道的很少。那时候宣传共产主义的书不多,统治者的报纸刊物不可能登载共产主义的东西。我们吸收新知识,只能看《新青年》《少年中国》等杂志。"②

包惠僧说:"那时陈独秀的名声很大,号称新文化运动的'三圣'之一。他到武汉后住在文华书院,在文华书院讲演了几次,讲的内容很广泛,主要是反封建,反对北洋军阀,要自由、平等。"③

李立三说:"正因为有了新的生产关系,即近代工业的产生,所以就发生和旧的生产关系的冲突,因此反映到思想上就发生了一个极伟大的新文化运动。新文化运动主要是反对孔夫子,新文化运动的刊物《新青年》,特别受着青年界的欢迎,因为《新青年》内容主要是反对封建制度、宗法关系,反对旧礼教,主张婚姻自由等,同时还有白话运动,这是完全代表新的生产关系反对旧的生产关系的斗争。"④

蔡和森说:"每个同志都知道《新青年》主笔仲甫同志,但是这个刊物开始时的两个口号则为:民主和科学。而这两个口号又完全是代表美国的精神,故《新青年》以前也是美国思想宣传机关,但是到了仲甫同志倾向社会主义以后,就由美国思想变为俄国的思想了……中国民众所希望要求的是美国帮助中国人取消'二十一条'与退还山东的主权,但结果在和会中帝国主义者互相反承认日本在华所得利益是合法的,于是美国的幻术破了,中国数百万的学生,活动的知识分子无出路了。另一方面又看见俄国十月革命,一面推倒了沙皇专制,一面推翻了帝国主义干涉,建立了工人国家,以前认为是洪水猛兽的,现在转而倾向俄国了。

---

① 朱务善:《中共成立前后在北京工作的回忆》,《"一大"前后》(二),第87页。
② 邓颖超:《回忆天津"觉悟社"等情况》,《"一大"前后》(二),第232页。
③ 包惠僧:《我所知道的陈独秀》,《"一大"前后》(二),第383页。
④ 李立三:《党史报告》,《"一大"前后》(三),第93页。

故知识阶级中起了一个分化,已有一部分倾向俄国,倾向社会主义了。"①

肯定《新青年》的创刊是中共创建阶段的起点,也是中共的历史起点;同时,肯定中共一大的召开标志党的创建工作已经结束,这个创建阶段包括1915—1921年,具有极其重要的学术意义。它不仅改变了目前中共创建史叙事上起点时间不明确的状况,而且改变了目前中共创建阶段的下限截止时间不合理的状况。如前所说,中共一大召开,组织缔造工作初步完成,党的宗旨、纲领已经提出,表明党已经胜利诞生了。至于说党的二大提出了反帝反封建的目标,三大提出了国共合作的统一战线方针,那是党建立以后在思想上、实践上进一步认识和理解社会实际和革命任务的问题,是不应该包含在党的创建问题之中的。在这一点上,不少党史著作谈到一大的时候一方面承认党已经创立;另一方面又把创建阶段往下拉,把创建阶段的内容继续叙述到党的三大。这在逻辑上是不太顺的。

肯定《新青年》在中共创建史上的地位,更符合五四知识分子思想变化的实际。从民主主义、爱国主义转向俄国革命、社会主义,是五四知识分子思想转变的共同道路。这个转变过程,和陈独秀、李大钊等新文化运动的左翼领袖的思想转变过程是完全一致的,和五四时期新文化运动向社会主义运动的转变过程是完全一致的,和中国共产党孕育诞生阶段的政治发展过程也是完全一致的。

自从戊戌维新运动以来,近代中国社会出现了一个新的动向——在内部经济和社会结构的变化、欧风东渐的巨大影响之下,思想观念的变革成了推动社会革新的强大动力。破除迷信,质疑传统,解放思想,追求新知,造就了人们所崇尚的价值先行准则。《新青年》创刊后,倡导民主与科学的精神,这是接受西方近代社会政治学说所形成新价值的体现,因此,成为社会进步的新起点。由民主科学思潮转向马克思主义思潮,再转向共产主义革命,是五四前后中国社会变动的一个重要枢纽。指出《新青年》的创刊对于中共创建史的价值,与正确解释这个变动的过程,逻辑上是一致的。

因此,《新青年》的创刊是中共创建历史的起点,也是中国共产党的历史起点,这应该是一个拥有充分历史依据的看法。相信这个问题的提出和讨论,将促进我们对中共历史的理解,并且推动对随之而来的一些新的学术课题的研究。

(本文动笔于2021年12月底,2022年1月14日11点49分完稿,1月15日下午在江苏省社会史学会2021年年会上报告。2022年11月3日应《广西师范大学学报》的要求修改过一次。2023年4月18日第二次修改。原载《阅江学刊》2023年第3期)

---

① 蔡和森:《中国共产党史的发展(提纲)》,《"一大"前后》(三),第60—68页。

历史学的根本知识方法

——与大学生谈史料

今天,大家要我来谈谈史料与研究历史的关系,是命题作文。在谈史料之前,我们先要解释一下,什么是历史,什么是历史学。大家也许会想,我进了南京大学历史系,读了那么多书,听了那么多课,难道还不懂什么叫历史吗?我认为,我们过去通常理解的历史,可能有点笼统,需要做细致一些的说明。我在给博士生讲史料学的时候,曾经谈过,可以把历史分解为六种形态。

第一种是某种社会现象、某种历史事实的原始发生过程。比如,今天李老师来给你们做讲座,六点半钟就开始了,大家在听。有劲也好,没劲也好;讲得好也好,不好也好,直到八点半或者九点钟结束。这件事的原始过程,就可以理解为历史。今天的讲座,当然现在还在进行,到晚上九点钟以后,它就成为历史了。因此,过去任何事情的经过,都是历史。

第二种是历史学家依据历史资料和一定史学方法,所记录下来的历史,也就是通常所见的史书的内容。大家从初中直到现在大学,所读到的所有史学著作,都可以归入这个历史里头。史书上所写的,大家肯定认为是真的,历史就是那样。不过,大家不要以为,我读的教科书或者其他史书就是历史。那当然是历史,但是,或许是写得比较好的史书,也可能不是信史。比如,你们哪一天读到李老师的书,也许不相信。哎呀,历史难道就是这样的吗?也许会认为,李老师这本书写得不错,历史就是这样的。这两种态度都不够正确。要知道,这本书是李老师所理解的历史,是李老师根据自己的认识、根据自己所掌握的史料写的历史。所以,不要迷信任何人写的书。

第三种是历史学家已经了解,但是限于各种条件,还不能讲出来的历史。这种历史是许多人所不知道的。有些史料,李老师或者其他专家看过了,你们没有看到过。专家们看到了知道了情况,心里对这个问题有一点看法,但是只要他们一天不讲出来,别人就不会知道。这种情况很多,所以你们不知道的历史很多。确实有很多问题历史学家知道了,不能讲,不适合讲。这种形态的历史,我举两种例子。

一是知道材料但不能说，或者不能明说。有关史料已经出来了，有材料，历史学家看到了这些材料，但是他不能讲，或者只能用一种很曲折的语言把它表达出来，你看了仍然不完全明白。为了说得更清楚一点，我来举一个例子。已经去世的著名历史学家胡绳先生，他主编的《中国共产党的七十年》，是1991年出版的。这本书当时被公认为权威的党史著作，但是书中关于1959年到1961年大饥荒这个问题，很显然，他就没有说到位。而且可以肯定，他看到了材料，但是没有直说。这个问题他怎么说的呢？他总结了三年困难的种种情况，然后说："许多地区因食物营养不足而相当普遍地发生浮肿病，在不少省份农村人口死亡增加。由于出生率大幅度大面积降低，死亡率显著增高，据正式统计，1960年全国总人口比上年减少1000万。突出的如河南信阳地区，1960年有9个县死亡率超过千分之一百，为正常年份的好几倍。"胡绳主编《中国共产党的七十年》的时候，中央档案馆肯定是对他开放的。对三年饥荒，中央档案馆应该有非常详细的材料，各个省、各个县、各个市，肯定也有翔实的档案材料。但是，在讲这个问题的时候，该书用了这样一种很含糊的语言。你说他有没有讲呢，他讲了一点，他说，不少地区农村大幅度地发生浮肿病，由于出生人口的降低，死亡率高了。1960年全国总人口比上年减少了1000万，突出的是河南信阳地区，1960年有9个县死亡率超过10％。但是究竟全国非正常死亡人口是多少呢？他不说。他把事情点出来了，但是又没有把严重状况全盘告诉你。这三年，河南信阳地区饿死了100万人，全国饿死的人，比较保守的数字是1800万，多的说法是4000万上下。显然，胡绳先生不愿意正面公布这方面的数据。假如读者不是专门的历史研究者，没有相当的史学修养，看不懂他的这种写法，看不懂它技巧在哪里。这是一种很专门很高超的史学笔法。他的说法也能摆得住，没有撒谎，后人不好说他撒了谎。这表明，1991年的时候，社会发展还没有到这一步，他不能把真实数据公布出来。现在就不存在这样的情况了，因为经过多年来的改革，社会发展进步了，民主化程度提高了，信息透明了，国家明文规定自然灾害、各种人为事故伤亡人数与经济损失必须如实报道。我在一篇文章里说过，历史学家往往会有三种情况，叫作讳言而不顾史实，苛求而以偏概全，口讷而闪烁其词。该书的以上表述，就属于口讷而闪烁其词。

二是这段历史已经过去了，但是本来就没有任何材料。历史上有很多事情很隐秘，大家千万不要把历史想象得一片光明。历史上很多政治家行事不端，而且当初就知道如果有把柄留下来会遗臭万年，所以他们做事的时候，就不留任何材料。对于一些阴谋事件，可能是永远找不到材料的，只能去想，想在心里；或者去分析，但是不好随便讲。历史上有很多活动，根本就没有史料，只能依靠历史学家的分析。历史研究是很专门的工作,要懂历史,懂社会,懂政治,懂人情世故。不能不懂,不懂就会瞎想、瞎说、瞎分析。所以,我主张历史学家有沉默权。

第四种是没有正式记载,但在有关神话、传说、民俗、戏剧、地方传统中间所记录的那些历史。这些东西里边也包含大量历史内容,其中有夸张、想象、崇拜、祈愿的成分,也有真实的成分。这些有真实性的内容,也是一种历史。

第五种是还保存在各种历史资料中的人们不知道的历史。这些历史资料不被开发出来,人们就不知道;哪一天被发现了,历史就要改写。为了把这个问题说清楚,我举一个很具体的例子。苏联的著名作家高尔基,1917年5月到1918年7月,具体地说,是在1917年的5月1日到1918年的7月16日的一年多时间里,在莫斯科《新生活报》上发了大约80篇文章。1918年,高尔基自己把这些文章编成两本书出版,一本叫作《革命与文化——1917年论文集》,一本叫《不合时宜的思想——关于革命与文化的思考》,这是高尔基自己编成的书。过去我们所理解的高尔基是无产阶级革命作家。他有一本很出名的小说,叫《母亲》;还有一篇很著名的散文,叫《海燕》,是强烈地呼唤革命的,堪称"革命的号角"。但是在这80来篇文章中,高尔基用了很严厉的语言,批评十月革命对文化造成的破坏。1918年这两本书出来以后,马上被俄国人禁掉了。一直到1988年,苏联才把这两本书解禁,我们现在才可以看到。如果看不到,我们永远也不会知道,高尔基曾经对十月革命做过批评。这就是深藏在历史资料中的历史。这些历史资料,有的是罕见的书籍,有的是尘封的档案,有的是散落于乡野的民间书契文札,有的是生存者记忆的碎片,有的是私人有意收藏的典章、文稿或其他证物,等等。我们发现了这些资料,就知道这些历史;没有发现这些资料,就不知道这些历史。

第六种是随着历史资料的湮没而永远失去的历史。人们在社会生活中,会有大量的文字或者实物,或者其他类型的资料没有保留下来;由于天灾人祸,比如,火灾、水灾、战争等,会有大量文字实物资料被毁弃,因此,有许多历史事件,许多历史内容,不能得到任何说明,再也无法重现,永远成为历史的谜团。

以上所说,就是历史的六种不同形态。而这六种不同形态的历史,都与史料有关。我们要改进历史,要重新发现历史,首先必须发现史料,必须去研究史料。

历史研究有两个最基本的范畴,叫作历史事实与历史史实。这是两个不同的概念。所谓历史事实,就是历史上曾经发生过的一件具体事情。而历史史实呢,它是历史学家在史学著作中依据某种史料所记录进去的具体事实。换句话说,历史事实写进了史学著作就成了历史史实。历史事实和历史史实不是一个概念,它们有六点区别。

第一,历史事实是生活中发生的事情,或者说是历史上某一个时间段发生的某件具体事情的经过,而历史史实呢,是被历史学家在史学著作中记录下来的一件历史事实。

第二,历史事实有可能有证据,能证实;也有可能没有证据,不能证实,因为不是历史上发生过的所有事情都有资料留下来了。有的事情有资料保存下来了,有的事情不曾有资料留下来。就像今天我在这里做讲座,我讲了半天,若干年后有没有证据呢?可能有证据,也可能没有证据。可能有四种证据。一是我的讲座提纲,如果能把它保留下来,若干年后这份提纲还留着,就是一个证据。后人看到这份提纲,两页纸,根据这个提纲,李老师某年某月某日还在浦口校区做了一次讲座,这份提纲就是证据。二是同学做的笔记,包括今天现场留下来的录音,也是证据。大家的笔记,如果留下来了,若干年以后发现了某某同志、某某人物早年在南京大学读书时的课堂笔记,其中记录了李老师做的讲座,这是第二种证据。三是若干年以后大家的回忆。你们同学聚会,在一起喝酒的时候,聊天,或者事后写文章,提到李老师这个人还不错,我们学生会请他做报告,他欣然答应了,并且聊得还可以。这些回忆文字,也是证据。四是我自己用日记或者其他形式所做的记录,包括若干年后回忆到这件事,也是有效的。如果这些东西都没有,那没有办法,究竟李老师某年某月某日有没有给同学做过关于史料问题的讲座呢,不知道,没有证据,因此不能写进历史著作。所以,历史事实是有材料的,也可能是没有材料的,而写进史学著作的历史史实,必须是有材料的。

第三,历史事实是原生态的,而历史史实经过历史学家对史料的解读,其中包含了历史学家的思考。历史学家怎么记过去发生的事情,有一套专门的经验、方法和价值观,不完全是有闻必录。比如有一件事情,一个自发的过程原生态地过去了。如果有人把它写进史学著作,他就要思考,就要把事情的经过重新概括出来,就会有一系列评论出来。也就是说,历史事实被写进史学著作的时候,要经过历史学家的思考,经过重建,是一种经过分析的叙说。

第四,历史事实是无限的,而历史史实是有限的。全世界有50多亿人口,全中国有13亿人口,每天都有无数的历史事实发生,同学们每天也有很多事实发生,但是这些事实不需要都写进历史著作,也写不完。今天大家都做了许多事,有重要的,也有不重要的,有的有点意思,有的没有多少意思,都要写下来怎么写得完呢?所以,历史事实是无限的,而写进史学著作的历史史实是非常有限的。

第五,历史事实是暂时的,而历史史实是永远的。凡是没有被记载下来的历史事实,很快就会被人们忘掉,在社会生活中湮没。而只要被写进史学著作,它就被记录下来了,就会被人阅读,被人们记住。读者越多,影响越大,成为一种读者的、大众的、民族的记忆。这种集体记忆,是一种历史文化。

第六,历史事实是一种已经凝固了的人类社会生活,作为一种客观事物或社会现象的发生发展过程已经终止。因此,具有确定性。历史史实是后人对过去发生的历史事实的确认。这种确认,有时候符合历史的真相,有时候可能有一些细微的差异,有时候可能包含若干错误,有时候甚至可能是伪造的假象。

那么,历史事实和历史史实之间是一种什么样的关系呢?我认为有三种关系:第一,历史事实是不是能写进历史,必须要看它有没有史学价值。大量历史事实没有史学价值,不需要记入历史;第二,历史事实有没有史学价值,既要看它对说明历史有没有价值,也要看它有没有史料证明;第三,有史学价值,也有史料证明的历史事实,意义的大小,除了对历史进程的影响以外,还要看历史学家的分析叙述是不是正确。

研究史料与研究历史的关系,是我们应该注意的问题。历史学是中国最古老的学科,历史学的诞生经过了漫长时间。按照《说文解字》的说法,"史"就是"记事"。甲骨文就记了许多事情。甲骨文是占卜用的,在做一件事情之前,要祷告一下,问一下,事后还要把结果记下来。这类文字,实际上就是目前所知的中国人把事情记下来的最古老的记录。中国最早的史学著作是孔子的《春秋》。从甲骨文的出现到孔子的《春秋》,中间经过了多少时间,大家想一想。所以历史学的诞生,是一个很长久的过程。研究历史必须从研究史料开始。过去傅斯年先生有三句话,我们可以把它当作座右铭来看待。第一句话:"史学便是史料学。"这句话是说,历史学的基本功就是研究史料。第二句话叫作:"上穷碧落下黄泉,动手动脚找东西。"这句话是说,历史学家要花最大的精力找史料。第三句话叫作:"一分材料出一分货,十分材料出十分货,没有材料便不出货。"这句话讲得非常通俗易懂,也非常准确,是说历史学要凭材料说话。我对历史学也有一个定义,什么叫历史学呢?历史学是通过整理和研究历史资料叙述和总结人类生活进步过程的科学。

基于史料的重要性,历史研究的方法是什么呢?我把它总结为18个字,叫作以真实为原则,以事实为基础,以材料为根据。这是历史学的根本知识方法。

对于李老师的说法,大家想到的第一个问题可能就是,我们从接触历史学开始,书上、老师,还有经典马克思主义作家的论述就告诉我们,研究历史,最根本的就是要坚持历史唯物主义和辩证唯物主义,那么,老师的以上提法对不对呢?我认为,这两个提法都是对的。

第一,辩证唯物主义和历史唯物主义是我们的世界观,指导我们对外在世界的认识,是我们对客观世界发展变化过程的看法。它不是某一门具体学科的专门方法,而是一种带有普遍意义的思想方法。不仅历史学要坚持这种方法,人文社会科学的所有学科都要坚持这种方法。就像每一个人都要吃饭,需不需要说吃饭是我们的根本方法、根本的生活态度?不吃饭就要饿死,不需要强调吃饭是维持健康的根本方法。要针对具体的人具体身体状况,来研究要注意什么问题。你已经很胖了,那你就要注意节食,要少吃点肥肉;如果你喜欢睡懒觉,不喜欢运动,像李老师就不喜欢运动,那你就要注意适当运动,明白生命在于运动的道理。这就是具体的有针对性的方法。所谓以真实为原则,以事实为基础,以材料为根据,就是带根本意义的历史学的专门知识方法。

第二,研究历史,首要目标是弄清事实,所以要挖掘材料,不要笼统地谈辩证唯物主义和历史唯物主义。常常有这样的情况,对同一历史人物、同一事件的评价,马克思主义史学家之间还会有不同看法,甚至争论不休。他们都在运用辩证唯物主义和历史唯物主义的思想观点分析问题,为什么还有分歧,还要争论?就是因为他们所掌握的史料不同,所运用的学术方法不同,分析的角度不同,所以得出的结论不同。可见,辩证唯物主义和历史唯物主义是普遍的思想方法,不能够代替历史学的专门思想方法。

第三,以真实为原则,以事实为基础,以材料为根据,只是史学方法中最具根本意义的一种方法,还有其他史学方法可以运用。比如我们也要坚持调查研究的方法,也要使用社会统计的方法,也要使用文化人类学的方法,必要的时候还要使用心理分析的方法,等等。它们都是方法。但是在所有这些方法里边,最根本的是第一种方法。

怎样从方法论的角度来理解"以真实为原则,以事实为基础,以材料为依据"呢?在历史学的概念里头,真实是最高原则,也是史学价值最本质的表达。历史学不能搞虚假的东西,不能撒谎,不能说假话。历史学家最大的耻辱就是撒谎,如果撒谎,如果说假话,史学研究就没有意义。但是历史学的真实必须落实在对具体事实的讨论上,不能口头上要真实,但是谈具体事实的时候不要真实。如果这样,这个真实的原则就没有用。我们讨论事实的时候,是以材料为根据的。讨论问题必须凭材料说话,没有材料作根据,任何事实都不能写进历史。也就是不能把历史事实变成历史史实。所以,原则上讲,讨论真实就是讨论事实,就是讨论材料。过去有一个说法,叫作"论从史出"。这里的"史",是历史学家不断追求的客观历史实际,不是指具体书本。"论从史出"不能理解为论从书本出,不能理解为我读了哪本书,就根据这本书的结论来发议论。任何史学著作所讲的历史,都只是上述六种历史形态中的一种,它所达到的真实程度,都是有限度的。我们经常听到有人说,我写的书很好,很真实,很权威。事实上,即使很权威的著作,也难保不出差错,说不准哪一条史料就是错的、假的,或者解释错误的。有不少专家满天飞,样样懂;也有的专家很狂妄,自以为学问最大,老子天下第一,别人不能说半个不字,这都是非常可怕的。史学研究是一件非常小心的工作,不能有一点点疏忽大意,要一辈子夹着尾巴做人。所以,所谓"论从史出"要改动一下,变为"论从史料出"。

处在本科学习阶段的同学，应该怎么样去提高史料学的水平呢？我们知道，史学研究是非常复杂的，不是随便什么人都能胜任的。研究历史非常辛苦，要坐冷板凳，要去找材料，要很细致地研究材料。本科阶段的学习只是打一点基础，优良的专业素养需要将来经过进一步熏陶，也需要经过不断实践才能造就。那么，在本科学习阶段，应该怎样提高史料学水平呢？应当注意哪些问题呢？我讲几点意见，供大家参考。

第一，尽可能地增加阅读量。要尽量多读一些史学著作，尽管史学著作只是上述六种形态历史中的一种，但是必须从这个地方入门。另外，本科阶段是按专业进行训练的起点，同学们对于大量历史内容还不知道，所以，要注意多读一点史学著作。史学著作读得越多，现有史学动态了解得越清楚，对提高史料能力越有好处。否则面对一份史料的时候，你不会知道这是一份什么时候的史料，当时起了什么作用，能反映什么问题，有什么价值。但是如果你的史学知识很丰富，读的东西很多，拿到史料就知道这些，就能判断，所以要多读史学著作。

第二，注意养成读原始资料的习惯。不光要读史学著作，还要注意读原始资料。比如说，关于五四新文化运动，有大量研究论著，读了这些论著，知道学术界已经研究了一些什么问题当然是好的，但是还不够。要去读原始的东西。原始的东西是什么呢？就是陈独秀的文集、鲁迅的文集、胡适的文集、李大钊的文集等等当时人留下来的大量材料。你读了许多研究陈独秀、鲁迅、李大钊、胡适的著作，知道了很多。但是，所有这些都是人家的解释，都是人家对陈独秀他们一流人物的认识。这些认识对不对，你不知道，只能凭主观感觉认为讲得很对，或者讲得不对。你说很对，没有依据；你说错了，也没有依据。你凭什么说是对的，又凭什么说是错的？要读陈独秀他们本人写的东西，把他们的文集读一下，就知道哪些是对的，哪些是错的，否则无从辨别。读原始资料比读史学著作更难，更要有专业目标，有耐心，有读书的兴趣。

第三，逐步学一点分析史料的方法。史料记载不全是真的，不要盲目崇拜史料，盲目相信史料。比如档案，不能认为里面的内容都很可靠。比如，过去时代的许多日记，其中带着个人观点记录的那些内容，不经过分析不能用。所以，任何史料都要分析，不能拿来就用，分析鉴定史料是做研究的第一个程序。要养成分析史料的习惯，学会分析材料的方法。

第四，掌握一点查阅、收集和利用资料的方法。要大致上知道在哪些地方，通过哪些渠道可以查到所需要的材料。就本科同学来讲，基本上要以利用图书馆的资料为主。因为现在没有精力去做社会访谈，也没有经济能力到档案馆去查阅档案。网络上的信息资源也很丰富，要学会利用网络。要会利用一些基本的工具书，查书目，查版本。在查资料的过程中要注意多请教，多向有经验的老师请教。特别是到图书馆去，要多向图书馆的老师请教，得到他们的指点。另外，图书馆常常会有一些内部编的资料目录，能帮助减少查找的困难。比如，1997年7月，南京图书馆典藏部就编过一种《南京图书馆香港资料研究书目》，你去查他们那里收藏的香港资料，翻翻这本小册子就方便多了。

  第五，学会选课题，学会找新材料，在课题上创新。在本科阶段，同学基本上是以听课、考试、阅读为主，多数同学还不太会做研究。应当适当地进行写作锻炼，有目的地围绕一个专题读书，有计划地写一点读书心得、笔记，甚至研究论文。要留心史料，在读史料的过程中发现有价值的课题。课题以出新为好，课题出新以后，就要注意史料出新。所以，一是要有材料意识，二是要有选题意识。要不断去找新的课题，去找与新的课题相匹配的材料，然后就能做出一种高规格的创新型的学术著作来。高规格的学术著作对于年轻人非常重要。我曾经对学生说过，博士论文就是博士的名片。南京大学的博士，北大的博士、清华的博士，都是很受重视的，这就叫名校效应。但是仅仅有名校效应还不够，还要把博士论文做好。这是对博士说的，对于本科同学来说，道理是一样的。现在是市场经济的时代，人们的价值观变化很大，生活态度也不一样，立志于做学问的人不多，人们不太容易认识到学问是有价值的。但是，我还是希望同学们静下心来多读一点书，多掌握一点方法，逐步前进，做一点学问，做好学问，为自己创造好的将来。

  （本文是笔者2007年4月5日在南京大学浦口校区所做的讲座，王锋根据录音整理，本人审定。原载《南京晓庄学院学报》2007年第4期，又载《李良玉史学文存》，合肥工业大学出版社2010年版。2023年1月9日，周其厚教授的公号"三人行说"发布，阅读量2 029。2023年11月16日，公众号"十九号见"转发，阅读量593。2023年12月21日，公众号"书斋里外"转发，阅读量469）

提高研究水平的基本途径

——关于史学论文的写作

学术论文的写作,是研究人员经常从事的工作。怎样才能通过提高自己的研究水平来改善论文的品质,是每个研究人员都会考虑的问题。本来,学术论文的写作,是一项专业性很强的工作,也是一项非常具有个性化色彩的工作。但是,在现在的学术体制下,却要求研究人员进行批量性的论文生产。因此,在开始讨论学术论文的写作之前,有必要对"学术论文"下一个定义。

根据目前阶段的社会形势,学术论文具有下列四种品质:

第一,学术论文是一种解决学术问题的研究论文,或者说,是一种具有学术价值的研究论文。通常所说的学术研究成果,包括专著以及与专著相对应的单篇论文。就史学论文而言,包括读史札记、学术综述、专题讨论等不同形式的文章。

第二,学术论文是研究者个人的研究心得,包括几个学者一起研究某个问题,或者集体讨论,个人执笔;或者分工写作,集体合作,所形成的共同的研究成果。从这个角度看,它是研究人员工作业绩的一种体现。

第三,学术论文是一定时代的文化成果之一。每个时代都有许多文化成果,其中,学术论文(包括著作)是学术领域留下来的精神产品。它是该时代学术界科学探索的结晶,也是该时代学术进步的表现。只有用这个标准衡量,研究人员才能自觉地认真从事平常的研究工作。现在学术泡沫太多,一个重要原因就是作者自己把标准放低了,不关心自己的作品究竟有没有价值,能不能体现这个时代的学术成就。

第四,目前阶段,学术论文还是一种能够产生实际经济效益的文化商品。所以说学术论文是一种文化商品,是因为学术研究已经充分市场化。现在的学术共同体,是由学术刊物、作者、作者所属的工作单位三方组成的。作者为了发表论文而支付的版面费,使学术市场的有关方面获得了巨大的经济收益。

以上四点,决定了学术论文拥有多重功能,可以满足下列六种社会需求:

第一，满足当代学术发展的需要。所谓学术研究的发展，是靠新的研究成果来体现的。比如说，某个领域里学术研究发展了，怎么证明呢？一个重要的衡量依据就是有过多少学术论文，解决了多少问题。

第二，满足评价作者学术水平的需要。作者水平的高低，最好的证明方法，是检讨他的学术论文或者学术著作，其他好像没有什么更加令人信服的办法。当然，像现在许多学校通行的那样，教了一辈子书的老师当不上教授，不上课的行政官员照样当教授，是另外一回事，不在本文讨论的范围。

第三，满足教学的需要。不论哪一个学科，也不论哪一个层次，包括本科、硕士、博士的教育，除了课堂学习之外，都要为学生提供阅读的材料，包括过去的研究论文和当前的研究论文。所以，学术论文在人才培养方面，有重要的教学辅助作用。

第四，满足有关刊物通过卖版面创收提高经济待遇的需要。现在，版面费已经成为有关学术刊物的巨额灰色收入。在论文发表压力比较大的地方，包括名牌大学和高校、科研院所的积散地，还出现了专门从事论文发表业务的经纪人队伍。他们在硕士研究生、博士研究生和高校教师、科研院所人员与学术刊物之间居中联系，负责收取费用，落实发表。

第五，满足个人获取社会荣誉和经济利益的需要。论文发表出来，就会有影响。如果研究成果得了奖，作者就很光荣。拿着这些论文和奖项，又可以提职称，加岗位津贴，领特殊津贴，升教授等级，当资深教授，当教学名师，当学术官僚，等等。这些东西一方面直接与待遇挂钩，另一方面又是重要资源，可以带来难以估量的各种额外收入。

第六，满足有关人员宣扬政绩的需要。现在，从科研院所到普通高校，都把发表论文作为重要政绩指标之一。每个学校都有自己指定的"核心期刊"目录，都按照自己的目录确认哪些论文算成果，哪些论文不算成果；都按照自己的"核心期刊"目录考核教师，评价他们的水平的高低。这样的政策之所以坚不可摧，是因为有关人员凭借自己掌握的资源，可以很方便地与这些"核心期刊"建立密切关系，使自己的业绩领先于普通教师，从而理所当然地享受各种考核政策带来的好处。

学术论文的以上四大特性与六大功能，使它成了一个很复杂的事物。至少成了一种集学问性与功利性于一体，甚至功利性远远大于学问性的东西。当然，不需要完全排斥学术研究的功利性，至少稿费制度并不是现在才有的。现代知识产权制度的宗旨，就是保护学术研究人员的合法利益。但是，像目前这样，不择手段、不计后果地发动"论文大跃进"，历史上还是第一次。对于研究人员来说，评职称要论文，考核业绩要论文，申请岗位津贴要论文，获得更高的荣誉要论文,写一篇文章拿一份钱,学术论文成了敲门砖。于是,怎么才能写好论文,自然成了一个很大的问题。

在当前的学术环境下,做好学术研究的重要前提,除了必须拥有很好的学问基础之外,还必须拥有很好的心理素质,否则无法应付环境的压力。2006年,我曾经说过,人文科学的学术研究常常面临七种矛盾:第一,与人们的政治意识形态的冲突;第二,与特定政治团体自我形象设计的冲突;第三,与特定历史人物自我美化要求的冲突;第四,与群众盲目崇拜心理的冲突;第五,与编辑出版人员缺少必要的学术素养和基本的学术追求所决定的低下素质的冲突;第六,与相关历史人物的关系人以及关系群体的冲突;第七,与学术界某些落后的思想观念和学术套路的冲突。现在看来,除了以上七条之外,还要再加一条,就是与当前腐败的学术制度和学术环境的冲突。

之所以提出要正确处理上述八种矛盾,是为了能够在人与社会环境之间找到一个平衡点。其中,培养健康的心态具有特别重要的意义。只有安下心来,沉下来,才能坐得住,才有好的精神状态,才能专心致志。所以,要养心、养神、养气。因为心安理得可以写文章,心急如焚写不出文章;神色自若可以写文章,神色仓皇写不出文章;气势如虹可以写文章,气急败坏写不出文章。

历史学是一门基础学科,史学论文的写作,必须遵循史学研究的客观规律。坚持学术创新的原则,坚持科学研究的基本规范,坚持综合能力的培养和锻炼,是不断提高研究水平的基本途径。

学术创新是科学研究的本质要求。假如笼统一点,也可以说,一切过去发生的事实都是历史。实际上,再现过去的事实是有困难的。我说过,历史有六种形态。它们是:某种历史事实的原始过程,历史学家书写的历史,历史学家知道但不能公开书写的历史,各种非正式记载中(包括各种民俗、神话、传说等)的历史,保存在历史资料中有待发现的历史,随着历史资料的湮灭而不可重现的历史。其中,除了历史学家书写的历史著作外,其余几种历史都是很少见之于公开记载的,也是当代绝大多数人所不理解或者不知道的。通常人们所了解的历史,只是历史学家已经写成书或论文的历史。然而,仅仅这一种,也不一定千真万确。因为任何历史事实,经过长时间的世代变易、时势侵蚀和学术沉淀,总有本色、变色和添加色的分别。本色是历史的本来面貌,变色是由于时代变迁而逐渐破碎的历史面貌,添加色是经过后人出于某种动机分外指责或颂扬而扭曲了的历史面貌。历史学家的工作,就是不断甄别已知的历史,不断书写正在发现的历史,不断揭示未知的历史。

就学术研究而言,所谓创新,就是在相关研究领域取得了学术进步,给出了新的知识内容。创造性是研究人员学术生命力的体现,分析创新水平的依据自然是分析作品。但是,创新性的具体评判标准通常又很难确定。笔者曾经提出过下述四点意见:(一) 解决的问题属于过去学术界曾经研究过但是未能解决,或者众说纷纭未能得到一个相对可靠意见的;(二) 在某一课题,或某一领域,或某一重大学术问题上,对现有学术成果做出了根本性的订正,纠正了传统结论;(三) 通过演绎新的学术观念,或挖掘新资料,或对资料做出具有科学依据的新解释,从而得出新的认识,并且导致该方面学术面貌和价值倾向的改变;(四) 开辟了新的研究课题或者新的研究领域。

坚持学术创新的关键环节,是放开眼界、改良学识、瞄准前沿,或者找准疑难问题,提高研究课题或者论文选题的学术含量。这就需要加强对学术史和学术动态的了解,激发求知、求变、求真、求实的科学精神,培养旨在解决问题、推动进步的创造意识。

遵守科学规范是确保学术研究取得成就的重要条件。笔者所说的科学规范,包括两层意思。一是学术研究必须遵守的规则。比如,禁止抄袭剽窃,援引别人的学术成果必须声明,等等。二是必须遵循符合客观规律的学术思维、学术路径、学术方法研究问题,才能找到解决问题的钥匙。这里所说的遵守科学规范,是指第二层意思。史学论文有四个要素,即论题、论点、论据、结论。史学研究必须坚持四个"以":以证据说话,以史料证明论点,以论点的互相链接和支持构成结论的基础,以论点、论据、结论的一致证明对论题所做的全部阐述的自洽性、逻辑性、正确性。其中,史料是论据,也是基础,论点和论据的一致是关键。这是论文的核心结构。一篇文章,基本的论点有坚实可靠的证据能证明,根据这些论点得出的结论自然不会错。所要解决的问题都解决了,整篇文章当然是成立的。

一般说来,研究成果是作者综合能力的体现。要提高研究水平,必须进行综合能力的训练。史学研究的综合能力,是由下列八种学术能力构成的:

第一,阅读的能力。阅读是研究的前提,学习历史,研究历史,要做出一定成就来,首先要从阅读开始。没有谁不读书,或者很少读书,就能成为优秀的历史学家。进一步说,阅读与研究的关系,就是积累和创造的关系。有积累才能有创造。古人说,腹有诗书气自华;又说,读书破万卷,下笔如有神。这是有道理的。读过很多书,灵感自然丰富,表达自然流畅。当然,古人说的"万卷",不等于现在的"万本"。古代的著作,常常一册书里就有好几卷,印成现在的书,也许就是那么一本。但是,不管怎么说,读破万卷书,已经是很大的数量了。一个专家阅读的兴趣越广泛,涉及面越大,了解的问题越多,把握能力就越强,创造力也越强。反过来讲,如果一个专家不能阅读了,也就无法继续创造了。

第二,史料的能力。这是一种非常重要的能力,无论研究什么课题,都要知道去哪里找资料,找什么样的资料,用什么方法鉴别找来的资料,怎样运用要害的史料说明关键的问题。这方面的经验,需要不断实践,逐步积累,才能不断丰富起来。提高史料能力的另一个含义,是舍得花很大的力气去积累史料,收集史料,挖掘史料。积累史料是指日常读书的时候尽可能多读第一手资料,勤检索,做目录、做笔记、做卡片、做专题文档,不断结合自己的研究课题,加强知识储备;收集资料是指在实施具体研究计划的时候,最大限度地把有关资料收集齐全;挖掘资料是指面向基层,深入生活实际,寻找新的问题,开辟新的研究领域。

第三,选择课题的能力。选择好的课题,是取得成就的重要条件。所谓选择课题的能力,首先是善于选择适合自己个性、兴趣、专长的领域,尽量做到扬长避短。其次是在自己的研究领域里,善于发现前瞻性的课题。再次,是善于解读史料信息,做出新的文章来。这是很有讲究的。就像一块玉料,要有好的艺术构思,经过高水平的雕琢,才能成为富含艺术想象力的作品。同样的玉料,可以设计不同题材,作品的艺术感染力也不一样。这里不是说史学研究可以任意编排史料,去猎奇、编造故事,而是说历史史料是确定的,但它们所附载的信息往往又是丰富的、复杂的、多样化的,站在不同的角度能作出不同的阐释。从同样一批历史资料中,可以归纳出不同的选题。

第四,文字表达的能力。语言文字是民族文化的主要标志之一。作为文化的语言文字有复杂的表现形式,包括口头语言、日常语言、地方语言、书面语言、传统语言文字、现代语言文字、少数民族语言文字、外来语言文字等等。历史学的写作,是总结上述各种语言文字形成的各种史料内容所做的叙述。一般情况下,它有两个限定性,一是必须使用书面语言,二是必须使用现代语言。所以要把文字问题提出来,是因为文字是历史著作的重要载体。优美的文字,是史学作品拥有读者的重要条件之一。"五四"白话文运动快100年了,可是现在,语言文字能力倒有降低的趋势。常常看到学术作品干瘪苍白,语言粗糙,错字连篇,啰唆重复。必须明白这样的道理,作品是给人看的,如果读者无法读,不喜欢读,学术影响力就会大大降低。

第五,对历史的理解能力。研究历史是一件很复杂的工作,研究人员只能通过解释资料,间接地接触到历史事件。多数情况下,研究者不是亲身经历者,这就带来理解的困难。要充分理解资料包含的信息,特别是理解历史事件的细节;要通过对它们的解释,说明事情的原委,揭示关键的环节,分析其中的奥秘。

第六,历史想象的能力。这是指根据已知的历史事实和历史资料,想象未知的发展过程,推断其中可能存在的变数。要突破现存史料的局限性,把事实的空间想象得大一点。有了这样的想法,就会致力于挖掘资料,寻求新的发现。大胆想象有助于从逻辑上发现问题,通过艰苦的史料证明改变现有结论。所以,历史研究不拒绝想象、假设、推理、判断。

第七，史学评论的能力。这是一种很重要的学术能力，评价他人著作，介绍学术新见，撰写研究综述，选择研究课题，指导学生学习，研究学术史，开展学术批评，都离不开这种能力。现在，书评普遍不受欢迎，许多刊物干脆规定一律不用。根本的原因，是作者不具备史学评论能力。大量书评旨在炒作，无原则地说好话，学术评价越来越虚假。一些书评内容单调，列举几条优点，不痛不痒，刻板而又枯燥。一些抄袭剽窃来的论著，也有人为之写书评，进行吹嘘推介。所有这些，使书评失去了起码的学术信誉。本来书评是一个很重要的学术品类，它的衰微，说明了提高史学评论能力的重要性。

第八，创造性思维的能力。作为研究人员，好奇心和创造欲是事业发展的重要力量源泉。实际上，每个人都有创造的欲望，但是能不能做出成就来，并不取决于创造欲的大小，而取决于创造性思维能力的大小。要提升自主意识，发扬怀疑精神，打破墨守成规，反对坐井观天，杜绝人云亦云。要提倡逆向思维，学会发散性思维，使自己不断走向新的境界。

上述八种能力，是构成研究人员学术禀赋的基本元素。具备这些能力，不是一朝一夕可以实现的。它是一个长期积累、不断进步、从幼稚走向成熟的过程。应该承认，当下的学术环境，很难提供研究人员成长所需要的许多条件，更多地需要通过自我身心调节来克服环境带来的消极影响。在这里，要树立一种根本的观念：学术研究只是研究人员的日常工作，它是生活的一部分。健康的生活高于一切。假如工作带来的不是健康，而是焦虑、抑郁、痛苦、疾病，那么，要改良的就不是生活而是工作，或者说是生活方式。

这样说，难免有许多消极的意义，然而我却愿意把它奉献给每一位读者，作为我对他们的一种祝福。

（2010年11月2日完稿，原载《安徽史学》2011年第1期。2019年6月17日，公众号《青年史学家》转发，阅读量962。2020年6月25日，《历史学研究通讯》转发，阅读量2 907。2021年1月6日，《美国史教学与研究》转发，阅读量628。同日，《世界古代史研究》转发，阅读量1 606。2021年10月2日，公众号"史学理论研究"转发，阅读量2 808）

历史研究丛谈四十条
——我的9种文选之封底文字汇录

整理出版我的文选,是从2006年开始的。至今已经出版了8种,还有一种正在编辑之中。除了2006年所出《李良玉历史研究与教育文选》一书外,其余8种以及我的部分硕士研究生所出硕士论文合集《芳草集》,都在封底页上印有几段学术性文字。它们均选自我已经公开的文章、报告、谈话、通信等文稿。兴许没有什么意思,但代表了真实的想法,也是作为一种对自己的诫勉。至于生性愚钝,没有做出什么成绩,那是另外一回事,于我而言是苛求不得的。如今汇总公布出来,供有兴趣者一读。

——李良玉 2022年11月8日

(一)

我曾经说过,一个优秀的历史学家,必须"出入于古今之境,体悟于人我之间,综合于事实与理想之际,修正于材料与想象之中"。仔细想一想,这是一种多么难以达到的境界?

——2022年

(二)

揭示真相,说明原因,总结经验,培智社会,利导人群,是历史学的基本职责。

——2010年

(三)

有人说，历史研究要告诉读者是什么、为什么。光知道是什么、为什么，这是不够的。还要分析事情的性质：是一个积极的事情，还是一个消极的事情；是一个正确的事情，还是一个错误的事情；是一个光明的事情，还是一个黑暗的事情？所以，是什么、为什么、怎么样，是历史研究的价值链。

——2012 年

(四)

历史研究的方法是什么呢？我把它总结为 18 个字，叫作以真实为原则，以事实为基础，以材料为根据。这是历史学的根本方法。

——2007 年

(五)

知识有真善美和假丑恶之分。有真知识，也有假知识；有善知识，也有恶知识；有美知识，也有丑知识。知识的真善美首先是真，没有真就一定没有善和美，真是重要前提。

——2014 年

(六)

历史学从来认为，历史研究必须发挥资政作用。其中，当然也包括表彰那些优秀的执政者，批判那些残暴的统治者，使后来者以为警惧。

——2016 年

(七)

一般说来，中国人缺少的不是注解、诠释、考据的能力，缺少的是对权威、经典、传统、习惯不相信的能力，是对它们提出不同看法的能力……所以，我的口号是："大胆怀疑，小心求异。"

——1997 年

（八）

中国当代的研究作品，不仅仅体现了作者或某一作者群的学术公信力。某些特定作品，一定意义上也是社会政治公信力的衡量指标之一。

——2009 年

（九）

应当做到有批评而不趋极端，有赞同而不陷盲从，有新见而不拒异议，有疑义而不作臆断。所谓科学精神，于此才可以见得。

——2006 年

（十）

历史是最好的政治教科书，是最好的理性动力。通过历史批判，树立社会正义、良知、公共价值的标准，正是现代法治社会，现代民族国家，现代科学理性，现代道德文明，现代物质进步——最重要的精神基础。没有公平、正义、科学、道德、法治、人权这些现代价值作为社会的最基本的精神架构，一切虚脱的物质进步，都无法造成拥有坚强精神纽带的现代文明。

——2014 年

（十一）

博士生的学习生活是一种知识、道德和能力的全面提高过程。它既是学生的提高过程，也是老师的提高过程。对于我们每个人来说，都是由日常生活的点点滴滴所积累起来的进步。

——2005 年

（十二）

迄今为止，还没有一个职业如同教育这样，能够通过知识、道德、理想、情操的代代相传，不断丰富人类的文明传统。我们每一个人，其实都是这个传递链条中的一环，承担着承上启下的使命。

——2016 年

（十三）

一般说来，历史的教育是指大学和专门历史教育培训机构所进行的学院式的专业教育。这是历史科学发展和历史学人才培养的需要。但是，这并不是说，历史学的社会教育，或者说历史学的公共教育不重要。事实上，越是社会发展的时代，越是现代化的时代，越是教育文化事业发达的时代，对社会公众的历史教育越重要。

——2016 年

（十四）

古人说，"读书破万卷，下笔如有神"，是指通过长期的读书积累，得天地之精，日月之华，山水之秀，人文之灵。于是，就有了雄辩，就有了大气，就有了聪颖，就有了神来之笔。

——1997 年

（十五）

无论社会怎么发展，技术怎么进步，信息的传播、文献的传播，最基本的方法还是阅读。司马迁不阅读写不出《史记》；今天信息再爆炸，不阅读仍然是一个愚昧的人。阅读决定个人的思维，阅读决定公众的知识进步，阅读决定文献的受众面，阅读决定社会文明的发展程度。

——2018 年

（十六）

所谓学术论文，是解决某一个学术问题的研究文章。原则上，一篇学术论文只能求证一个问题；或者说，只能围绕一个命题去收集资料、发现问题、解决问题，形成一种专题性的新知识。

——2014 年

（十七）

做论文首先要有全面的预案，就是学术史、目标、资料、思路、叙述方法等五个要素，或者叫五个核心。

——2004 年

（十八）

文章的意义，或者说文章的学术价值，在于它的思想、方法、逻辑、精神这些东西。缺了这些就写不好文章，勉强写了，也难以感动读者。

——2010 年

（十九）

收集资料，理解资料，叙述事实，解决问题，重现过去，是历史学的基本程序。这里头，要研究一个什么样的问题，相应地要去收集哪些资料，怎么理解这些资料，怎么通过分析资料把答案梳理出来，这是一整套的技术方法。

——2010 年

（二十）

培养学术的严谨性，是很重要的训练内容。什么叫严谨？有六条标准。有体系，逻辑严密，文字简练，使用材料正确，理论观点恰当，注释准确，这六条缺一不可。

——2004 年

（二十一）

吸收国外学者的学术方法也好，借鉴国内学者的学术方法也好，只是一种参考，真正掌握是离不开自己的史学实践的。有时候，找到一个适当的课题，深入地收集资料，仔细拟定和推敲提纲，认真写出初稿，反复修改，形成一篇完美的文章，可能远远胜过对史学理论的抽象讨论。

——2004 年

(二十二)

博士论文的首要学术特点是样本性,也就是你的研究是一个独立的个案。这个个案,是一个能够集中概括起来的问题,可以是一个独立的历史事件,也可以是一个历史人物,可以是一种什么思想,也可以是一种有特别意义的社会现象,等等。总之,这个个案的内涵是确定的,边界是明确的,主题是鲜明的。

——2006 年

(二十三)

国家对于硕士论文的规模好像没有统一的规定,就历史学而言,一般有 3 万字上下就可以了。然而,这并不涉及学术质量。有价值的选题,充分的资料,恰当的解释体系,科学的论证过程和结论,是衡量硕士论文水平的基本标准。

——2016 年

(二十四)

批判材料是研究历史的第一步,所以说错误的材料会导致错误的结论,是因为错误的材料代表伪事实。把伪事实作为事实来叙述,只能把虚假的历史编造出来。

——2012 年

(二十五)

"从材料中来,到材料中去"是历史研究的重要方法。"从材料中来",就是根据材料说话,把材料所记录的事实归纳起来,变成作者自己的叙述;"到材料中去",就是作者的叙述和观点,没有曲解材料,没有个人偏见,经得起材料的验证。

——2011 年

(二十六)

历史知识的正确性,只能通过历史资料来检验。也就是把某种研究结果与作者所使用过的和没有使用过的历史资料进行比对,分析这种研究结果与这些资料所规定的内容相似或者一致的程度,才能判断其正确的程度。

——2012 年

(二十七)

我们需要站得更高,看得更远,付出更大,进步更快。需要尽可能地做到研究课题和历史资料的匹配,档案资料、文献资料、田野资料、民间调查的综合,历史面貌和当下面相的观照,生活经验与文本制度的对比,学术价值和大众价值的平衡,传统方法与现代方法的融合,真实性、科学性与艺术性的统一。这对大家都是一种挑战。

——2008 年

(二十八)

衡量一篇论文是否是上乘作品,可以用八个字做标准,即是否出彩、出神、出奇、出格。所谓出彩是指是否精彩,也就是有文采;所谓出神是指是否有神韵,也就是气韵不凡;所谓出奇是指是否视角独特,也就是言人所不察;所谓出格是指不为世俗所限,也就是言人所不敢言。古今中外,所有令人刻骨铭心之作,无有逾此八字范围者。

——2006 年

(二十九)

主题对于文章具有决定的意义。作者关注什么,阐述的内容,讨论问题的方法,甚至文章价值的大小,都与主题有关。就史学研究而言,主题与历史事实有联系又有区别。说有联系,是指任何史学论著的主题,都离不开特定的具体事实,都是通过对具体事实的总结,所提炼出来的带有作者认识特点的纲要性看法;说有区别,是指同一事实,不同的研究者有可能站在不同的认识角度上,观察其不同的侧面,从而提出不同的论旨。

——2012 年

(三十)

文字和标点是论文的基本元素,既是作者传达思想的符号,又是读者理解作者思想的中介。要提倡用简洁流畅的语言,形象生动地把事情说清楚,深入浅出地把道理讲明白。纠正一切故弄玄虚、艰深晦涩、花里胡哨、词不达意、唠叨重复的现象。

——2011 年

(三十一)

文章里面概念很重要。文章的概念体现在哪里呢?一是文章的核心观点,代表作者的基本观念和对问题的基本看法,是文章的灵魂;二是说明主题的纲要性论点,是文章观念体系的重要构成因素;三是对事物的定义性的解释,是文章所涉相关事物的价值符号。

——2012 年

(三十二)

学术综述是不好写的。它不仅要求作者对该问题有全面的了解,而且要求作者在该问题上抱有正确的学术观念,准确的分析批判能力,能够在一个统一的分析框架中综合各家论说,指正谬误,分析得失,以为后来者之借鉴。

——2016 年

(三十三)

学问和知识,既有联系又有差异。它们都是通过人类社会生活的各种实践获得的对客观规律的认识。但是,学问应该是一种更专门更深入的知识。过去有学问家提倡独立之精神,自由之思想,这是很高的学问境界。然而我认为,这种境界不是抽象的原则、空洞的口号,它还要落实到"自主之见解,纯粹之知识"上来。独立之精神,自由之思想,自主之见解,纯粹之知识,是一个完整的价值体系。在学术研究当中,特别是在当代历史的研究当中,没有这样的价值观,是不可能做出成就来的。

——2014 年

(三十四)

科学是有尊严的。科学的尊严就在于它藐视一切权力、迷信、固见和世俗的利益,只承认客观事实和规律。亵渎了科学的尊严,科学将死亡。

——2019 年

(三十五)

历史上的许多文化现象,是人们用生命价值发出的光芒。离开了读书,离开了知识,离开了文化的使命,离开了对理想的忠诚,任凭多么好的物质条件都无法造就出来。

——2019 年

(三十六)

最近 160 年来的思想变动证明,自由、平等、科学、法治、民主、人权是中国文化革新和民族复兴的根本目标和根本途径。所谓思想的现代性,文化的现代性,政治的现代性,人的现代性,只能以此衡量。

——1999 年

(三十七)

为了善待真理,永远需要保护少数,需要百花齐放,需要百家争鸣,需要耐心等待时间的证明,而不是由某个统一的标准马上实行粗暴的裁决。

——1997 年

(三十八)

常识不一定都是真理,但真理一定都是常识;多数人可以认识理解真理,但真理一定总是掌握在少数人手里;少数人首先发现真理,但首先发现真理的一定不是固定的少数人。

——2007 年

(三十九)

必须时刻牢记,一切不面对社会实际,不针对实际问题,不提出解决实际问题的办法,不接受有实际内容的不同意见,不愿意随时根据实际情况的变化加以修正的所谓理论,都是空洞的、浮泛的、呆板的、有害的理论。

——1998 年

(四十)

政治合法性是指具有政治内容的某项社会事物由于自身发展所显示的公平、效率与正当性质,在事实、价值和秩序的诸多层面拥有与公众的现实需要与心理认同相一致的性质。

——2008 年

(2022 年 11 月 9 日 20 点 49 分周其厚教授的公号"三人行说"发布,阅读量 938)

附录:笔者在微信圈转发"三人行说"此文所加的说明

关于《历史研究丛谈 40 条》

2022 年 11 月 11 日

谢谢周其厚教授在他的公号发布此文,谢谢张成洁教授从 9 种书的封底上录入本文文字,谢谢桂旅院熊玲老师抱病操作公号!

昨天发现文中还有几个错别字,这是由于我自己校对不严的原因。因此,不好意思在朋友圈转发了,等到刚才订正之后才转。

收入本文的 40 段文字,实际上是一种语录体的表述。说语录体,是一种不得已的说法,因为很难想到一种合适的提法。本文题目"历史研究丛谈"也是反复考虑才定下来的,不一定合适,但也只好如此了。

这 40 段文字,选自 1997—2022 年间我的有关文稿,时间跨度有二十五六年。也许这些说法不够准确,不够科学,但就我自己而言,以为是历史研究不能违背的,或者说,是一种专业主义的基本规范。当然,对别人是否有意义,另当别论。见仁见智,是我自己无法把握的。我把它们公布出来,本意仅仅在于立此存照,证明一个庸庸无为的老师,在自己平凡的教书生活中,还曾经说过这些有专业精神的话,而从来没有信口开河、胡说八道。这就够了。

顺便说一句,我的大量学术报告、讲座、谈话的录音、视频等,都是同学吃尽辛苦整理出来的。本文内容,不少就选自这些报告、谈话。借此机会,我谨对他们表示衷心的感谢!

博士论文初稿讲评

"博士论文初稿"应当是一个具有伸缩性的概念。通常情况下,根据论文完成和逐步修改定稿的情况,可以有三种理解。一是作者依据开题报告的思路和提纲,基本完成写作所形成的大致上结构完整的稿件(包括未做开题报告直接写作的)。这是最初文本。二是最初文本脱手之后,经过若干修改所形成的提交预答辩的文本。这是预答辩文本(也有以最初文本提交预答辩的。多数情况下,作者会自行地做一定加工。我们的做法是,预答辩一次性给出完整修改方案。预答辩之前,不对作者提供零星修改意见。这种完整方案,包括全面修改意见和逐章修改意见两种)。三是根据预答辩的意见继续修改所形成的申请学位的正式文本。这是答辩文本。以上三种文本都可以宽泛地称为博士论文"初稿"。至于答辩过后作者根据评委的意见,进一步修改之后,为申请学位向学院和学校学位委员会提交的最后定稿文本——通常这也是博士论文收藏部门(所在学校院、校图书馆;国家图书馆等)保管的文本,是博士论文的"典藏文本",一般不应作为"初稿"看待。在我的经验里,博士论文初稿仅限于第一种理解,也就是基本完成写作所形成的最初文本。而在最初文本基础之上历次修改所形成的文本,包括最后提交的典藏文本,通常是按照顺序排列,比如初稿、2稿、3稿、4稿等等。本方向同学的论文稿本一般都比较多,三五稿很正常,多的有七八稿。从这些积累的文本,可以看到作者逐步修改、走向成熟的经过。

本文所说的"博士论文初稿",不采用上述"最初文本"的概念,而泛指"预答辩文本"和"答辩文本"。因为这9篇发言,都是在同学博士论文预答辩会或答辩会上发表的对论文的意见。这些论文的文本形态不是预答辩文本,就是答辩文本。由于没有其他合适的概念,于是笼统地称之为"博士论文初稿"。这一点,我想读者一般是可以理解的。

本文所收录的9份文稿,是我最近几年(2018年10月—2021年9月)参加南京大学历史学院和南京师范大学社会发展学院博士论文预答辩或答辩会上的发言。我于2015年退休,承蒙同事和朋友们的抬举,奉命参加了这些论文答辩活动。这对我来说,是一种难得的学习机会。读年轻人的论文,学到了年轻人的朝气、他们寻找课题的开拓性、讨论问题的热情和接受不同见解的态度。我的这些看法,自然不会全部正确。但是相当部分内容,包括会上其他老师的卓越评议,在同学后来修改提高的过程中都尽可能地被吸收了。这些严肃的讨论,增进了我(包括其他答辩老师)和年轻学者的友谊。其中,有些同学成了无话不谈的朋友。非常值得珍惜的是这些同学的导师给予我的高度信任、他们对学生的负责精神和对教育事业的真诚态度。由于有这些,他们才会在预答辩会和答辩会这样的场合,由衷地欢迎和支持评委发表意见,特别是批评意见。某种意义上也可以说,这9篇发言恰恰是这种开放的学术环境的产物。现在,把这9篇发言公布如下,作为一份博士生教育的客观材料吧。顺便说明,文中个别信息已经做了文字处理。

——李良玉　2022年6月10日

(一)
谈近代贵州的种植问题
2018年10月13日

　　刚才马老师和李老师讲的,我都赞成。他们讲得都很中肯,也很准确。这篇论文的选题还是好的,个别结论也还可以,比如对汉化问题的证明和分析。另外,语言文字基本上是清晰的。刚刚才知道你是苗族,从文字看你的汉化程度就很高。

　　我来讲几个问题,可能说得比较重一点,你要有思想准备。

　　一是论文的主题。"种植业的扩张与影响",副标题是"贵州历史的生态学解释"。标题本身就有几个问题。首先,"种植业的扩张与影响",论文讲的是哪一个时间段,看不出来。其次,"贵州的历史生态学解释",似乎对应的范畴过大。本文研究贵州农业的生态问题,不是研究整个贵州的生态问题。再其次,用生态学的观念体系解释贵州的种植业发展,不需要强调历史的生态学。种植业与生态有关系,本文讨论的是一个生态史的问题。

　　二是时间段。你举的一系列例子,似乎都是近代的内容,因此在整个论述体系里面,就要围绕近代种植业来讨论。可以把讨论的时间范围明确在近代。

　　三是论述方法。博士论文讨论问题,应该仔细地列举材料,由近到远,由浅入深,列举证据,详细地议论,反复地辨析。文中大部分论述,拿你自己的话来说,叫点到为止。但博士论文不能用点到为止的方法。人们互相之间相处的过程中,为了照顾关系,碰到问题不说得很难看,才用点到为止的方法。比如今天,我对你说,文章的论述有一些欠缺,你去注意一下吧。那么,我说了没有?说了。有没有说出什么名堂来?没有。不说破叫点到为止。现在的问题不叫点到为止,而是蜻蜓点水。每一个问题都讲得没头没脑,不深不透,没有起源,没有结论。都想讲,面面俱到,结果都没有讲明白。

比如改土归流,这方面有很多有名的著作,你可能读得不多,简单的几句话就完了,然后就下结论。这怎么行?我们讨论问题的时候,要一层一层地把问题说清楚。改土归流,最后一个土司改掉是什么时候,你知不知道?(答:不知道)1952年云南的最后一个土司才改掉。改土归流的过程都没弄清楚。

再举一个例子,你讲了地理环境,据此得出很多结论。翻到第38页往下看,说清楚了没有?轻描淡写,根本没有说清楚。为什么贵州会这样,地理环境决定的。贵州是多山的地方,就形成了一种阻隔,一种封闭。到有些地方去,这个山洼子里的人讲的话,那个山洼子里的人都不懂,封闭导致分割。这里有很多东西值得讨论,但你没有认真讨论。

你说苗族人的自卑心理是蒙古人带来的。这明显不对。苗族的民族心理是什么?是漂移,文化上没有归属感。这种漂移感从哪里来的?刚才李老师讲到,是蚩尤被打败了造成的。黄帝和蚩尤是在河北那里打的,最后苗族打败了,慢慢流落到西南山里面去了。他们就像犹太民族一样,是流浪者的心理,没有文化的归属感。衡量一个民族的文化是不是成熟,有几个标志。语言、文字、神话传说、历史记载、英雄人物、政治共同体,这些都是民族构成的必要因素。可是苗族从来没有一个统一的政权。为什么?散到四面八方去了。民族心理在蚩尤以后就形成了,怎么到了蒙古人时期才形成?这样讲那些研究民族学的人要笑掉大牙。你应该去读读民族学的著作,不要出这样非常严重的问题。

你说人类基因学说证明了人类的基因都一样,没有智力上的差异,你有证据吗?到目前为止基因学有没有证明全世界所有人的基因都一样,智力也都一样?没有啊。你这是从哪来的呢?(答:这是引用的)不要告诉我这是引用的。现在伪专家很多,人家错了,你不能跟着错。基因学说恰恰证明,人与人不一样。人的智力,不要说全世界,在座的老师也不一样。马老师、李老师智力比较好,就是因为他们基因好。你知不知道,人的智力源于基因?已经有科学家证明这个问题了,怎么智力跟基因没有关系?基因学研究人类的基因,但是到目前为止,没有证明所有人智力都一样。没有哪个基因学家这样说明过,你怎么能证明这个呢?你从人人平等的角度下这个结论,也许有某种政治正确,可是下结论要有科学依据啊。乱下结论,会有问题的。

四是材料。由于论述方法不正确,有大量材料没有去挖,因此缺少证据。你说水土流失,森林覆盖率从明清时期的38%,降到民国时期的18%,列举了这些数据，但没有详细讨论，只有一个简单的结论。你说农田增加，民国时期全省增加了20万亩。20万亩地就会导致全省水土流失问题吗？这个结论恐怕靠不住。论文送出去给懂行的专家评审，一票就否决了。贵州那么大地方，多了20万亩田不算什么，不是问题。我觉得李老师的意见是对的。论文里涉及四个主题，改土归流，种植业，清代苗民动乱，近代农业资本主义。一篇论文不能讨论四个主题。四个主题讨论下来，就不成为文章了。博士论文更不能这样讨论问题。有的结论，被马老师一分析，根本就不成立。什么资本主义完全不能实现，你怎么知道不能实现的？

建议就讲近代贵州种植的变迁和生态的变化。就把种植业的这几点拎出来。要详细讨论贵州在传统时代，我们这里定义的传统时代，是从贵州种植业的角度上说的，即近代引进玉米等几种作物之前。在这之前，是一种刀耕火种的时代，当然其中有某些地区或个别作物的耕作是成熟的，把它假定为传统时代。传统时代贵州的农民，究竟在山区里，用什么方法生产，产出效益如何。贵州那么大的地方，有不同的地质环境，还有不同的民族。不同地区的经济效益怎么样？进入近代，新的种植方式进来了，每一种怎么引进来的，现有的史料怎么记载的？要把鸦片放进去。贵烟是鸦片里面上好的，影响巨大。现在讲到的这几种作物，每一种，像玉米，去查史料，最早在哪里记载，什么时候进来的，在哪些地方慢慢扩种的。扩种以后，带来的变化是什么，生态上有什么利弊。要做实，把大量材料摊下来，让别人无话可说。别人一看，哦，是这样，你就成功了。这篇文章，如果按照这个方法做出来，非常不得了，是很厉害的一篇文章。不能把这个选题浪费掉。像目前这样做，这个选题就浪费了。本来一个上等的选题，如果搞成一个下等的产品，就是非常可惜的事情。

不能简单地批评政府不让老百姓种玉米，要求种别的东西。要实事求是地讨论。这里有一个基本问题需要回答，玉米这几种东西进来以后，究竟对贵州有哪些好处，有哪些坏处。如果全部都不好，都是"毒瘤"，那我们是不是回到刀耕火种去？能不能叫贵州的农民，包括让你也回去带领农民上树摘果子？有没有更好的办法？这需要讨论。不能政府叫老百姓不要种玉米了，就说玉米是毒瘤。这不是一个好的方法。

能不能抓住种植变迁与贵州生态变迁的关系，扣这个主题来做。其他的东西都不要，比如苗民的反抗斗争，清代的动乱，资本主义不能实现，还有改土归流，都不要去讨论了。当然有的问题可以结合进来做背景叙述。改土归流不要讲过程，而是从一般政治层面去讲。改土归流以后，作物变了。紧紧围绕种植变化这一个中心，不能几个讨论中心并行地叙述。

原来对历史变迁的解释，一般是从政治史、社会史的角度讲。你想从生态史的角度,去看社会变迁,看生态的变迁。这个想法很好,但是这样的想法要用适当的方法才能做出来。你告诉我,北京紫禁城里的乾隆皇帝喝不喝玉米稀饭?这有意义吗?刚才李玉教授举了南瓜的例子,我就把南瓜拿出来谈,怎么引进的,怎么扩展的,给中国人的饮食带来了什么样的变化?(申晓云教授:他这篇论文,到底想讲什么,一直没有定下来。什么都想讲,有农业史的写法,有生态史的写法,社会变迁又是社会史的写法。他自己找不准,所以就造成了东一榔头西一棒,非常错乱。)就抓住种植,是哪几种作物,什么时候引进和推广的,推广的因素是什么?它给贵州带来了生态方面的什么变化?不要设想搞一个庞大的、百科全书式的东西,博士论文不可能这样。做得好的,一定都是切口很小,挖得很深。

(本文是笔者在该论文预答辩会的发言,潘亚莉根据录音整理,笔者2022年4月10日审定)

(二)
谈近代苏皖两省的几个经济纠纷
2018年11月28日

感谢各位老师、各位同学给我这个学习的机会。刚才各位老师谈的意见都很有价值,我都赞成。读了这篇文章,今天要说一点好话,也说一点坏话。

第一,本文的选题还是比较好的。它研究了江苏和安徽两省近代经济关系中的四个问题。即芜湖米捐的问题,互相推销劣质铜币的问题,以争夺导淮借款为动机的治淮问题,争夺淮北盐税的问题。把这些问题产生的原因、争议的过程和结果交代清楚了,有的问题解决了,有的没有解决。总体上看有新意。

本文应该是一个区域史的选题,也可以看成是一个地方史的选题。一般来讲,地方史是有行政建制性地方的历史,比如,村史,乡史,县史等。区域史是范围大一点的,有政治上、经济上、文化上相似的地区的历史。比如,淮北地区、苏北地区,苏南地区等。地方史和区域史都可以做通史性研究,也都可以做专题性研究。通史性研究更多一些普遍性,专题性研究更多一些特殊性。这篇文章没有采取通史性研究的方法,而是分析两个省之间的几个经济纠纷问题。这给我们带来了一些想象的空间,我认为是一个比较好的选题。

第二,从完成的情况来看,对这四个问题的阐释,采取了样本化的方法。文章对相关问题有一个清晰的概念,有一个完整的解释过程。这就是样本化。博士论文的样本化是一个非常大的问题。有些博士论文东扯西扯,不知道他说什么，没有一个完整的论式，这就不符合博士论文的规范。如果打一个形象的比喻，博士论文有两种方法，即挖一条河和挖一口井。博士论文应该是挖井，不应该是挖河，更不应该去挖湖，挖太湖、洞庭湖等等。要挖一口井。切面小一点，围绕切口搞得深一点，解释得透一点。这样的文章，我们是要提倡的。

同时，文章的论述基本成功。史料相对丰富，判断基本准确，论点也是可信的。

第三，文字比较干净。虽然各位老师都提了一些问题，指出那些问题是为了好上加好。也确实还存在一些文字上的瑕疵，但是我相信会把它弄得很好。现在，包括我在内，也包括很多年轻的同志，写东西容易疙疙瘩瘩，言不达意，那样的论文，可读性就比较差。这篇文章基本上没有那样的问题。

我提几个问题。

第一，首先是答辩的文本。我参加博士论文答辩，给博士论文写评语，大概已经有20多年了。拿到你这样一份答辩文本，是前所未有的。这个文本不太认真，这不好。读书人对自己所读的书，对自己所做的事情，说个人的事业也好，说国家的事业也好，要有敬畏的感觉。博士论文的答辩，在人生中间，是非常重要的仪式，不可以很随便。之所以拿这样一份文本来答辩，可能是考虑到答辩之后，还要根据老师的意见修改，然后再提交正式文本。这个想法是可以理解的。但是，我认为答辩文本很重要，它说明我们对答辩的重视程度，应该有一点庄严的感觉。如果从费用上看，答辩委员会五个老师，加上其它需要，答辩文本不会超过10本。一本最多30元，不会超过300元。我想，应该不至于缺这300元钱。应该认真打印提交答辩的文本。我的博士论文答辩、预答辩都不允许用这样的文本，都要提交非常严肃的、非常漂亮的文本。包括提纲、目录都有统一的标准，什么样的版式，什么样的字体，什么样的行间距、字间距。这样打出来的文本就非常漂亮。为什么要答辩？博士学位是目前全世界公认的最高的学位，最高的学历教育。博士论文答辩是一个科学的程序，不是随便找几个哥们聊聊天，走走场子。它说明科学共同体对你的成果是认可的，通过这个程序，授予你博士学位。这是一个非常庄严的场合。人生有很多事情具有仪式性。一个人，一个单位，一个国家，仪式都是少不了的。作为一个普通人，最重要的仪式有五种。一是庆祝生命的仪式。例如诞生的仪式。老百姓家里生了小孩都要请客，送红鸡蛋，庆祝一个新生命的到来。生命成长的过程中，还不断地贺寿。10岁，20岁，50岁，80岁，100岁都要祝寿，庆祝这个生命安全地走过了这么多岁月。二是死亡的仪式。人死了要开个追悼会。哀悼他一下。这个生命结束了，离开我们了，在世界上不再存在了，大家要送他一程。这样的仪式是必要的，当然可以简单一点。三是教育的仪式。小朋友从幼儿园、小学、中学到本科、硕士生，都有入学仪式、毕业仪式。四是结婚的仪式,表示男女结合,组织家庭,负起了新的社会责任。五是获得荣誉的仪式。得到什么奖励了,要参加授奖的仪式。对这些事情都要非常重视。我平时生活比较随便,但是参加博士论文答辩,一定穿得很整洁,表示对学生、对同事的尊重和祝贺。我希望在座的博士以后不要出现这样的情况。

第二,是论文题目。现在的论文题目和内容不是非常匹配,而且论文题目语义还有问题。"近代苏皖经济互动中的问题研究",应该说近代苏皖两个省的经济互动有的会产生问题,有的不一定产生问题。所谓互动,应当有两种,一种是刺激性的互动,一种是化合性的互动。哥们儿打架,你打我,我打你,这个叫刺激性的互动。两种物质融合起来产生一种新的物质,就是一种化合性的互动。可是这两种互动都不符合论文的问题。我建议把题目改一下。你讨论的问题是跨省利益纠纷,是两个省的经济纠纷产生了四个方面的问题,因此,建议把题目改成"跨省利益与政策博弈",副标题改成"抗战前苏皖经济纠纷概述"。

第三,是论文的结构。要把一篇论文写得很好,不仅选题要正确,议论要顺畅,同时和论文的结构还有关系。现在论文主体讲了四个问题。叙述了在这四个问题上,苏皖双方怎么搞的。整个结构是五章,第一章讲的是苏皖经济互动,但是,这和下面的讨论其实不是一个概念。我建议能不能考虑把第一章拆掉,有关的问题并到绪论里。比如,元明清时期的江南行省是一个很大的概念,好像砀山一带都属于江南行省,南面已经到了浙江。江南行省的概念到清代,到太平天国被搞下去,才有所改变,慢慢形成苏皖分置的形势。所以把苏皖分置以及开埠以后江苏、安徽新经济的发展,挪到绪论里的选题缘起里去。交代这四个问题的产生,是在近代苏皖分置以及新经济发展过程中发生的,反映了对统一市场的要求。之所以产生这些问题,是不统一造成的。过去治淮是江南行省负责,现在分开了,江苏归江苏,安徽归安徽,问题就来了。江苏要到芜湖搞钱,芜湖自己也要搞钱,米捐问题就来了。而第一章里面关于米捐、铸钱等问题则分别纳入下面有关部分。谈米的就谈米,谈钱的就谈钱,一竿子到底,体系上会更完善一点。

第四,结论需要重写。结论是提升文章的非常重要的环节。把问题摊出来以后,怎么去提升它?现在提升的着眼点和四个方面不匹配。实际上你要解释近代苏皖经济发生这么多摩擦,源于什么,为什么会在这个时期有,在当时的体制下为什么有的问题能解决,有的问题没有解决,从中就可以看到近代政治的影响。它完全不是你所讲的弄来弄去江苏发达了,安徽落后了。安徽落后也不仅仅因为芜湖的米捐和铜钱问题。今天安徽整体上比江苏还是落后,可是米的问题、铜的问题早就解决了。刚才李天成老师讲了,改革开放以来有的地方相对落后,例如甘肃、青海,但把给上海、广东的政策加起来送给他们,他们也还是相对穷。当然要充分肯定改革开放的伟大成就,没有改革开放就没有目前的发展,但是一个地方的发展,不是四十年就能搞出来的。十多年前,我在研究苏南地区的时候,就提出这个地区的发展,有三个东西很重要,一是政府有效行为,二是产业传统,三是公众经验传统,这三个东西决定了它可能比别的地区发达。实际上用这个眼光来研究改革开放以来的经济发展,研究近代经济的发展,我相信都是有用的。

第五,论文格式和文字问题。博士论文一般采取章节目三级体系,每一章有一个开头语,节下面又有一个开头语。但章的开头语和节的开头语,写得不太合乎要求。文章的开头语有特定的写法,要高度概括这一章写什么,不需要在开头语里讲学术史,哪篇文章怎么讲的。章的开头语都要重新推敲,要写得漂亮一点。可以到资料室找一些比较好的著作,看人家每一章的开头语怎么写。现在有很多人,包括我在内,也包括年轻的同学,文章写了但标题立不好,开头语写不好,唠唠叨叨,不知道说什么,不能起促进阅读的作用。要让读者一看开头语,哎,这篇文章有意思。

文字问题也有一些。比如说第50页"反米捐抗争的失败",反米捐本身就包含抗争的意思,抗争两个字就是多余的,"反米捐的失败"就可以了。第50页"贸易中体现币制疏漏",贸易中,这是一个副词,是状语,状语用在标题里似乎不太好。"利弊争端",作为标题,这是什么意思?不太好理解。另外,论文的提纲也存在问题。你是研究苏皖经济关系的,我看了你的提纲,"苏皖"这两个字在全部目录里一共出现31处,这样的目录没法读。作为一本书,立提纲是有技巧的。要把你讨论一层一层地告诉读者,同时不能有很多重复的字词。目录提纲的文字这样重复,严格讲已经不是目录了。

以上这些可能都要做进一步的推敲。(齐春风教授:刚才李老师讲得很对)修改完善了提交比较好,否则,文章一提交就收不回来了。有些同学耍小聪明,申请保密,五年十年以内不公开,这样别人没法查。现在有些单位强制性公开。申请保密要提出理由,而且要学校认可。过去有些人心虚,不让自己的文章公开,现在可能不行。公开以后,所有的问题都是你的,别人都没有责任,所以要特别认真才行。

(本文是笔者在该论文答辩会上的发言,潘亚莉根据录音整理,笔者审定)

（三）
谈近代江南乡村社会的精英问题
2019 年 3 月 6 日

对这篇文章，我讲以下几点意见。

第一，论文的成熟度还是可以的。看一篇论文，首先要看它像不像论文，它的篇章结构全不全，绪论、正文、结论等篇章结构是不是完整，它提出来的问题或主题恰不恰当，它的解释体系成不成熟，它的叙事的清晰度怎么样。有些论文，它问题也有，解释体系也有，但是颠三倒四，这样就不达标。这几个方面基本上够了，那就有了基本的成熟度。我认为这篇文章这几方面都是够的。绪论写得特别好。在我读到的博士论文里面，这篇绪论算是比较好的，值得点赞。

第二，选题的创新性。这个选题涉及的问题过去的相关著作讨论过，但是这篇文章有它的创新性。体现在哪里呢？过去说科举的废除对乡村生活的权力结构造成了影响，导致了乡村精英阶层的劣质化，导致了乡村社会关系的紧张。科举制废除导致乡村精英阶层劣质化，应该是个伪命题。因为乡村本身就没有几个人考上科举。真正乡下读书人考上科举的很少。所以有些讨论是值得怀疑的。本文指出，工业化带动了乡村农民向城市流动，这个流动比科举时代加剧了而不是缩小了。不是科举制阻止了这种流动，而是另外的东西推动这种流动加快。流动背后是城市化和文明导致了农民向往城里的生活。这属于正面的影响，不是负面的。所以论文强调乡村本来的科举人员就很少，不存在废除科举影响了乡村流动的问题。人丁的矛盾也不是乡村流动的主因，主因是城市文明的发展，工业化的发展。乡村精英在科举废除后不仅没有劣质化，由于种种原因，反而显示了他的能力、品质和服务能力的提高。我认为这个讨论是可以的，是有其学术意义的。

第三，本文的主题提出了问题，同时又作了一些考证的工作。关于人丁矛盾用了一些材料，科举的来源分布用了一些材料。当然也存在怎么把这些材料交代得更妥善一点的问题。科举的废除在中国近代史上是一个很热的问题，对这个问题可以从几个方面来看。过去有些人讲，科举的废除导致了清王朝的瓦解，加快了清政府统治的崩溃。这种看法我认为值得推敲。分析同盟会的组织成员，里面的科举成员很少，真正有功名的知识分子好像只有蔡元培、谭人凤等人，陈独秀只是个秀才，而且主要作用是在五四以后，其他找不到多少。相反，当时革命留学生的主体是各省派去的留洋学生。这跟科举有没有关系很难讲，不废除科举留学生也是要派的。另外，正向的意义是科举废除前后，主要是废除以后，中国进入了新式教育的一个发展期。1898 年到 20 世纪 20 年代的 20 多年是中国新式教育的一个成长期。这个成长期对中国的文化转型起了极大的作用。不能把科举的废除纯粹看成负面的东西。这是不对的。在讨论近代社会变动的时候,我觉得有一个问题是需要讨论的。你这里讲的是士绅阶级。乡村社会里的士绅阶级是传统社会里很重要的社会力量。在20世纪40年代国民党搞新县制改革以前,政府权力到县为止,县以下没有政权。县以下的政治空白由士绅主持,是国家体系中一个很重要的环节。传统社会的士绅阶级和晚清以后的士绅阶级的概念要讨论。根据我的想法,晚清民国时期的士绅阶级整体上处于衰落的过程中,而且结构变了。传统的士绅阶级,过去有人作了界定,是有科举功名没有做成官的,或者官员退休的,或者各种原因受到处分住在乡下的。土地主不算士绅阶级。到晚清以后,这个士绅阶级性质改变了。其中包括大量留学生,新政府时代的离任官员等,回到乡下都是士绅。工业家、金融家、中医、教师、商人、学校校长住在乡下的都是。所以我很奇怪,很多人讨论士绅阶级,而士绅阶级的身份变化不讲。这是一个重要的学术问题。今天我们去苏南地区去看那些古镇,看得很清楚。周庄的叶楚伧、湖州的张静江,他们的家族都是赫赫有名的。所以,乡村精英的构成和变化应当有所讨论。

第四,论证方法的改良。乡村社会的文明化不是因为权力退场,而一定是一个综合的因素,包括文章里面所讲的乡村精英的能力、品质和知识提高的过程。但是,更大的背景是江南地区商品经济的发展。新式经济以及新式知识,包括教育带来的知识,包括社会法制化带来的进步,导致这个地区在全国领先地进入契约型社会的范畴。这个非常重要。今天看,苏南地区契约型观念非常强大,全国没有多少地方能跟这里比。为什么这个地方最富,有它的道理。不是一个或几个举人在乡下折腾就能折腾得出来,不是这个样子。再讲一个例子。不要说别的,你去看一看苏南地区的佛教,哪个乡里都有寺庙。苏南人为什么那么本分,那么遵守契约,是由于整体社会环境的约束。苏南的寺庙是全国分布最密的。所以,讨论问题不能单一化。社会是非常复杂的,一定要用复杂的观点来看,在分析社会条件时应该更完整一些。

第五,材料问题。第三章证明乡村社会的生活困难,用了许多清代前期、中期的材料。这些材料不能证明晚清民国的状况。这是严重的缺陷,建议你补一补。讲晚清民国,拿出来的材料都是清代前期中期的,严重不对称。要尽可能用晚清民国的材料对应起来,把你的讨论放到一个更坚实的材料基础上,这样可能会更好些。我对这篇文章整体上评价还是不错的。我就说这么多。

(本文是笔者在该论文答辩会上的发言,张成洁根据录音整理,笔者2022年4月16日审定)

（四）
谈中共党史上早期干部的身份问题
2019 年 3 月 6 日

根据过去的习惯，好话就不说了。这篇文章我提以下几个问题：

第一个问题是题目。有四个概念需要解释。首先是"早期"。这个概念在历史学上的使用通常有两个角度。一是某个人或者某个事物成熟之前，比如过去研究毛泽东，所说的毛泽东同志早期革命活动。这个早期就不管后面有没有中期晚期，只讲他政治成熟之前。按照党史上的说法，也就是 1921 年建党之前的青年时期的毛泽东。现在有一本书叫毛泽东早期文稿，收了 1921 年之前的文稿。其中许多是他年轻时期的一些东西。二是包含某种相对性，某一个人生平活动的早期、中期、晚期。这两个概念套到你的论文上，都不是非常准确。就党史而言，论文提到的 1934 年之前是不是早期很难说，1949 年之前更加不是早期。而且研究党史，最好不要用这种早、中、晚的概念。因为有早期，就必然有中期和晚期。这是一个不太好解释的东西。

二是"游移"。这是文章的关键词，按照字面解释，就是"漫游移动"，是没有确定方向的迁移。但是文章所讨论的问题，对中共历史来讲，无论在早期、中期，延安整风运动以后以及现在，都不是一个游移的问题。它有确定的目标。在论文所讲的时间里面，无论王明所讲的布尔什维克化，还是毛泽东所讲的马克思主义中国化，或者换一句话叫中共的毛泽东思想化，都有一个化的目标，不是游移的问题。

三是组织与干部的身份游移。这涉及两个范畴，一个是组织，一个是干部。组织是一个大的概念，干部是组织中的分子。这两个游移的解决不在一个层面上。

四是身份。在组织的层面上讲，是中国共产党和共产国际支部这两个身份的变化。究竟是共产国际的一个支部，事事都要听命于共产国际，还是一个独立的党？这两者之间越来越向后者发展。遵义会议就身份完全独立了。1942 年、1943 年共产国际解散后就完全独立自主了。中国革命一个很成功的经验就是摆脱共产国际，独立自主。就干部的身份来讲，可能也不是这个概念。你讲的农民、游民、土匪、教师、教授、工人，这些是各种人的不同社会身份，而不是他们在这几种身份中变来变去。党员成分很复杂，不能说党的成分很游移。比如文章讲了，你的父亲原来是工人，母亲是农民。你原来是农民，后来变成学生，现在是博士，你有没有游移？游移是不确定，但你是确定的，是拿国家助学金的博士，是个高级知识分子，这是没有游移的。所有人都这样。我过去当过知青，当过工人，也当过公务员，也到大学读过书，还是大学老师。这是个发展的过程，是线性的前进，不是什么游移。所以，要把题目搞科学化。

第二个问题是主题。论文的主题是身份游移问题研究，时间是 1921 年到 1949 年。这就产生两个问题。一、身份游移是核心概念，但从头到尾没有解释什么叫身份游移。你举了两个例子。一个是顾顺章，一个是向忠发。顾顺章的身份游移是工人、农民、革命者、特工。顾顺章的妻子和他的岳父、岳母是革命者、特务、预备特务这几种。如果这样来界定身份游移，似乎很难解释。说到底，这样解释一个党员或一个干部的身份，基本上是没有意义的。二、为什么讲 1921 年到 1949 年中共干部的身份游移，只讲中央苏区和闽浙赣这两个地方？选择这两个地方的动机在哪里？陕甘宁有没有游移？新四军有没有？依据是什么？典型性在哪里？这是论文必须回答的。

第三个问题是解释体系。博士论文基本上有三种类型。一种是议论型的文章。通篇构造一个理论观点来阐述，拿材料不断地证明结论。一种是叙事型的。把事情说清楚。描写黄化同学的导师，就要把马老师交代清楚。摊材料就可以了。一种叫夹叙夹议型的。无论哪一种类型，有一个最基本的方法是不能违背的，就是围绕问题列举材料。拿材料证明论点，根据材料推断原因和发展趋势，根据全过程的阐述总结规律。结合这篇论文，就要围绕核心概念展开。游移是一个核心概念，那么解释方法就应该是中共的组织和干部身份游移有哪些表现？之所以存在这些游移性，原因是什么？问题是什么？共产党是如何解决这些问题的？解决的后果是什么？解决这些问题成功的方法、不成功的原因是什么？可是目前文章的面貌不符合这个方法。讲了大量的共产国际和中国共产党舆论上和政策上的一些东西。实际上写的是中国共产党的政治发展史。没有围绕核心概念展开，或者说展开的不够。这是基本论述方面存在的结构性缺陷。

第四个问题，有些政治结论要注意。文章涉及比较敏感的党史问题。我们鼓励创新，鼓励你去讨论问题，但是要有依据。有些结论建议认真推敲。比如 63 页，说中共的诞生是中国社会演变的自然现象。到目前为止，没有党史著作这样讲。过去传统的结论，中国共产党的产生是马克思主义和中国工人运动结合的产物。后来改为中国共产党的建立，是马克思主义和中国近代革命运动相结合的产物。没有说是中国社会自然发展的产物。比如，说中共最初是一个书斋党和城市党，不知道根据是什么？没有一本书说中国共产党是一个书斋党和城市党，只听说从建立起它就是一个马克思主义武装起来的无产阶级革命政党。这个提法弄出来问题很大。第 64 页说，即使在同一个城市里，这个党也有小资产阶级知识分子党、工人党、地下党、学生党。这也不能拿出来讨论。新中国建立以后形成了一套对党的论述。不知道七大刘少奇《关于修改党章的报告》读过没有,毛泽东的《中国革命与中国共产党》读过没有,《新民主主义论》读过没有,《〈共产党人〉发刊词》读过没有,这些你要去读读。这些东西不读就讲中国共产党是小资产阶级的党,不太好。在同一个地方,你说城市有小资产阶级知识分子党、工人党、地下党。按照人员划分又分为交通部、社会部、统战部。后面这些是党的组织机构,不是党的性质。第65页还说,中国共产党的先进性和领导地位的实现只能转向农民,能否成功取决于知识分子群体的赞助和领导。革命能否成功取决于知识分子吗?党的文件里面从来没有这个说法。中国革命是否成功取决于党是否坚强,取决于党的政治路线是否正确。知识分子从来都要被改造。建议好好推敲,努力完善论述。

第五个问题是绪论。一是绪论第一部分从司马迁说到你本人,好像太大了,不适宜这样做。这样你就把自己的盘子端得太高。二是写法不是很上规矩。目前你写了5个问题:关于革命身份与身份游移;关于布尔什维克化海外相关研究;其他海外相关研究;已有研究特点;存在的问题。这个结构是研究动态的写法,不是绪论的写法。三是你对已有的研究包括马老师的研究做了种种介绍,但最后提了十个大的存在问题。这些问题大得吓死人。不知道前面那些专家写了那么多有什么用,好像都没什么用。这里涉及两个问题。一是我们在研究某一个问题的时候,如何恰当地评价前人的成果?二是我们在评价前人成果的时候,应当遵循什么样的标准?所有专家的研究都代表他个人的思考,因此我们衡量的标准,是在他所研究的问题中,他的思考和别人相比有什么特点,他自己提的问题有没有解决好。不能说这个专家有没有把一切问题解决掉,甚至,有没有把后人看到的问题预先解决掉。不可能有这样的专家。如果说有些问题前面专家没有涉及,就说前面的专家统统都不行,这好像不是一个科学的态度。写学术史是有严格要求的。写开题报告,或者说绪论、写综述,有严格要求,不容许随便抬高自己,贬低别人。口气要尽可能小一点。要把前面专家的优越性讲足,然后小心地撇开他们的不足,提一下就本文的视角来讲,可能还有一些空间。要稍微委婉一点,这样可能比较好。博士是年轻的专家,有很多东西需要慢慢去磨炼。四是你列举了很多著作,好像都比较有根据,但不知道这些著作是不是都读过?第12页俄文书名的这些著作你全读过吗?按照我的估计,可能这些俄文版著作没有读完,有的甚至没有来得及读。

第六个问题,第一章开头语写得不对。开头语不是这个写法。其他几章我就不说了,你去推敲。刚才还在讲,现在博士论文要盲审,要求很高。答辩过后还要复检。我春节前就连审了五篇。现在复检很严格,有些学校是有一篇博士论文不合格,导师直接从正教授降到副教授,最轻的处分是三年不准招生。对导师来讲,三年不招生就不招生,不招生也没什么坏处。但是名声太难听,也是个压力,所以一定要重视。要不惜努力把论文弄完善一点,不要出问题,特别不能出政治问题。年轻的同志一定要当心。创新是可以的,但要有依据。我讲得得可能重一点,你不要生气啊。

(问:这个题目要怎么改?)我建议你把这个题目收缩一下。王明时期的口号就是为中共更加布尔什维克化而斗争。这里也提到布尔什维克化的一些东西,王明的口号和延安时期的马克思主义中国化、马克思主义与中国革命实际相结合,这是两个话语体系。在这两种话语体系下面,或者不看后面的,我只讲王明时期,或者建党初期的布尔什维克化过程是什么含义,他怎么演进过来的。从1921年到1935年,按照毛泽东的说法是从幼年时期的党,到大革命时期不太成熟的党,遵义会议后是一个比较成熟的党。虽然有这样一个过程,但总体上还在一个发展变化过程中,为1935年以后的成熟是打下了基础的。无论是党的组织形式上,党的政治意识上,还是党的政治目标上,党内生活的规范上,都有一个发展变化。这一个过程是怎么来的?你这里面有一个很好的东西,井冈山时期毛泽东创造的党组织依托红军来发展,波浪式的发展。毛泽东井冈山时期的一系列著作创造性就在这儿。他创造了另外一个模式。1927年以后恰恰就这个模式成功了。这个模式等到遵义会议党中央的政治路线正确以后再反过来强调党领导军队,党指挥枪,一整套党的意识形态贯彻下来。这个过渡是个很有意思的东西。好吧,多和导师商量吧。

(本文是笔者在该论文预答辩会上的发言,张成洁根据录音整理,2022年4月10日笔者审定)

(五)
谈三线建设与当地某些城市发展的关系
2019 年 5 月 15 日

我抓紧时间,谈以下几点意见。

第一,选题可以。三线建设涉及那么多人、那么多地区,当时是一个国家头等战略,因此,成为一个专题研究的领域是没有问题的。在这个大的选题范围以内,本文的角度也比较新。选了三线建设和西部城市发展的关系,避免了描述性讲三线。刚才崔老师讲的也非常对,因为是从正面肯定三线建设的,给人的印象是应该再搞一次三线建设。这是一个问题。实事求是指出这个问题,也不要有意见。三线建设的本意也不是发展内地城市,只是一个把上海的、南京的、沈阳的企业迁到那个地方去了，才使得那个地方发展起来了。它的本意是躲到山沟沟里面去干活，有的厂直接搬到山洞里去了。跟现在的城市化不一样。现在专门发展城市，发展房地产。哪怕你列举的这100多个城市中，绵阳和德阳可能是特例，攀枝花也是特例，对吧？三线建设整体上是一个消极的战略，当然，你发现它有另外一面。事物都是多方面的，另一面的确存在。确实因为三线建设，绵阳发展了。大企业进去了，人进去了，资金进去了，人口壮大了，城市自然发展了。这不是捏造出来的，和片面地肯定三线建设不同。这个选题有技巧。

第二，用了许多档案。现在档案管理很严，当初找了这么多档案，抄这么多材料出来很不容易，从材料说应该过硬，将来论文出版，二三十年以内不会有人在这上面上超过你。别人查不到档案，对你来讲就是好事。

第三，基础不错。博士论文初稿有这个样子不容易。

问题是这样几个：

一是核心概念。论文的核心概念是两个，三线建设和城市发展是两个中心概念。但是，好像还要讨论。"三线建设与中国内地城市发展研究"，现在讲内地，台湾对应的词是大陆，港澳对应的词是内地，这是国家规定的。还有一个是沿海和内地。所以内地的概念可能要界定。而且这个"中国内地"已经超出"三线"的范围了。学术论文的题目，要在逻辑上把它搞准确。这是第一个问题。第二个问题是目录中有"三线城市"的概念。这也是有问题的。现在讲房价，有一线城市房价，二线城市房价，三线城市房价。年轻读者会不会说，这是研究三线城市房地产的？尽管注释里解释了，建议还是要推敲题目。另外，不是三线建设地区的城市也是在发展的。你实际上是研究两者的相关性。三线建设有带动相关地区城市发展的作用，但三线地区的城市发展并不全像绵阳，有的地方可能作用不是很明显。还要看到不去那儿搞三线建设，那里的城市也会发展。三线建设是那里的城市发展的部分因素，不是全部因素。指明这些，有助于读者知道论文的学术性很强。

二是概念界定。有关概念做了一个很长的注释。读者读论文，要先读那么长的注释才知道本文研究什么，实在不是一个好办法。应该在绪论中有相应的概念界定部分，讲清楚你采取的意义，说明研究对象及其范畴。应该把对"三线""三线建设""三线建设地区"等概念的解释放进去，取消有关注释。

三是结构。有几个地方不太合理。一是第一章不完整。第一章是三线建设的总体规划与空间布局，其中一节谈总体规划，一节谈空间布局，内容跟主题的联系不紧密。二是第三章的第一节和第二节内容不是很匹配。第三章只有两节，一节是三线建设与内地城市的发展，只有两个子目；一节是三线建设与四川城市的发展，有四个子目。三是第五章的内容分析20世纪80年代的调整政策，最后一部分专门讲第二次调整似乎不合理。

建议第一章第一节"三线建设的总体规划与空间布局",第三章第一节"三线建设与内地城市的发展",合并起来。写作方向要调整,强调三线建设的决策,资金、人才、人口、技术、产品的流向,推动了三线相关地区的城市发展。要开宗明义地把相关性点出来。这是三线建设地区城市发展的强大刺激力,实际上构成了文章的总论。现在文章缺总论。如果这样调整的话,现在的第二章,要解决三线建设方针影响下相关地区城市发展的几种方式,第三章是三线建设决策下的四川的城市发展。这样每一章的内容就比较鲜明。再重复一遍,现在第二章"三线城市发展的类型与作用分析",重点要解决三线战略下相关地区城市发展的几种方式,第三章接着谈三线战略下四川的城市发展,以解决每一章内容庞杂、中心不明确的问题。每一章的中心不明确,这是很忌讳的。

现在第四章是"三线建设与绵阳地区城市发展分析",基本上讲的是绵阳,德阳的内容非常之少。因此,两者的比较不深入。第五章讲改革开放以来(20世纪80年代中后期以来)国家对三线建设的调整。这次调整对三线地区城市发生了一些新的影响。怎么能放到最后才讲呢?第五章的有关内容要和第一章并起来,就是三线建设对相关地区城市发展的影响,是两次调整的结果。第一次调整就是国家决定投资三线了,这对三线相关地区的城市发生了影响,然后20世纪80年代又进行了一次调整,又有一次影响。材料里讲得很清楚,第二次调整对绵阳影响很大。上面说了,这100多个城市里,绵阳和德阳是个案,是非常特殊的。这个特殊就跟第二次调整有关系。第一章明确讲了四川地区的城市发展有两次强大的外部刺激作用,一次刺激就是中央决定搞三线建设;第二次外部作用就是20世纪80年代中央第二次干预,再次投资,再次刺激,再次给政策。这就再次造成发展机遇。

第五章中有关对德阳和绵阳的内容并到第四章,专门讨论绵阳的时候,要分析绵阳在第一次调整期间得了什么好处,第二次调整又得了什么好处,拿了国家多少补贴资金,国家还给了什么政策,才造成了它的第二次发展。绵阳、德阳这样的发展,在三线地区城市里,可能还是比较少见的。有些城市不是发展了,而是落后了。好多厂烂掉了,破产了。工人都走了,迁回上海了,很多工厂一片狼藉。比如,安徽有很多厂都没人了,破破烂烂的。

四是提高解释力。一篇文章的解释能力是三种文字构成的。第一是叙述,把事情讲清楚;第二是分析,分析某种事物的演变和结果;第三是评论,对事实进行评价。这三种不同的文字构成论文。当然这三种文字有时候是结合的,不一定有很明确的区分。现在,文中有很多材料没有解读,采取的是直接摊材料的方法。

比如第 31 页到第 34 页,讲了四项政策,简单地把材料摊出来,每一项政策都没有解释。三线建设的特殊政策中,一是"调整一线,集中力量建设三线",全是材料原文。要归纳为什么提出这种政策,为了解决什么问题。要先做解读,再来引用文件,证明你的说法正确。这是一个解释方法的问题。讲四个政策,全部是大段引文,严格讲不符合论文要求。适当地拓展,适当地铺垫,适当地点题,再来摊材料。读者读起来要方便一点,也更符合论文的科学规范。

三线地区按照你的列表有 100 多个城市,其中一定有不同,有多样性,一定不会是统统发展了。有的是发展,发展也有不同类型。有些城市可能是负面影响居大。不能说全部都是好的,都是正面的。读了论文,感觉最好再搞一次三线建设,这就有问题了。你刚才讲,当时上海的工人都不愿过去。政策规定半年以内拿上海的工资,以后拿当地的工资。你知不知道同样技术级别的工人,上海当时拿多少钱,三线地区拿多少钱?假如执行当时的政策,你是上海人,你也不会去。这样的问题能不能写呢?完全可以写。攀枝花水的问题什么时候才解决? 20 世纪 90 年代才解决。那个地方的水有问题,好像是含氟太高。南大的肖楠生教授对攀枝花有贡献。老先生已经去世了,他是找水专家。这个地方看看,那个地方看看,指着地方打井,一打水就出来了。由于水有问题,一直人才外流。像这样的事情,不就反映了问题吗?我们讲三线建设在相应条件下、相应情境下刺激了中西部相关地区城市的发展,是相对的,并不排斥执行过程中有负面影响。这也应该适当地记录下来,让读者和后人知道。这些意见仅供参考,不一定这次解决。以后解决也可以,不解决也没有关系。

(本文是笔者在该论文预答辩会上的发言,2022 年 4 月 17 日张惠卿根据录音整理,笔者审定)

(六)
谈某专区的农业合作化运动
2019 年 5 月 28 日

上次预答辩我跟崔之清老师、谭志云老师参加了,贡献了一些不成熟的意见。经过作者的修改,现在的文本是令人满意的。因为做到了两点:一是合规化,二是精致化。初稿送盲审通过了,这是一大胜利。当然,这是盲审专家对论文的总体肯定,并不排除还有一些小问题需要解决。一般说,盲审专家对年轻人比较宽容。没有特殊的情况,不会轻易否定。大家都知道,年轻人很难,不容易,只要没有大的问题,不会不让过。自然问题也要指出来。我也是这个态度,轻易不会枪毙论文。我的评语可能写得比较严格,但结论是自行处理后答辩还是修改后再送审,基本上是自行处理后答辩,不要求作者修改后再送审。学生拿到我的意见,肯定很重视,会努力去改,为什么要增加他的负担?没有这个必要。年轻人有一些问题很正常,只要不是大问题,要尽量扶持。

所谓合规化,是说从论文框架结构上看,像博士论文了。所谓精致化,是说你的阐述,挑不出大的问题,有周密性。也就是说,作为博士论文是合格的。以后拿出去复检,不会有不合格的危险。答辩之后提交正式文本很重要。老师们的意见,要认真考虑。能参考的,要尽可能吸收,并且认真地改一改,以便提交更完善的文本给图书馆和教育部。论文用了很多地方档案材料,是经得起时间检验的。但是建议不要急于出版。要下功夫再提升一下,这对你有益。当然,以目前水平出版也没有大问题,但总感觉学界研究合作化运动已经几十年了,新出版的作品应该达到新的水平,更有经典著作的意义。

现在,从以后进一步修改完善的角度,提几点不成熟的意见供参考。

第一,第一章需要大量压缩。研究镇江地区的合作化运动,从马克思讲起没有必要。马克思生前就没有看到多少中国的材料,更何况马克思死去那么多年了,镇江的合作化和马克思扯在一起,好像有点生硬。甚至,把这一章压缩成一节放在恰当的位置也可以。总结的时候要正面指出,境外的马克思主义经典著作没有谈到多少中国的情况,他们的很多判断不一定正确。苏联集体农庄模式是中国农业集体化主要的思想来源,但这个来源本身有问题。可以找到正面材料说明这一点,薄一波的书里就讲得很清楚。20世纪50年代薄一波向毛泽东汇报说,一直到50年代,苏联的农业还没有恢复到沙皇时期的水平。毛泽东问,这算什么社会主义。实际上那个时候毛泽东对苏联那一套已经不感兴趣。但几十年以后,你还把它作为一个正确的东西,显出理论上、思想上有点陈旧。

第二,按照当时的建制,镇江是苏南行政区的下属地区。当时苏南区只有两个市,一个苏州,一个无锡,其余是专区。镇江是一个专区。它跟苏南区党委是什么关系?苏南区党委的政策在论文中没有显示,好像是中央一竿子到底的。这显然不符合组织程序,不符合行政操作的规范。要找一找苏南区党委的材料,把两者之间的联系搞清楚。

第三,合作化运动之前,镇江地区经济社会的特点是什么?文章里讲了一些,但没有全面概括出来。镇江在长江以南,属于苏南区。但苏南区内各地的经济社会有差异。苏锡常是一个板块,镇江属于宁镇扬板块,一直到现在还是。今天看镇江是个特殊的地方。重庆以下长江一线,所有江南的城市都比江北发达。过去芜湖是安徽的经济重镇,也做过省会,安庆是政治中心。再往上,武汉三镇中汉阳是商业中心,武昌是政治中心。但镇江是反过来的,比不过江北的扬州。

远的不说，20世纪50年代一直到现在，镇江都比扬州差些。据说江泽民时代扬州财政不上交，不知真假，但不管怎么说，镇江不如扬州是真的。一直到改革开放初期，镇江满街毛驴。现在镇江好像地方债很多，状况不好。镇江农村的特点是什么？我的概念里镇江跟南京、马鞍山是一个板块，属于吴文化的尾部。这就跟苏锡常地区不一样了。一直到20世纪90年代，乃至现在，苏锡常农村恐怕都是全国农村最好的地方，整个地区也是全国最好的地方。镇江农村经济有什么特点？要下功夫去挖，一定能总结出来。这也是出彩的地方之一。

第三，细化关于社会动员的阐述。镇江地区的工作队怎么组织的，开展运动的方式是什么，进行社会动员的方式是什么，你的描写停留在面上，需要细化。把它细致地写出来很重要。这些描写还包括土改、合作化的积极分子是些什么人，应该能找到材料来证明。这些人的出身、经济地位、社会身份，在他们思想行为中有什么表现，要把这些问题做深。合作化不同阶段的组织形式、章程、分配方法要详细地论述，现在都看不到。这些问题不是短时间能解决的。上次也谈过，但没有解决。

第四，加强理论分析。要提高对理论的兴趣，加强理论分析。作为一部好作品，要在这方面做适当努力。比如，是不是可以分析特定阶层的社会心理。我相信合作化干部里也不是铁板一块。当时干部里头很多人富裕了，让他走合作化的道路他愿不愿意？肯定有不愿意的。他们的心理是什么，档案里一定有，要去发现材料。刚才徐老师提出加强社会调查，这个课题是一定要作社会调查的。可能这些人活着的不多了，要想办法去找。县乡干部接到上面的政策是什么想法？哪怕找到几份材料也行。

第五，修改提高结论。目前结论达到的水平，已经很不容易了，有几条收获、几点经验、几条教训。其中，教训总结了两条。一是要按客观经济规律办事，一是经济运动不能用政治运动的方法来搞。这样的总结是可以的，比预答辩的稿子好多了。但还可以进一步细化。我想，合作化的模式，是一个共同富裕的乌托邦，想象这个社会不要有穷人。事实上这是做不到的。每个时代、每个社会都有穷人。而当时想象的两极分化具有主观臆想性，和现实社会有差异。社会两极分化是允许的，也有一定的限度。这个限度就是现在社会学上讲的基尼系数，实际上就是社会对穷富差距的承受极限。土地改革后有农民富了，冒尖了，但有没有达到两极分化，有没有达到基尼系数的极限？要对材料进行分析。有些问题从材料上讲就不真实，甚至就是假的。毛泽东在《中国农村的社会主义高潮》一书中的100多份批语，针对的都是下面送来的那些材料。中国人民大学有一位老师找过山西一个农民访谈，证明当年所送的材料有假。这个访谈很有说服力。毛泽东在不断地批判合作化上的右倾机会主义，在这种氛围之下，下面怎么敢随便送材料,特别是送不同意见的材料?这些都需要分析。尽管比较难,但还是需要努力。这些意见供你参考,可以接受也可以不接受,好吗?

(本文是笔者在该论文答辩会上的发言,王小平 2022 年 6 月 5 日根据录音整理完毕,笔者审定)

(七)
谈国民政府的西北地区林业建设
2020 年 5 月 23 日

谢谢申老师和小杨让我学习这篇文章。刚才各位老师都谈了很中肯的意见,我也表示同意。论文的成绩还是主要的。在职人员读了八年,能把论文弄出来,而且安全通过盲审,就很了不起了。过去导师说可以答辩就答辩,现在盲审是很重要的一关。盲审通过说明基本质量还是有的。但是我们还是要认真地讨论一下。

昨天转发了一个学院的邮件,通知你们可以延期到今年 12 月份答辩。本来 9 月 1 日你们满八年就要消灭了,现在由于新冠疫情,延迟到 12 月底。从那个附件里头,我看到了你的名字,而且知道你的工作单位。博士论文做完以后,如果在学术素养上没有相应的提高,或者说提高得不是太够的话,似乎不太好。你所在的大学也是一所比较好的大学。在这样的学校,如果科研上不去,很难混。从论文里头可以看出来有些东西你还不是太了解,需要提醒一下。

另外,论文虽然盲审通过了,但是教育部有一个规定,第二年要复审,就是抽检。有现在这个水平,如果再把有些瑕疵消灭掉,应该能确保复检不出问题。复检很严格,有些学校规定如果论文复检不合格要处分导师。有的学校,直接从教授降到副教授。你的导师申老师反正退休了,无所谓。但如果你的名字上了那个名单,学校公布出来,也很麻烦。今年好像江苏公布过一次,南大似乎有两篇硕士论文不过关,有两篇博士论文不过关。所以一定要非常地重视。

文章的成就我就不说了,也不说各位老师提的那些比较长远的东西,而只就这篇博士论文的一些与规范性有关的问题,讲几条供你参考。

第一,版式问题。博士论文的版式非常重要。答辩通过以后一上传,国家图书馆就挂在网上。如果基本版式都不合格,非常难看。而且弄上去以后,你自己没办法把它撤下来。版式里头有两个问题。一是刚才有老师已经提到了,目录和附录是两种不同的字体。二是附录里头也含有两种字体。前面用这么小的字,后面这么大的字,无论如何要处理一下。

第二，论文题目。"国民政府西北开发时期的林业建设研究"，好像这个题目本身有点问题。是哪一个地区的林业建设？"西北开发时期"假定就是你讲的1932年到1935年，但指哪个地区？（答：西北六省）现在先不谈你对应的是西北哪六个省，而是说这个题目本身的对应性不强。"西北开发时期"是一个时间概念，那么下面的"林业建设研究"，要有一个地区指代。现在题目本身逻辑上是不通。建议把这个题目改成"国民政府对西北的开发与西北地区的林业建设"，或者"国民政府西北地区的林业建设（1932—1935）"，是不是要好一点？因为如果不强调是西北的话，很可能被认为是西北开发时期全国的林业建设。博士论文的题目不能有歧义，讨论的问题一定要非常鲜明，边界一定要非常明确。

第三，文字的问题。关于这方面，我举几个例子。一是目录的文字。我统计了一下，目录一共是65行，其中有14个"国民政府"，有30个"林业"。这个目录怎么行呢？没办法读，不是一个严谨的学术讨论目录。题目有关林业建设，下面的子标题"林业"这两个字就要注意回避。现在一个目录65行出现30个林业，已经像标语一样了。目录要提炼到非常精粹，这是一种基本的训练。谈到看书，我就主张先看目录。现在一年出几万、几十万种书。有些书看看目录就知道作者学术训练水平怎么样。假如目录很混乱，那个书就不要看了。一定要非常重视语言的修炼，因为是非常严格的学术著作。博士论文是最高品级的学位著作。台湾的许多政客都写过博士论文。宋楚瑜写的博士论文非常漂亮，我还推荐给学生读。我说台湾这么一个政客，还能写这么一本高水平的书。二是句子的语义。举几个例子：第4页说"无论是历史时期还是近现代各时期不同政权的西部开发活动"。"无论是历史时期还是近现代各时期"，那么，近现代各时期是不是历史时期？这个句子本身就逻辑不通，你能证明近现代各个历史时期不是历史时期吗？第5页有个句子没有写全。这一页第三行说，"其中第四章第四、五、六节分别对孙中山开发西部的战略构想、抗战时期国民政府的西部开发、中国共产党西部开发的活动，是了解和研究民国西部开发的热门之作"，你能不能分析一下这个句子里面主语、谓语和宾语，主谓宾关系能分析出来吗？从语法上来讲，这个句子是不对的。"第四、五、六节"这个应该是一个主语，"分别对这什么什么什么什么什么"，这是一个状语，"是"后面带的是宾语。应该是"第四、五、六节"分别对什么什么的研究，是我们了解国民政府西部开发的热门之作，对不对？也就是说"开发活动"后面还应该有一个动词。对这些活动分别的研究，也就是研究这些的这些书、这些论文，是我们了解什么问题的热门之作。所以，这三个开发活动后面应该还有一个东西，补充以后这个句子才完整。这个句子的处理，你明白没有？三是标点符号问题。第17页、第201页、第202页、第203页，还有第3页，都存在标点符号的问题。第3页第2个自然段："本文从总结生态文明的建设经营入手,将生态文明建设的重要一环","重要一环"后面是一个破折号。破折号没有用三个点表示的吧？用三个点表示破折号,一共有五个地方。这种问题要把它修改掉。四是九一八事变之后,日本人扶持的那些组织,一定不能少一个"伪"字。这是很严肃的问题。

第四,结构上的欠缺。一是绪论,在第2页,刚才有老师也提这个意见,我也认为这个意见是对的。一开头就讲国家领导人说了什么,我个人认为,博士论文最好不要拿政治人物做牌子,不要提他们说什么。这是学术论文,讨论的是历史问题,不要拿国家领导人的话来装门面。研究学术问题,不要把国家领导人扛在头上。如果你的论文有错误,你用了国家领导人的话做掩护,是不是要国家领导人为你负责？

二是第一章欠妥,入题太慢。博士论文应该开门见山。你讲到辛亥革命以后的这么多内容,用这么多篇幅来谈是不妥的,应该在后面相关的章节里头用追溯的方法谈,但是不宜在这个地方。第三节应该和第一节合并起来。第二章里头也有这样的问题。第二章的第二、第三节的内容都不是国民政府开发西北的原因,而是国民政府决定开发西北以后,各界人士发表文章谈西北怎么重要,这些材料不能证明国民政府作出决策的原因。这在使用材料上是有问题的。第二章第一节是讲国民政府开发西北的战略。但是我个人认为,没有讲到点子上。对国民政府开发西北的过程,材料没有看全,这个地方应该拓展一下。

西北开发是当时国民政府的国家战略,林业开发只是西北开发下面的一个分项。国民政府的国家发展战略是1928年的二届四中全会正式提出来的。二届四中全会讲得很清楚——现在已经从武力的征服转到和平的建设时期。按照现在的话来说,就是工作重心转移了。二届四中全会讲了五大建设,其中之一就是边疆建设。二届四中全会讲的边疆建设是蒙古、新疆和西藏。这时候西北的概念还不清晰。"西北"什么时候开始有？是中原大战以后。国民党文献里提到"西北",作为一个完整概念提出来,是三届四中全会的宣言,你去查一查。"宣言"里头讲到,中原大战损害了国家,受害最大的是西北。经过这一年多的打仗,关中地区死了300多万人,所以国家对西北要加以重视。这就是从它的五大建设来考虑西北的问题。1932年国民党的四届三中全会提出了开发西北。但是你可能材料没有读懂,至少没有读全。四届三中全会,除掉这个开发西北的议案,同时还设立了西北工赈委员会,提出筹办兵垦西北,巩固国防,还提出救济陕西。当时杨虎城有个专门提案,说开发西北首先要救济陕西,陕西穷得不得了。这都是四届三中全会里头的东西。在这次全会上,蔡元培他们还讲到内蒙古。主张内蒙古的一切统治秩序不要改变,包括蒙古的王公制度都不要改变。国民党中央还决定恢复蒙古党部,在中央设立蒙古党政人员训练班。为什么？因为九一八事变发生了,从东北到甘肃、宁夏这一带都有内蒙古人生活的地区。为了预防出问题,要控制好。所以,所谓的西北开发,有一个逐步演变的过程。从中原大战以后西北的糜烂,到九一八以后西北边疆问题出现,要巩固内蒙古、西藏这些地方不要出问题,它是一个完整的链条。你对这个链条梳理得不是很清楚,国家战略的地位没有写出来。林业只是开发西北的一个子项目。当时就讲了,开发西北是三个东西,一个是林业,一个是水利,再一个就是陇海铁路。这是四届四中全会决定的。这些如果不理出来,怎么知道西北开发从哪里来?你引了那么许多专家、各界人士发表的文章,他们能代表国家吗?他们不代表国家。就像在座的老师文章发得再多,讨论国家应该怎么搞,会有代表性吗?学者的文章没有用的。所以,国家的战略,一定是国家出面。这个东西不讲清楚,西北开发的最初动因怎么讲得清楚?

西北开发可以总结四个关键。一是1928年到1932年四年间国民党工作重心转移的结果。二是1929年3月国民党三全大会开始提到西北,提到蒙古、新疆和西藏的问题。三是三全大会之所以提到蒙古、新疆的问题,那是因为从宁汉合流到东北易帜,国家名义上实现了统一,要赶快考虑蒙古、新疆、西藏。1912年以后蒙古、西藏就出问题了。九一八事变后,又说蒙古的王公制度不要改,因为一有改动,就要涉及王公的利益,要防止他们投敌。四是九一八事变后,正式在它的文献里提到西北。如果不谈这个过程,文章就失败了。

第五,材料使用问题。你引用的材料,刚才各位老师也谈了,大量的没有消化。史学研究一定要消化材料。第42页,有一份1935年的《申报年鉴》的材料,明显有非常严重的问题。在这个表格下面,第二个自然段里头:"据1935年的统计,黑龙江的森林覆盖率是28%,福建是18%,江西12%,湖北18%。"可以告诉你,这个数据肯定有问题。我问你今天福建的森林覆盖率是多少,你知道不知道?今天福建的森林覆盖率是全国最高的,全省将近70%,怎么可能1935年的时候只有18%?像这样的统计材料,首先不知道你的引用是否准确。其次即使要引用,必须要有考证,必须对数据进行甄别。不甄别就用就是硬伤,是非常严重的硬伤。它有统计是对的,但是这种统计数据不能拿来就用。对这样的统计数据,肯定要反复核对。

第六,注释的问题。第14页有一个注释,注释2,作者苏有权,这肯定是错的,应该是苏全有。《对中国近代林业史的研究与回顾》,一看题目就知道错了。不需要查,立马能判断。一个专家写文章,不可能用这样的标题。对学术史的研究本身就是回顾。后来一查,果然是错的,原题为《对中国近代林业史研究的回顾与反思》。所以,看文章时候可以从逻辑上去推理。像这样的问题,恐怕要地毯式地一个个核对。如果苏全有教授看到你文章,马上就要抗议,你把人家名字都给改掉了。

第七，有几个论点要注意。很多年轻的同志在写文章的时候，可能受到学界某些大而化之观点的影响，随手就拿过来，不加思考地引用，但往往都是错的。

第21页，讲唐宋以降，随着中国经济政治中心的东移南下，西北地区逐步走向衰落。这是论点性的话，但这个论点根据不足。"唐宋以降，随着中国经济政治中心的东移南下，西北地区走向衰落"——这里包含两个问题，一个就是马老师刚才讲的，即使在唐宋以前，是不是整个西北地区都是中国的经济中心？我们可以说陕西部分地方是中心，因为周朝就是从岐山发展出来的。但说整个西北都是经济中心依据不足。二是中国经济政治中心逐步东移，从武则天迁到了洛阳，隋代就正式到了洛阳，然后宋到了开封，又从开封到了杭州，这个东移没有问题。但是我要告诉你，这个东移不是政治中心想东移就东移的。是因为原来那个地方已经烂掉了，供不起了，它才东移。也就是先衰败后东移，逻辑关系是这样的。如果考察一下西安，西汉的时候是首都，东汉开始在洛阳，后来重又搬到西安，已经很勉强了。中央政府在那儿已经快供不起了。东汉末年以后，几十年的仗打下来，那个地方再也没办法做政治中心了。它是先衰败，然后东移。不能说因为东移，所以衰败，不是这个概念。这是一个非历史主义的观点。

第40页，说1936年关中地区的农妇还裹着脚，所以这个地方很落后。农妇裹脚不一定是这个地方落后的根源。可以很坦率地告诉你，20世纪30年代江苏的农妇也裹着脚，但江苏肯定比陕西发达。缠足这个陋习，可能20世纪40年代才在民俗层面基本改变。你的这个论点可能又是从哪位专家的书里看到的。对于专家们的书，你们要小心。做博士论文，不提倡引用一般专家的书，必须要在某一个领域里面权威专家的意见才能引用。权威专家的书，也不能全盘接受。有些意见也不一定对，甄别以后才能用。

第57页，"国民政府西北开发战略正式启动的标志是1932年3月的国民党四届二中全会。这次会议通过的以洛阳为行都，以长安为陪都的决议案，拉开国民政府西北开发的序幕"。不知道你有没有查过四届二中全会这个议案？现在告诉你，这个议案叫"确定行都与陪都地点案"，本身只有三条："第一条，以长安为陪都，定名为西京；第二条，以洛阳为行都；第三条，关于陪都之筹备事项应组织筹备委员会交政治会议决定。"就这么简单的东西，你说这是西北开发的起点，证据不足。你也是看到了人家东西，他们说什么，你也跟着乱说一通。1932年在洛阳开这个会，是因为"一·二八"上海抗战，临时决定要以西安为行都，实际上后来并没有执行，只在洛阳开了一次国难会议。所以西北开发的政治起点应该是四届三中全会。反过来你应该在学术综述里指出来，某些专家这样讲是不合适的，这就变成你的一个贡献了，而跟着说你就错了。做博士论文，要在学术上进行梳理。

把这些问题消除掉,论文的保险系数会大一点。其他我也不说什么了。借这个机会我还要谢谢你,昨天为了让我能到这里开会你来回跑了两趟,帮我办那么复杂的申报手续。今天是 23 号,按照规定你几号之前需要提交?发表的核心期刊论文够了吗?(答:按规定 5 月、9 月、12 月都可以提交)把论文好好改改,还有时间的。我讲了很多缺点,你不要生气呀。

（本文是笔者在该论文答辩会上的发言,张成洁根据录音整理,笔者 2022 年 4 月 10 日审定）

（八）
谈淮北乡村的豪强势力问题
2021 年 3 月 31 日

谢谢王卫星、周学鹰老师刚才的发言,他们的意见我都同意。现在,我也说几句。这次去无锡之前,已经读了这篇文章,从无锡回来后又一个人躲在家里仔细读。今天有什么说什么,说重了马老师和同学不要生气。我讲以下几点:

第一,关于论文的选题。今天所讨论的同学的文章,是博士论文。首先,我们就要弄清楚博士论文应该是什么样子。我以为,所谓博士论文,就是提出问题并给予了充分说明的专题性研究论文,或者说专题性学术著作。这里说到"提出问题",那么,什么样的问题才是博士论文应该讨论的呢?我以为有四条标准:一是一个学术问题;二是一个值得讨论的问题;三是一个过去甚少讨论甚至未被注意的问题;四是一个能够找到丰富材料进行论证的问题。凡不合乎这四项标准的问题,都不应该作为博士论文的选项。或者说,所有讨论不合乎这四项标准的问题的论文,都不合乎博士论文的学术水平。

具体说到这篇论文,核心概念是淮北地区的强势群体对农村的社会控制,以及这种控制对区域现代化的消极作用。同学的导师对淮北农村的强势群体有研究,他的长篇论文《近代淮北粮食短缺与强势群体的社会控制》,对这个问题有很好的解释。同学的论文,时段上没有取近代,只取了抗战前的民国（1912—1937）,而对淮北强势群体的论述,则集中在第四章。分量上是第 81—112 页,大约 32 页,合计约 28 000 字。其他的四章（一、二、三、五）章,主要是平面叙述了淮北地区的自然、经济和社会诸状况,作为烘托强势群体的佐证,基本上都没有和第四章的讨论密切地结合起来。从选题上看,这不是很恰当。我对同学博士论文的要求,是必须找到原创性的题目。同学的硕士论文无论怎么优秀,一律不能带进来作为博士论文选题；也绝不允许同学以我过去发表的论文主题为选题，添添补补，发展为博士论文。因为这么做很危险，会造成同学的博士论文选题重复，缺乏原创性价值。

说到论文原创性问题，它是论文质量的根本保证。3月16日，《北京日报》客户端报道，教育部已经发布公告，就修改《中华人民共和国学位法草案》面向社会征求意见。这个文件规定，有三种情形将被撤销学位，其中第一条就是："学位论文或者实践成果存在严重剽窃、伪造、抄袭、数据造假行为的，质量不符合标准的。"这里，不知道存在剽窃、伪造、抄袭、数据造假行为，和质量不符合标准是否是并立的两种情况。如果并立，将来论文复检不合格是否就要撤销学位？不论怎么说，低质量的论文被揭露的可能性将越来越大，承担的风险也越来越大。必须以对自己高度负责的精神，努力提高论文的质量。

第二，关于论证逻辑。所谓论证逻辑，就是抓住论文主题展开说明的阐述体系。就像剥笋，一层一层地把笋衣剥掉，笋自然就出来了。所谓逻辑不顺，就是证据不足，或者论点自相矛盾，论文主题不成立。比如第5页绪论说，本文所说的"强势群体"是指乡村"豪绅阶级"，他们"往往占地千亩至数十万亩"，是"本文'强势群体'的主要构成部分"。但是第29页表2-2说，皖北5县的农村社会结构，只有自耕农、半自耕农、佃农，并没有地主，其中，自耕农占人口总数80%。第30页说，徐海12县1932年自耕农占45%，其余55%为半自耕农、佃农雇农。那么，淮北地区究竟有没有"强势群体"？第50页说，1931年大水，皖北受灾比皖南严重，全省60个县平均受灾面积是37%，而皖北为50%—80%。其原因是"地方政府不作为，士绅群体不作为"。但是，第19页说苏北救灾中"民间社会的救济组织仍然是主力军"，第51页又说苏北徐州、铜山、砀山、丰县、沛县政府"已经具备了比较敏锐的信息判断能力，积累了许多防灾经验"；第53页又说江苏省政府制定了《全省公务员捐俸赈济办法》，规定省政府委员停俸3个月，荐任以上捐俸一个月，委任百元以上捐俸半个月。第54—66页又叙述了中央政府和地方精英做了许多治淮的事情。这些不是作为吗？类似这种前后矛盾的论述，多处都有，严重影响了文章的可信度。

论证逻辑不顺的另一个重要表现是，各章内容中，几乎没有一个问题是论述清楚的。例如，谈治淮就罗列几个治淮文件，看不出流域范围内究竟修了什么工程，动员了多少人，弄了多少天，花了多少钱，这些工程有什么用。例如，第28页说北洋时期江苏多次发生兵变，用图表列出了8次。但是，这些兵变和当时江苏省的军政首脑多次变更并没有关系，图表上注明的兵变原因，3次因为欠饷，2次因为饥饿，1次因为虐待，1次原因不详，不能证明文章的论点。同时，这样的需要论证的地方是不能挂一份图表就完事的。例如，文章反复说军阀不重视民生，但是,第 27 页又肯定倪嗣冲利用政治权力,把蚌埠打造成了"千里淮河第一大港口"。类似这种鸡零狗碎地、前言不搭后语地说事的地方比比皆是,这不是博士论文的弄法。

第三,关于图表的运用。我的理解本文属于经济社会史的范畴,因此,必须运用经济社会史的方法展开阐述。其中,图表的正确运用是文章论点能否成立的重要技术手段。但是,本文对图表的运用,却反映了作者不熟悉经济社会史的研究方法。

比如,第 31 页表 2-3(怀远、宿县、来安平均每家消费数量与部分消费品统计),材料来自 1933 年乔启明的调查,其中说,他在 1922—1925 年间调查了 6 个省 2 370 家农户,其中有涉及上述三县的材料,它们能证明该地农民的生活。但是,本文却没有交代这 2 370 户被调查农户中,这三个县的农户是多少,这三个县农民的生活支出合计是多少。我计算了表格数据,怀远是 149.55,宿县是 202.44,来安是 184.22。有这么高吗?农民生活支出项中,还有房租和燃料。农民自己没有泥草房住,而都在什么地方租房住吗?他们的农作物秸秆不当柴火烧而都烧煤吗?我深表怀疑。表格中计算农民开支的单位是"价值",这表示什么?是钱吗?如果是钱,那么是两还是圆?根据这份表格,本文说"基本可以断定,当时淮北农民的生活水平是极低的",恐怕不能断定。表格有 1922—1925 字样,但这是代表 1922—1925 年的总计呢,还是代表 1922—1925 年期间每年都是这个消费数?即使这个表格中的数据准确无误,这些农民的家庭人口数量都一样吗?在同等消费水平之下,四口之家和七口之家的生活质量相同吗?根据这个表格,作者还说"农民的日常消费半数以上的消耗在粮食为主的食物上",它证明了淮北的落后是必然的。但是,在整个民国时期,甚至 20 世纪 80 年代之前的当代时期,全中国的农民,连带城镇居民,有多少人不是吃饭的开支占收入的大头呢?再说一下,这个表格中食物开支占四项开支总额(食物、房租、衣服、燃料)的百分比,数字全部不正确(怀远 57.9% 应为 72%,宿县 59.2% 应为 76%,怀远 48.7% 应为 59%)。这样的表格,是要进行技术处理的。换句话说,这份表格的数据,并不支持本文的论点。

比如,第 29 页表 2-2(皖北 5 县农户分类比例情况),这份图表中的数据有错,5 个县里有 3 个县的合计百分比超过了 100%。宿县是 118%,怀远是 104%,凤阳是 100.6%。根据这份表,这些县里只有自耕农、半自耕农、佃农,没有地主。表格告诉读者,1935 年宿县自耕农占 87%,半自耕农占 11%,佃农占 20%,但是,第 30 页又说,据 1922 年的调查,宿县拥有 100 亩土地以上的农户有 12 家,占 3.8%。1922 年到 1935 年才 13 年,这 100 户地主就没了。是真的没了,还是原始表格有问题,还是原始表格没问题而本文的引用有差错?

比如，第 59 页表 3-5（江苏省导淮入海工程处经常费预算书草案），表中的经费单位是"元"。这是 1934 年的统计表，这个"元"究竟是元还是圆？1935 年南京国民政府才废两改元，所以，说"元"肯定不对。究竟原表是两、元，还是圆？另外，本文引用这份表的目的，是说明当年江苏省政府着手的"导淮入海"工程巨大，但是，这份表只是成立"导淮入海工程处"的人员工资及办公经费的预算，和这项工程有多大规模没有直接关系，对证明文章观点没有太大意义。第 73 页表 3-7（邳县主要农产物种类及价值），表格为 1933 年的调查资料，但经费单位同样是"元"，恐怕也需要核对。第 74 页表 3-9（铜山县八里屯调查耕地使用统计），自耕农、半自耕农、佃农的合计数字 4 个错了 2 个，自耕农 28 应为 27，佃农 37 应为 36。

使用历史资料中的统计表格，是很重要的学术方法，对于证明相关论点常常具有一目了然、不可辩驳的作用。但是，将这些表格的内容有机地、恰到好处地引证在文章的相关部分，与文章的相关论述融为一体，起到支撑论述的关键作用，是十分讲究的事情，需要掌握一些专门的技术方法，不是随便把历史资料中的表格移过来就行的。如同所有历史资料一样，历史资料中的表格，包括专家们在学术著作中使用的、他们自己根据各种材料的数据制作的表格，都要首先加以鉴定和选择，挑选和自己的论证逻辑密切相关的、最有说服力的、相对精当的表格或数据，并且要对表格中的各种问题和差错做必要的考证和说明。如果不是这样，而是故弄玄虚地弄一点表格装装门面，那就会给文章留下瑕疵，并且给自己留下笑柄甚至学术耻辱。

第四，关于文字材料的使用。本文有关文字材料的使用也是问题多多。比如，第 41 页谈到南京国民政府 1930 年的《土地法》，直接引了金德群主编的《中国国民党土地政策研究（1905—1949）》的论点，认为"这部《土地法》虽然有体现孙中山平均地权纲领的一些条文，但其基本方面没有触动封建主义的土地制度，充其量不过是带有某些改良主义色彩，阉割了'平均地权'纲领和'耕者有其田'精神，深刻反映了国民党土地政策的历史大倒退"。直接借用专家的看法作为自己的意见不是不可以，但是，必须对这些专家的看法进行严格的鉴别，只有专家的正确的看法才可以引用，否则，将会大大降低自己的文章的品位。就这段看法而言，既然承认这部《土地法》拥有"某些改良色彩"，那么，怎么又成了"历史大倒退"？孙中山从来就没有产生过土地改革的思想，或者说，从来没有用暴力剥夺富人土地分配给穷人的思想，"倒退"从何而来？这一页上还讨论到国民党二届四中全会上冯玉祥等人所提《救济农村案》，注释的材料来源是荣孟源所编《中国国民党历次代表大会及中央全会资料》。但是，一看注释就知道本文作者没有看过这套书。因为注释里载明的出版信息是"光明日报出版社，1985 年第 181—

185页"。这就不对了,这套书是分为两册的。

比如,第30页,本文使用了两份20世纪二三十年代的调查资料。一份说,1934年苏北徐海地区的农民,土地产出极低,麦子每亩最高产量只有石余,最低只有三斗。秋秋最高一石五斗,最低四斗。高粱最高一石二斗,最低三斗。黄豆最高七斗,最低二斗。但是,另外一份调查说,苏北"大多数农户的年收入在150元以下,一些甚至不足50元"。按照那么低的年产量,我不知道"大多数"苏北农民一年怎么搞到150元? 收那么一点粮食,维持吃饭都够呛。如果不做周密的考证分析,能相信这个说法吗?我想,苏北农民当时即使每户每年出售富余农产品能挣到50元钱(调查发生于1937年,已经使用法币),恐怕也是相当不错的小康生活了。一句话,没有历史学扎实的史料功夫,没有经济社会史的专门分析方法,是无从讨论经济问题的。

第五,传统史料的解读问题。文章中使用了一些清代的档案,这是很正常的。但是,对清代奏折的解读却必须采取严肃认真的态度。第17页:

"军机大臣百龄等奏:'洪湖水势盛涨,现在拆展御皇束清两坝并启放山盱各坝亟宣泄一折。洪泽湖因淮河上游大雨连旬,湖水增长高,堰志桩存水已至一丈七尺。该督等将御黄束清两坝同时拆展以泄湖涨,并将山盱引河滚坝全行启放以资分泄,其归江归海各闸坝亦皆饬令启放,以畅河流亦只可如此办理。本年洪湖异涨为近年所罕有,现在清水畅出,会黄东注,将河水愈刷愈深原属极好形势,但伏秋大汛,为日方长,此后黄河亦值涨盛之时,恐清黄并涨,一切宣泄修防在均关紧要。该督等督率巡防昼夜勿懈,务令各工稳固河流顺轨安澜其各闸坝启发后,察看情形,届应堵闭之时,即迅速堵闭,勿令宣泄过多。下游各州县低洼田亩被淹之处,即委员确实查明奏请抚恤,将此谕令知之。'"

对于上文引用的奏折,本文作者的解释如下:

"面对汹涌而来的洪水,执政者为了避免全线溃堤,采取上游人为宣泄的方式,令下游的民众成为牺牲品。"

由于作者根本读不懂这份奏折,无论这份奏折的引文还是解释,都存在严重错误。一、内容引用错误。全折第一句:"军机大臣百龄等奏:'洪湖水势盛涨,现在拆展御皇束清两坝并启放山盱各坝亟筹宣泄一折"不是奏折正文,而是百龄等人上奏的事由,因此,这段文字不应作为奏折的正文使用,同时,这段文字的断句也是错的。应该是"军机大臣百龄等奏洪湖水势盛涨、现在拆展御皇束清两坝并启放山盱各坝亟宣泄一折"(这是百龄等人请示洪泽湖水势紧张,要求拆除有关堤坝以利排水的奏折,怀疑"一"字为多加,"拆展"似乎也有问题)。二、此折要求淮阴方面"督率巡防昼夜勿懈,务令各工稳固河流顺轨安澜其各闸坝启发后,察看情形,届应堵闭之时,即迅速堵闭,勿令宣泄过多。下游各州县低洼田亩被淹之处,即委员确实查明奏请抚恤,将此谕令知之"。也就是说,务必做到行洪安全,不能溃堤,同时,又不能放水过多。下游有被淹的地方要及时报告,并调查损失,申请救济。三、全折标点错误严重。试重新标点如下:

"军机大臣百龄等奏洪湖水势盛涨、现在拆展御黄束清两坝并启放山盱各坝亟筹宣泄折。洪泽湖因淮河上游大雨连旬,湖水增长,高堰志桩存水已至一丈七尺(淮阴高家堰水位桩标示的水位已到一丈七尺)。该督等将御黄束清两坝同时拆展,以泄湖涨,并将山盱(淮阴、盱眙)引河滚坝全行启放,以资分泄。其归江归海各闸坝亦皆饬令启放,以畅河流,亦只可如此办理。本年洪湖异涨,为近年所罕有。现在清水畅出,会黄东注,将河水愈刷愈深,原属极好形势。但伏秋大汛,为日方长,此后黄河亦值涨盛之时,恐清黄并涨,一切宣泄修防在均关紧要(疑缺一"在"字——"在在均关紧要")。该督等督率巡防昼夜勿懈,务令各工稳固河流,顺轨安澜。其各闸坝启发后,察看情形,届应堵闭之时,即迅速堵闭,勿令宣泄过多。下游各州县低洼田亩被淹之处,即委员确实查明奏请抚恤,将此谕令知之。'"

第六,文字问题。文字是决定论文水平的关键因素之一,因此,常常是博士论文的软肋。本文同样存在比较严重的文字问题。由于作者缺乏周密的论文思路,缺乏通过系统阅读史料提炼讨论问题的能力,缺乏必要的写作训练和实践,因此,文章面貌有拼凑的痕迹,文字方面更显示出杂乱、令人不知所云的特点。单就短短2页纸不到的"摘要"来看,其句子不通,含义混乱、标点不正确的缺陷就比较多。比如,开宗明义第一句话:

"淮北本应该是一片鱼米之乡的富饶之地,然而随着人口激增,水利设施年久失修,一次又一次的战乱,天灾人祸之下,清朝末年时候的淮北,展现出的整体图景是贫穷和落后。"

摘要应该怎么写暂时不去讨论。在这里,首先要问一下,淮北地区的贫穷落后是清朝末年开始的吗?就这么一句话,就把作者对淮北历史的缺乏了解暴露得清清楚楚。摘要说,"使得淮北进入到现代中国发展阶段的时候,仍然遗存着大量的传统因素"。近代以来,"现代中国发展阶段"是指哪一个时期?有统一的标准吗?据我看,整个中国近代史上,中国社会都处在一个不断蜕变的过程之中,或者说处在一个传统社会不断裂变、新的社会因素不断生长的阶段,没有什么突然开始的现代中国阶段。摘要指出,淮北地区的强势群体"根本目的在于巩固与扩大既得利益,而不是发展民生,带领民众脱贫致富,改善乡村社会生态"。按照这个意思,好像抗战之前淮北地区的所谓"强势群体"就应该带领农民开始脱贫攻坚了。这种把当前的时政语言直接用于历史研究的风气,恐怕不是很合适。"围绕强势群体产生的苛捐杂税及匪患民变等,才是淮北困境的罪魁祸首",

在历史学的语境里,"围绕强势群体产生的苛捐杂税及匪患民变"其实就是一个病句。"强势群体在淮北区域现代化进程中的角色",这里又来了一个"淮北区域现代化进程"的概念,这个概念成立吗?就淮北地区而言,不能说完全没有在抗战之前现代化就已经开始起步的地方,例如蚌埠,但是,就整个淮北地区而言,还远远没有达到使用"区域现代化进程"这个标准的程度。因此,这是一个伪命题。在第 4 页,作者又提出了一个"淮北早期现代化进程"的概念,这又反映了作者论点的混乱。至于文章中存在的"美国中国学界"、本着"实证研究态度"挖掘档案、作者"整理"了大陆和台湾多家档案观的档案、"苛杂""捐杂"等等莫名其妙的词语或说法,均需要认真加以修改。

以上是我读论文中发生的一些想法,不一定正确,仅供参考。建议同学认真吸收消化导师的意见,认真对待预答辩老师们的意见,严肃对待修改论文的任务,努力把论文修改到位,圆满完成学业。请将本文提交给导师审查,以便决定取舍。

(本文是笔者在该论文预答辩会上的发言。应作者的要求,笔者根据预答辩文本上记录的发言要点整理,2021 年 4 月 2 日零点 27 分完成,零点 40 分发到预答辩微信群供作者参考)

(九)
谈在沪宁绍籍商人对家乡的反哺
2021 年 9 月 23 日

刚才张学锋老师和王卫星老师讲了不少意见,我都同意。我是把这篇文章全部读下来了,有三点是应该肯定的:

第一,选题有价值。论文讨论宁波绍兴的商人去上海做生意,发了财以后反哺家乡,推动了家乡经济社会的变化。这个角度是好的。它涉及区域研究和现代化研究两个领域,对当下也有很好的借鉴作用。改革开放 40 余年了,之前吃大锅饭,通过改革开放,才产生了一批富人。许多当代富人还停留在土豪、暴发户的层次上。这也说明社会的道德水平低。当然,不仅仅是富人阶级低,而是社会整体政治水平低,现代政治意识低。但是尽管如此,还是产生了一批富人,有一批富人有良知。最近几年,有不少人在集中抹黑富人,要重新打土豪。所以,你的论文现在拿出来是好的。不是说你当初选这个题想到了这一点,也许你没有想到。但是论文会给人们一定影响,富人阶级不一定全是黑心狼,而是有益于社会的。(张学锋:富人是养活穷人的根本力量,不能靠皇帝养。南宋浙东学派就讲这个道理。）所以，我认为这个选题的现实意义是有的。

第二，论文的基本布局。你讲了八个问题，按照我的想法，有几章可能跟论文关系不大。虽然花了很多力气，但从论文的严谨性看要一刀砍掉。因为它淡化了主题，变成累赘了。这些材料可以另外写文章，不要放在论文里。博士论文必须有非常鲜明的主题。否则，论文价值会大受影响。除此以外，基本的结构是好的。

第三，文章的成熟度可以。刚才两位老师批评了你，我也同意。但是拿有些论文比，你的成熟度还算可以。有些论文简直就不叫论文，说是硕士、博士论文都丢人，难以想象。论文的成熟度按照我打分，应该在五点五到六分之间。（张学锋：满分 10 分？）是的。有一定成熟度，就是还有一定基础。

接着前面几位老师讲的，我讲五个问题。

第一，题目问题。浙商是一个浙江全省商人的概念，你没有讲浙江全省商人对绍兴和宁波的贡献，只是讲绍兴和宁波的商人对家乡的反哺，所以，旅沪浙商这个题目在逻辑上不对称。另外，你讲宁绍社会变迁，宁绍至少要加一个地区。宁绍究竟是一个物品还是一个人名，还是什么？浙江人可能知道宁绍指的是宁波和绍兴，但是包括我一下子看到题目，宁绍是什么，也没有很明确的概念。（张学锋：文中有的地方用了宁绍地域，用地区比较好，地域社会是一个词。）准确地讲，宁后面应该有个括号（宁波），绍后面有个括号（绍兴）。现在的题目作为学术论文，严谨性方面可能有些问题。另外，论文的主线应该是宁波、绍兴旅沪商人对原籍地现代化的贡献，而一个地区的社会变迁，除掉旅居外地人士的帮助以外，肯定内部还有很多因素。这是本文不能涵盖的。所以，主题应该是宁波绍兴旅沪商人助力原籍地现代化的研究。他们对家乡地区的现代化有推动作用。题目要体现这个主题，而且要用严格的规范的文字把它表达出来。（问：李老师，这个地方用现代化好还是用近代化好？）好像在英文里头近代化和现代化意思差不多，这就要你做解释了。你的定义是什么？可以不管人家怎么讲，对这个地区向现代社会的转变，我的定义就叫近代化，或者就叫现代化。有许多问题看起来可以不解释，但是如果需要解释，不可以马马虎虎地过去。

第二，提纲文字。刚才张学锋老师讲了很重要的一点，中文世界里的章节目可能不适合用什么几点几——2.1、2.2 之类。你好像是商学院的是吧？商学院、经济学院的老师，写论文会这样搞，历史学可能不适合。论文提纲的文字，提升的空间非常之大。其他都不说，绪论一共十行字里有七个"研究"。这就有问题了，说明文字的提炼不够。另外，目录的编码不统一。从目录第 1 页到第 31 页是一种编码，第二章开始又重新编码。这样的版式不太合规。（张学锋：合并文档的时候没有合并好。前面绪论部分是一个文档，后面部分又是一个文档。）

第三,结构不合理。绪论部分"研究区域界定",实际上只要简单交代本文所涉及的宁绍地区的范围就可以了。但是,里头有不少不相干的内容。有三页谈到了过去学术界对这个地区的研究。这不属于"研究区域界定"应该交代的内容。(张学锋:关于东钱湖还写了半页纸,有必要吗?就像李老师讲的,这不是绪言的写法。)第 12 页旅沪浙商在农家经济中的规模经济,文不对题,标题和内容完全不对称。第七章的内容跟你的主题也不搭。第七章讲渔业纠纷,跟浙商没有关系。你只举了当地人给旅沪同乡会打了电报,报告他们怎么解决的,不能说明他们起了什么作用。第八章跟主题也没有关系。第八章内容实际上是讲旅沪浙商同乡会的一个日常功能。同乡有人死了,由他们先出点钱,帮助把棺材送回原籍去埋葬。这是旅沪同乡商人在上海结成的社会网络,跟原籍地的社会变迁关系不大。人死了,用车子拉回去,或者用汽车送回家,这算家乡的社会变迁吗?也许有意义,但不属于你的论文主题。

第四,表格的运用。刚才两位老师已经谈了不少,表格的运用基本上都是不达标的。不符合博士论文的表格使用方法,甚至不符合一般学术著作的表格使用方法。有这样几种问题:一是表格的标题。比如第 11 页表(1),可以打开来看一下——"上海市上海会员和会员代表出生地统计表"。查表格的内容,是统计了全国 16 个省市包括浙江在上海的商人,包括 1926、1928、1934 三个年份,这对论文主题起什么作用?没有一个字解释。第 28 页表(27)——"宁波旅沪同乡会历届征求大会成绩表",如果不看前面的内容,不看后面的解释,也不知道这个表的作用是什么。实际上是为了扩大会员,让大家动员在上海的宁波绍兴商人入会,同时要交会员费。二是所用的表格和论文主题无关,就像张老师讲的,第 14 页的表(4)——"宁绍地区历代所设县治",已经统计到秦代去了,和民国没有什么直接的关系。这个表可以不用。(张学峰:补充一句,表格是自己对资料的整理得出来的认识,不是随便把别人的表拿过来用。)第 30 页表(5)——"东钱湖整理委员会复工办事处各股执掌",这个表完全是累赘。第三章第 7 页表(11)"宁绍各县农田面积表",这个表用的数据和第 12 页表(15)上的数据还有矛盾。比如萧山,表(11)说全县有田 1 096 185 亩,表(15)说有田 844 419 亩,同表的"农田总数"又说有 53 705 亩。这些矛盾你可能没有注意到。这个表用在这儿也没有价值。三是有些表格需要说明而没有说明。第 33 页,是前面部分的第 33 页表(6)——"曹娥江石塘及坦水预示",现在问你几个问题,什么叫坦水?再问你一下,第二行里头有一个"由原石","由原石"是什么东西?你都不知道。表格你自己都看不懂,用在这里说明什么呢?学术著作所使用的所有表格,所有技术指标,所有名词,都要让读者一目了然,看得懂才行。第 10 页表(13),这是后面部分的第 10 页表(13)(论文页码编排有两部分,第一部分 1—36 页,第二部分 1—

144页)——"草帽原料种类来源及每吨收费的数量",这里格兰姆是什么意思?500格兰姆、200格兰姆是什么意思?(答:是不是当时的计量单位,具体是什么我不知道。)是公制重量单位,今译作克。这个马尼剌应该是菲律宾的地名。(张学锋:是马尼拉。)本草后面的黄古林是什么?到后面一页才交代黄古蔺是鄞县古林生产的一种草席,谁看得懂这个表?(张学锋:黄古蔺到现在还在产,超市里面很多卖的都是,是蔺相如的蔺。)博士论文表格这一类的技术性问题,建议你读一读我那篇文章,等会儿微信发给你——《怎样修改博士论文初稿》。里头讲了15个问题,其中一个就是各种技术数据怎么处理,包括表格的使用。严格讲,要根据史料重新制作。就像张老师讲的,服从论述的问题,证明你的问题。不能证明问题的都不要用。要提取原来原始表格的数字重新造表。有些原始表可以用,有些是不能随便用的。(张学锋:通常表格要交代资料出处。)四是文字有需要改动的没有改。第16页有一份表(19)"宁绍地域旅沪浙商银钱业人事关系一览表",从16页到17页,原始表格照搬。第29到31页,三份表,占三页。要把它们合起来统一制作。捐钱人名单中,每位捐钱者的名字后还有一个"君"——宋小天君、杜亚泉君等等,有必要吗?(答:原文上有的)表是可以修改的,你不一定要称他们为"君"呀。(张学锋:你知道通常表格用几号字吗?标准是五号字。上面的表名是五号字,下面是小五号。如果内容多的话,是六号字,这么排起来才有美观度。)表下面的资料来源,可能要用楷体。

第五,理论问题。我觉得目前的理论水平没有把主题驾驭出来。为什么要研究这个问题,为什么要研究宁波、绍兴在上海的商人对家乡的贡献,这个群体有什么典型性?这些问题没有理论的说明。告诉你一个简单的事实,1949年以前,上海是一个移民城市,宁波人是移民中受欢迎的,社会地位很高。上海本地人有强烈的排外意识,但宁波人是受尊重的,苏州人是受尊重的。很多苏州人在上海的地位也比较高,因为不少苏州人搞金融。(张学锋:但是上海人最接受的还是宁波人。)就像过去南京大学的老一代教授瞧不起民国时期上海的某些大学,称之为野鸡大学。(张学锋:如果不开埠,谁会去那个地方?)明清时期十大商帮,宁波也是一帮。他们为什么要做这么多善事?你看办一所小学,公布的数据,动不动就一万多银洋。1935年之前都是用银洋的,1万、1.5万、2万、5万、15万、20万大洋。那时20万大洋是什么概念?他们就是为了同乡伙在一起吗?是不是这么简单?你有没有读过上海资本家写的文章,商人应该怎样才能长久?他们也担心富不过三代,所以要做善事积善。你知道不知道有很多商人是信佛的?常熟有一个很大的园子叫赵园,盛宣怀的母亲曾经住过。据说夜里做了一个什么梦,第二天就吩咐把这个园子送给庙里。现在到交大的闵行校区,大门口就是盛宣怀的塑像。我觉得上海交大给他塑一个像完全应该。(张学锋:刚刚有感于李老师的话,其实你们都还太年轻,驾驭这样的话题,力有不逮。)说这些是要你开拓思路,找到思路去读材料,大量读材料,把它涵养出来,表达出来。我读了你的文章,没有读到你对宁波、绍兴在上海的商人是一个什么样的群体,这个群体有多大的规模,这个群体的价值观是什么等方面的认识。这就是你的问题了,主题没有挖掘出来。我们过去有一个口号,要把选题做足,让别人再做的时候没有空间,不可能做得比你好。这就是标准。现在给别人留的空间非常之大。做研究是很危险的,危险在哪里?你可能成为别人的垫脚石,这就提醒我们一定要把空间挤掉。规定是25号要提交。现在是两个方案,一是张学锋老师的方案,推迟提交,好好把它改一下;二是就大家提的问题弄一弄,然后送外审,通过就答辩。都可以,你自己看着办。你跟老师商量,好吧,我们不做硬性规定。

(本文是笔者在该论文预答辩会上的发言,张成洁根据录音整理,笔者2022年4月13—15日审定)

高校教材《中国近代史》初稿审读意见

这两天,我读了《中国近代史》(送审稿),很受启发。在中宣部理论局的指导下,编写组专家做了许多工作,书稿有一定基础。优点就不多说了,根据要求,我把一些批评性的看法说出来,仅供编写组参考。不对的地方,不予采纳就可以了。

(一) 书稿的体例问题

作为教材,体例统一具有特别重要的意义。书稿在体例方面的问题,反映在以下四点上:

第一点,章的开头语不统一。

现有 14 章中,有 10 章有开头语(第 1、2、3、4、6、7、8、9、11、12 章),有 4 章没有开头语(第 5、10、13、14 章),其中,最长的开头语 19 行字,最短的三行字。建议统一起来,做到高度提炼,字数差不多。

第二点,详略程度不一。

总体上看,第 1—5 章叙述过于详细,6 章以后相对简略,全书严重不平衡。

第三点,文风不统一。

第 1—5 章整体比较啰唆;第 6 章起,文字相对简洁,当然也有不少地方比较啰唆。

比如,第 149 页关于五四游行的叙述:

浩浩荡荡的游行队伍走出中华门,开始游行。北大学生傅斯年担任总指挥。队伍行至东交民巷的西口,被巡捕阻挡于铁栅栏之外。学生要求游行通过使馆区,巡捕诡称要与总统府通电话磋商,结果电话往返达两小时,学生仍不得按原计划通过使馆区。

其中,大部分文字属于废话。再举一个文字啰唆的例子。

第 318 页:

1920年10月陈炯明率粤军回师广东,赶走桂系军阀,孙中山更是对其赞赏有嘉,将陈炯明与黄兴、陈其美相提并论。重建军政府后,任命陈炯明担任多个重要职务。但是陈炯明随着个人权势的扩张,开始反对孙中山的革命战略,也不赞成孙中山的北伐计划。1921年10月,孙中山抵南宁向陈炯明说明北伐的迫切意义,并请其在后方"切实接济"北伐军。陈炯明表面顺从,暗中则设法阻挠孙中山的北伐计划。

　　这段文字约180个字,其中问题是:第一,有标点符号错误。第二,有错别字,"赞赏有嘉"应为"赞赏有加"。第三,表述不准确。"反对孙中山的革命战略,也不赞成孙中山的北伐计划"说法含糊,当时陈炯明最主要的,是反对孙中山的北伐计划。第四,这段文字共有6个陈炯明、5个孙中山,人名高度重复,说明作者不懂史学行文的某些技巧。

　　第四点,枝杈太多。

　　比如第338页,前面介绍"五四"关于民主与科学的宣传,而紧接着以近千字的规模,介绍蔡元培在北京大学的整顿措施,与主题内容毫无关联,属于节外生枝。比如,第171页关于外资压迫与清政府国际收支恶化,许多内容与主题无关,应该压缩和修改。

　　除了以上与主题内容无关的叙述属于枝杈之外,行文中大量重点不突出、主线不清楚的叙述,实际上也是枝杈。

　　文字方面的这些问题,不是枝枝节节的修改能够解决的。必须下决心实行地毯式的、过滤性的清理。

(二) 文字水平问题

　　文字水平决定作品的面貌。推敲文字是史学研究人员的基本功之一。书稿在文字方面的问题,表现为以下六点:

　　第一点,文字归纳能力不强,结论随意,啰唆,不得要领。

　　比如,第207页关于"清政府和战难决与'宣战诏书'"中,第1—2个自然段,大量文字其实是浪费的。其中甚至还有一些文字很幼稚。这里,不妨引一段:

　　慈禧太后在政治权谋上很有手腕,但面对复杂的国际局势却缺乏最高决策者世界眼光与决断能力,习惯于从内政的单向角度来处理国家事务。自1900年5月以来,对于义和团引发的危机,慈禧太后一直是被动的反应,在内外各种压力下,多数决策都是临时作出的,很多上谕互相矛盾。慈禧太后如此,大臣们也好不到哪里去。这个时期,朝廷内部对于义和团是剿是抚尽管一直有争议,但争议的各方有一个共同点,那就是将已经引起国际复杂反应的义和团问题简单化,只是从维护传统政治稳定和统治阶级某些政治利益的角度来提出对策,很少从国际关系的高度来审视和制定适宜的政策,也无法预见国内政策在国际上可能引起的严重后果。朝廷颁布的政策,群臣所提的方案,从传统政治的角度看大都无可厚非,却带来了国家利益的实际损失。中外之间的紧张关系不仅没有得以舒缓,反而一步步走向决裂。直到6月初,朝野关注的焦点仍然集中在如何处置义和团的问题上,并没有认真思考如何应对列强的侵略问题。

这段文字400多字,可以提出的问题有:

第一,"缺乏最高决策者世界眼光与决断能力"云云,貌似正确,而实质上在史学著作中就是正确的废话。如果慈禧有这些眼光与能力,还会有义和团运动?

第二,重复。"缺乏最高决策者世界眼光与决断能力,习惯于从内政的单向角度来处理国家事务",与"只是从维护传统政治稳定和统治阶级某些政治利益的角度来提出对策,很少从国际关系的高度来审视和制定适宜的政策,也无法预见国内政策在国际上可能引起的严重后果",是一种重复。

第三,语无伦次。既然本书持革命史观,义和团运动是近代中国七大革命高潮之一,那么"义和团引发危机"又怎么解释?革命高潮引发了什么危机?是引发了革命危机、统治阶级危机、社会危机,还是中外关系危机?如果引发了革命危机、社会危机、中外关系危机,这个革命高潮又有什么意义?如果引发了统治阶级危机,又怎么解释慈禧太后的政策?是不是她操纵义和团的政策有功?

第四,文字幼稚不堪。比如,"慈禧太后是如此,大臣们也好不到哪里去",云云。

第二点,一些重要概念不统一,有的提法欠推敲。

比如,关于清政权,在目录中有清王朝、清朝、清廷、清政府6四种提法;而在行文中,则有清政府(第18页,第35页)、清朝(第19页)、清廷(第20页,第149页)、清皇朝(第249页),以及同页上清廷、清政府并用(第24页,第155页)五种提法。还有的地方用了"朝廷",实际六种。

除了这个情况之外,关于辛亥革命的提法,第247页有民主革命、反清民主革命、资产阶级民主革命三种提法。其中,反清民主革命的提法,非常不科学,没有依据,建议一律使用中国近代民族民主革命的提法。

第336页,有以陈独秀、胡适为代表的新文化运动的说法。提胡适可以,但为什么不提鲁迅?最好只提以陈独秀为代表,或者提以陈独秀、鲁迅、胡适、李大钊为代表,以避免片面。

第348页,说1919年5月2日林长民文章的发表,点燃了国人心中"仇日"的怒火,完全是不负责任的瞎说。照此说法,五四运动是仇日运动?

第三点,错别字与标点符号错误。这样的例子太多,我都标注了。这里举一个例子,第 180 页把康有为写成"康为有";第 187 页说光绪下令"王大臣传见康有为",应该是"五大臣传见康有为";第 159 页丁汝昌建议在威海要塞后"布置大支部队";第 99 页资本 3 961 万元,1 071 万元,当时通行"元"？还有奕䜣写成了"奕辛"。

第四点,措辞不妥。比如,第 200 页"江南的砀山",砀山是在江南吗？第 200 页义和拳"形迹为教门所用",这是什么意思？第 171 页日本这个"初级阶段资本主义"的国家,这个说法很奇怪。第 167 页,1896 年法国获得了从越南到龙州的铁路建筑权,"这是外国在华取得的第一个铁路让予权",铁路建筑权和铁路让予权不是一回事。第 163 页日本"窃占钓鱼岛",用窃占是否合适？建议用"非法占据",或者查一查外交上怎么说的,以防不准确。

第五点,形容错误。比如,第 154 页说海关税务司金登干"代理"中国与法国谈判。第 155 页说,日本人小川又次的《清国征讨方略》"最为著名",属于不确切修饰,有表扬的嫌疑。第 156 页,日本驻华公使大鸟"根据政府的训令发出强硬照会",根据规矩和惯例,外交照会好像应该是外交部的,外交公使只能代表政府递交。这个说法不符合外交仪规,也不合乎外交史的表述规范。第 198 页西太后宣布"重新训政",好像不准确,需要查一查说法。

第六点,叙述上的语义逻辑问题。比如,第 139 页"验明伤痕后送回上海",伤好了才留下伤痕,当时打伤了应该是"验明伤势后送回上海"。第 160 页平壤失守之后,西太后希望列强调停"皆无成效",她只是希望调停,没有实际措施,怎么谈得到有成效？第 180 页"上驳诏书,下达民词",民词本来就在下面,怎么"下达"？第 192 页康有为"亲自上密折",他自己不亲自上,别人还能代他上,清代上密折有这样的规定？第 199 页"直到最基层的县令",县令还能叫最基层的？

(三) 事实表述方面的问题

叙事正确是史学著作的基本要求,要绝对避免事实错误。书稿在这方面的问题有下述几种类型:

第一种,在叙述某些历史事件的时候,采纳的历史事实还有值得推敲的地方。比如,第 156 页关于甲午战争的叙述,1894 年 7 月 25 日中日第一场海战,作者一笔带过。实际上,这是一个很重要的事件,其重要性远超过后面一些作者费了较多笔墨的内容。

例如,第 183 页介绍戊戌变法运动中的新旧之争的时候,作者引用了袁世凯 1897 年 12 月一封信的内容,实际上袁世凯的这封信并不属于争论的范畴。袁世凯信中所说变法的要着是用人、理财、练兵三项,也不能证明他当时的思想是主张守旧。

同页上,把张之洞《劝学篇》的有关内容,作为守旧言论也不准确。《劝学篇》公开出版于戊戌政变之后,其本末之说,最初的意义不全是守旧。后来,"中学为体,西学为用"流行成为口号,才具有比较确定的守旧的含义。这里作为引文用了,隐含的意思就是,张之洞是辩论中的守旧派。这可能和张之洞在戊戌变法初期的实际表现不合。

第二种,分寸把握不准。第193页关于戊戌政变的表述,作者费了许多笔墨,给读者的印象是在给袁世凯平反。因为袁世凯告密之前杨崇伊已经上奏西太后要求重新听政,而且已经引起西太后重视,并采取了措施;袁世凯向光绪辞行,光绪没有交代,谭嗣同的游说未经过光绪,不代表光绪的意思;袁世凯告密之前慈禧已经抓人;等等。特别是,一方面说9月21日慈禧尚未接到荣禄的报告;另一方面又说"估计当日晚些的时候",西太后接到了荣禄所报告的袁世凯的告密,所以谭嗣同被捕。同一段文字自相矛盾。其实,无论怎么说,袁世凯告密都是事实,不需要在这里为他辩白。作为教材,作为重大事实,这样的表述是不妥当的。

第三种,有一些提法没有统一界定,难以得到公认。比如,第103页关于洋务派有三个层次,甚至有三派的说法,可能不妥。第136页,清代之前,外来宗教由于和本土伦理冲突而"无法立足,自生自灭"的说法,没有事实根据。进入清朝以后"洋教被禁"的说法,没有事实根据。第115页关于洋务运动时期形成了产业资产阶级、商业资产阶级、金融资产阶级的说法缺少认同,其人数统计画蛇添足。

还有一些说法别出心裁。第336页,关于五四新文化运动,"以北大一校一刊为核心格局"的说法;第342页,关于五四文学革命是"真正伟大的革命"的说法,同页关于五四新文化阵营"与革命党人有血缘关系"的说法;第361页关于中共成立,使中国出现了"完全崭新"的无产阶级政党的说法,有的牵强附会,有的莫名其妙。难道还有"不真正伟大的革命"? 新文化阵营与革命党人有"血缘关系",这个阵营是革命党人的私生子吗?或者作者能列举出新文化阵营中的哪些人是革命党人所生的吗?中共"一大"表明"完全崭新"的无产阶级政党成立了,难道还有"不完全的崭新"?难道在这之前中国已经有了"不完全崭新的无产阶级政党"?

第四种,有些提法可能作者并未注意,实际包含政治错误。比如,第146页中法战争期间"中法两国进行了旷日持久的外交斗争",这里究竟谁和谁斗争?第143页成都教案之后,英法美军舰示威,"并向清政府提出抗议,一场艰苦漫长的交涉开始了",这里成了西方对中国的交涉开始了,语气是站在有关西方国家立场上的。

（四）材料使用的问题

如何使用资料，是衡量历史著作学术水平的重要指标之一。在资料的使用方面，书稿还有一些瑕疵。

比如，第142页在天津教案处理后说，"法国人这样评价这一结局：强权即公理那个悲愤的格言，必须严厉地在中国予以实施"，这样的行文，缺少必要的评判。

第185页关于梁启超"论积弱在于防弊"一文的引文，解释不正确，作者没有理解该文的含义。建议作者重新读读这篇文章，或者参考一下学界的研究。另外，梁启超的文章题目是《论中国积弱由于防弊》，也不是"论积弱在于防弊"。

第186页对康有为博爱思想的叙述，引用梁启超的评论，不引用康有为本人的言论，论证方法不正确；说康有为以"仁"沟通资产阶级人道主义的博爱观，博爱观根源于、等同于人道主义吗？说康有为把"仁的推及过程和他的'三世说'结合起来"，不知道为什么不用引文证明，有没有根据？

同页上，说维新派已经树立起了民权、自由、平等、博爱等民主主义、人道主义观念，并说他们推行了"维新文化"，可能都是自说自话。

第47页叙述太平天国起事之前各省民变，引容闳的话说："当时即无洪秀全，中国亦必不能免于革命"，引用不正确。容闳所说，不是指各地民变蜂起，革命不可避免，而是指清政府各级官员的贪腐，必将逼出革命来。

第145页，中法战争法国驻海防领事鼓吹"法国必须占领东京"，"东京"应有注明，以防与今天日本的东京混淆。

第172页，评论汇丰银行说，"19世纪末已被人看作'一家在世界具有影响的银行了'"，查注释，引文来自汪敬虞先生1995年的一篇文章，如果引文内容来自汪文的引文，就应该交代转引自汪文，否则，读者将无从理解这个注释。

（五）几个理论问题

第一，关于中国近代七次革命高潮的表述。

"绪论"提出，中国近代有七次革命高潮，它们是：太平天国革命运动，戊戌维新和义和团运动，辛亥革命，新文化运动和五四运动，1927年大革命，1937—1945年的抗日战争，解放战争和中华人民共和国建立。

这个说法有新意，问题是：

能不能把太平天国继续作为革命或者革命高潮来处理？"绪论"中它是作为

革命的,但在行文中并没有提到它是革命,而只是说农民起义。这是书稿的一个矛盾。另外,写中国近代史,太平天国是无法回避的,然而,是否仍然要作为革命、革命高潮来处理?这样处理有没有坚实的学理依据?能否得到学界公认?建议用"太平天国农民战争"作总的定义。

能不能把义和团运动继续作为革命或者革命高潮来处理?按照作者的叙述,义和团运动之所以搞那么大的事,完全是慈禧利用操纵政策造成的。事实也是如此。如果这场运动是革命,而且是革命高潮,慈禧是不是也有促成革命的功劳?建议用"教案与义和团的反洋教斗争"作总的定义。

新文化运动是一场思想启蒙运动,本质上是文化运动,这好像不应该有问题,它在何种意义上可以说成是革命?五四运动是群众爱国民主运动,这能不能称为革命?五四运动还没有共产党领导,后来的"一二·九"抗日救亡运动,本质上也是群众爱国民主运动,而且还是中共所领导,是不是可以称为"一二·九革命"?按照这样的标准,有可能在历史研究中混淆文化运动与政治运动、民主运动与社会革命的区别。

1927年大革命过去约定俗成的提法是"1924—1927年大革命",或者"1924—1927年第一次国内革命战争",不能够简单地称为"1927年大革命"。

解放战争是革命没有问题,但中华人民共和国的建立是一个历史事件,是解放战争胜利的结果,是新中国成立的标志。它具有重大历史意义,但从来没有人把这个历史事件说成是革命。

所以,这个七次革命高潮的说法,带有自说自话、论证不严密、难以得到学界公认的性质。作为学者个人意见可以坚持,作为教材不合适。

第二,关于义和团运动的一个表述。

第212页上,有义和团运动中由于外国使馆有驻兵,所以清军和义和团攻打使馆并不违反当时的国际公法的观点。这种观点缺乏论证,依据不足,难以得到学界公认,甚至可能被讥为"当代义和团",建议慎重对待。

第三,关于严复思想的一个表述。

第182页,关于《天演论》,作者说:"严复接受了社会达尔文主义,认为生物界的'物竞天择'、'生存竞争'也同样适用于人类社会。这是一种反动理论,它是为西方殖民主义者向外侵略服务的,但是严复把它介绍到中国来,却起了积极的作用。"

这段话,有严重错误。因为从语法上看,作者肯定,严复接受社会达尔文主义所形成的"认为"是反动理论。也就是说,不仅社会达尔文主义反动,严复的思想也反动。而实际上,虽然社会达尔文主义当时已经显示出它在理论上的片面性、落后性,但严复结合这个理论所提出的《天演论》的思想却是积极的。同时,这段话逻辑上又不通。严复接受社会达尔文主义所形成的"认为",当时的作用是激发救亡图存,怎么成了为帝国主义服务的东西?而且语法上也有问题,怎么又是严复把"严复的'认为'"介绍到中国来?

由于作者文字能力太差,语言逻辑混乱,带来了理论上的混乱和错误。

第四,关于中国和东南亚国家关系的一个表述。

第185页,在谈到中法战争的时候,作者交代了《中法新约》签订后,越南不再是中国的"保护国",而成了法国的"保护国",并说:"至此,中法两国为之争吵了10年,动武了1年多的论题尘埃落定。存在了近千年的中越宗藩关系被一刀切断。"

这样的表述存在严重问题。

首先,中法战争中,中国反对侵略目的是维护中越宗藩关系吗?其次,对中法战争,用"争吵了10年,动武了1年多"这样的语气表述,是双方都不对,双方都是不义之争吗?最后,中国和东南亚一带国家历史上的宗藩关系,或者说藩属关系,是特定历史时代形成的一种特定民族关系。这种关系和近代西方列强推行的殖民主义是同一种性质的关系吗?

应该看到,中国和东南亚一带国家历史上的宗藩关系,或者说藩属关系,是它们的民族政治共同体没有完全定型,或者说近代民族国家没有完全定型,和中国长期友好往来,并且吸收中国先进政治、经济、文化成果的条件下,所形成的与中国的特定邻属关系。中国对它们没有统治关系,不从它们那里收取税赋,不掠取它们的资源。这种关系最重要的内容,就是朝贡。中国的统治者接受它们的朝贡礼品,但赏赐给它们的更多。从它们的统治者来说,保持和中国的这种关系,也是自身统治权力政治合法性的来源之一,从而有利于它们国内的政治稳定与经济社会的进步。

在中国近代史的教材中,类似的问题不止越南。书稿的甲午战争部分也涉及这个问题。我认为,应该采取慎重态度。因为近代西方列强对中国的侵略,凡牵涉到这些国家,均具有与上述藩属关系完全无关的特定原因和动机。假如教材的叙述不恰当地牵扯藩属关系,会造成历史史实和历史是非的混淆。同时,也需要注意,牵扯这种关系会不会带来其他方面的副作用。

这个问题,好像需要进行必要的讨论,以求统一认识。

第五,关于戊戌变法一个事实的表述。

第196页,作者总结戊戌变法失败原因的时候,谈到康有为的设计是,先开制度局,以后立宪法,开国会,戊戌变法的目标是逐步变封建专制制度为资本主义民主制度。如果说康有为有纲领的话,那他的总纲领应该是保国、保种、保教,而不是开制度局。戊戌变法期间,康有为也没有明确地认识到要逐步变封建专制制度为资本主义民主制度。作者的说法有拔高的性质。如果戊戌变法期间康有为就要逐步建立资本主义民主制,那怎么解释他后来坚决反对革命,甚至辛亥革命后还参与复辟?

第六,关于戊戌变法失败原因的一个分析。

第195页,作者总结了戊戌变法失败的原因,认为:"这个失败是由维新派和光绪皇帝的一系列错误导致的。变法派的错误很多,其中最重要的是变法理论和策略上的错误。"

这个说法值得讨论。

首先,作者列举了维新派和光绪帝的一些错误,这些问题当然都是可以讨论的。但是,其中有的所谓错误可能需要正确理解,或者科学表述。比如,关于《新学伪经考》和《孔子改制考》两本书。它们是康有为改革的理论基础,现在看来,学理上自然是有问题的。但是,是否应该把它作为一种错误的理论来追究,应该在一种怎么样的层面上分析它与戊戌变法失败的关系,需要进行认真的研究。

这个问题的复杂程度,可能远不是作者讲的那么简单。

在戊戌变法那个时代,康有为不可能找到科学的变法理论,事实上也没有这样的理论。他只能从中国传统文化资源中去找。康有为的说法可能不对,但是他从传统资源制造变法的理论根据,不能说一定就是错误。换句话说,这个理论根据对不对是一回事,这样做对不对是另外一回事;这个理论学理上正确不正确是一回事,能不能起到打破意识形态僵局,唤起改革意识是另外一回事。这两者有联系,但不能等同。

其次,分析戊戌变法的失败,自然可以检讨维新派和光绪帝的错误,但是,只检讨改革派的错误,而只字不提顽固派的错误是不正确的。严格说来,慈禧的极端昏庸与权力欲,慈禧长期把持朝政所形成的君权旁落,清廷贵族集团的极端自私和贪腐,顽固势力对改革的极力抵制和反对,综合起来形成的慈禧所依仗的制度优势与顽固势力远远大于改革势力,这才是改革失败的根本原因。作为历史教材,需要总结改革派理论上、策略上、政策上的失误,更需要谴责顽固派的昏庸、自私和反动。作者的分析应该有主次之分、轻重之分。否则,有混淆黑白、不分是非之嫌。

(六) 关于本书的核心概念与价值体系

作为教材,不能简单地堆砌史实。还需要有鲜明的核心概念和价值体系把这些史实串联起来,形成有思想力的、有历史说服力的、有一定学术品位的解释体系。

在这个方面,书稿还有比较大的欠缺。

第一,全书的中心线索不鲜明。

在书稿的有关部分,可以看到有关的处理,是在过去侵略、反抗的叙事模式之外,加上了若干开拓性的历史内容,但是缺乏有机整合,给人拼凑起来的印象。

第二,单元结构上的问题。

过去的中国近代史教材,虽然总的思想体系是侵略、反抗模式,但是它们以近代历史上的有关重大历史事件为单元,因此具有中心突出、条理清晰的优点。也许由于过去的教材比较成熟,作者企图有所突破,在单元结构上做了较大的调整,把有关历史重大事件做了重新组合。比如,太平天国由过去的独立单元,改变为与第二次鸦片战争合成一个单元;把边疆危机、中法战争、甲午战争合成一个单元,把戊戌变法与义和团运动合成一个单元。这些单元结构的重大改变,可能反而削弱了重大历史事件的意义,削弱了相关问题的历史逻辑。

单元结构上的另一个问题是,作者在一些单元的叙述上,都采取了先叙述历史背景,即社会状况的方法。通常情况下,这样处理是对的。但是,有些历史问题的叙述,常常不能这样机械处理。从中法战争、甲午战争、维新运动,到辛亥革命,间隔时间不长,如何处理许多历史事件与历史因素的关联性,是需要仔细研究的。处理不好,就会造成历史逻辑与理论逻辑的矛盾。

比如辛亥革命,书稿安排的第一节是"20世纪初的中国社会",第二节是"清政府被迫实行新政",其中叙述的民族资本主义的发展,民族资产阶级的壮大,留学运动,新知识阶级的产生,清政府新政的推行,科举的废除,新学制的实行,等等,都是事实。但是这些东西却不是辛亥革命的历史逻辑。在叙述辛亥革命之前,大量叙述这些内容,恰恰告诉读者,过去有一个观点是对的,即清政府在辛亥革命之前已经做了大量改良,如果不革命,让它慢慢改良,比革命的结果要好得多。

这里的问题是什么呢?是辛亥革命之前,清政权的政治合法性业已丧失殆尽。顽固派扼杀了戊戌维新,慈禧在义和团问题上实行的取乱之道,八国联军的蹂躏北京,《辛丑和约》的空前丧权辱国,已经把清政权的统治基础彻底摧毁了。所以,1905年同盟会成立后仅仅6年功夫,清政权土崩瓦解。在这里,当时的政治逻辑,现在分析它的理论逻辑与历史逻辑是高度一致的。

为了体现这三个逻辑的一致性,书稿第一、第二节的有关内容,就需要仔细分析,重新组合。与上述主旨不一致的内容,应该考虑放在另外的恰当的场合去叙述。

第三,关于对相关历史内容进行总结评议的水平。

对有关历史事实进行适当点评,是衡量史学著作学术水平的重要指标之一,历史教材特别要注意这一点。书稿在叙述历史事实的时候,在对关键环节的掌握、对历史是非的评判、对历史意义的分析等方面,还存在一些不足。其他不说了,现在仅举书稿对五四新文化运动的评价为例,来说明这方面修改提高的重要。

关于"五四"新文化运动的价值,书稿作了以下评价:

新文化运动是辛亥革命后一次非常重要的思想解放运动,它在启迪青年的文化自觉和民族自觉方面具有正面的启蒙作用,它在激励中国青年进一步探索救国救民的真理,为马克思主义在中国的传播开辟了道路。

新文化运动的推动者,是一批小资产阶级的民主主义者,他们把新文化运动的开展局限在知识分子的圈子里,忽视了人民群众的作用,在思想方法上也有简单化的毛病,对中国文化和西洋文化缺乏科学的分析,在对待民族文化上存在着民族虚无主义的倾向。

这个评价非常缺乏理论性,不到位,而且有标点不正确、文字不通的毛病。新文化运动的"推动者"?有这个东西才叫推动,没有这个东西只能叫发动。难道在《新青年》创刊之前,五四新文化运动已经存在了,陈独秀们只是推动了一下?新文化运动有"正面的启蒙作用",难道启蒙还有"负面的启蒙"?负面的宣传还叫"启蒙"?"把新文化运动的开展局限在知识分子的圈子里,忽视了人民群众的作用"。既然是文化运动,还能深入扩大到农民中去,难道今天我们应该责备陈独秀等人为什么没有去向农民宣传民主与科学?"对待民族文化上存在着民族虚无主义的倾向",他们当时宣传的西方文化不是一种民族文化?陈独秀等人只是对中国传统文化的某些内质持批评态度,他们从来没有全盘反对中国传统文化,也没有整体上对中国文化持虚无主义的态度,更不对西方文化持虚无主义的态度。

仔细推敲下来,书稿的评价,只有200字出头,但逻辑混乱,错误多多。

第四,若干理论观点的运用问题。

科学叙述中国近代史,需要提高理论水平。其中,需要恰当处理好以下几组关系。

关于半殖民地半封建社会性质的观点与近代社会实际的关系。

在中国近代社会性质问题上,半殖民地半封建社会是一个重要的结论,教材自然要作为一个重要的理论基点来处理。这里的问题是,如何运用这个理论观点,来分析近代社会的实际。

说中国近代社会是个半殖民地半封建的社会,绝不是说,截至1949年它都铁板一块地是个半殖民地半封建的社会。它是发展的变化的,是在人民群众的英勇斗争下,在人民革命的改造下,在资产阶级维新派、资产阶级革命派、无产阶级政党的不断引导下,特别是在无产阶级的人民民主革命的推动下,不断由灾难深重的半殖民地半封建境况,走向民族解放的过程。也可以说,中国近代逐步地半殖民地半封建化的过程,同时也是中国人民逐步挣脱半殖民地半封建化的过程。这个过程中最突出的伟大历史事件,就是辛亥革命和中共领导的人民民主革命。

关于阶级观点和历史观点的关系。

阶级观点、民族观点、群众观点是历史研究中不可回避的问题,但是,这些观点在教材中必须通过对具体历史事件、历史事实的叙述来体现。阶级观点和历史观点的统一,是中国近代史教材不仅不能回避,而且要更加慎重处理的问题。现在,特别要解放思想,拨乱反正,科学解释有关史实。

比如,不能把清政权统治下的有关民变、有关少数民族造反,一律说成起义、说成反对清廷封建压迫。我建议大力压缩有关各地民变与少数民族起义的叙述,仔细研究应该在什么样的篇幅下、什么样的角度上,来叙述这一类事件对于动摇清廷统治的作用。

历史上的民众事件与少数民族冲突,有的具有反剥削反压迫的意义,有的具有非常复杂的原因。有局部地区部分群众抗租抗税的问题,有局部地区群众互相争夺水资源、争夺山林、争夺土地引发的问题,有宗族斗争、宗族械斗的问题,有秘密社会头目制造事端,聚众闹事,夺取权力,甚至企图黄袍加身的问题,有固有民族隔阂的问题,有少数民族头领煽动造反的问题,有少数民族部族冲突、教派冲突的问题,有少数民族群众反对当地土司头人引发的问题,还有外部势力支持甚至策动下民族叛乱者煽动民族分裂的问题,等等。把历史上的所有反抗现行秩序的民众事件和民族纠纷,都作为正义的人民起义,可能是有问题的。

我以为,历史教材具有国家知识的作用。当前,加强民族团结,巩固中央集权,建设繁荣富强的多民族和睦相处的现代国家,是我们面临的重大历史任务。新编的中国近代史,应该有益于这一点。这个问题可能涉及比较大的问题,建议开展必要的讨论,甚至做必要的请示。

关于西方列强的侵略和中西文化交流的关系。

西方列强的政治侵略和近代国门打开以后的中西文化交流,是近代史研究不可回避的问题。这两个问题有联系,但没有同一性。在历史叙述中,处理不好就会混淆历史是非。建议在叙述帝国主义的侵略及其强迫中国签订的不平等条约的时候,特别注意强调不平等条约体系问题。建议在有关部分把不平等条约体系作为一个问题提出来。

关于不平等条约特权与通商以后的正常经济贸易往来的关系。

我以为,这个问题是中国近代史研究中的薄弱环节。说明这一点,可能是说明中国近代资本主义发生和发展的合理性的重要前提。本教材有经济史的专家，应该在这个方面有开拓。

关于国家主权理论与执政集团的社会属性的关系。

中国近代史上的有关政治势力，有关统治者，分别具有不同的社会属性。他们对于涉外事务的处理，又需要按照统一的历史标准进行评价。这就特别需要作者站得高一点，站在国家主权的立场上评价他们的是非功过。这个问题同样需要开展一定的讨论，并且结合具体案例进行分析研究，以提高教材的整体水平。

加强书稿的理论性，是提高本教材学术水平的重要环节。在以后的修改中，需要花极大的力气加以解决。

（本文为笔者2012年2月7日在大学历史教材《中国近代史》审稿会议上的发言，2月9—11日根据手稿整理，原载《李良玉史学文萃》合肥工业大学出版社2013年版）

关于六篇博士论文的盲审意见

"盲审"是教育部为控制硕士、博士学位论文质量而设立的一种答辩前预先审查制度。根据规定，所有硕、博培养单位的学生，申请答辩之前，必须通过全国统一平台提交审查（开始各培养单位的提交比例不一，目前似乎都是百分之百提交审查），由教育部学位中心指定几位专家评审。通过者由培养单位组织答辩，否则，分别按照自行修改后答辩，修改后重新提交原审专家通过后答辩，重新选题重做论文等方法处理。受教育部学位与研究生教育发展中心的委托，2020年笔者共接受了8篇学位论文的审查任务，其中7篇博士论文，1篇硕士论文。阅读这些论文是非常愉快的，因为阅读本身就是一种学习。年轻人的朝气和进步是令人鼓舞的，因为他们是学界的未来。当然这些作品难免存在一些问题，一如我自己不够成熟一样。提高论文的样本化程度，调整论文结构，消灭各种文字差错，准确利用史料，避免不必要的论述瑕疵，是值得注意的改善途径。现在从这8份评审意见中选出6份，供有兴趣者参考。

——李良玉　2023年3月1日

（一）
《晚明清初来华耶稣会士对儒家文化的认知与阐释》的盲审意见
2020年5月5日

《晚明清初来华耶稣会士对儒家文化的认知与阐释》一文，通过叙述16世纪40年代至18世纪30年代，即明嘉靖晚年到清雍正末年来华传教士对儒家文化的认识，分析该时期传教策略思想的形成过程，论证了萌芽于沙勿略，经范礼安首创，由罗明坚付诸实践，直到利玛窦最终确立的对华文化适应政策。论文的切口不大，但容量不小。作者思路明晰，看法公允，特别是在材料上下了一定功夫。除了公开出版的中文译作之外，利用了一些外文原版资料，包括法国国家图书馆馆藏的白晋《古今敬天鉴》、马若瑟《六书实义》《儒教实义》等抄本资料。本文作为博士论文没有问题，建议准许答辩。

行文中有不少地方标点符号不准确不规范。比如，第 18 页：

董仲舒把天理解为至上神，"天者，百神之君也，王者之所最尊也"，是万物之母，"天者，群物之祖也，故遍复包函而无所殊"，又是人之道德原型，"人之受命于天也，取仁于天而仁也"。

如果改为：

董仲舒把天理解为至上神，"天者，百神之君也，王者之所最尊也"；是万物之母，"天者，群物之祖也，故遍复包函而无所殊"；又是人之道德原型，"人之受命于天也，取仁于天而仁也"。

似乎要准确一些。

第 105 页的以下表述中，引文前的逗号也不正确：

《口铎日抄》也有与此相类似的记载，郑孝廉问曰："敝邦六经中，具言事上帝、祭上帝。不闻有事祭太极者，则太极殊非天地之主矣。今按《易经》有太极生两仪一语，又似天地受成于太极者。"

第 123 页中，有一处括号中还有"该段是 2019.9.3 增加的"字样，似乎也是多余的，应当删去。

建议仔细检查全文，做统一的订正。这个建议不影响本人的整体评价。

（二）

博士论文《区域社会与革命互动——中共东北地方党组织及其领导的工农革命研究（1923—1938）》的盲审意见

2020 年 5 月 6 日

《区域社会与革命互动——中共东北地方党组织及其领导的工农革命研究（1923—1938）》一文，利用相关资料，对 1923—1938 年间的中共东北地方党组织所处的区域社会环境、资质发展过程及其形态、对工人阶级的政策及其工运策略、与农村社会的融合过程与农村根据地的开辟等问题，做了系统的阐述。论文体系完整，思路明晰，看法平实，作为博士论文没有太大问题，建议准予答辩。

有两个问题提出来供作者考虑：

第一，关于论文主题。

论文的题目是"区域社会与革命互动——中共东北地方党组织及其领导的工农革命研究"，这就意味着本文的论述方向，包含揭示区域社会与革命的互动关系，而其具体的落实，又应当在地方党组织与工农革命的互动上，但是论文在两者怎么互动上似乎着力不多。本文的论述，几乎集中在东北党组织的组织形态上。至少，文章的内容与题目之间存在相当的间隙。

从论文所研究的革命本身来说，"工农革命"这个词一般是有特定指意的，基本上，它可以看成1927年国共分裂之后逐渐形成的苏区"工农武装割据"的革命的专属名词。但是，推敲下来，中共东北地区党组织领导的革命斗争，1931年之前部分很难用"工农革命"指代，1931年之后则应归入抗日民族革命的范畴。

看得出来，作者受某些专家的影响，力图结合特定时期具体社会形态和党的组织生态，分析党的组织历史。作者自述其宗旨是：

探究在特定革命环境中其对自身组织的建设及对于东北工农群众的发动，对东北地方党的组织形态、层级运行状况、经费的筹措与支配以及党对于东北工人阶级和农民阶级的组织发动等问题进行系统研究，并探讨中共的革命意图、党员与群众的自身诉求，二者之间如何达成某种平衡以形成地区内革命的实际形态。

应当说，这是一个党的组织史研究的新路径，但是对于解释1931年前东北党组织领导的群众斗争以及1931年后东北党组织领导的抗日斗争，反而起了喧宾夺主的作用。也就是说，与其说本文阐述了东北党组织的发展与工农革命的关系，不如说本文就是一部1923—1938年间的东北党组织形态史。或者说，本文研究1923—1938年间中共东北党组织形态的演变是成功的，而叙述东北党组织领导下的革命斗争以及两者关系，则是相当不完整的。

第二，建议对一些表述加以斟酌。比如，第19页说：

东北，在地理上指中国东北方向国土的总称，该地区山环水绕、土壤肥沃，矿产资源丰富，土地面积广阔而人口密度较低，在行政上包括今黑龙江、吉林、辽宁三个省份，在明代被称为"关东"，到了清代已有了"东三省"或"东北三省"的称法，在几乎整个清代均为将军管辖，到了1907年清政府在盛京（辽宁）、吉林、黑龙江设行省，并设东三省总督管理东北地方事务。

这段表述问题多多。首先，可以说"指中国东北方国土的总称"，但不可以说"指中国东北方向国土的总称"。因为"东北方向"是个缺乏坐标意义的说法。试问，如果站在昆明说东北方向的国土，那这片国土的范围该有多大？其次，说东北"行政上包括今黑龙江、吉林、辽宁三个省份"，肯定是不正确的。即使今天，东北的含义也绝不止这三个省。对应本文研究的1923—1938年，东北的概念应当包括今辽、吉、黑三省，今长城外山海关以东（当时叫热河省，承德为首府），今内蒙古自治区东部和东北与今蒙古国接壤的一些地方。上述错误的说法，存在历史问题。再次，说到了清代已有了"东三省"的说法，比较含糊。因为吉林和黑龙江正式成为行省应该比较晚。最后，说东三省"几乎整个清代均为将军管辖"，也是一个不正规的说法，因为清王朝的将军太多了。

除此而外,还有一些不规则的用词。比如,第13页说"2005出版了黑龙江档案馆编写的《满铁调查报告》"、第34页"工人较弱的不可替代性"、第62页"群众中国人居多",等等,不是说法错误,就是含义不清。

第一个问题,建议修改论文题目;第二个问题,建议认真检查加以订正。

(三)
《1949年山东人迁台历史与两岸记忆》的盲审意见
2020年7月17日

《1949年山东人迁台历史与两岸记忆》一文,利用比较丰富的史料,叙述了1949年十余万山东民众迁居台湾的过程,分析了他们在大陆鼎革之际的艰难选择,介绍了他们抵台之后的困难境况和适应过程,记录了他们在台湾以乡情为纽带联络起来求生存求发展的事迹。文章主题鲜明,文字顺畅,叙事清晰,作为博士论文没有问题。第一章"台鲁关系回溯"之内容,与本文关系稍远,而追述过长反而影响本文主题之集中。与此相联系,第二章第三节"客愁乡思的抒发"、第五章第二节"鲁籍士绅来台办教育",所述内容亦属近代之前,与1949年山东人迁台历史无关,建议作者予以果断割爱,或在适当部位稍加点述即可。第134页等处有"来台考察"等说法,作者以大陆人身份,有关叙述应取"赴台"为佳。第120页有关台湾"转型正义"之论述建议加以修改,因为按照通常看法,其转型正义已经完成,此处应取更加妥当之表述。第126页有"乃经花莲县政府教育科长牟金泉乡长与地方法院推事郑小隐乡长等倡导,发起山东同乡会",显系缺字,建议补正。"绪论"之"选题缘起"中说:

除了学术意义,本文还具有重要的现实关怀。2016年,蔡英文当选台湾地区领导人,民进党当局及"台独"势力动作不断,两岸关系日趋紧张。2020年,蔡英文连任成功,大张旗鼓,否认"九二共识",并借助"香港反修例"风波,诋毁"一国两制",对两岸关系造成巨大挑战。蔡英文当局推行的"台独"政策,严重影响了台湾民众尤其是青少年的情感倾向,使他们对大陆的认同感日趋淡漠。而本文以大量的原始文献及口述资料展示自明清始台鲁即有接触,至1949年前后更有大量山东人士渡海迁台,对台湾经济发展、社会稳定做出不朽贡献。他们坚信自己是"中国人",坚决反对"台独",是推动两岸统一的重要力量。我们有必要也有责任将他们在台湾筚路蓝缕、胼手胝足的奋斗事迹刊载于册,以彰显"两岸一家亲"之血脉情深。

上述说法原则上是对的,但是博士论文属于专题性学术论文,一般不宜直接标示用以反对某一政治势力的施政。论文说清楚了迁台山东人与大陆的血脉情缘,就是表明了抵制"去大陆化"和"台独"的态度。而上述标示反而容易被以"政治化"为理由否定本文的学术价值,建议认真考虑如何措辞比较恰当。

以上看法均不影响对本文的整体评价。

(四)
《从老区到新区:中共入浙南下干部研究(1948—1956)》的盲审意见
2020年10月6日

组织南下干部接管新区,是1949年前后中共击溃国民党军队、进军全国之际采取的一项重要决策,是它夺取全国胜利、对新区实行有效管制并有序进入新中国建设的重要环节之一。对南下干部的研究,已经引起了学术界的相当重视。《从老区到新区:中共入浙南下干部研究(1948—1956)》一文,从选题上看是得当的。作者利用了比较丰富的历史档案,梳理了中共中央、华东局制定和执行这一决策的过程,集中笔墨叙述了奉命进入浙江的南下干部纵队的组建、培训、人员构成、物质准备、接管过程,分析了南下干部的思想动态、制定和执行接管任务的能力、逐步占取地方权力中心的策略和经过。文章思路明晰,语言文字干练,结构合理,详略适宜,作为博士论文没有问题。作者从历史档案中提取了许多人事和干部的统计或登记表,在对这些资料加以客观分析的基础上,讨论南下干部的来源、南下使用和职务变动的情况,不仅大大加强了文章的可靠性,而且在现阶段有关南下干部研究成果中形成了明显特色。作者对浙江商业厅干部人事变动的分析,对于分析南下干部逐步占取地方权力中心很有说服力。作者没有回避那个时期的所谓"反地方主义"问题,客观叙述了对原浙南地方干部的整肃。这些都是实事求是的,作为年轻学者应该得到充分肯定。有几个技术性问题建议适当核对或修正一下。第31页提到"新四军第三师师长兼政治委员罗荣桓黄克诚所部",罗荣桓有没有在新四军第三师担任过职务,请核对一下。第88页、第90页、第96页有说王建安六兵团,有说王建安七兵团,建议核对一下。有不少干部统计表的下面,一般都注明"资料来源",似乎可以考虑修改。这些统计表似乎都是原始表格,使用它们可以有两种说明方法。一是做注释,在页下注明档案题名和档案序号。二是在文中的表格下直接注明原始档案题名和档案序号。表下注明"资料来源",一般用于自制表格,即表格中的各项统计数据摘取自几种甚至多种文献,因此需要在表下的说明中交代资料来源。整体来说,作者的文字水平是不错的,但是有些标点符号的使用需要进一步推敲。标点的问题似乎有两种情况。一种是引用原始档案,引文中有许多标点不正确的地方。一种是作者自己的叙述之中,也有一些标点不准确的地方。引文中的标点问题,我不清楚是原文如此,还是引用过程中作者抄录时注意不够。但是即使原文如此,也应该加以必要的处理,以达到标点正确的程度。原始档案中的标点符号错误,我以为是可以修正的。可以在说明文字中注明原文标点有错误,笔者引用时做了修正。也可以在绪论中说明一下,本文在档案的使用上采取了哪些方法,包括修正标点符号。以下试举两例。

第一个例子,第135页:

浙江的文人,旧的知识分子是很大的一个力量,他们中有许多是有专门的学问和专门的技术。对于今后国家建设又是何等重要,正确的团结他们,发挥他们的积极作用又是何等的重要呢?浙江的官僚政客势力是相当强大的,他们与整个封建阶级是密切联系着,全国已公布的战犯浙江就占去了四十多名,他们在浙江是有深厚的社会联系,如何瓦解与改造这个势力又是何等重要,从对封建阶级的内部,争取若干开明的人士站在革命的一面,对于瓦解旧势力与改造整个地主富农,便利我们集中力量去消灭最主要的敌人又是何等重要。

上述引文中的标点,做一点调整似乎要好些:

浙江的文人,旧的知识分子是很大的一个力量。他们中有许多是有专门的学问和专门的技术,对于今后国家建设又是何等重要。正确的团结他们,发挥他们的积极作用,又是何等的重要呢?浙江的官僚政客势力是相当强大的。他们与整个封建阶级是密切联系着,全国已公布的战犯浙江就占去了四十多名。他们在浙江是有深厚的社会联系,如何瓦解与改造这个势力又是何等重要?从对封建阶级的内部,争取若干开明的人士站在革命的一面,对于瓦解旧势力与改造整个地主富农,便利我们集中力量去消灭最主要的敌人又是何等重要?

第二个例子,第140页:

虽然各级政府为非党人士保留了政府席位,但大多数中共干部对党外人士并不十分信任,"关门主义倾向明显",主要表现为"狭隘思想,一见资本家及党外人士就抱成见,把党外人士看低一等,对党外人士的意见不加考虑就怀疑,党内什么都讲,党外什么都不敢讲",一些基层县委领导甚至认为"统战工作是省委统战部的工作,与自己无关,不少小城市的负责人对什么是民主党派什么是反动派也不知道"。

上述叙述中的标点,似乎同样可以调整:

虽然各级政府为非党人士保留了政府席位,但大多数中共干部对党外人士并不十分信任。"关门主义倾向"明显,主要表现为狭隘思想。"一见资本家及党外人士就抱成见。把党外人士看低一等,对党外人士的意见不加考虑就怀疑。党内什么都讲,党外什么都不敢讲。"一些基层县委领导甚至认为,"统战工作是省委统战部的工作,与自己无关。不少小城市的负责人对什么是民主党派、什么是反动派也不知道"。

　　上述第二个例子中的标点修正,不仅为了消灭标点错误,还涉及如何把原始档案作为引文,和自己的叙述完全融合起来,以形成有机的历史书写。做到既不改变原始资料的文字内容,又和自己的叙述连为一体,令读者阅读起来一气呵成。这是一种提炼史料和文字表达的能力。建议作者认真地把论文从头过滤一下,以提高论文的整体文字水平。

　　当然,这些技术性问题不影响我对本文的总体评价。

(五)
《家世国难与留学经历:陈寅恪文化史观发轫》的盲审意见
2020 年 11 月 2 日

　　我仔细阅读了《家世国难与留学经历:陈寅恪文化史观发轫》一文,基本肯定作者的研究。作者介绍了陈寅恪的家世和家学渊源、生平和他的文化史观,分析了他留学日本、美国和德国的经历,指出了兰曼、白璧德、吕德斯等西方学者对他的影响,从而从传统文化和西方近代文化的角度,讨论了陈寅恪文化史观的早期因素。文章的选题是有意义的,也有一定的难度,作者的叙述基本上能自圆其说,有相当的自洽性。作者并不盲从前人的有些研究,比如,对有人曾经托内藤湖南引介陈寅恪与某两位日本学者相识的说法,作者继续深究,给出了自己的看法,此种态度值得赞扬。总体上看,本文作为博士论文应当是可以的,建议允许答辩。由于资料太少,有些讨论不够翔实,有些结论尚有不周,都是可以理解的。第三章主题是讨论陈寅恪留学日本受到的影响,第 59—66 页的大段叙述不够简略,入题过慢。第 70 页关于陈寅恪在复旦的考试成绩的叙述,与留学日本关系不够紧密。第四章,第 77—84 页花了大量文字叙述哈佛的历史,似乎也可以用更简洁的语言解决。第 74 页说陈寅恪在国外读《资本论》,极有可能影响了他"重视经济制度在历史发展中的作用"以及"对革命思想的同情与警惕",第 71 页说陈寅恪留学弘文学院"为他日后吸收近代西方自然科学精神、哲学思想、历史文化等打下了坚实的基础",第 104 页说从陈寅恪的"不古不今"之学中,"能够看到白璧德新人文主义思想的影子"等,多为猜测之言,缺乏有力材料的支撑。第 85 页有一"俞大伟",第 88 页有一"俞大维",大约是指同一个人,请核对人名。作者表示"并无意将陈寅恪推上历史的神坛",希望"既能给予陈寅恪应有的学术地位和历史地位,又能不排斥他人的历史贡献",这样的态度是值得欣赏的。对照之下,有些表述似乎还可以斟酌。比如,说鲁迅、陈寅恪都是"中国近代文化史上的巨峰",作为文化巨峰应当指那些极大地推动了中国近代文化转型的人。陈寅恪毫无疑问是近代学问大家、史学巨峰。陈寅恪的史学研究（包括诗学），当然具有巨大的价值。特别是史学作品，在近代汲取西方学术思想，开拓利用史料，促进历史研究的创新上，具有不可替代的意义。不过，这些应该限定在史学的学术范围之中，说推动了近代中国文化的整体转型，似乎不是十分准确。我的这些意见不一定正确，当然也不可以强加给本文作者，不影响我对本文的整体肯定。

（六）
《近代云南契约形式演变研究》的盲审意见
2020 年 11 月 4 日

《近代云南契约形式演变研究》一文，收集利用了一批契约档案和已经公开出版的契约文书，研究了云南传统时代的契约形式、内容，近代中西交流条件下云南契约形式的演变，分析了这种演变的历史动因，揭示了近代商品经济、政府行为和法制进步对契约形式变化的影响。应该说这个选题是有意思的。全文五章，围绕论题层层展开，自成体系。作者的思路比较清晰，论证恰当，结论可靠，作为博士论文没有问题。作者对近代云南"低层次"商品经济的概括是正确的，对清末特别是民国法制进步对契约的规制作用的分析、对近代契约主体和契约内容的多样化的分析、对近代契约合同化及第三方身份作用变化的分析，都与文章主题相对切合，而加强了文章的样本化程度。这些都是值得肯定的，建议允许答辩。第 75 页倒数第 9 行"沉家本"当为"沈家本"之误。第 189 页倒数第 11 行"标准近代契约制度的成熟"，似乎应该是"标志"。第 42 页说"在原始社会晚期，云南境内的原始居民通过劳动不断改进生产工具和生产技术，特别是金属农具在生产领域的使用极大地促进了生产力的发展，劳动产品有了一定剩余，在此基础之上私有制应运而生，人们有多余的产品可用于流通领域"，这个说法不正确。原始社会晚期无论生产工具有多少改进，都不可能极大地促进生产力的发展，金属农具的使用更不可能发生在原始社会晚期。私有制的产生应当与原始氏族向原始部落发展、部落战争掠夺战俘而产生被奴役人群有更大的关系。另外，本文所引用的契约文字，标点符号的错误太多。仅举一例，第 34 页：

立永远杜卖铺房文契人龚王氏，统男龚文候，率孙龚玠、龚璠、龚珂，系新城铺住人，为因乏用，情愿将祖遗己面铺房一所，计楼房铺面上下二间，东首楼房上下两半间，巷道在内厅房，二破三，三间后楼上下四间楼，后厨房一间，品门窗棂格扇砖石在内，前后天境二个，井水后路俱全，坐落新城铺大街，前至大街，后至甘家房，左至龚家房，右至杨家房，四至开明载契。今浼请街邻亲友保出结立契，杜卖与张公辅名下永远为业，实接受杜价纹银八百两整入手应用。自杜卖之后，听凭买主投官印税折,卸起盖官业住坐,子孙相□永无异言,卖主日后子孙不得翻言,一切借端生事,当日银房两相交明,俱系二比情愿,实银实契并无利债准折逼迫等情,如有内外亲族人等翻言争竞,以及借端垂涎异言,俱系氏母子一力承担,如违执契,赴官甘认违例之罪。恐后无凭立此永远杜卖铺房文契存照。

这段文字的标点,多处错误,试校点如下:

立永远杜卖铺房文契人龚王氏,统男龚文候,率孙龚珩、龚璠、龚珂,系新城铺住人。为因乏用,情愿将祖遗己面铺房一所,计楼房铺面上下二间,东首楼房上下两半间,巷道在内。厅房二破三,三间后楼上下四间,楼后厨房一间,品(品,疑为"并"字之误)门窗棂格扇砖石在内。前后天境(境,疑为"井"字之误)二个,井水后路俱全。坐落新城铺大街,前至大街,后至甘家房,左至龚家房,右至杨家房,四至开明载契。今凂请街邻亲友保出结立契,杜卖与张公辅名下永远为业。实接受杜价纹银八百两整入手应用。自杜卖之后,听凭买主投官,印税折卸,起盖官业住坐。子孙相□,永无异言。卖主日后子孙不得翻言一切,借端生事。当日银房两相交明,俱系二比情愿,实银实契并无利债准折逼迫等情。如有内外亲族人等翻言争竞,以及借端垂涎异言,俱系氏母子一力承担。如违执契,赴官甘认违例之罪。恐后无凭,立此永远杜卖铺房文契存照。

上述标点问题,不止这一例,文中所引诸契约文字中常见。不知道是作者誊抄文献笔误,还是原书出版过程中本来有错,建议作者认真处理一下。

(本文节选自《在教育部学位论文平台上的 8 份评审意见》,2021 年 1 月 25 日发布于周其厚教授的公号"三人行说",阅读量 1 856)

对一篇博士论文初稿的九点修改意见

你好！谢谢你的信任！你在初稿完成之后马上就发给我，让我阅读并且提修改意见，令我十分感动，也深感责任重大，谢谢你！这几天，虽连续读你的稿子，但由于家里小孙女事多，时不时跑过来骚扰一下（她自己说，要跑过来给爷爷捣乱一下），所以速度不够快。今天白天给你发了几段文字修改的照片，晚上又发了一份，不知道你理解吗？现在给你写修改意见，可能不一定对。请你仔细推敲，合适的就照办，不合适的就不用理了。建议你发给导师审查一下，好吗？

我有以下几点意见，仅供你参考：

第一，你的文章是在硕士论文的基础上扩展而成的，一般来说这应该是可以的。当然，从更高的创新的要求上看，似乎应当尽可能避免（我的学生是不允许的）。现在的问题是，稿子已经弄好了，就要确保在提交审查的过程中，不给评审专家以炒冷饭的印象，而能顺利通过审查。要做到这一点，就需要做一些处理。比如，要在题目上和硕士论文有明显区别；比如，要在有关部位避免过度渲染硕士论文的成就；比如，要尽可能说清楚本文在硕士论文基础上做了哪些努力，取得了哪些新的进展；等等。

根据这个意思，建议调整本文的题目。当初硕士论文题目是"农村赤脚医生研究——以安徽省枞阳县为个案（1968—1983）"，现在的题目是"赤脚医生研究——以安徽省枞阳县为中心的考察"，两者重复度太高。建议修改为"枞阳县'赤脚医生'研究（1968—1983）"，不要在题目中点明安徽省，而只需在绪论中交代一下就可以了。

同时，在绪论的"选题缘起与意义"部分，不要一开头就交代本文起源于硕士论文，这样给人的印象太深刻、太不好了。应当首先正面说明，当代中国的农村走过了曲折的道路，农民的医疗卫生状况的改善经过了曲折的进步过程，赤脚医生制度的推行，就是其中的重要一环。这方面的研究，已经引起了许多学者的兴趣，本人出身农村，更有解读这个历史问题的冲动。先有了这些铺垫，然后再交代硕士论文曾经做过研究,可能效果要好一些。

本文选题与硕士论文的关系,自然需要交代。但是,要注意技巧。只需轻轻带过,不要多说。同时,绪论第4页谈到你的硕士论文的地方,最好不要提了,以免加深审读者的印象。第8页对自己硕士论文的介绍,也并入课题缘起部分去,不要在绪论中反复提。更重要的是,要在肯定硕士论文的前提下,适当指出其不足,比如,硕士研究生阶段知识经验不足,历史资料的理解能力和历史解释能力不足,同时,由于时间紧、忙于考博等原因,在解释体系的全面性和深入性方面有所局限,因而自己对论文不满意。在此情况下决定利用做博士论文的机会,把这个课题做深做透一点,对自己也有一个交代。这样写的作用是反过来烘托博士论文。最重要的是,要明确指出现在的博士论文有哪些创新。比如,重新深入档案馆收集档案,重新研究解释体系,建构新的论文结构;比如,从规模上说,从硕士论文的3万字左右,变成了现在的17万多;比如,在解释问题的深度方面,提出了一些新的问题和新的结论;等等。这样,才能彻底避免读者对这篇博士论文有无创造性的疑虑。

第二,绪论中有关学术史的介绍要尽量周到,主要是提到别人的研究成果的时候,要注意全面、客观、细致,赞扬为主。特别是有分寸,少提缺点。之所以如此是出于两个原因。一是博士论文的学术史介绍,必须坚持公平的原则,现有研究成果的成绩必须讲够。这不仅不会降低自己的成绩,反而会让读者能更清楚地知道,你在过去研究的基础上取得了哪些新成绩。二是由于现在实行答辩前盲审制度,一般来说盲审专家都是公正的,都会实事求是地评判学生的论文。但是,过去我所知道的情况表明,也会有个别专家看到自己的成果不被重视,甚至被送审作品的作者批评,因此而对被评审作品采取不应有的苛刻态度。少讲缺点,多讲优点,就是为了避免碰上这种情况。要强调的是,这不是让你去学圆滑、学投机,而是在目前这种制度下采取必要的自我保护。目前的盲审制度不允许申诉,至少很难申诉,你碰上这种情况,你就倒霉,甚至前功尽弃。这对年轻人来说,是一件很可怕的事。建议在逐项介绍有关研究成果的时候,一概不提缺点,而集中在学术史介绍的最后部分笼统地说几句,以免无意中触怒专家,带来无妄之灾。

第三,学术史介绍应尽可能清晰。自从赤脚医生制度推行以来,一直就有宣传和研究,这当然存在一个由宣传、时政而学术的转变过程。应当适当厘清这个过程。建议把绪论(第二页)第二、三两个自然段的内容,并入到后面有关部分中。建议按照1970—1990、1990—2000、2000—2010、2010年以来四个阶段叙述,适当补充早期官方对赤脚医生宣传报道的介绍,加强论述的层次感。

第四,适当修改论文目录。由于你寄给我的纸质文本只有正文,因此对你的全部提纲,包括章节目三级文字,缺少通盘的了解,因此无从帮助推敲。建议再斟酌一下。比如,第151页第五章中,"仍有一定程度的挣利润的行为",就不是一个学术论文的标题。如果改为"对利润的追逐",或者"有追逐利润的行为",可能会好一点。比如,绪论中"研究方法与中心区域",也不是很好,似可修改为"调查范围与研究方法"。从逻辑上说,应该先说调查范围,再交代研究方法。

第五,作为一种体系性的学术论文(或者叫学术著作),博士论文应该有必要的学术规格。它不仅体现在所讨论问题的专业性、深入性、理论性方面,还体现在文章的结构有一定的专业要求。比如,有绪论,有学术史介绍,有基本概念、方法的介绍,有参考书目,有详尽的注释,各章节之下有必要的导言,等等。你的论文共计五章,各章都不设节,而直接采取了章、目两级体制。这当然是可以的。综合目前文章的讨论面貌,似乎有总结提炼不够的缺陷。建议每章开头增设"导语",概括本章内容,提示读者注意本章的讨论宗旨和要义。最好在每个子目的开头,也增加一段"导语",概括本子目的内容和宗旨。例如第二章,章的标题是"赤脚医生的队伍建设与管理",内容上讨论了赤脚医生的选拔、培训、报酬和管理四个问题。这四个子目都有一段"导语",作为博士论文自然就要完善许多。

导语的写作,常常是一个难题。需要有比较好的概括的能力,并且要用比较精炼的文字组织起来。好在你的论文只有章和目两级,认真研究一下,写好了对于提高论文的档次是有好处的。也可以找一些好的著作读读它们的导语,掌握一点写作的方法。

第六,你的论文大量引用了采访记录。这是一个十分有优势的闪光点。但是,现有采访引文的注释太烦琐了,严重影响版面的整洁美观。建议第一条采访引文的注释,可以详细一点。比如,第44页,第二章第一个子目内的采访引文,现注释是:"左银凤采访周大久的记录(2012年2月2日)。周大久,为原枞阳县老湾公社老湾大队赤脚医生"。建议修改为"左银凤采访周大久的记录(2012年2月2日)。周大久,原枞阳县老湾公社老湾大队赤脚医生。为注释简便起见,本文以下所引本人采访记录,一律直接标注'采访某某某记录'(年月日),某某某原为某某公社某某大队赤脚医生"。另外,如果有记录,或者现在对他还了解,可以多说明一些。比如,某某当年多大年纪,简单的情况,某某公社某某大队现在行政上归属哪里,等等。而从全文的第二个采访引文的注释起,就直接标注"采访某某某记录(年月日)",这样版面就清爽许多了。

第七,改变正文叙述中汉语和英文混杂的现象。这主要是指第10—13页,有四处混夹了这些著作的英文作者名和题目,这不太规范。建议先把它们译为汉文，再附相应的英文。

第八，对论点性叙述进行必要的文字审定和加工。文章中的论点或重点部位的叙述，是论文的核心内容，也是作者的创造性的表现，如果这些叙述有瑕疵，会直接影响论文的学术价值。这里，举两个例子。

第一个例子，关于赤脚医生的选拔标准，第45页说：

根据对多位赤脚医生和一些村民的访谈，在实地选拔中，文化程度、家庭成分、年龄、人脉关系、医学基础、赤医前的个人身份等多种因素都发挥着影响。

这段叙述就是一种论点性的叙述。但是，现在的文字中就存在一些瑕疵。比如"实地选拔"不够准确，"医学基础"也不准确，"赤医前的个人身份"更无法理解。其他两点不说，选拔赤脚医生要有"医学基础"，严格说就是一个伪命题。所谓"医学基础"，恐怕只有读过医学院校的大学生才配得上说有。当时所选的赤脚医生，只能说懂一点医疗卫生的基础知识或技术就行。绝大多数人，是培训之后才掌握一点打针治病的本领的。建议修改如下：

根据对多位赤脚医生和一些村民的访谈，在实际选拔中，年龄、文化程度、家庭成分、有没有一定医疗卫生的基础知识或技术、被选拔之前的社会身份、人脉关系等多种因素都会发挥作用。

请注意，文化程度、家庭成分、年龄都属于个人身份的内容，而社会身份则不同。它常常代表某人的社会地位。

第二个例子，第150页：

针对这些原赤脚医生对自身养老保障问题的诉求，上级卫生行政部门对此也作了一定的回应。如从2013年起，到龄退休离开卫生室的原赤脚医生每月可以拿到300元钱的补助。2014年，县内对曾经担任过赤脚医生、卫生员、接生员，但后来转干他行的人员进行了摸底调查，对这些人员根据工作年限也给予了相应的每月补助。随着时间的推移，人民生活消费水平的日益提升，对这些原赤脚医生的每月补助收入有所增加，担任赤脚医生及乡村医生工龄超过30年的，现在每月补助费上涨到了528元。没能超过30年工龄的，补助则相对低一些。此外，还规定以前买过城镇养老保险的原赤脚医生，只能拿自己养老保险的每月养老待遇，不再享受原来的赤脚医生每月工龄补贴。

但是，现已退休的原赤脚医生们对他们现在的每月养老待遇仍然不够满意。他们最经常提及的就是跟他们同一时期担任民办教师的人员，认为大家当年都是一样的干，民办教师大都通过各种途径转了正，现在，他们转正后的养老待遇与他们的养老待遇差距极大，他们当时不能像民办教师那样有渠道转正，他们现在的身份仍然是农民，每月所得养老补助钱数不能很好地支持他们退休后的生活。他们仍然希望国家能够对他们的养老待遇诉求给予充分的关注，并提出一个合理的解决方案。

这两个自然段的叙述,至少有文字啰唆、概念不清、人称指代不明等几个问题。比如,"自己养老保险的养老待遇",是一个法律概念不清的说法。自己买了养老保险,时间到了所拿的钱,是保险收入,不是养老待遇。比如,第二个自然段中,一共用了10个"他们",涉及前赤脚医生和前民办教师两种人。不同的他们究竟指代谁,非常混乱,需要读者去仔细对照,这就造成严重的指代关系不清的问题。

我给你修改了一下,供你参考:

针对这些原赤脚医生对自身养老保障问题的诉求,上级卫生行政部门也作了一定的回应。如从2013年起,到龄退休离开卫生室的原赤脚医生每月可以拿到300元钱的补助。2014年,县内对曾经担任过赤脚医生、卫生员、接生员,但后来转干他行的人员进行了摸底调查,对这些人员根据工作年限也给予了相应的每月补助。随着时间的推移,消费水平的日益提高,这些原赤脚医生的每月补助收入也有所增加。担任赤脚医生及乡村医生工龄超过30年的,现在每月补助费上涨到了528元。没有超过30年工龄的,补助则相对低一些。此外,还规定以前买过城镇养老保险的原赤脚医生,只能拿养老保险的保险费收入养老,不再享受原来的赤脚医生每月工龄补贴。

但是,许多现已超过退休年龄的原赤脚医生,对他们的养老待遇仍然不满意。他们最经常提及的就是跟自己同一时期担任民办教师的那些人。大家当年都是一样的干,但民办教师后来大都通过各种途径转了正。目前这些教师的养老待遇与他们差距极大。当年他们没有渠道像民办教师那样转正,所以现在的身份仍然是农民,每月所得养老补助费不能满足退休后生活的需要。他们仍然希望国家能够关注自己的养老待遇问题,并提出合理的解决方案。

请按照我以上修改标准,对全文类似叙述进行全面修改。

第九,全面修改采访记录。论文大量引用了对原赤脚医生的采访记录,这本来是一个优点。但是,可能你过分拘泥于这些访谈对象的原始谈话,把这些谈话一字一字地整理下来,现在又引用在文章中。我从头到尾看你的论文,所有这些谈话都啰唆重复,含义不清,语无伦次,甚至根本不知道在说什么,造成了大量杂乱无章、不知所云的叙事,甚至严重影响论文面貌。这里要十分明白,我们进行田野调查,应当忠实于访谈对象的表达,不允许曲解他们的意思,造成伪材料。但是,这绝不是说,要把他们的话一字不落地记下来,引用到文章里去。如果这样,严肃的学术论文将会变成文字垃圾桶,使人无法卒读,而从根本上破坏研究成果的学术品相。我选择了第151页的一段访谈记录,抄录如下:

现在还多少要跟利润挂钩,不挂钩,他把你养起来,你都要挂钩。你比方讲,你一个医疗室吧,就像我们一个医疗室,你比方讲,你每年给他搞健康档案,好比一人份摊有 8 块多钱,你做一千人份,8 000 来块钱,比方讲,再给半年卫生费,好比它万万块钱,两万块钱不到,你就打一年拨三万钱呢,三万块钱还拨不到,怎么过日子呢,这里就三个人,这里还四个人呢,有四个人,还有一个人没来,你说,你说这个医疗室怎么过日子,就打他,他们每年一人拿 1 500 块钱,哎,1 800,小两万块钱,四个人就是八万,再加上平时开支,就拟两万块钱,也要十万块钱,那是那是最低最低的基础了,那那些钱到哪里去呢,生活在哪里来呢,那医疗室就没法子生存了,那拨三万那怎么,怎么能生存呀,他不就是还要你做利润呀,哎,他,他好比讲,你这样,那么样的,其实讲又不起作用,讲着,你这底下,你过不了日子,他就不存在,他任何东西,跟利益,利益,他能不能,能不能生活下去,不能生活下去,都是一样的,那讲空话,都没用的,那都是一样的,比方讲你也,你也乡村医生,你现在乡村医生,它都是,相信每个医疗室都一样的,他全年就拨这么些钱,他,他怎么过日子呀,那他,那他的工资,他不要,他一个月没有 1 500 块钱,2 000 块钱,那家里,养家糊口怎么养的活呀。

这段文字包括标点符号共计 523 个字,你看这像博士论文吗?评审专家看到这种文字会给你通过吗?我不能肯定完全明白这位被采访者当时说的意思,只能根据上下文的语义,半顺半猜地做了整理,修改如下:

现在多少要跟利润挂钩。不挂钩,谁把你养起来?……比方我们这个医疗室,每年搞健康档案,做 1 000 份,共计 8 000 来块钱。再加上半年卫生费,大约两万块钱不到。加起来就算一年拨 3 万块钱吧,怎么过日子呢?这里有 4 个人(还有一个人今天没来),这点钱,医疗室怎么维持?就算每人一年拿 15 000—18 000 块钱,多算点一年 20 000,4 个人就是 80 000 块。再加上平时开支,算 20 000,合起来是 10 万块钱。那是最低最低的了。一年拨 3 万,怎么能生存,这不就是要你去赚利润吗?离开钱,要你做到这样那样,没有用的。不能生活,讲空话有什么用?现在乡村医生都一样,每个医疗室也都一样。一个月没有 1 500—2 000 块钱,一家人怎么养活?

现在,包括标点符号只有 270 多个字了。整理成这样的水平,是起码的要求。请你从第一份访谈的引文开始,地毯式地彻底清理全部访谈记录的引文。把这一切做完之后,应该再打出纸质文本过滤一遍,尽可能完善一些,才能提交盲审。

你是我退休之前听过我的课的学生,之前你的导师还指定你把一篇文章交给我帮助推敲。现在既然又来求助,我也就不避嫌疑,不计其他,给你写了一点看法。说重了请不要生气。更重要的,是要听从导师的意见。请抓紧时间,迅速完成以上任务,以便通过盲审并答辩。切不可拖延,给自己带来麻烦。已经很晚了,有点累,明天早上发给你吧,再次谢谢你的信任!

（本文于2021年5月14日0点59分完稿,5月14日上午7点30分发给论文作者。2022年9月14日,周其厚教授的公众号"三人行说"以"对一篇博士论文初稿的九点修改意见"为题发布,阅读量4 863。2022年9月18日,公众号"历史学研究通讯"转载,阅读量5 297。2022年9月20日,公众号"学术有意思"以"南大博导:对一篇博士论文初稿的九点修改意见"为题转发,阅读量2 025。10月9日,公众号"刘西川阅读写作课"自公众号"墨香学术"转发,阅读量6 307。2022年10月14日,公众号"学术必看"以"985高校博导:对一篇博士论文初稿的九点修改意见"为题转发,阅读量2 360。2023年6月10日,"小红书"以"南京大学博导对一篇博士论文初稿的修改意见"为题转发。2023年11月10日,公众号"十九号见"转发,阅读量1 946)

硕士论文盲审中的三个准则

——我的 6 份评审意见

  好几年之前,为了确保硕士论文的质量,教育部就开始推行盲审制度。即在答辩之前,统一提交指定审读平台,分发有关专家审查,并以此决定处理办法。今年 4 月,发现评审数量陡然增加。我想,大约是扩大了评审比例的原因。听说本科论文也要实行盲审了。我对这种论文答辩前审查的规定不表支持。因为它极大地增加了教育成本,降低了教育的公信力。这是另一个问题,这里就不讨论了。笔者提出的问题是,评审专家如何才能细致地完成论文的评审?过去的经验告诉我,评审专家(包括我在内),还是或多或少地存在一些影响正确判断的自身因素的,而与人为善、包容异见、对症下药,则是三个应该大力提倡的基本准则。所谓与人为善,是说学生读了三年书,做成了论文,下笔写评审意见之前要端正心态,充分考虑学生的利益,尽可能地让他们能够顺利答辩,而不要不切实际地过高要求,不给通过。所谓包容异见,是指碰上与自己学术见解不一致的文章,包括文章中存在的不成熟见解,不要轻易否决,而应根据其是否具有自洽性做出判断。如果自圆其说而无根本逻辑矛盾,一般应采取鼓励、支持和帮助完善的态度。所谓对症下药,是指要切实针对文章存在的问题,明白诊断,提出准确的修改意见,而不能大而化之,泛泛而论,隔靴搔痒,令作者不得要领,无所适从。这三条,是从多年来包括我自己的不周全的评审意见中总结出来的、需要引以为戒的要点,也许有一定参考价值。其实,不仅对于硕士论文评审,对于其他一应博士论文评审、职称评审、刊物委托来稿评审、规划项目成果评审等等,都应该努力做到如此。下面,是近几年来笔者提交的六份硕士论文盲审意见,敬请批评。需要说明的是,出于众所周知的原因,笔者已经对论文题目、作者、所属学校等信息做了必要的屏蔽。

——李良玉 2023 年 5 月 30 日

（一）
对一篇台湾杂志的研究论文的盲审意见
2019年5月2日

关于《夏潮》杂志的研究，作者收集了比较丰富的资料，研究了《夏潮》杂志的创办过程及其历史价值，文章议论平实，条理清楚，作为硕士论文没有问题，同意答辩。有三点建议：

第一，请仔细检查全文，彻底消灭错别字。例如，第23页第11行，"国名党"，应当是国民党；同页第16行"统一思潮地发展"，"地"应当是"的"；第25页第11行，"随着该报告地发表"，"地"应当是"的"；第36页第9行，"杂志地编写"，疑应"杂志的编辑"；第35页第11行，"我再"应为"我在"；第36页倒数第5行，"我再台北的家中"，"再"应为"在"；第52页第1行，"既"应为"继"；等等。

第二，第90页，关于苏联作家索尔仁尼琴的中文译名，作者有一个注释，说明了本文采用台湾地区的通常译法，取名索忍尼辛。建议采用大陆的通用译法，取名索尔仁尼琴，而在注释中说明台湾地区的通用译名是索忍尼辛。

第三，严格注意有关台湾地位的表述。摘要中有以下表述："为了给台湾文化寻找新的发展方向，《夏潮》杂志摒弃唯GDP论，积极引进第三世界理论，把台湾归于第三世界。"又说："《夏潮》杂志便借此机会，将自己的主张全盘抛出。台湾只有在中国民族主义的大旗下，通过团结第三世界反击西方殖民主义，并以社会主义现代化作为参考，才能拥有美好的未来。"看得出来，作者已经比较注意这个问题了，但是，现有措辞仍然不够严谨。这是推敲没有到位的问题，不是政治问题，不能责怪同学和指导老师。建议修改为："为了给台湾文化寻找新的发展方向，《夏潮》杂志摒弃唯GDP论，积极引进第三世界理论，把台湾地区归于第三世界政治范畴。""《夏潮》杂志便借此机会，将自己的主张全盘抛出。提出台湾地区只有在民族主义大旗下，通过团结第三世界力量反击西方殖民主义，并以社会主义现代化作为参考，才能拥有美好的未来。"另外，第四章的题目中，有"台湾的定位与发展""台湾的国际定位"字样，同样不够严谨。台湾是中国不可分割的领土，不存在国际定位的问题。建议指导教师对我的提议仔细推敲，最后确定，并对其他相关文字进行清理。（结论：自行修改后答辩）

（二）
对一篇研究某杂志讨论学习陈景润的论文盲审意见
2020 年 4 月 17 日

关于学习陈景润，作者抓住 1978 年复刊后的《中国青年》杂志所组织的一次读者讨论，分析了 20 世纪 50 年代以后在红与专问题上的长期的"左"的影响，叙述了陈景润在全国科学大会上受到的肯定，指出了国家表彰陈景润的巨大示范意义，以及这一示范作用在青年中引起的思想问题。作者回顾了这场讨论的过程，总结了它的思想意义，肯定了它对于推动思想解放的极大作用。论文选题恰当，论述基本清楚，作为硕士论文没有问题，建议同意答辩。有些错误的表述建议认真加以核实。例如，第 17 页说，1965 年，高校有四千余名在校研究生，而到了 1977 年，只有仅 226 人。接受高等教育的人数，"文革"前有一万余人，因 1968—1969 年停止招生，至 1971 年前后仅有三千余人。例如，第 39 页说，1973 年起，毛泽东多次表达以邓小平为接班人的想法；华国锋提出两个"凡是"，为解放思想设置阻碍；例如，第 40 页，说邓小平的"真理派"向华国锋的"凡是派"发动进攻；等等。有的数据错误，有的与事实不合，有的提法不妥当。（结论：自行修改后答辩）

（三）
对一篇梁方仲研究的论文盲审意见
2023 年 4 月 18 日

我感觉这是一篇不错的硕士论文。文章分为梁方仲的生平、史学成就、史学思想和治史特色、在近现代史学研究领域的地位和影响四个部分，这个结构是合理的。作者对梁方仲以"一条鞭法"研究为代表的明代赋役制度研究、明代"粮长制"研究以及《中国历代户口、田地、田赋统计》做了集中的分析，其看法是实事求是的。作者阐述了梁方仲的史学思想，在"从进步史学观到唯物史观""对史料与史学关系的认识""对专与通的认识""对历史研究与现实应用的认识""对马克思主义与史学关系的认识""对史学研究中史学评论的认识"等六个方面进行了总结，别有新意。在对梁方仲的治史特色，即学术方法的研究上，作者总结出了"小题大做"、注意非传统史料、重视实地考察、重视社会科学理论和史学研究的结合等五个方面，既论证了梁方仲的学术方法的精湛之处，又展现了他的大家风格。作者还把梁方仲和同时代学人，主要是和华南学派的另一位大家傅衣凌教授做了比较研究。全文层次清楚,文字通畅,论点平实,建议准予答辩。有两点建议,第一,文章的题目是"梁方仲史学研究",从字面上直观地理解,意思是对梁方仲的史学研究的研究。而题目中的"梁方仲史学",似乎有含义过大的局限。不知道可否修改为"梁方仲经济史研究述评",或者"梁方仲明代经济史研究述评",以便更加精准一些? 第二,第四章现在的题目是"梁方仲在近现代史学研究领域的地位和影响",似乎应该修改。查梁方仲的史学研究成就,主要体现在明代经济史领域。当然他的学术影响已经远远超出了明代经济史、明史,而渗透于中国古代史、中国近现代史、中国经济史等诸多领域。但是,他的研究重心并不在中国近现代史。因此,不能说他是中国近现代史领域的学人。梁方仲属于跨民国和当代两个时代的人,1933—1970年是梁方仲的学术活动期。他不仅对20世纪30年代至70年代的学人有影响,也必将对后来学人有影响。据此,该章的题目似乎可以修改为"梁方仲在同时代学人中的地位和影响",或者笼统地说"梁方仲在学术史上的地位和影响",这样也许会更准确一些。如果题目改变,文中的相应表述自然应该适当修改。我的看法不一定正确,不强加给作者,也不影响我对本文的整体评价。(结论:自行修改后答辩)

(四)
对一篇明代史学家丘濬研究的论文盲审意见
2023年4月19日

作为硕士论文,作者对丘濬史学思想的研究应该说是不错的,建议准予答辩。全部文章分为四章,即"丘濬及其学术著作""丘濬史学思想的主要内容""丘濬史学思想成因分析""丘濬史学思想的特点及评价",从论述体例上看是合适的。全文结构清楚,文字通顺,注释规范。作者对丘濬的生平信息了解比较全面,对丘濬有关著作的阅读也是下了功夫的。第27—32页表2-2"《世史正纲》中的帝王评价"、第36—43页表2-3"《世史正纲》中的臣子论",证明作者在阅读理解这本书上下了细致功夫。从全部文章的观念体系上看,大致上也是可以的。例如,作者认为,丘濬的华夷之辨的史学观念,符合明代以土木堡事变为界,之前尊重元统,之后则否定元统的时代思潮,这可以成立。一般认为,《世史正纲》开始写作于公元1476年,大约成书于1481年,而土木堡事变发生于1449年。因此,说这个事变深刻影响丘濬于时间逻辑上没有问题。以下几个问题建议作者做适当修改或补充:

作为对丘濬生平著作的研究,作者交代了《朱子学的》完成于天顺七年,即1463年、《大学衍义补》成书于成化二十三年(查成化二十三年为公元1487年,作者未交代，作为古代史著作，这类技术性问题应当注意），但是对《世史正纲》和《琼台类稿》两书，却没有交代写作或成书时间。这样的缺失应该避免。

史料解读应当追求精当。第11页有一段话：

丘濬言道："史而谓之世者何？举一世言之也。天处乎上，地处乎下，人处乎中。人所处之处，是则所谓世也。世即所谓天下也。民生有欲，无主乃乱。天生烝民中必命一人主天下，以任世道之责。得其人，则华华夷夷各止其所而不相侵乱。否则土地为之分裂，人类为之混淆"。从中不难看出丘濬将"世"作为天道，认为是人类社会运行的准则。

这里，丘濬只是说"世即所谓天下"，而这段话的关键是在后面："民生有欲，无主乃乱。天生烝民中必命一人主天下，以任世道之责。得其人，则华华夷夷各止其所而不相侵乱。否则土地为之分裂，人类为之混淆。"在这里，说"丘濬将'世'作为天道，认为是人类社会运行的准则"，没有根据。实际上丘濬认为，帝王才是"主天下"之道，而这也是《世史正纲》的"纲"。离开了这个"纲"，则无法解读《世史正纲》这本书。

第18页有一段话，作者的解读似乎也不符合史料之原意。作者说：

丘濬对汉代不效仿古制沿用周礼予以痛斥，丘氏言道："呜呼！周室礼文之盛，至是不可复睹矣。夫礼莫备于周，孔子所谓监于二代郁郁乎文者也。秦起西戎，一切以法从事，乌知所谓礼哉？叔孙通幸遇高祖，创业之初，而有起朝仪之机会不能访求遗老。于此之时，讲明三代之故，以立一代之制，顾乃区区以秦仪杂就之，遂使成周之全典不复见于当时，亡秦之陋制得以传于后世。噫！可恨也夫。"

在这里，丘濬分明是批评汉代继承了秦代的礼仪，而没有奉行周礼，怎么反过来成了丘濬批评汉代不仿效古制而沿用周礼呢？（上文中"丘濬对汉代不效仿古制沿用周礼予以痛斥"，如果修改为"丘濬对汉代不效仿古制周礼予以痛斥"，或者"丘濬对汉代不效仿古制、不沿用周礼予以痛斥"，则行文更明白，没有歧义。）

就《世史正纲》这部书而言，作者的旨趣是在所谓"明华夷之辨，立君臣之义，原臣子之心"。作为丘濬，生活在那个时代自然是可以理解的，他也不可能拥有超出那个时代的思想。作为今天的研究者，应当深刻理解这一点。但是今天的研究，是对历史的扬弃，不是对历史的全盘继承。在肯定丘濬史学思想中合乎那个时代规格的内容之外，似乎还应该对他的这种道统论的历史观给予必要的批评，尤其是其中包含的中世纪式的政治观和非历史主义的成分。（结论：自行修改后答辩）

（五）
对一篇研究某边疆史地杂志的论文盲审意见

2023 年 4 月 20 日

关于《边事研究》的考察，作者着重从创刊背景、杂志概况、刊载内容（对边疆知识的介绍、对治理边疆的建议）、《边事研究》的特点和价值等方面作了梳理和评析，进而探讨了以《边事研究》为代表的学术刊物在当时民族危机的背景下对于边疆危机和边疆治理的作用与意义。该文资料翔实，表达流畅。目前似乎还缺少对《边事研究》的整体研究成果，因此该文有一定学术价值，作为硕士论文基本没有问题，建议准予答辩。有两个建议供作者参考：第一，文章第二章和第三章是对杂志内容的介绍。第二章"《边事研究》对边疆知识的介绍"，其中涉及对内蒙古伪自治运动和日苏对蒙古的侵略野心的揭露、中英滇缅界务纠纷交涉、华侨问题处理等内容。这些显然超出了边疆知识介绍的范畴。建议把题目改为"对边疆史地和情势的介绍"。第三章是"《边事研究》对治理边疆的建议"。作者介绍了关于政治、经济、教育文化、民族宗教四个方面的建议。另外，作者在第四章谈《边事研究》具有国际视野的特点时，又指出"《边事研究》中涉及国际关系或外国情况的文章大约有 120 篇"，这显然也属于《边事研究》的内容，同时，"涉外"内容应该是边疆研究的重点，而作者却没有介绍。从文章附录的《边事研究》目录看，还有一些内容没有涵盖进去。建议适当增加一点涉外内容。第二，对《边事研究》的特点概括不够准确，还可以提高，建议适当提炼和修改。以上意见仅供参考，不影响答辩，作者自行作一些修改加工就可以了。（结论：自行修改后答辩）

（六）
对一篇民国北京政府《局外中立条规》研究的论文盲审意见

2023 年 4 月 21 日

作为对《局外中立条规》的研究，作者围绕该条规的制定与发布、具体内容、实施过程、实施效果四个方面，剖析了第一次大战前期中国政府运用法律形式对国际公约给予尊重和遵守，及时回应欧战局势，从而维护本国利益，并且利用此项法规处理涉外纠纷的努力。文章认为：《局外中立条规》的制定和实施过程，体现了北京政府外交的日益近代化。文章以学界研究不足的一战前期中国保持中立的这段历史作为研究对象，在选题上有其学术价值。文章思路清晰，分析有理有据,运用了台湾"中研院"的相关档案和其他史料,反映了作者在收集资料方面的努力。总的来说,是一篇不错的硕士论文。

有两点意见供参考:

第一,作者采取每一章开头进行学术动态介绍和本章内容介绍,每章结尾对本章进行小结的这种叙述方式,影响了行文的流畅性,并且和文章学术动态梳理部分以及结尾的总结形成部分内容上的重复。建议作适当处理。

第二,文章的结论部分还可以提升,包括实事求是地总结其价值和分析其局限性。以上建议,请作者自行修改补充后答辩。(结论:自行修改后答辩)

(2023年6月1日,周其厚教授的公众号"三人行说"发布,阅读量2 080。6月4日,公众号"刘西川阅读写作课"转发,阅读量3 240。2023年11月12日,公众号"十九号见"转发,阅读量608。2023年12月23日,公众号"一人持本"转发,阅读量381)

青春岁月的赞歌

——对 2014 届五篇硕士论文的介绍词

各位评委、各位同学：

首先，衷心感谢省社科院叶扬兵研究员、南京师范大学陈辉教授、南京市社科院谭志云研究员应邀担任答辩委员，感谢你们认真阅读和评论同学的论文；欢迎各位前来旁听答辩的同学；欢迎南京晓庄学院副教授王文岭、南京林业大学副教授荆世杰、江阴市委党校讲师王锋、江苏省社科院副研究员张慧卿、《东方娃娃》杂志社编辑王艳芳的光临，欢迎大家对论文发表宝贵意见！

我受申晓云教授、董国强教授的委托，主持张宁、耿殿龙、宋国庆、张满同学的答辩事宜。现在，先介绍他们几位的论文。

张宁同学的论文题目是"1927 年阎锡山易帜研究"。作者抓住 1925—1928 年国民党统一国家过程中，北方各派地方军阀与南方势力政治关系演变的事实，阐述了阎锡山的立场，他对各方的态度，他最终投向国民党的原因，包括政治理念上的原因。沿着以上思路，作者还进一步分析了阎锡山易帜之后统治山西的手法，包括对三民主义的改造，地方本位主义表象下的割据，指出了国民党通过易帜方式暂时实现的国家统一所包含的局限性。为了证明自己的论题，作者收集了大量历史档案、年谱资料、报刊资料、传记资料、日记资料，是硕士论文中不太多见的使用历史资料比较丰富的个案。

耿殿龙同学的论文题目是"延安诗歌运动史研究"。作者以 1942 年延安文艺座谈会的召开为界，研究了 1937—1948 年间的延安诗歌运动。作者分析了延安诗歌运动的文艺源流和社会背景，指出延安文艺座谈会之前，延安诗歌运动以街头诗和朗诵诗为主；之后以实践毛泽东文艺思想的民歌体叙事诗和民众诗歌运动为主。通过对一些知名诗人和众多作品的剖析，作者既肯定了延安诗歌运动的成就，也分析了后期延安诗歌运动的消极面；既肯定了延安文艺整风对诗风转变的促进作用，也分析了新的文艺方针所导致的思想灌注和政治规训对诗人和诗风的消极意义。作者指出，延安诗歌运动本质上是一个诗歌转型、诗人转型的过程,并且分析了决定这个过程的六点内在原因。作者的阐述,形成了对延安诗歌运动的出色的研究。

宋国庆同学的论文题目是"1949—1956年间南京市的社会救济政策与实践"。作者叙述了新中国建国初期南京市所开展的疏散、救济难民和城市贫民的工作,接着开展的对原国外机构、团体所办慈善机构的接管,对城市贫民、乞丐、老弱病残、妓女等各式族群的救济和改造,社会经济初步恢复之后,社会救助政策的调整,以及出现的新问题和政策再平衡。尤其值得赞扬的是,作者所利用的内务部门、民政部门的丰富档案,开阔了课题的知识面,提高了论文的学术含量。

张满同学的论文题目是"我国农村'赤脚医生'的发展情况研究"。作者在厘清了20世纪60年代我国农村医疗卫生事业总体状况的基础上,对实行于1968—1985年的赤脚医生制度,主要是在江苏省的实行情况作了比较完整的介绍和分析。本文的突出的优点,一是利用了不少档案资料,二是对10位当年的赤脚医生做了访谈。这是作者坚持科学研究的原创性目标的结果。通过作者的叙述,我们对1968年之前农村基层医疗卫生人员的状况,对1968年以后赤脚医生制度的推行,它的若干具体内容,以及这个制度的最终结束,都有了比较清晰的认识。本文的这些优点,是令人高兴的。

以上四位同学的论文,除了在选题的恰当、资料的丰富、讨论的深度、观点的正确等方面值得夸奖外,他们的敬业精神也很值得学习。耿殿龙同学的论文,皇皇10多万字,早在2012年5月即已完成并定稿。张宁同学的论文,之前曾经以电子邮件发给我,我大致阅读之后感觉,硕士论文做到这样的水平,已经十分令人满意了,因此没有提修改意见。但是,她自己不满足,再次修改了文稿才打印提交。宋国庆和张满同学本来已经提交了正式文本,后来,又重新修改文稿并打印。我的学生史星宇转告说,他们表示,李老师比较严格,要尽量把文稿中的瑕疵消灭掉才放心。我听了万分感动。最近,我在曲阜师范大学的一次讲座中说:

大学对学生的教育,也许不能决定他们将固定地从事哪种职业,不能给予他们适应变动社会的所有专业技能。但是,通过读书,一定能够使他们获得学习的能力,自我完善的动机,对文明的理解,社会责任感,积极的人生态度,等等。使他们有可能为自己创造幸福的生活,为国家作出卓越的贡献,为母校添加无限的光荣。

同学的精神风貌,印证了以上我对大学教育的价值判断。我向四位同学表示祝贺,也向申晓云教授、董国强教授表示敬意。

应该看到,硕士研究生的教育具有很强的过渡性。它是大学本科教育之后的一种深造,具有更高的专业素质培养的价值。它有两方面的意义。一是使学生获得适应更高要求的工作能力;二是使学生获得适应攻读博士学位要求的知识能力。从这个角度出发,我想,还应该指出这些论文的不足,或者说,一些可以继续改善和提高的地方。

第一,文章的基本格式和技术规范方面。

学术论文不仅有格式和规范方面的要求,而且由于作者的运用不同而有水平的差异。这是一个需要认真注意,并且需要经过一定训练才能解决的问题。在这个方面,四篇论文程度不同地都存在一些不足。

比如,题目不够简洁。张满同学的题目中,赤脚医生的"发展情况",字面的理解,除了当初的形成过程之外,还有延续到目前的意思。如果改为"赤脚医生研究",副标题"以江苏省为例",或者"江苏省赤脚医生研究",副标题"1965—1985",也许就要好一些。耿殿龙同学的题目应该注意到,对延安诗歌运动的研究,便是"延安诗歌运动史";而对那些研究延安诗歌运动的著作进行再研究,才是"延安诗歌运动史研究"。这两者有一定区别。宋国庆同学的题目也有进一步提炼的余地。如果改为"1949—1956年南京市社会救助研究",或者"南京市的社会救助",副标题"1949—1956",可能也要好一些。

比如,注释不够规范。张宁同学的论文第51页,关于《梁漱溟全集》第四卷的注释,所注的文字是"山东人民出版社,出版日期不详"。山东人民出版社所出的这部全集,有初版本和再版本,查找并不困难,再说,史学论文是不允许这样含糊地交代材料出处的。

比如,关键词不够妥当。之所以出现这个情况,是因为不太清楚为什么要用关键词。关键词的作用,主要在于检索方便。具体来说,你的作品发表之后,信息数据库会把它收入相关知识群。关键词就是这个知识群向外链接的通道。这样,读者在检索信息资源的时候,输入关键词就知道有你的作品。所以,关键词的选择依据是信息分类。如果关键词不准确,作品被收入不恰当的论著类,需要的读者就不能很快检索到。

根据这个规则,对照四篇论文的第一个关键词,张宁同学的论文建议用"阎锡山",不建议用"北伐";耿殿龙同学的论文建议用"延安诗歌运动",不建议用"延安";宋国庆同学的论文建议用"社会救助",不建议用"1949—1956年";张满同学的论文建议用"赤脚医生",不建议用"农村"。

个别错别字和标点不正确的问题,我就不说了,请大家回去再检查一下。

第二,作者采用的基本定义、概念方面。

学术论文所使用的定义、概念,代表文章的重要知识点,是文章论述体系中的重要纲目。定义、概念不准确,就很难使文章达到纲举目张的效果。我举两个定义不准确的例子:

关于"弱势群体"的定义。有一本学术著作说:

弱势群体是指那些在特定的历史时期,由于某些障碍及缺乏经济、政治和社会机会而在社会上处于不利地位的、被国家和社会纳入救助范围的社会群体。

这个定义莫名其妙。"特定历史时期"指什么?"某些障碍"指什么,是生理障碍,例如残疾人,还是政治经济方面的制度障碍?被纳入救助范围的算弱势群体,那些在穷山沟里没有被纳入救助范围的就不算?说白了,弱势群体就是一定时期内由于个人能力、遭遇等原因,或者其他环境因素乃至社会分配缺陷所导致的,在占有社会资源和获得生活资料方面处于社会最低水平而难以生活的人群。

关于"社会救助"的定义。另一本学术著作说:

在人们生活遇到困难时,政府有义务进行救助,受救助者得到救助不必感恩戴德,因为要求救助是基本的人权,受助者要得到救助经过申请程序,而后由主办机构对申请者本人和家庭进行包括收入、财产、劳动力等情况方面的调查,核实其实际经济状况,再确定是否给予申请者有关的救助。

这个定义基本没有涉及什么叫"社会救助"。在汉语中,"救助"是指救援和帮助,因此,"社会救助"的字面解释就是来自社会的救援和帮助。作为一个公益性社会救济活动的名词,"社会救助"就是社会各界对陷于困境或遭遇不幸的个人或者群体实施的各种救援和扶助活动。它既包括对自身遭遇造成不幸的个别人员的帮助,也包括对公共危机造成不幸的群体人员的帮助;既包括资金、物资、医疗和其他救援行动的帮助,也包括新闻、舆论、心理等各种精神力量的帮助;既包括来自政府救助部门的帮助,也包括来自各种民间团体、组织和个人的帮助。社会救助水平是社会公共福利和社会慈善事业水平的体现,其中,政府所直接举办的社会救助事业,是政府为社会所提供的公共福利产品之一。

如果不加分析地把那些不周密的、不完整的、不成立的,或者有相当瑕疵的定义,引来作为定义,就会大大降低论文的学术品质。

第三,分析和解释问题的思想水平方面。

所谓研究历史,就是解读历史现象。历史著作对历史事物的理论分析,是衡量作者学术水平的重要指标。作者的理论水平,是长期史学实践的结果,是社会经验、人生阅历、知识水平综合酝酿的结果。硕士论文的写作,也要注意提高分析能力。

比如,对于延安诗歌运动,它的理论基础是大众化、民族化、现实主义。不仅延安的诗歌运动,推而论之整个延安文艺运动,可以说,这三条都是理论基础。无论放在当时的社会历史条件下,还是以今天的眼光来衡量,大众化、民族化、现实主义都有其合理性。关键不在这三条,而在于延安文艺运动革命化、政治化、工具化的要求。对于作家而言,你必须是革命者,是革命工农的一分子。不是工农出身,就应当彻底改造,改造得像工农分子那样不怕脏,那样没有想法,那样奋不顾身。你必须用党的决议武装起来,站稳政治立场,用笔战斗,为政治宣传出力。你必须成为党的驯服工具,把一切都交给组织,充当革命的齿轮和螺丝钉。正是这样的改造,使延安的诗人、作家、文艺家,努力地跳秧歌,办墙报,写民歌,表扬劳模,争当红色宣传家。于是,文艺和政治的关系,文艺和宣传的关系,文艺和政策宣讲的关系,成了再也纠缠不清的问题。它长久地困惑着作家和文艺界,直到不断地把文化人的那些骇人听闻的悲剧制造出来。

从诗歌工具论,到文艺工具论,到人的工具论,这是一个完整的消灭个性,用革命的集体主义、革命的英雄主义改造人的过程。这种改造在革命队伍中的普及化,是革命的膨化剂。然而,在坚决打击反革命的同时,革命机器倾轧革命者的过程几乎也就开始了。

把这个要害问题说清楚了,延安的诗歌运动,延安的文艺运动,延安的思想运动,延安的政治运动,它们的内在规律,它们的发展方向,它们的是非问题,不都一清二楚了吗?

我要强调的是,以上三点讨论,丝毫不是为了降低对同学四篇论文的评价。与其说我在指出同学文章的某些缺点,不如说我在进行自我批评。作为老师,过去发表的研究成果,没有为学生提供有益的参考。我们都要继续努力。

现在,介绍我的学生史星宇和她的论文。

史星宇同学是2011年来南大念书的。由于2012年我提前一年主动停止招收硕士研究生,她是我的关门弟子。入学之后,我曾经让她把本科论文拿来鉴定一下,以便把它改写成一篇文章,并乘机进行必要的写作训练。结果没有如愿,只好另行着手。后来,我指定她进行"大跃进"时期的"新民歌运动"研究,作为硕士论文布局,并且从中抽取论文发表。

三年来,史星宇同学受到了比较严格的训练。她的这篇文章,曾经提交给江苏省社科联学术大会,被评为一等奖。她的《新民歌运动中的文艺界》一文,在一家学术刊物发表,深得编辑好评。她获得过南京大学研究生优秀奖学金、南京大学优秀学生干部、南京大学优秀毕业生等奖励。入学以来,她表现很好,多次被我表扬。但是,前段时期有点心不在焉,受到严肃批评。本文的最后修改阶段,4月14—5月14日的一个月中,四次打出文本,四次大幅度调整内容,才形成了现在的面貌。我曾经交代她:你的论文,是我指导的最后一篇硕士论文,必须用心修改,不允许有任何懈怠。总体上,我对她的表现是满意的。

"大跃进"时期的新民歌运动,是极"左"跃进路线在诗歌界的反映,是党内跟风转的结果,是文艺工具论的怪胎,是政治荒谬、经济浮夸导致的社会精神错乱,是乌托邦空想、个人迷信、政治愚昧主义泛滥成灾的表现,是妄自尊大、蔑视自然、蔑视自然规律等种种社会畸形情绪的反映。因此,它必然随着"大跃进"运动的破产而破产。这是史星宇同学通过大量的新民歌文本分析,通过必要的历史检讨,所获得的对新民歌运动的正确认识。这篇论文符合硕士论文的要求,我推荐她提交答辩,请求评委老师审议。

史星宇同学答辩之后,我的硕士研究生的教学工作就结束了。我从1992年招收硕士,到现在前后23年,共计招了26名学生。他们先后走出校园,已经茁壮成长起来。其中,博士9人,教授1人,副教授5人,厅级官员1人,处级官员6人,稍后一点毕业的同学都很出色,所有同学都在尽心尽力地服务社会。我为他们而骄傲,也由衷地感到满足!

现代社会里,一个人从小学一年级开始,到硕士研究生毕业,有19年是在学校度过的。其中,硕士生的三年,更属于令人流连忘返的青春岁月。青春之所以美丽,是因为学习,它使我们智慧;青春之所以美丽,是因为憧憬,它使我们激动;青春之所以美丽,是因为友谊,它使我们忠诚;青春之所以美丽,是因为进步,它使我们坚定。我赞美同学的青春,因为它是这个时代最令人鼓舞的画卷;我赞美这幅画卷,因为我也洒过汗水,哪怕一滴,渗透在同学生命的无比光彩之中,把校园和天空照得更亮。

还有不到两年,我就要退休了。看着同学们如此快乐和上进,我也会想起自己的青春时代。有无数镜头在眼前闪过,慢慢地,小学6年级班主任的形象清晰起来。这是一个美丽的女教师,她带着微笑,就像春天的雨露一样滋润。不长时间我们就知道了,她是一个右派的妻子。丈夫是一个大学生,也是一个搬运工。

记得那年考过中学之后的一个夜晚,我去她家玩。她扳着手指一个一个地算,哪个学生估计能考多少分,上初中有没有问题;记得那年小学毕业的典礼上,她的讲话质朴而又深沉。几十年下来了,还记得她说:

过去,你们唱,笑,跳!今后,祝你们永远唱,笑,跳!

这个祝福带着多少期盼和遐想,我说不清楚。今天,在同学们将要离开校园,登上社会的广阔舞台的时候,我也想深情地说一声,孩子们,请记住这句话:唱,笑,跳!

我的介绍完了,谢谢评委,谢谢同学!

(2014年5月15日22点30分完稿,16日晨定稿,5月20下午答辩会。谨以此文,告别硕士研究生教育。原载《柳叶集·续编——李良玉博士生教育文录》,合肥工业大学出版社2014年版)

成长的快乐
——《芳草集》序

这本论文集,是我指导的硕士论文的一个汇编本。所以题名"芳草集",取意于王安石的诗"北山"。其诗云:

> 北山输绿涨横陂,直堑回塘滟滟时。
> 细数落花因坐久,缓寻芳草得归迟。

北山即钟山,又叫紫金山。王安石当年所居的半山园,在钟山南麓之西南侧。今南京海军学院大院内有王安石故居,1982年被南京市政府定为文物保护单位,后由海军拨款、海军学院组织施工,于1984年修复。想当年,王安石从半山园动身,不大工夫可达山下。春天来了,刚刚下过小雨,满山葱绿。湖塘里涨满了水,波光滟滟。花儿鲜美,清香扑鼻;草儿茂密,生意盎然。诗人沾惹落花和芳草,流连而忘返,怡然而自在。

那一刻,诗人摆脱了一切烦恼。通过诗,把这个欢乐的时光永远定格。

"芳草集"的含义是,这些论文稚嫩而又清新,如同春天的雨后青草,蓬勃而又可人;作为导师,再读学生的作品,也有一种沉浸于湖光山色而物我两忘的境界。

我从1992年开始招收硕士研究生,到2014年最后一名硕士答辩,前后23年,共计招收了26名学生。其中,1992—2000年16人,2004—2011年10人。

说句心里话,我是比较喜欢带硕士研究生的。承蒙蔡少卿老师的厚爱,大约从1985年起,我就协助他处理一些研究生学习的事务。30多年中一直做带研究生的事,职业感情还是有的。除此而外,硕士研究生一般从大学本科考进来,没有固定化思维,更没有受到过职场消极因素的影响。因此,容易接受新的方法论训练。加上硕士论文分量小,整个培养过程自然也要轻松许多。

对于本科阶段大多没有接触过正规学术研究训练的硕士研究生来说,提交一篇有价值的硕士论文,依然是有些难度、需要经过一定训练才能完成的事情。

李凯鸿是我的第一个研究生,我给他指定的论文题目是"《新世纪》研究"。

《新世纪》是清末中国留法学生编辑的一份宣传无政府主义的刊物。之所以让他研究这个问题，是因为从一位"五四"无政府主义者的后人手中，弄到了一套《新世纪》的复印本。一个硕士研究生，仔细地把这121期《新世纪》杂志读下来，本身就是一次极大的锻炼。他做了详细的读书笔记，编写了一套"《新世纪》目录"。论文内容包括五个部分：《新世纪》的创办与出版，《新世纪》的封面与栏目，《新世纪》人物，《新世纪》的思想内容，《新世纪》的传播与影响。关于《新世纪》的思想内容，作者讨论了七个问题：视无政府主义为除旧布新的良药；宣扬进化与革命；宣扬教育即革命；鼓吹"合力革命论"和"共和政治过渡论"；揭露帝国主义、反对清朝统治、批判立宪派；批判封建伦理道德、宣扬"三纲革命""家庭革命"；批判国粹派，主张"尊今薄古"、行"孔丘之革命"。

用今天的眼光来评判，也应当承认这篇论文具有相当的开拓性。

系统地编写资料目录的锻炼方法，后来多次运用。事实证明，这非常有利于训练同学沉下心来心无旁骛地钻研问题。作为我的第一个研究生，李凯鸿带了一个好头。

董恩强是1994年入学的硕士，他的论文题目是《杜亚泉思想研究》。我对改良主义的注意，是从20世纪80年代中期开始的，写作于1986年的《江亢虎早期政治思想研究》，就已经指出了他五四时期思想中的社会改良主义性质，肯定了这种思想的有益性。写作于1992年5月的《激进、保守与知识分子的责任》一文，公开呼吁"无论激进主义还是保守主义获得了优势，都给对方以必要的尊重和谅解，真正做到心肠宽厚、胸怀宽广、态度宽容、气氛宽松、政策宽大"。离开了20世纪80年代末期的社会剧变，也许读者根本不会知道我在说什么。发表于1996年的《当代文化重建中的传统问题》一文，明确指出了平衡是自然界和人类社会演进的基本规律；中国当代的现代化，必须坚持传统与现代的价值平衡、民族性与世界性的价值平衡、科学与自然的价值平衡、理想与现实的价值平衡。其实，这些正是坚持以缓和渐进的方法获得进步的重要价值基础。《杜亚泉思想研究》这个题目的确定，是宣传温和进步思想的需要。

学术界对杜亚泉的重要研究，开始于20世纪90年代初。王元化先生为《杜亚泉文选》写的那篇名序，撰于1993年9月；高力克教授的名篇《重评杜亚泉与陈独秀的东西文化论战》，发表于1994年。他们都用非常卓越的学术分析实现了对杜亚泉、陈独秀之争的重新认识。董恩强的论文，讨论了杜亚泉的生平、杜亚泉的政治思想、杜亚泉的社会思想、杜亚泉的文化思想和东西文化论战六个问题。也许可以说，放在20世纪最后10年杜亚泉研究的学术领域中，它不失为一篇有价值的文章。

通过论文写作，提高思想水平，实现对历史、社会和人生的思考，应该是研究生教育的深刻内容。赵胜忠是 1998 年入学的硕士,2001 年 6 月答辩。他的论文题目是《"大跃进"战略下的经济调整》。这是一个当代史的选题,深入揭示了 1962 年开始的国民经济调整运动内部政治逻辑上的矛盾。我对他的论文有以下的评论:

当代史是一块尚待开发的重要史学领域,研究当代史可以更好地认识过去,指导未来。正确地获得历史经验首先需要树立历史唯物主义的勇气和思想方法,在这一点上,作者的开拓精神还是值得赞扬的。

经历从找资料开始的完整的写作锻炼,是研究型学习的好方法。记得给八四级本科同学讲授"中国现代史"的时候,就曾经组织这个班的李青、丁兰芳、罗玲等同学写过文章。后来这些文章发表在《民国春秋》杂志上。《民国春秋》的创刊好像 1985 年就开始了,应古籍出版社蒋才喜先生的邀请,我参与筹备。正式出刊是 1987 年,诸多学界大腕都在上面发过文章。可惜的是本世纪初停刊,听说转变为一家少儿刊物了。当时主管教学的冯致光副校长大力提倡在本科教学活动中开展"读写议"活动。由于教学组在课程上确实下了一点功夫,加上同学发表文章的成绩得到肯定,1988 年我们获得了全校"优秀课程建设奖"三等奖。年轻的学生第一次看到自己的文章印在杂志上,该有多么兴奋!作者之一的李青,1988 年毕业回到家乡。30 多年了常来常往,前不久,捎信说儿子快要结婚,将接我过去参加婚礼。可以想象一下,在这个物欲横流的时代,有人几十年都记着你,是一种什么样的幸福!另外,无论从我自己对于写作重要性的认识出发,还是从我对大学教育作用的认识出发,我都认为文科学生在校期间,能够达到流畅地写作的程度,应该是衡量培养质量的一个重要指标。因此,硕士阶段的学习,更应该紧紧围绕论文写作推动他们进步。

写作锻炼是一个实在的过程。前年 8 月 2 日,蔡晓燕在微信朋友圈晒出了一组有我的修改字迹的她的论文初稿的照片,所配的文字说:"打扫书房,打扫出导师一字一句修改的第 N 篇论文。第一篇修改的是关于王光祈的文章,通篇都是红色的修改痕迹……"晒出来的修改稿是"朴定阳事件"与中朝宗藩关系的变化。她还"诡秘"地说,改得太凶的稿子就不晒了。蔡晓燕 2000 年入学,是第一个阶段扫尾的学生。2002 年毕业之后直到去年,我们没有见过面。这期间我几次去广州,都因为不愿意麻烦学生而未联系她。我对她晒出来的照片不敢跟话,因为既不想让朋友圈里的朋友知道我和她的师生关系,也不愿回忆过去。但是,这次晒照片却改变了我的想法。这个学生毕业 12 年了,还珍藏着这些材料,还写出来这些充满感情的文字,这是多么珍贵、多么难得!去年 10 月我去汕头参加同学聚会,顺便去了广州,趁机把她和龙观华、罗长春叫到一起聊天、喝酒,一起参加珠江夜游。看着珠江两岸华灯竞放,灿如星汉,江水如镜,波光渺然,我暗自疑问又暗自慨叹:斗转星移,人世间的一切都会改变,有没有什么东西不会变?

至少我承认,我错了。顺道看看学生,花点喝酒的钱,无论我花还是学生花,都不是什么问题。没有人会责备这个老师不知趣,让学生破费,打扰了学生。我的自我超越,读者认可吗?

2009年,同学为我祝寿,吴清波由于单位紧急出差公务而临时没来。她赠送了一套《黄宗羲全集》作为贺礼,后来收到聚会材料《柳叶集——李良玉博士生教育文录》和光盘之后给我写信,其中说道:

还记得,我的第一篇文章,经历了您的红笔至少七次的修改。那些红色的圈圈点点,至今留在我心里,深刻而温暖,它督促和鼓励我努力做好工作。而从老师您那学到的生活经验、得到的家庭温暖,那是我最珍贵的人生经历。那种大家庭的融洽和乐,那种精神上的自由向上,我一直怀念,这是在社会上无法寻找到的。

吴清波2000年入学,2003年毕业。写这封信的时候,已经毕业6年多了。在信中,她告诉我,一直在坚持读书,包括历史、文学和管理学的书籍。她给自己定了规矩,每天要读两三个小时。在微信圈里,她从来不晒那些无聊的心灵鸡汤,从来不谈那些婆婆妈妈的家长里短。倒是经常抱怨时间太紧,读书太少。

20岁出头的学生,还处在精神人格的定型期。同学之间的友爱相处、互相砥砺,一致的标准和风气,自由的氛围,强烈的求知欲和进取精神,对于他们踏上社会之后的整个人生道路,具有极其重要的影响。

精心营造这样的环境,是老师和学生共同努力的结果。

我的学生绝大多数都在高校当老师。早期的硕士生董恩强、王存奎、孙先伟、刘培昌、赵人坤、付庆敏、胡其柱、牟效波;后来的硕士生罗长春、李娇娇先后进入高校工作。博士生进入高校的比例更大。在毕业之前的求职过程中,用人单位无一例外地都要求试讲。因此,试讲是一个重要的学习环节。

第一个试讲的好像是孙先伟。她1999年答辩,后来去了公安大学当老师。试讲的训练非常重要,它使从来没有上过讲台的学生,能学会根据指定题目备课,获得临场经验和讲解能力,在仪表、仪态、语速、板书和临场发挥等环节上有所锻炼,以便真正试讲的时候取得良好效果,从而顺利地得到用人单位的认可。

孙先伟的试讲是成功的。离开课堂,用人单位就明确表示了录用的态度。我记得她用大街上的公用电话向我报告喜讯,颤抖的声音至今难忘。从此,不论是硕士,还是博士,求职之前的试讲成了多数人经历过的固定内容。

现在的大学里,硕士研究生乃至博士研究生的教学内容,一般都没有试讲训练这一条。然而我认为这很重要。因为,这对要当老师的年轻人很有用。

在第一阶段,没有注意保存资料。在《李良玉史学文稿》一书中,收录了我为

16位硕士研究生的毕业论文所写的评语。手头偶然保留了为5位同学所写的5份操行鉴定,收录在即将出版的《李良玉史学文汇》一书中。这是因为当时规定,同学履行入党手续的过程中,必须有导师提供的意见。这些材料代表某种阶段性的结果,没有日常学习交流的性质。

在第二阶段,保存了一些和硕士研究生的交流材料。这是由于情况有所变化。

2000年,我开始招收博士生。博士生有在指定范围的学术刊物发表三篇论文的任务,同时,博士论文规模更大,学术性更强,必须在资料的丰富性、主题的明确性、写作方案的系统性诸方面达到更成熟的水平。哪怕用于完成论文指标的单篇文章,也要花力气尽可能写好改好,否则很难发表。在这样的情况下,和同学交流的那些写作和修改的意见,都要相对准确,否则,朝三暮四,同学无法理解把握,可能导致文章写不出来,或者改不下去的状况。

大量的交流材料是出于这样的原因而记录下来的。

由于这个习惯,第二阶段招收的10个硕士,也留下了一些日常学习过程中和我的往来材料。它们都收录在《柳叶集·续编》一书中。

另一个新的情况是,博士生教学过程中,形成了读书会制度。硕士生都参加读书会。会上不讨论硕士论文,但是,也分析他们一些写得好的文章,也听取和讨论他们的试讲。他们和博士一样发给材料,一样仔细阅读材料,一样发表批评意见。用张成洁博士的话说,是"彼此'炮轰'"。显然,此种共同的风气对于他们的成长是有利的。

本书收录的8篇论文,都是第二阶段学生的作品。对于这些论文,我还是一如既往的态度:它们可能存在种种问题或者缺点。我不能评价,这是读者的事。

2012年9月新生入学,通知我去参加研究生的师生互选。我婉言谢绝,提前一年停止了招生。虽然有点遗憾,但是,我太累了,决定让史星宇做关门弟子。这个孩子很优秀,让她帮我画一个句号吧!

"读书是一个进步的过程。"从这个意义上说,本书所收录的这些文章,还只是同学成长过程中的一个音符,一个生命的逗号。研究生的三年生活是有限的,老师的给予是有限的,而同学的生命活力和创造能量是无限的。迄今为止,还没有一个职业如同教育这样,能够通过知识、道德、理想、情操的代代相传,不断丰富人类的文明传统。我们每一个人,其实都是这个传递链条中的一环,承担着承上启下的使命。我的学生王存奎,1996年毕业,后来读了北京大学的博士,现在是北京一所大学出类拔萃的教授。毕业后的第一个夏天,他挤火车满头大汗地来看我的兴奋情景,至今历历在目。中间经常过来也没在意。前几年,有一次他突然带着一帮自己的研究生来了。看着这些朝气蓬勃的孩子,仿佛听到了时代高奏的前进凯歌。它是那么的青春,那么的意气风发。

我感到一种快乐,一种前所未有的成长的快乐。

借这本书出版的机会,再次表达我的谢意。

感谢所有学生离开学校之后绵绵不断的关爱。有一回,刘培昌告诉我,已经连续两年来南京招生,是主动请求来顺便探望老师的。有一回住院,赵胜忠陪在病房一夜未眠。最淘气的是蒋仲群,喝高了就会给我打电话,稀里糊涂地唠叨一通。算一算,他已经毕业15年了。在他的心目中,我已经不再是一个严肃的老师。这正是岁月和亲情沉淀的结果,我从内心深处无比珍惜。

感谢研究生培养工作中曾经给予我支持的所有同事和朋友。

感谢《江苏大学学报》《南京晓庄学院学报》《江苏社会科学》《江海学刊》《社会科学研究》《福建论坛》《民国档案》《安徽史学》《党的生活》《江苏宣传》《民国春秋》等杂志多年来发表了许多我推荐的研究生的文章。

感谢芮月英、顾正彤、张向凤、潘亚莉、张青运、杨学民、胡晓明、季鹏、闾小波、施立业、汪谦干、曹必宏、戚如高、胡震亚、管宁、张燕清、张小璐、齐雪梅、王春南、陈晓清等先生对我的学生的提携。

感谢南京晓庄学院李洪天校长。2013年的一天,《南京晓庄学院学报》编辑部的胡晓明教授通知说,学校有新的政策,今后学报不再发表硕士研究生独立署名的文章。因此,我推荐的史星宇同学的那篇《新民歌运动中的文艺界》一文不能由她单独署名发表,必须有导师共同署名。我给学报主编杨学民教授发短信,申明从来不在学生论文上署名的态度,请求向李洪天校长说明我的意见,给予格外照顾。后来,经杨学民教授专门请示,李洪天校长特别加以批准。由于他的支持,我终于圆满践行了"绝不在学生的文章上署名"的原则,而没有在退休之前留下一个令人痛心的污点。

感谢命运——可以感知和不可感知的一切!

是为序。

李良玉
2016年6月28日21点41分完稿

(原载《芳草集》,合肥工业大学出版社2016年版,又载《淮阴师范学院学报》2016年第5期)

追求圆满是一种美德

——对两位关门弟子博士论文的介绍词

各位评委、各位嘉宾、各位答辩人：

今天是我的学生仇海燕、刘王芳博士论文答辩的日子，热烈欢迎吴盛杰同学加盟今天的答辩！董国强教授拨冗赶来为学生吴盛杰介绍论文，我谨向他表示深深的敬意！热烈欢迎杨春龙教授，你的出席给仇海燕带来了家人的温暖！热烈欢迎刘王芳的宝贝女儿庄致一小朋友，衷心祝愿这是你长大之后读博士的一场预演。

衷心感谢出席答辩的全体评委！在此新冠疫情尚不明朗，防控形势依然紧张的情况下，各位评委老师不但欣然同意出席答辩会，并且抽出时间仔细阅读了论文，还将长时间地在这里讨论三位同学的文章。这不仅充分体现了各位老师对年轻人的仁爱和提携，而且将使今天的答辩会一如既往的庄重、深入而有意义。

仇海燕、刘王芳两位同学是2012年入学的博士生，也是我的关门弟子。他们的论文按规定必须提交盲审。他们在规定的期限内提交了初稿文本，顺利通过了评审专家的审核，根据盲审意见作了适当修改。现在，他们申请答辩。我同意他们的申请并且请求各位评委审查。

仇海燕同学的论文题目，是"1960年前后的江苏农村研究"。这是一项对当代中国特定事件的研究。1958年开始的人民公社化运动和"大跃进"运动，几乎同时开始，而且混合作用，导致政治、经济、思想、社会秩序全面长时间紊乱、衰败，最后集中表现为"大饥荒"。认识这一复杂的社会现象，可以有多重视角。过去，有的研究人民公社化运动，有的研究"大跃进"运动，有的研究人民公社制度，有的研究大饥荒，有的研究饥荒下的人口问题，有的研究"大跃进"运动或者人民公社运动的政治成因，有的研究这个时期党的几次重要会议，有的研究这场混合型政治事件的后果与责任，有的研究这个时期的政治人物，等等。仇海燕同学的论文，根据1958年8月到1960年11月间江苏省农村的具体情况，以中央与地方政务信息的对称性与不对称性为视角，分析了前后两个阶段中（1958年8月北戴河会议至 11 月第一次郑州会议、1958 年 11 月第一次郑州会议至 1960 年 11 月江苏省委第三届第十三次会议），中共中央和江苏省委的信息交流状况及其影响。论文的学术价值体现在：第一，从政务信息交流的角度分析特定时期政治操作的方式、过程和影响，实现了史学研究的分析方法的创新，开辟了通过分析上下级之间政务信息的对称性和不对称性，来解释特定问题上政治决策科学与否的新路径。第二，通过政务信息交流的视角，客观解释了当代中国这一特定事件中江苏省相对于全国的特殊性，说明了造成这一特殊性的"江苏经验"，从而正面肯定了江苏领导人的良好政治素养。第三，作为地方大员，是否诚实地向上提供真实的政务信息，以及中央机关能否真诚地鼓励地方提供真实信息，并且严肃制裁虚假信息的提交，不仅关系政治决策的科学性，而且关系政治权力的道义基础，即政治伦理的正义性问题。站在这个角度上，读者通过阅读本文所能获得的，就不仅是某段历史的真相，而且包括对历史正当性的理解。由于这三点，我相信无论在这一具体历史事件的讨论上，还是在中国当代史甚至所有类似历史问题的讨论上，本文都是一个特别有启发性的创造性成果。

刘王芳同学的论文题目，是"《中华人民共和国立法法》创制研究"。这是对当代一部重要法律——《中华人民共和国立法法》的研究（为方便叙述，简称《立法法》）。这部法律诞生于 2000 年，第一次修正于 2015 年。说它是一部重要法律，是因为它是 1949 年以来，甚至中国革命过程中 1927 年之后共产党人独立进行立法活动以来，第一次通过国家立法活动正式制定的规定了如何制定法律的法律。暂时撇开 1949 年之前不谈，它不仅是当代中国长期立法活动的产物，更是直接影响国家立法规模、程序、质量的法律。因此，对这部法律的研究，无论对当代史领域还是对当代法学研究领域来说，都是一个重要选题。刘王芳同学的论文，回顾了创制《立法法》的法制背景，叙述了《立法法》的酝酿和起草过程，交代了《立法法》草案审议、通过和第一次修正的情况，分析了学界对它的评价和本文作者对它的检讨。论文的学术价值体现在：第一，摈弃了相当范围广泛流行的法学讨论从条文到条文、从理论到理论的阐述方法，站在法政治学、法社会学的视角，把 1993 年《立法法》动议之前的当代立法活动划分为三个阶段，从国家立法权的流变和立法体制变迁的角度梳理了创制《立法法》的背景，从而明确地指出了制定这部法律的历史逻辑和理论逻辑。第二，成功地把田野调查的方法运用于法学研究，获得了丰富的访谈资料，弄清了许多事实和关键问题上的细节，从而使对这部法律之创制的研究更加生动而具体，极大地提高了法学研究的鲜活性。第三，在著名法学家刘克希先生的无私帮助下，找到了《立法法》制定过程中先后形成的 10 个稿本和其他会议资料、新闻资料、学术资料、笔记资料，最大限度地保证了文献资料的多元化与可靠性。由于这三点，在当代史、当代法制史上，本文应当是一部别开生面的特别有价值的著作。

仇海燕、刘王芳两位同学的论文写作，都有一个艰难的过程。

仇海燕同学的论文，从2012年9月22日我第一次找她谈选题，到2019年12月30日下午5点提交盲审的文本定稿，头尾8年，实际时间7年零101天。根据论文进展情况，大致可以分为三个阶段：第一，2012年9月22—2016年4月16日。这个阶段的论文主题，从1960—1961年江苏省委开展的农村调查研究，转向1958—1962年江苏省委的农村调查与政策修正之间的关系。第二，2016年4月16日—2019年11月29日，论文再次变换主题，从江苏省委的农村调查与政策修正之间的关系，转向研究1958年8月—1960年11月之间，中共中央和江苏省委及其所属地、县委三级政治机构政务信息交流与政策变动的关系，并且完成了论文初稿。第三，从2019年11月29日—2019年12月30日，是集中力量全面修改文稿、形成盲审文本的阶段。

八年来，仇海燕同学为了完成学业，作出了非凡的努力。

她是我校历史系1986年入学的本科生，进入博士生学业的时候，早已过了精力充沛、求知欲和创造性爆发力最强的阶段。她硕士阶段学习的是世界史专业，博士论文不仅转到中国史的领域，而且转到了政治敏感性更强、史料更丰富但鉴别利用的要求更高、研究对象距离最近、约束主观情感因素最难的中国当代史领域，不仅转到了当代领域而且着手的是一个本来复杂而目前又特别难以把握的选题。应当说，这些对她是一个巨大的挑战。

尽管有许多困难，但是，仇海燕同学知难而进，刻苦努力，获得了成功。她花了近一年时间在江苏省档案馆查阅和复印档案，并且在南大图书馆、南京图书馆、国家图书馆等单位收集资料。为了那篇论文——《新修方志中的大饥荒时期江苏省各县人口记载》（该文后载《江苏大学学报》2017年第1期），她从2013年底收集资料，经写作和反复修改，直到2015年春才最后定稿，前后历时一年有余。这样不惜工本地在一篇论文上耗时耗力的结果，这样痛苦磨炼的结果，最大的收获是形成了博士论文的写作能力。她的谦虚和求真精神值得赞扬。入学不久她就在信中表示："您对我身上存在的各种问题请尽管直接提出批评，我很珍惜这个改进自己的机会。"这是她在入学之前就详细阅读了我们的参考资料所提前做好的思想准备，奠定了成为一个优秀学生的前提，和我们这里师生之间、同学之间互相批评的环境也是一致的。

刘王芳同学的论文，从2012年9月入学不久的谈话，到2019年12月30日下午5点盲审文本定稿，头尾8年。如果从2012年10月1日算起，实际时间7年零91天。根据论文进展情况，大致可以分为以下几个阶段：第一，2012年9月—2014年3月，按照我的要求，以中国民事执行研究为选题。第二，2014年3

月—2019年1月,放弃原选题,转入以《立法法》研究为选题,并且完成初稿。第三,2019年2月—5月,按照当年1月底我的决定,暂时停止对初稿的修改,回过头来搞田野调查并且继续挖掘资料。第四,2019年6月—11月17日,根据访谈资料和新挖掘的资料重新布置结构,完成初稿的改写,形成第二轮初稿。第五,2019年11月18日—12月30日,全力以赴,对第二轮初稿进行全面的再修改再加工,最后形成盲审文本。

8年来,刘王芳同学为完成论文,经历了浴火重生的过程。

为了准备民事执行方向的论文,他收集了100多个疑难案例、800多份相关规定、司法文件和其他文献,检索了4 000多篇论文的目录和摘要,复印了一批台湾著作,购买了20多种图书。但是,当我决定放弃民事执行的选题,转入"《立法法》研究"的选题之后,他没有任何怨言。在我决定开展田野调查之后,他不厌其烦地到处发邮件联系,多次吃闭门羹。长途访谈一次到广州,一次到上海,一次到北京,终于有了很大收获。2017年3月,他完成了《宪法性法律的立法发展》一文的写作,全文2万多字,收入刘克希先生主编的《当代中国的立法发展》(法律出版社2017年11月版)一书。博士论文初稿的写作更加艰难。第一轮初稿2017年元旦动笔,2018年6月完成,历时一年半。其中,第一章共计三节,从元旦动笔到2017年7月14日完稿,花了7个半月时间。2018年1月16日,我要他把初稿第一章的第三节"1977—1989年的立法状况"加以改写,公开发表以纪念十一届三中全会召开四十周年。最初给的题目是"现代法治建设的第一个黄金十年——纪念十一届三中全会四十周年"。2018年2月17日,文章已经改到第四稿,我把题目改为"建设现代法治国家的几个基本原则——纪念十一届三中全会四十周年",并且确定了五个知识点(该文后载《江苏大学学报》2019年第2期)。这篇文章在博士论文初稿阶段有过六轮修改,进入专题论文阶段有过7轮修改,合计13稿;时间从2017年7月到2018年5月,前后11个月。正是这样严格的写作训练,使他初步具备了完成博士论文的能力。

仇海燕、刘王芳两位同学的论文,都经历了一个重新选题的过程。

仇海燕同学的论文,是利用同一批资料,调换视角,放弃原来的主题,贯彻新的主题。须知原来的选题是2012年确定的,随着近年来社会思潮的变化,这样的解释方法已经相当不合适。为了既对同学负责,又不放弃千辛万苦收集来的大量原始档案,必须换一种思路,用新的解释方法形成新的历史书写。现在的论文主题,聚焦政治体制内部政务信息流通的对称性和不对称性,重新分析相关政治决策的形成,不仅对于我们认识这段历史意义重大,对于解读所有类似历史问题也有非凡的方法论价值。

刘王芳同学的论文,是果断放弃原有的资料和选题,而利用和挖掘新的资料,换成新的选题。这是由于我当初听取刘王芳的汇报之后,立即意识到这批资料所包含的史料价值,意识到沿着这批材料的方向继续挖掘,一定能够提炼出一个价值更大、意义更大、影响更大的选题来,必须坚决地抓住不放。借此机会,我要向刘克希先生表示衷心的感谢!刘先生不仅为刘王芳同学提供了有关《立法法》的宝贵文献,还带着他进行学术研究,接受他的访谈,并且不辞劳苦,亲自动手,带着他翻箱倒柜找资料。刘先生对刘王芳的提携,是长者赐予一个晚辈学生的大恩大德。

仇海燕、刘王芳同学完成论文,都经历了一个思想观念和学术方法上的革命性变化。

本来,我给仇海燕确定的选题,研究"大跃进"时期江苏省委的农村调查与政策修正之间的关系,已经不同于一般研究套路。通过研究政务信息解读历史事件,更是一种陌生的方法。在相当长的一段时间里,她对这个课题的做法感到迷茫。在博士论文选题上,我和她有九次谈话。前五次谈第一个选题,后四次谈第二个选题。头一个选题的问题还没有解决,又面临第二个选题的问题,感到无从下手是可以理解的。第二个选题上,除了四次谈话,我对仇海燕说:你不明白文章怎么写,我先写一篇供你参考吧。这就是那篇《中共江苏省委急电"关于粮食问题的请示报告"疏证——兼谈"大跃进"期间的政务信息流通问题》(载《江苏大学学报》2017年第1期)。2019年6月6日,我在安徽大学作"政务信息与当代史研究"的报告,随即就让安徽大学李嘉树老师把录音发给仇海燕收听。仇海燕同学就是这样通过反复打通思想,明晰思路,并且结合写作实践,才一步一步走向成功的。

如同刘王芳在博士论文绪论中所说,他从第一次谈话就不相信这个选题,或者说对这个选题没有信心。事实上这也是可以理解的。仅凭最初从刘克希先生那里得到的《立法法》的八个稿本就写一篇博士论文,委实有点令人难以置信。刘王芳曾经和某双一流大学的一位法学教授谈到论文设想,对方感到匪夷所思,不假思索地问:"你不会是瞎搞吧?"直到访谈结束,我和他重新研究了修改方案之后,他才信心暴涨起来。一方面,通过之前的盘资料和写作,有了基本的学术训练;另一方面,通过访谈弄清了许多细节,一幅完整的历史画卷相对清晰。回过头来体会开头交代给他的要求和方法,自然就会达到豁然开朗的境界。

无论仇海燕还是刘王芳,我的态度都是咬定青山不放松,下定决心把他们逼到成功。衷心感谢他们两位的精诚合作。尽管论文可能还存在这样那样的问题,但是,我仍然感到相当满意。也许,这有力地证明了,我们过去长期实行的"四个吃透"(吃透资料,吃透选题,吃透方法,吃透李老师),是实践经验的结晶,是行之有效的方法论。

仇海燕、刘王芳论文的成功,也是一个师生合作、共同奋斗的例证。

由于他们是关门弟子，2012年暑假期间确定录取之后，尚未入学训练已经开始：指定他们阅读我们内部编辑的学习参考资料，指定他们参加博士论文答辩，告诉他们这里的有关"土政策"。2012年8月8日，还在入学之前，我给他们的电子邮件就明确指出：

读博士是读书的一种，而读书又是生活方式的一种。无论老师还是学生，对于读书都应该有一个完整的认识。我很看重读书过程中起支配作用的思想、理念、意志等精神因素的价值。我对学生的要求，贯穿着对社会和人生的看法，我希望学生也能受到这些思想颗粒的影响。

我和仇海燕九次谈选题，八次有录音，一次有笔记。其余八年中的大量交流，大多没有保存资料，偶尔有一些零碎的记录。2019年10月17日，初稿已经写到第五章第二节。鉴于论文基本面貌已经出来，我给她调整结构：第四章压缩并入相关章节，砍去第五章第四节（关于七千人大会后的叙述）、第六章第四节（关于1962年之后的经济调整），第七章压缩为结语。11月29日，初稿基本完成（除结论外），她专程赶到南京，我敲定了论文题目和目录。从12月21日起，我审读了全文，修改了部分内容，改写了部分子目。12月26日，仇海燕同学赶到南京，住在宾馆里，连续工作。我把修改的内容拍成照片通过微信传过去，她当即誊清，同时赶写内容提要、结语等未完部分。全部文字敲定在30日下午5点。

已经无从记起和刘王芳谈过多少次话。现在我手头只有最初和他谈选题的五次录音，其中整理成文的只有两次。他手头保存的录音有25次，不包括上次由于手机坏了而丢失的部分。提高他的文字水平和培养他的历史思维，是一项十分艰巨的任务。我曾在他的一份初稿上写下"大量的不知所云，大量的乱发议论，大量的文句不通，大量的莫名其妙"的批语。在论文的最后定稿阶段，他还受到过十分严厉的批评。2019年6月30日，经过合并重组，全文改为八章。11月13日，再次调整，全文改为五章。从2019年11月18日到29日，我审读了全文，修改了部分文稿，改写了部分子目。每完成一页，就拍成照片传给他去誊清。29日下午5点，我给他发微信，提出七点要求，包括重写开头语，重写第五章，检查注释，重新排版打印，等等。12月30日，仇海燕、刘王芳一齐聚在我家，利用整整一个白天完成了最后定稿。当时，我十分肯定地告诉他们，提交盲审不应该有什么问题。

回顾过去，除了个别情况之外，我从不直接动手修改同学的博士论文初稿。这一次之所以帮他们作了一点修改，并不是出于什么高尚的目的，而恰恰相反，是出于有些自私的动机。我记得，2012年9月1日，就在仇海燕、刘王芳入学后的第一次会议上，我提出了"五个圆满"的目标，即圆满地完成招生，圆满地坚持过去好的传统，圆满地把我们的学习参考资料编完；所有同学圆满地做完论文；所有同学身体健康,找到工作,圆满地离开(《为圆满完成学业而努力》,载《李良玉史学文萃》合肥工业大学出版社 2013 年 3 月版)。他们两人能不能顺利地完成论文,通过盲审,举行答辩,关系到我的诺言能否兑现。我不能留下一个吹牛的污点,不能容忍失败。他们任劳任怨地跟我读书八年,我不能看着他们由于超期而被清退。

为了确保顺利通过盲审,我应当在文字把关方面给他们一点帮助。

圆满是一个美好的希望,但是,从来没有人达到一生圆满的境界。就个人的工作来说,也从来没有谁做到事事圆满。可以说,不圆满是绝对的,圆满是相对的。今年,是我从事博士生教学二十周年。今天这场答辩会,只是我为自己的公务画了一个句号而已。回顾二十年来和同学的相处,有不圆满的事,有遗憾的事,我自己有缺点的事,在所难免。仇海燕、刘王芳的盲审文本提交之前,进行查重检测的时候发现有少量表示重复的红字。我很困惑,这两篇百分之百原创的文章怎么会有重复呢? 经过反复研究,才发现这是引文标注方式不同引起的误解。引用成段原始资料或者其他文献,如果采取单独成段、缩进一行、改为楷体、不加引号的版式,则检测系统无法识别这是引文,并非重复,因此不仅显示为红字,而且统计为重复(与他人论著雷同)。如果不改变版式结构,用引号,那么,虽然显示为红字,但是,不统计为重复。知道了这个原因,把全部引文改用加引号的常规标注方式,问题迎刃而解。这证明了论文查重的荒谬之处。就在明白了这一点的那一刻,我突然想起几年前刘永春论文初稿查重的情形。他的引文就是采用了前一种标注方式,而没有加引号,结果被统计为重复超过规定。为此,我十分严厉地痛斥了他。也许被检测统计弄懵了,也许因为不愿意顶撞我,他没有做任何解释,默默地做了许多今天看来毫无意义的修改。想到这里,我感到深深的内疚。我错怪他了。春节前他来我家的时候,我已经当面向他道歉。我想借这个场合,向刘永春公开道歉,再次请求他的原谅。今天的答辩,是仇海燕、刘王芳获得的一次人生的圆满。我愿意把今天向刘永春的道歉,看成自己二十年博士生教育工作的一个圆满。

宋词里说:"从头到尾,将心萦系,穿过一条丝。"语远时异,事功有差。惟情如一,善哉善哉! 最后,对论文的指谬,就交给大家了。拜托,拜托!

再次向各位表示我的谢意!

(2020 年 4 月 27 日下午 7 点 5 分完稿,28 日下午 1 点半开始答辩,下午 7 点结束。2020 年 11 月 22 日,周其厚教授的公众号"三人行说"发布,阅读量 7 748。11 月 23 日,"中改 1978"转发,阅读量 23 000。同日,"近现代史研究资讯"转发,阅读量 2 027。11 月 25 日,"墨香学术"转发,阅读量 1 766。其他还有"玉东观察"等转发,由于公众号变化,阅读量不计)